浮世博史

もう一つ上の日本史

『日本国紀』読書ノート

近代～現代篇

幻戯書房

はじめに

本書では、百田尚樹著『日本国紀』（幻冬舎、二〇一八）の章立てに従い、明治から現代までの日本史を扱っています。

しかし、『古代～近世篇』でも繰り返しお伝えしましたが、現在の日本史の教科書は、かつてのように明治維新からではなく、ペリー来航からを「近代」としています。

『日本国紀』に限らず一般的に、「明治維新＝激変」というイメージは現在も強いようです（ある意味では、そうした「夜明け」のイメージは、維新の「立役者」たちが都合よく作りだした、あるいは利用したものとも言えます）。「幕末の日本と明治の初期の日本を見ると、とても同じ国とは思えない」（282頁）と百田氏は述べていますが、よくよく見ると、そうではないことがわかるはずです。

たとえば人口の八四％を占めていた農民と、彼らが暮らす農村の風景は、明治の初期ではあまり変化は見られません。太陽暦が公式に採用されても、農村ではまだ太陰暦に従った生活が続いていました。逆に都市部では、幕末からすでに文明開化が進みつつあったので、これもまた劇的な変化は見られません。

戊辰《ぼしん》戦争（一八六八～六九年）も、同時代の「内戦」としては規模が小さいと言えます。戦死者数で比較するなら、南北戦争（一八六一～六五年）は六十万人、パリ・コミューン（一八七一年）は二十万人。戊辰戦争は数千人、多く見積もっても一万人です。世界史的には、政権交代の「内紛」のレベルでしょうか。

「黒船来航から大政奉還までの十四年間はとてつもない激動の時代といえるが、本当の意味の激動は、大政奉還後の十年であった。」（282頁）

これは多くの方の異論のないところでしょう。以前、私もこの視点で「幕末史」を著したことがあります。しかし、

「日本史上において、これほど劇的に国全体に変革が起きたことは、これ以前にも以後にもない。」（同）

に関してはどうでしょう。

大化《たいか》の改新（六四六年）から壬申《じんしん》の乱（六七二年）を経て平城京遷都（七一〇年）までの変化は、政治史的には明治維新に比定できるかもしれません。というか、現代に近い出来事ほど、「変化」は細部にいたるまで実感しやすいものですから、古代や中世の「激変」は、伝わりづらいだけとも考えられます。

また第十二章「敗戦と占領」の冒頭（408頁）、太平洋戦争について、

「日本という国の二千年余の歴史の中でも、未曾有の大敗北であった。」

「戦争と敗戦が日本人に与えた悲しみと苦しみは計り知れない。」

「明治維新以来、七十七年の間に、日本人が死に物狂いで築き上げてきた多くのインフラ施設のほとんどが灰燼《かいじん》に帰したのだ。」

「しかし、本当の意味で、日本人を打ちのめしたのは、敗戦ではなく、その後になされた占領であった。」とあります。「太平洋戦争敗戦の前後」と「明治維新の前後」、どちらがより劇的な変化だったのでしょうか。

「他国による侵略以外で、短期間にこれほどまでの変容を遂げた国は、世界史上でも類を見ない。」(282頁)

地中海世界のフェニキア人、ギリシア人の活動や、イスラーム世界の拡大は、「侵略」ばかりではありません。イスラーム商人の活動などによって、平和的にイスラーム教を受容して変化した国・地域はたくさんあります。交易を通じた東南アジアのインド化もそうでしょう。ヨーロッパでも宗教改革(十六世紀)やルネサンス(十四〜十六世紀)などがそうでしょうし、大航海時代(十五〜十六世紀)がもたらしたヨーロッパの商業革命・価格革命も十〜二十年でヨーロッパの経済構造を劇的に変化させています。個々の国・地域の歴史に言及していけば、キリがありません。

「変革を求める国民(民衆)のエネルギーが、前例なきものを認めない幕藩体制によって抑え込まれていたところへ、黒船が来航し、その重い蓋《ふた》にヒビが入った。そして、その裂け目から蒸気が一気に噴き出すようにして、重い蓋を吹き飛ばしたのだ。」(同)

これもどうでしょう。江戸幕府は民衆によって倒されたのでしょうか。明治維新は、アメリカ独立運動(一七七三〜八三年)やフランス革命(一七八九〜九九年)、それ以前のイギリスでのピューリタン革命(一六四二〜四九年)とは違う気がします。「変革を求める国民(民衆)」ではなく、幕藩体制で政権運営に関われなかった勢力の一部による、「政権交代」にすぎなかった、とも言えるのでは。

「明治の大変化は、本来、二百六十五年かけて漸進的に行なわれるはずだった改革と変化がわずか十

楊洲周延「憲法発布式之図」（1889）

年で起こった現象と見るべきであろう。」（同）

ちなみに、第十二章ではこう書かれています。

「占領軍は、〔……〕伝統と国柄《くにがら》を破壊しようとした。幸いにしてそれらは不首尾に終わったが、日本人の精神を粉砕することには成功した。」（408頁）

この評価、「明治維新」にも言えないでしょうか？　違うのは主語が「占領軍」ではなく「一部の自国民」というところです。維新の前後でそれまでの日本的なモノやコト、だいぶ破壊されなかったでしょうか。

「廃仏毀釈《はいぶつきしゃく》」で失われた文化財の数は、はかりしれません。「欧化《おうか》政策」で野蛮と蔑《さげす》まれた日本の慣習や文化、ありましたよね。

大日本帝国憲法はドイツ帝国やフランス第二帝政期の政治制度や法律を導入しています。憲法発布の様子を描いた絵を見ると、日本というより、まるでヨーロッパのどこかの宮廷のよう。

このように、それまでの日本的なモノ・コトをかなぐり捨てた明治維新の側面は、否定できません。

近現代史というと、「学校教育で最後まで教わらないから知らない」という不満を持つ方もおられるようです。あるいは、「何かと政治観に絡みがちだから、他人と話題にしにくい」「資料が多すぎて、どれを信じればよいのかわからない」という方もいらっしゃるでしょう。

しかし、近現代史はやはり、それ以前の歴史に比べると、現在に暮らす私たちのふだんの生活に、より直接的に関わってくるもの。知識に極端に大きな穴があると、簡単に騙されてしまったり、知らないうちに誰かを傷つけてしまったりする可能性も出てきてしまいます。

もちろん、すべての時代・地域の歴史に精通することは普通、できません。ところがインターネットの普及以降、この「穴」に侵蝕してくるようなかたちで、極端な意見が大手を振ってまかり通る一方、その誤りを訂正するのに手間も時間も追いつかない、という状況が、しばしば見られます。デマは一瞬で広がるのに、その検証は、必ずゆっくりとしか広がらないのです。それによって、あたかも日本人の近現代史観は、それぞれの立場によって「断絶」しつつあるかのようです。

こうした中で、歴史について、どのような姿勢で考えてゆけばよいのでしょう。

一つだけ確実に言えるとすれば、「一方の極端な意見に性急に飛びついて、他を全否定しない」ということでしょうか。

たとえば、維新と終戦について言うと、

「明治以来、七十七年の間」に築き上げてきたモノやコト＝「伝統と国柄」

とする視点があるなら、

「終戦以来、七十数年の間」に築き上げてきたモノやコト＝「伝統と国柄」

とする視点も、あるはずです。

どちらを否定してもそれは、「私たちの日本」の否定。
どちらもありのままに捉えて止揚《しよう》するのが大切だと、私は思います。

目次

はじめに　1

「明治の夜明け」の章

1　薩摩藩は庄内藩に恨みを持っていない。「私闘」を演じたのは長州藩である　22
番外篇1　靖國神社と鎮霊社　25
2　十七条憲法も五箇条の御誓文も、近代民主主義の精神とは無関係である　27
3　都市としての江戸に、ロンドンやパリ以上の歴史はない　30
4　版籍奉還で中央集権体制ができあがったのではない　33
5　「廃城令」は「城を取り壊す」という命令ではない　35
6　岩倉使節団は元々、不平等条約の改正交渉が目的ではなかった　37
7　ビスマルクは岩倉使節団に軍事力について語っていない　41
8　「鉄道開通」の驚異は、すぐれた「経営」にあった　44
9　「富国強兵」の根幹は「地租改正」と「徴兵令」である　48
10　「文明開化」は漸進的に進んだ　50
11　世界史を見渡せば、「急激な近代化」を成し遂げたアジアの国は他にもある　52

12 「明治六年の政変」は、薩摩・長州閥が「征韓論」で巻き返しを図ったものではない 56
13 明治政府の外交は、「即断即決」でもなければ「拙速」でもない 60
14 西南戦争の歴史的意義は「明治維新の終結」ではない 63

「世界に打って出る日本」の章

15 大日本帝国憲法は、聖徳太子以来の日本の政治思想を深く研究し反映したものではない 70
16 一八七〇年代から、日本は東アジアに「触手を伸ばして」いた 75
17 伊藤博文にとって、天津条約には国内世論を抑える意味があった 79
18 東学党の乱は二回あり、一回目は鎮圧されたのではない 81
19 日本は善意やボランティアで朝鮮を独立させたわけではない 83
20 「独立門」は「日本と清からの独立」を記念して建てられた 87
21 日清戦争の勝利で国民は「戦争は金になる」と思ったわけではない 89
22 列強は清が「眠れる獅子」ではないことを知っていた 91
23 「たった一つの言語で古今東西の文学を読めた国」は日本だけではない 94
24 朝鮮半島は「火薬庫」になっていない 97
番外篇2 **教科書と参考文献** 102
25 日英同盟は、ロシアとの戦争に備えて結ばれた 104

26 日露戦争は日本にとって、圧倒的に不利な戦いではなかった 107
27 高橋是清が説得したのはイギリス政府ではない 112
28 「バルティック艦隊」は世界最強だったわけではない 115
29 日露戦争の世界史的位置づけは慎重にする必要がある 118
30 日露戦争は「植民地」の人々に自信を与えたが、失望も与えた 120
31 日露戦争は、「新聞社に煽動された国民自らが望んだ」戦争ではない 124
番外篇3 日英同盟と義和団事件 127
32 大韓帝国を保護国とする際、日本は「世界」の了承を取り付けていない 130
33 「近代化によって独り立ち」させるために大韓帝国を保護国化したわけではない 132
34 韓国併合のプロセスで「武力を用いていない」とは言えない 135
35 一進会は韓国最大の政治結社ではないし、韓国内の世論は併合に反対だった 138
番外篇4 植民地支配は「収奪」だけではない 142

「大正から昭和へ」の章

36 「ヨーロッパの火薬庫」とは、「独立を目指す動き」だけを指す比喩ではない 152
37 第一次世界大戦へのイギリスの参戦理由は「三国協商」によるものではない 156

38 日本が第一次世界大戦に参戦した経緯を「日英同盟」だけに求めるのは不正確である 159
39 ロシア革命では、まだソ連は成立していない 162
40 日本による人種差別撤廃の提案には背景がある 166
41 「アメリカの敵意」を一方的に強調しすぎている 169
42 ジョンソン・リード法は「日本人移民排斥法」だったわけではない 172
43 「二十一カ条の要求」は「時代遅れの国際常識」だった 175
44 ワシントン会議において、日英同盟はしかるべくして失効した 183
45 明治から大正にかけての社会問題にまったく触れられていない 189
46 関東大震災直後、朝鮮人の渡日数は激減した 192
47 張作霖爆殺事件に「諸説」はない。事件の首謀者は関東軍参謀である 199
48 統帥権干犯問題のきっかけは野党ではない 202
49 一九二七年の南京事件で、幣原外交は一定の役割を果たした 206
50 満州の朝鮮人入植者が「いい暮らし」をしていたとは言えない 209
51 満州は中華民国の一部だった 214
52 五・一五事件の助命嘆願運動は、マスコミの報道だけが煽ったのではない 216
53 二・二六事件に「皇道派」は欠かせない 218
54 ナチスもファシスタ党も、正当な選挙で政権を取ったとは言えない 221
55 ドイツと中華民国の蜜月は、対日敵視政策とあまり関係がない 224
56 コミンテルンは一九三〇年代に方針を転換し、「暗躍」はしていない 226

57 盧溝橋事件に始まる日中戦争に、侵略意図がなかったとは言えない 228
58 南京大虐殺はフィクションではない 231

「大東亜戦争」の章

59 佐藤賢了は「黙れ」発言を取り消し、議会は恫喝に屈しなかった 239
60 ミュンヘン会談の時点でイギリスとフランスは、ドイツと戦争可能な状態になかった 242
61 「まやかし戦争」は「戦争をする気がなかった」という意味ではない 244
62 樋口季一郎の「オトポール事件」にドイツは抗議していない 247
63 「バスに乗り遅れるな」は陸軍の動きを表した言葉ではない 252
64 仏印進駐は、軍部の暴走により起きた 256
65 アメリカが一方的に経済制裁をして、日本を戦争に追い詰めたのではない 258
66 「ハル・ノート」によって開戦の決意が固められたのではない 262
67 対米開戦の宣戦布告が遅れたのは大使館員だけのせいではない 266
68 戦争目的として「共存共栄」と「資源収奪」は矛盾する 268
69 「騙し討ち」がプロパガンダならば「自衛のための戦争」もプロパガンダである 270
70 占領地での日本の軍政は、共存共栄とはほど遠かった 274
71 ミッドウェー海戦と「言霊主義」は無関係である 279

72 ガダルカナル島の戦いは根拠なくアメリカ軍の兵力を見積もったわけではない 283
73 日本は「総力戦」を理解していた 286
74 コミンテルンは一九四三年に解散しており、「陰謀」はない 289
75 アメリカの大規模な反攻がないから日本は講和を進めなかったわけではない 291
76 中国大陸での戦いの優勢も、大局的には無意味になった 294
77 陸軍は最終的に「沖縄を捨て石にした」と言える 297
78 東条内閣の打倒は岸信介一人で実現したのではない 299
79 日本は本土空襲がハーグ陸戦条約違反ではないと示してしまっている 302
80 ドイツに原爆を投下せず、日本に投下した理由が「人種差別」にあるとは断言できない 306
81 ポツダム宣言受諾は八月十四日 310

「敗戦と占領」の章

82 ポツダム宣言受諾は「有条件降伏」ではない 317
83 日本はGHQの「間接統治」によって赤化を免れた 321
84 日本国憲法は「押し付け」ではなく、草案と作成に多くの日本人が関わっている 325
85 東京裁判は「報復措置」の一つではない 331
86 「近代になって、戦勝国が敗戦国の兵士に残虐な仕打ちをした例」に日本軍も該当する 335

87 ローマ教皇庁の靖國神社に関する見解には背景がある 338
88 昭和天皇は閣僚たちの意見を聞いているだけではなく、自らの意見を口にした 343
89 「ＷＧＩＰ」は「戦争についての罪悪感を日本人の心に植え付ける宣伝計画」ではない 346
90 ＧＨＱの検閲が戦時中のものより酷かったとは言えない 350
91 「ＷＧＩＰ」の施策はラジオ放送と新聞だけだった 355
92 国民は「ＷＧＩＰ」のラジオ放送によって初めて軍部を憎んだわけではない 357
93 「教職追放」は「ＷＧＩＰ」とは無関係である 362
94 「公職追放」は「ＷＧＩＰ」とは無関係である 366
95 「マッカーサー神社」の創建は計画されていない 382

番外篇5 魔法の言葉「ＷＧＩＰ」 373

96 戦後、朝鮮人に治外法権はもちろん、不逮捕特権など認められていない 375
97 「農地改革」はアメリカの社会実験ではない 378
98 マッカーサーは失禁していない 382

「日本の復興」の章

99 戦後の「奇跡的な復興」を支えたのは、アメリカをはじめとする諸外国の援助である 390
100 東南アジア諸国要人の「日本礼賛」が不正確で出典不明なものがある 393

101 冷戦は、NATOに対抗するワルシャワ条約機構が成立して始まったのではない 396
102 中国共産党の「土地革命」を誤解している 398
103 「全面講和」と「単独講和」の違いは数の多寡ではない 402
104 戦犯赦免運動は、「WGIP」が日本人洗脳を企図していなかったことを証明している 406
105 日米安全保障条約が結ばれる国際的な情勢とプロセスの説明が不十分である 410
106 「新安保条約」の評価には「経済協力条項」が欠かせない 414
107 在日朝鮮人帰国事業には、左右両派の思惑があった 419
108 岸内閣と池田内閣とでは、世論にかなり「温度差」があった 423
109 政府はメディア問題に鈍感であったわけではない 425
110 水俣病もイタイイタイ病も、一九五五年以降に発生したのではない 427
111 「五十三億ドル」は朝鮮半島全体に残した資産の総額である 429
112 「南京大虐殺」を中国は「外交カード」に使用しなかった 430
113 歴代首相の靖國神社参拝と、中曽根康弘首相の参拝の意味は大きく違う 433
114 日本人学生の徴用には給料が払われたし、徴兵された朝鮮人も戦場に送られた 437
115 沖縄返還は、本土復帰運動が促したのであり、核兵器の開発と絡めるべきではない 438
116 日中国交正常化はアメリカの意向ではなく、日本自らの意思で外交した例である 440
117 「ベ平連」と「JATEC」は違う 443
番外篇6 教科書と「近隣諸国条項」 445

118 石油戦略は第四次中東戦争でアラブ諸国が敗れたから始まったのではない 449
119 安全保障をアメリカに委ねたから「平和ボケ」になったのではない 451
120 「人の命は地球より重い」という福田赳夫首相の発言は世界中の失笑を買っていない 453

「平成」の章

121 「共産主義」と「社会主義」は違う 462
122 『朝日新聞』は文化大革命を批判した 466
123 日本政府は冷戦後の国際情勢に適切に対応してきた 469
124 七十年以上にわたって積み重ねられ、育まれてきたことを、踏みつぶし、歪め、刈り取り、絶滅させようとする動きこそ危険である 474

あとがき 479

参考・引用文献 483

『近代～現代篇』索引

もう一つ上の日本史

『日本国紀』読書ノート

近代〜現代篇

本書は、著者・浮世博史が「こはにわ歴史堂のブログ」に連載（二〇一八年十二月〜一九年四月）した「『日本国紀』読書ノート」全二二七回のうち、第百三〜二百二十七回までの分を大幅加筆改稿し、関連原稿を加えたものです。

別文献からの引用に際しては、

百田尚樹『日本国紀』（幻冬舎、二〇一八）からの場合＝▒内に

教科書や史料など、『日本国紀』以外からの場合＝前後一行空き

としてそれぞれ示しました（引用文については、仮名遣いを改めたり、ルビを整理したりしている箇所があります）。

また、浮世博史による別の記述の参照を示す際、

上巻『古代〜近世篇』内の場合＝（→上〇講）

本書『近代〜現代篇』内の場合＝（→〇講）（→番外篇〇）

としてそれぞれ表記しました。

「明治の夜明け」の章

俳人の中村草田男《くさたお》が、

降る雪や明治は遠くなりにけり

と詠んだのは、昭和六年（一九三一）のことです。

この年、日本は大陸への進出を本格的に企図し、満州事変を起こしました。

草田男は、父が清国領事をしていました。そのため福建省廈門《アモイ》で生まれ、日露戦争開戦の明治三十七年（一九〇四）、母とともに本籍地の愛媛県に帰ってきました。まさに明治時代が終わろうとしていた年代に、彼はそこで小・中学生として過ごします。

その後、一家は東京に移住したものの、草田男は大学生の時（一九三〇年）に一度、愛媛にもどりました。少年時代を過ごした小学校を訪れて昔を思い出し、昭和の現在がまだ明治であるかのように錯覚するとともに、その明治がもう本当に消えていくのだなあ、と感じたそうです。

もちろん、昭和初期の人たちがみな彼のように「明治が遠くなった」と感じたわけではありませんが、「あの頃とは違う」という思いを多くの人たちが感じていたことは確かでしょう。

日清・日露戦争を経て、朝鮮半島を植民地化し、第一次世界大戦を経験、そして新たに大陸への進出を目指す。近代化を実現していきながらも、さまざまな矛盾や問題点を抱えて、人々は昭和を迎えます。

明治日本の目標、はたしてその延長・到達点が、大正・昭和だったのか。

この章を通じて、その答えが浮き彫りになっていくでしょう。

1　薩摩藩は庄内藩に恨みを持っていない。「私闘」を演じたのは長州藩である

「明治の夜明け」という章は、「戊辰戦争」の項から始まります。明治新政府の誕生に前後して、旧幕府勢力と官軍とが各地で争った戦いでした。

「明治元年（一八六八）三月（新暦四月）、江戸無血開城が決まったが、政治機構がすんなり明治政府に移行したわけではなかった。〔……〕新政府は、会津藩と庄内藩の討伐のために東北に軍隊を送った。新政府は長州藩と薩摩藩から成り立っていたが、この二藩は会津藩と庄内藩には遺恨を持っていた。」（283頁）

たいへん誤解と事実に反した部分があります。

まず、「新政府は長州藩と薩摩藩から成り立っていた」とありますが、実は王政復古の大号令（西暦一八六八年一月）の時に、長州藩はようやく「朝敵」を解除されたばかりでした。意外に思われるかもしれませんが、最初の段階では長州藩から新政府に誰も参加していないのです。「いや、この記述は長州藩と薩摩藩が中心だったという意味だ」と解釈したとしてもやはり無理があります。新政府

で定められた「三職《さんしょく》」は、「総裁《そうさい》」「議定《ぎじょう》」「参与《さんよ》」から成り立っていましたが、一八六八年三月の段階でようやく長州藩も本格的に参画できるようになりました。

「総裁」は有栖川宮熾仁《たるひと》親王。

「議定」は、皇族五名、公家十二名、大名は島津茂久《もちひさ》（後の忠義《ただよし》）・徳川慶勝《よしかつ》・浅野長勲《ながこと》・松平慶《よし》永《なが》・山内豊信《とよしげ》・伊達宗城《むねなり》・細川護久《もりひさ》・鍋島直正《なべしまなおまさ》・蜂須賀茂韶《はちすかもちあき》・毛利元徳《もとのり》・池田章政《あきまさ》の十一名。

「参与」のうち藩士出身者は薩摩藩九名、長州藩五名、福井藩五名、尾張藩五名、佐賀藩三名、土佐藩三名、広島藩三名、宇和島《うわじま》藩二名、岡山藩二名、鳥取藩二名、その他八名の諸藩士・国学者から構成されていました。

新政府の中で、薩摩・長州が中心的存在となるのは、一八七一年の「廃藩置県」によって公卿《くぎょう》・諸侯が一掃されてからの話。ある意味、「廃藩置県」は公卿・諸侯を排除するためのクーデターのようなもので、いわゆる「藩閥《はんばつ》政府」（一部の藩、特に薩長土肥の出身者に独占された政府）の体制はこれ以後のことです。

ここでは「参議」が実質上の新政府の中核となり、一八六九年から副島種臣《そえじまたねおみ》、前原一誠《いっせい》、大久保利通《としみち》、広沢真臣《さねおみ》、一八七〇年からは佐々木高行《たかゆき》、斎藤利行《としゆき》、木戸孝允《たかよし》、大隈重信《おおくましげのぶ》らが担うようになります。「新政府は長州藩と薩摩藩から成り立って」おり会津藩・庄内藩討伐は「遺恨」によるもの、というのは百田氏の「新政府」に対するイメージ、思い込みにすぎないのです。

それから、薩摩藩は庄内藩に「恨《うら》み」を持っていません（ネット上にも、「恨み」に準拠した意見が見られますが）。

「長州藩は「蛤御門の変」で会津藩に京都から放逐された恨みがあり、薩摩藩は江戸でテロ活動をし

た際に庄内藩に藩邸を焼き討ちされた恨みがあり、両藩はこの機に乗じてそれらの仇を討とうと考えたのだ。」（283頁）

長州藩はともかく、「庄内藩による薩摩藩邸《はんてい》焼き討ち」は、小説やドラマでよく演出されますが、フィクション独特の誇張なんです。

指揮官は庄内《しょうない》藩家老石原倉衛門《いしはらくらえもん》ですが、**「討ち入った」のは庄内藩兵だけではなく**、鯖江《さばえ》藩、上山《かみのやま》藩、岩槻《いわつき》藩の四藩です。**薩摩側から見れば「幕府軍」というイメージ**で、個々の藩に対しての「恨み」を思わせる史料はありません。なにより、庄内藩は鳥羽・伏見の戦いに参加していませんし、一八六八年一月に新政府が発表した「朝敵名簿」に入っていません。後に庄内藩が新政府と戦うことになるのは、あくまでも奥羽越列藩同盟《おううえつれっぱんどうめい》（戊辰戦争に際し、奥羽・北越の諸藩が官軍に対抗し結成した攻守同盟）に加わってからです。

「明治政府による奥羽越列藩同盟討伐は、一分の正義もないものであった。徹底抗戦を宣言した相手ならともかく、恭順の意を示した相手を討伐する理由はない。敢えていえばまったく日本的ではない。これは長州と薩摩による報復の私闘に他ならず、無益な戦いであるばかりか、この後の日本にとってマイナスをもたらす以外の何ものでもない内戦であった。」（284頁）

賛同できる部分もあるのですが、「長州と薩摩による報復の私闘」とは言えません。実は庄内藩に対して、征討軍の司令官だった西郷隆盛はあくまでも奥羽越列藩同盟の一藩としか理解しておらず、戦いの後は、黒田清隆《くろだきよたか》に城受け取りを任せています。

庄内藩はすでに戦死している石原倉右衛門を「首謀者」として申告し、黒田清隆もこれを認め、西郷隆盛は「もう戦いも終わっているのだから、恭順の意を示している相手に過酷な処置をする必要はない」と、なんと庄内藩にそのまま領地安堵を決定したのです。

ところが、これに異を唱えたのが長州藩でした。特に大村益次郎《ますじろう》は強硬に庄内藩の処罰を要求し、西郷隆盛も閉口したようです。その場にいた土佐藩の佐々木高行は、「公明正大西郷、有陰後暗長州人」という感想を日記（『保古飛呂比《ほごひろい》』）に残しています。

戊辰戦争中の長州藩の行動は、幕末の尊王攘夷運動のように過激で、これは庄内藩に対してだけではありません。とにかく朝敵の責任者を処罰したがりました。ですから、**長州藩の苛烈な「私闘」こそ、「この後の日本にとってマイナス」をもたらした、**と言うべきで、「薩摩」を共犯扱いするのはどうかと思います。

庄内藩は結局長州の意見に押された新政府の苛烈な処分を受ける（後年領地を回復します）ものの、寛大な処分決定に感謝し、現在でも庄内には西郷を尊敬する雰囲気が残っています。

番外篇１

靖國神社と鎮霊社

コラムで、靖國《やすくに》神社の話が紹介されています。

「明治二年（一八六九）、戊辰戦争の戦没者たちを慰霊、顕彰するための施設として東京招魂社《しょうこんしゃ》が創建され、六月二十九日（新暦八月六日）に、戦没者三千五百八十八柱を祀《まつ》った。東京招魂社は明治一二年（一八七九）に靖國神社と名を変え、西南戦争、日清戦争、日露戦争、日中戦争、

大東亜戦争で戦没した軍人を祀ることになる。〔……〕戊辰戦争で賊軍として戦って死んだ人は祀られていない。」（285頁）

この書き方だと誤解する方がいるかもしれないので補足しますと、靖國神社には軍人だけではなく、従軍看護婦、軍需工場労働者、対馬丸《つしままる》遭難児童なども「祀られて」います。

ただ、「祀られている／いない」という表現は、是非、「合祀《ごうし》されている／いない」という表現に改めてほしいところです。私の親戚のおじさんたちは元軍人が多く（特攻隊の生き残りや、キスカ島から生還した人もいます）、この「違い」をよく説明していました。

どういうことかと言うと——靖國には、「鎮霊社《ちんれいしゃ》」という「社」があります。ここは本殿に「合祀」されていない戦争犠牲者を「祀っている」場所です。**戊辰戦争の賊軍兵士や西南戦争の西郷隆盛に味方した兵士たちも「祀られて」いるのです。**

なので、厳密には、靖國神社に「戊辰戦争で賊軍として戦って死んだ人は祀られていない」（285頁）というのは誤っています。「合祀されていない」と訂正してほしいところです。

大阪に四天王寺という寺院があります。

仏敵、物部守屋《もののべのもりや》を倒す時、聖徳太子が「今もし、我をして敵《あだ》に勝たしめたまわば、護世《ごせし》四王《おう》の御為に寺を建てん」（『日本書紀』）と誓願し、勝利を得たために建立したのが四天王寺と言われています。

実は、その倒された物部守屋が、なんと四天王寺に「祀られて」います。四天王寺境内、東側に「太子殿《たいしでん》」という場所がありますが、その横というか奥に「物部守屋の祠《ほこら》」があるんです。

聖徳太子は、敗者を尊重しただけでなく、守屋の領地の人々を迫害したりせず、四天王寺の公人としました。

「敗者に手をさしのべる」という思想は古代から存在します。むろん、敗者が怨霊となって「祟《たた》り」を為すことを回避するため、「神」として「祀る」という意味もあるでしょう（物部守屋の祠は「願成就宮《がんじょうじゅのみや》」とも言われています）。

靖國の鎮霊社と四天王寺の物部守屋の祠。どちらも、本殿・金堂《こんどう》に比してたいへん小さいですが、戦いに負けた人をも受け入れる、という大きな気持ちが、そこにはあると思います。

2　十七条憲法も五箇条の御誓文も、近代民主主義の精神とは無関係である

一般に、「合議制」（複数の構成員で話し合い意思決定を行なう）と「民主制」（民主主義のもと政治を行なう）は別のものです。が、どうも、「五箇条の御誓文」の項の記述は、これらを混同されているような気がしないでもありません。

「戊辰戦争を戦っている明治元年（一八六八）三月に、明治政府は「五箇条の御誓文」を発表した。
これは明治天皇が天地神明に誓約する形で、公家や大名たちに示した明治政府の基本方針であるが、
注目すべきは最初の二条である。
「広ク会議ヲ興シ万機《ばんき》公論《こうろん》ニ決スベシ」

> 「上下心ヲ一《いつ》ニシテ盛《さかん》ニ経綸《けいりん》ヲ行フベシ」〔……〕まさに近代的民主主義の精神に満ち溢《あふ》れている。それだけでも十分な驚きだが、私は、千二百年以上前に聖徳太子が作ったといわれる「十七条憲法」との類似性に唸《うな》らされる。すなわち「和を以《もっ》て貴《とうと》しと為し」「上やわらぎ下むつびて」というくだりである。日本は古来、専制君主制ではなく、政治は皆で行なっていくのが理想と考えてきた国なのである。」（285〜286頁）

十七条憲法の「和を以て貴しと為し」「上やわらぎ下むつびて」は、あくまでも豪族《ごうぞく》間の勢力均衡と、支配者とそれに仕える役人の関係、について説いたものでしかありません（↓上7講）。また、「五箇条の御誓文」（現在は「五箇条の誓文」と表記します）は近代民主主義の精神とは別のものです。

福岡孝弟《たかちか》が考えていた当初の案では「誓文」ではなく「会盟《かいめい》」でした。それが「会盟では諸侯と天皇が対等となる」だけでなく、王政復古の理念である「諸事《しょじ》神武《じんむ》創業《そうぎょう》之始《はじめ》ニ原《もと》キ」に反するとして、最終案では削除されています。福岡孝弟、由利公正《ゆりきみまさ》、そして木戸孝允と筆を加えられてゆく過程で、会盟ではなく天皇が神に誓うもの（誓文）とされ、「近代的民主主義の精神」からは遠ざかる改定が続いたのです。

誓文は太政官《だじょうかん》日誌（後の官報）によって「公開」されてはいますが、これを置いていた書店は都市のみで、購入できる層も限られ、農村部で知る者は少なかったことがわかっています。一般庶民に対しては、別に「五榜《ごぼう》の掲示」が掲げられ、五倫《ごりん》道徳の遵守《じゅんしゅ》のほか、徒党《ととう》・強訴《ごうそ》・逃散《ちょうさん》、キリスト教、農村からの脱走などを禁止し、基本的に江戸時代と変わらぬ制限を再認識させ、こちらは周知徹底されています。

「広く会議ヲ興シ万機公論ニ決スベシ」も一八七四年に、板垣退助《いたがきたいすけ》らがこれを「民撰議院《みんせんぎいん》の設立を意味する」と解釈して自由民権運動を開始しますが、誓文の第一項が実現するには、一八八九年の大日本帝国憲法の発布、すなわち二十余年の歳月を要しました。

また一九七七年に昭和天皇がおっしゃられたように、**仮に「民主主義を採用したのは明治大帝の思召し」としても、明治新政府の要人たちは、全員そのように考えていたとは言い難い対応をとっています。**

山県有朋《やまがたありとも》は自由民権運動や政党を「専《もっぱ》ら下等の人民を籠絡《ろうらく》し、過激・粗暴の士を寄せ集める」として糾弾《きゅうだん》し、讒謗《ざんぼう》律・新聞紙条例、集会条例などを次々と出し、保安条例なども定めて自由民権運動を抑えこもうとしました。

第二代内閣総理大臣黒田清隆は憲法発布の翌日、演説で「超然《ちょうぜん》主義」を唱えています。

> 憲法は敢《あえ》て臣民《しんみん》の一辞《いちじ》を容るる所に非《あらざ》るは勿論《もちろん》なり。唯《た》だ施政上の意見は人々其《その》所説《い》を異にし、其合同する者相投《あいとう》じて団結をなし、所謂《いわゆる》政党なる者の社会に存立するは亦《また》情勢の免《まぬが》れざる所なり。然《しか》れども政府は常に一定の方向を取り、超然として政党の外に立ち、至公至正《しこうしせい》の道に居らざる可《べか》らず。

これはまさに「万機公論ニ決スベシ」とは真逆の理論で、政府内からも批判が出ました。大日本帝国憲法の起草者である井上毅《こわし》・金子堅太郎・伊東巳代治《いとうみよじ》らが反発し、「民の声を以て神の声とし、民の心を以て朕《ちん》の心とすとの玉《たま》ふ名君を貶《けな》し、万機公論に決すと宣《のたま》へる聖旨《せいし》を裏切る」と激しく批判しています。

また、「日本は古来、専制君主制ではなく」というのもどうでしょうか。

大化の改新以降、中央集権化を進めて大宝律令《たいほうりつりょう》が定められましたが、このとき唐《とう》の律令制度をモデルとした段階で、天皇を中国の「皇帝」に擬していたことは明らかだと思います。

平安・鎌倉・室町・江戸、いずれの時代も政権運営において「合議制」は随時とられており、その意味で「政治は皆で行なっていく」とは言えるものの、明らかに「民主制」ではなく、「君主制」であることに違いはないと思います。

「専制君主制」をどのようなものと百田氏が解釈されているかはわかりませんが、ヨーロッパの絶対主義時代をイメージしているならば、確かに、日本の過去にそのような政体は見られません。

ただ、日本が参考にしたドイツ帝国やフランス第二帝政などは極めて専制的な君主制で、その意味では、明治維新は古来の日本のあり方を、西洋的な近代君主国家へと改変するものだったと言えます。

3　都市としての江戸に、ロンドンやパリ以上の歴史はない

続く「日本大改造」の項で、新政府による「改革」が列挙されていきます。

「まず明治元年（一八六八）七月十七日、明治天皇は「江戸ヲ称シテ東京ト為スノ詔書」を発し、江

戸は東京となった。」（286頁）

以下は誤りの指摘ではありませんので念のため。

「明治」の前の元号は「慶応《けいおう》」です。「明治」に改元されたのが慶応四年九月（一八六八年十月）でした。ただ、改元詔書《かいげんしょうしょ》で、さかのぼって「慶応四年一月一日から明治元年とする」としているので、「明治元年七月十七日」に東京改称の詔書は出た、とも言えるのですが、学校教育の歴史の記述としては、

「**慶応四年七月十七日に、江戸を改称して東京とし、同年九月に「明治」に改元した**」

と説明します。というのも、入試に並べ替えなどの問題があったりするので、「江戸を東京に改称した後、明治に改元した」と理解しておく必要があるのです。

以下は「誤り」の指摘です。

「東京という名前を誰が決めたのかはわからないが、この改称には徳川政権の名残をすべて消し去ろうという意図がうかがえる。町や土地の名前には謂《いわ》れがある。それをわざわざ消し去り、別称に改めるという行為を、私は良しとしない。江戸はロンドンやパリ以上に歴史のある町であったのに、現在、この由緒ある名前が使われていないのは残念というほかない。」（287頁）

「東京」という名前は、すでに江戸時代に構想されていました。

十九世紀前半、佐藤信淵《さとうのぶひろ》という、現在でいうところの経済学者がいました。高校の教科書にも出てくる人物で、産業の国家統制と貿易を重要視する、いわば「重商主義論」を先駆《さきが》けて提唱していました（著作である『経済要録《けいざいようろく》』『農政本論《のうせいほんろん》』が入試でも出てきます）。その佐藤が、一八二三年に著した『宇内混同秘策《うだいこんどうひさく》』の中で、

「江戸を王城の地と為し、以て東京と改称すべし。大坂とで二都制を設けるべし」と提唱しています。この書は、幕末に薩摩藩士や長州藩士、開明的幕臣たちに多く読まれていたようで、大久保利通がこの書から「東京」という名称を採ったという話もあります。**佐藤信淵の構想は明治維新との類似性が高く、当時の為政者には多くの影響を与えていた**と言えそうです（余計な話かもしれませんが、現在「維新」を唱える「大阪維新の会」が、「大阪都構想」を出されているのも面白いところです）。

「東京」は「徳川政権の名残をすべて消し去ろう」というよりも、「自分たちがめざしてきた日本の構想」を象徴する言葉であり、新政府は旧幕臣たちにも理解される名称として選択したものだと思います。

ですから、「東京」という名称にも、それなりの「謂れ」があり、当時の思いつきなどではなく、近代国家を築くにふさわしい名称であったとも言えます。「わざわざ消し去り、別称に改める」だけの背景と理由は十分にありました。

「江戸はロンドンやパリ以上に歴史のある町であった」については、一刻も早い削除を要します。このような記述を海外の方が読んだならば、失笑を買ってしまいます。

ロンドンやパリは、古代ローマの時代からある都市で、ロンドンは「ロンディニウム」、パリは「ルテティア」という呼称でした。「ロンドン」「パリ」という名称になったのも中世であって、江戸よりもはるかに歴史の長い街です。

江戸がいつから都市となったか、というのは強引に遡《さかのぼ》っても一四五七年の太田道灌《おおたどうかん》の江戸城築城以降となりそうですが、普通は徳川家康による造営事業からと考えるべきで、早くとも十六世紀末以降の「町」でしょう。

4　版籍奉還で中央集権体制ができあがったのではない

「翌明治二年（一八六九）、政府は「版籍奉還《はんせきほうかん》」を実施する。全国に三百近くあったすべての藩が、領地と領民を朝廷に返上するというもので、これにより明治政府の中央集権体制ができあがった。」（287頁）

まずは例によって細かいことですが、**全国すべての藩がこのときいっせいに版籍奉還をしているわけではなく、翌年にかけて順次行なわれました。**これは強制的に命じたり実施させたりしたものではなかったからです。教科書では、その事実をふまえて、

「木戸孝允・大久保利通らが画策して、薩摩・長州・土佐・肥前の4藩主に朝廷への版籍奉還を出願させると、多くの藩がこれにならった。」（『詳説日本史B』262頁）

と表現し、その後、**一八七一年の「廃藩置県」を以て中央集権体制ができた**、と説明します。したがって、「これ〔版籍奉還〕により明治政府の中央集権体制ができあがった」は誤りです。

「版籍奉還」と「廃藩置県」の間の経緯を述べますと――奉還以降、藩主の家禄と藩の財政が分離されただけで旧大名は実質的に温存され、徴税も軍権も、従来通り各藩に属したままでした。

このため、明治政府は限られた直轄地《ちょっかつ》(当時これを「府県」としていました)からの年貢徴収を厳しくしないと財政をまかなえなくなり、結果、新政府に反対する一揆が続発してしまいました。これは各藩でも同じで、江戸時代と何も変わらない重い税に不満が高まります。長州藩では、奇兵隊《きへいたい》までもが反乱を起こすようになり、武力で鎮圧しなければならない事態に陥りました。

「版籍奉還と廃藩置県を実施するに際し、旧藩の武士たちが激しく抵抗するかもしれないと恐れていたが、それは杞憂《きゆう》に終わった。」(同)

これらは司馬遼太郎の『この国のかたち』『「明治」という国家』や『翔ぶが如く』などの小説で語られていることですが、実際は版籍奉還の後、**新政府の足下の長州藩で「抵抗」が起こっていました。**長州藩だけではなく、岡山・島根などの中国地方の諸藩でも反対一揆が起こりました。

だからこそ、明治新政府は「廃藩置県」を実施しなくてはならず、軍隊まで用意して実行したのです。教科書の記述が、

「新政府は藩制度の全廃をついに決意し、1871(明治4)年、まず薩摩・長州・土佐の3藩から御親兵《ごしんぺい》をつのって軍事力を固めたうえで、7月、一挙に廃藩置県を断行した」(『詳説日本史B』同)

と、「ついに決意し」「断行した」というような表現となっているのはこのためです。

百田氏の説明にもあるように、多くの藩が「返済困難な借金」(287頁)に苦しんでいたことは確かですが、注目すべきはこの負債《ふさい》の原因の一つは「戊辰戦争」だったということです。特に東北の諸藩は、

百万円の負債（現在の二百～三百億円）をかかえていた仙台藩をはじめ、多くが窮乏していました。全国の合計が七千八百十三万円、当時の国家予算の二倍。新政府は、一八四三年以前の借金を帳消しにし、一八四四年以降の三千四百八十六万円を国債化して、政府で引き継ぎました。

福井藩の場合はさらに興味深く、藩校で物理・化学を講義していたアメリカ人教師グリフィスが『明治日本体験記』の中でこんな記録を残しています。

「廃藩置県を通知する使者が来た時に騒然となったが、藩校で学ぶ藩士たちは、「これからの日本は、あなた方の国やイギリスの仲間入りができる」と喜んだ。」

木戸孝允が日記に廃藩置県の目的を「始《はじめ》て稍《やや》世界万国と対峙《たいじ》の基定《もとさだめ》まると云ふべし」と記していますが、その考え方が共有できていたところが面白いですね。廃藩置県は借金帳消しや、力でねじふせられる、という後ろ向きな理由だけで受け入れられたのではなさそうです。

5 「廃城令」は「城を取り壊す」という命令ではない

「明治六年（一八七三）には、「廃城令」が出され、一部を除いてすべての城が取り壊された。この時、特例で取り壊しを免れた姫路《ひめじ》城や彦根《ひこね》城などは、現在、国宝になっている。もし「廃城令」が出されていなければ、今も日本全国に多くの天守閣が残されていたはずで、それらは非常に貴重な文化財で

あったと同時に、どれほど素晴らしい景観であったかと思うと、惜しみてあまりある。」（288頁）

「廃城令」を大きく誤解されています。

正式名称は「全国城郭《じょうかく》存廃ノ処分並《ならびに》兵営地等撰定方《せんていがた》」。名前の通り「存城」か「廃城」かを「撰定」するものでした。ですから、「取り壊しを免れ」たのも、「特例」というより規定通りなんです。

文化財保護の観点などまったく無関係に、陸軍の軍用財産として残すものは「存城処分」、それ以外は「廃城処分」なのですが、廃城の場合でも、破却するかの判断は、陸軍省の管轄から大蔵《おおくら》省に移ることになります。**「廃城＝取り壊し」ではなく、「軍用施設ではなくなる」という意味**なんです。

「存城」の場合、建物や構造物の「処分」は陸軍省の自由でした。そのため存城でも会津《あいづ》若松《わかまつ》城は城の土台部分が残され、上の建物はみな取り壊されました。

逆の例が姫路《ひめじ》城で、陸軍の施設が造られましたが、城郭は残されました。ですから姫路城は「特例で取り壊しを免れた」城ではありません。

「特例」と言えるのは彦根《ひこね》城。明治政府が、陸軍省に対して「城郭の一部を保存しろ」と通達を出すという異例の措置《そち》がとられています。

「廃城」になると、なにせ大蔵省の所管ですから、基本的には売却、つまり民間に払い下げられます。建物は取り壊され、土地として売買の対象にされたものが少なくありませんでした。犬山城は天守閣を残して元の所有者成瀬氏に下げ渡され、なんと二〇〇四年まで個人所有が続きました。

松本《まつもと》城は競売にかけられて地元の有力者たちに買い取られ、破却を免れています。

また、**日本の城すべてに天守閣があったわけではありません。**

江戸時代には、天守閣を持たない、あるいは途中でつぶれて再建していない城郭が多く、また現在多くの城がなくなっているのは、廃城令後の老朽化や火災、太平洋戦争による空襲での焼失などが原因です。

先述のように、「存城処分」でも破却された城もありますし、「廃城処分」でも破却を免れた城もあります。**天守閣だけに限れば、廃城令の後も、六十が残っているのです**。その後、失火や老朽化などでしだいに減少し、第二次世界大戦直前に二十一になりました。

そしてこのうち八つが空襲で失われ、松前《まつまえ》城は戦後の失火でなくなり、現在十二の天守閣が残っています。廃城令で「一部を除いてすべての城が取り壊された」のではありません。

6　岩倉使節団は元々、不平等条約の改正交渉が目的ではなかった

岩倉使節団について。
「廃藩置県が行なわれた明治四年（一八七一）、政府は岩倉具視を全権大使とする使節団をアメリカとヨーロッパに送る。〔……〕彼らの目的は不平等条約の改正と欧米諸国の視察だった。
まずアメリカに渡った一行はアメリカ政府の政治家や役人たちに歓待され、「これほどの歓待ぶりなら、条約の改正など快く受け入れてくれるだろう」と期待を抱いた。しかしいざ交渉に入ると、まったく相手にされず、彼らは大きなショックを受ける。明治の重鎮たちは、国際社会も「外交」も知らず、国際条約というものを甘く考えていたのだ。」（288頁）
ここはドラマや小説でもよく誤解されて描かれる部分ですが、そもそも**岩倉使節団は、条約改正交**

渉をするつもりなく出発しました。

安政《あんせい》の諸条約は、明治五年五月二十六日（一八七二年七月一日）が協議改定期限でした。しかし、国際法に基づく国内法が整備されておらず、そうした状況での条約改正交渉は、不平等の「改正」ではなく「強化」につながる可能性がありました。

実は、この段階での「不平等条約」は、安政の諸条約締結時、また「改税約書《かいぜいやくしょ》」の締結時よりもさらに不平等な内容になっていました。

「幕府が結んだ不平等条約」という印象を明治新政府が喧伝したため誤解されていますが、**改正しようとした不平等条約は、幕府ではなく明治政府のおかげでさらに「不平等」になってしまっていたの**です。これこそ学校が教えない日本史。

たとえば明治二年（一八六九）に、ドイツ帝国ができる前のドイツ（北ドイツ連邦）と条約を結んだのですが、なんと沿岸貿易の特権を認めているのです。

さらに同年、オーストリア＝ハンガリー帝国とも日墺《にちおう》修好通商条約を締結。これがまたなんと、それまで日本が諸国に認めてきた利益や特権に「施行細則」を付加したもので、解釈によってあいまいに運用できた項目が、すべて日本に不利なように規定されてしまいました。治外法権の内容も安政の諸条約よりはるかに日本に不利な内容にさせられてしまい、それが「片務的最恵国待遇《へんむてきさいけいこくたいぐう》」（条約締結国の一方のみが、相手に対し他の第三国に劣らない最もよい待遇を保障する）によって他国にもすべて適用されたのです。**この背景には、明治政府を幕府に代わる相手としてできるだけ早く国際的に承認してもらいたい、という焦りなどがありました。**

こうして、以後の改正目標は「日墺修好通商条約」となりました。

改めて整理しますと、幕府が締結した安政の五カ国条約は、治外法権にせよ関税自主権にせよ、それほど不平等なものではありませんでした（→上89講）。当時の水準で言えば、清が諸外国と結ばされた南京《ナンキン》条約、天津《てんしん》条約、北京《ペキン》条約に比して不平等ではなく、とくに関税率についてはむしろ国際水準並でした。

ところが長州藩の無謀な下関《しものせき》戦争の「しりぬぐい」をさせられる形で改税約書に調印させられ、そこから経済的にもかなり不利な状況に陥ることになります。そして新政府が一八六九年に北ドイツ連邦への特権付与、日墺修好通商条約の締結を行い、「不平等」が決定的になってしまったのです。

このように、以後の新政府による条約改正交渉の対象となる「標準条約」は、安政の諸条約ではなく、「日墺修好通商条約」でした。

さて、岩倉使節団は、この失敗を繰り返すわけにはいきません。国際法と国内法の整備が終わるまで、協議改定期限を延期してもらう交渉に出かけたのです。**正確には、岩倉具視使節団の目的は「条約改正交渉の延期」でした。**

ところが、アメリカに着いてから、駐米代理公使の森有礼《もりありのり》、アメリカの駐日公使デロングが「条約改正の本交渉を始めてもよいのでは？」と提案し、伊藤博文《いとうひろぶみ》もこの話にのってしまいます。使節団の目的に「条約改正交渉」が付加されたのは、アメリカに渡ってからだったのです。

ところが、明治天皇の委任《いにん》状が必要であると言われ（国書ではありません。よく国書がなかったから拒否された、と解説される場合もありますが誤りです）、それを留守政府に発行してもらいますが、交渉を始めると内地雑居の商人と輸出関税の撤廃を要求され、他国からはアメリカとの単独交渉を非難されてしまい、結局、改正交渉は以後の訪問国では一切行なわないことになりました。ですの

で、

「明治の重鎮たちは、国際社会も「外交」も知らず、国際条約というものを甘く考えていたのだ。」（288頁）

これはちょっと辛口《からくち》にすぎます。

もともと条約改正交渉するつもりはなかったのに、森有礼や伊藤博文の勇み足で失敗しただけです。「外交」も「国際条約」も十分理解していたがゆえに、**使節団と同じ時期に以下の重要な外交問題（条約改正よりもある意味重要）については、手際よく解決しています。**これもまた学校が教えない日本史ですが……。

まず幕末、江戸と横浜を結ぶ鉄道敷設《ふせつ》権がアメリカに認められていたのですが、これを撤廃させることに成功しています。

次に北ドイツ連邦（プロイセン商人ガルトネル）に与えてしまっていた北海道七重村《ななえむら》（現在の七《なな》飯《え》町）の三百万坪の九十九年間契約の租借《そしゃく》地の回収に成功しています。

さらに、イギリス人商人グラバーが幕末に利権を得ていた高島炭坑の鉱山権益がオランダに売却されていたのですが、この回収にも成功しています。

また、横浜における外国軍（英・仏）の駐留もなくすことに成功しました。

鉄道敷設権、租借権、鉱山利権、軍駐留権というのは、帝国主義諸国が植民地や支配地域に適用する「四大権益」です。これらを明治初期に退けられたことは、後の日本の近代化、富国強兵、殖産興業にとって、たいへん大きな意味を持つことになりました。

明治新政府は「外交」を知らなかったのでも、「国際条約を甘く考えていた」のでもありません。

7　ビスマルクは岩倉使節団に軍事力について語っていない

続いて、使節団がヨーロッパに渡った際のこと。

「誕生したばかりのドイツ帝国では、鉄血宰相といわれたビスマルクに会っている。ビスマルクは一行にこう語っている。

「あなたたちは国際法の導入を議論しているようだが、弱い国がそれを導入したからといって、決して権利は守られない。なぜなら大国は自国に有利な場合は国際法を守るが、不利な場合は軍事力をもって外交を展開する。だから日本は強い国になる必要がある」（289頁）

この部分、おや？　と思ったんです。

使節団は、一八七三年三月十一日にビスマルクに面会していますが、その時、こんなこと言ってるのかな？　と思い、記録を調べてみました（U. Wattenberg “Die Iwakura-Mission in Berlin”）。おそらくこの部分だと思うのですが。

（原文）

Bismarck führte in dieser Rede aus, dass man zwar zur Zeit die Einführung eines Völkerrechtes diskutiere, was aber schwachen Ländern bei der Durchsetzung ihrer Rechte wenig helfen würde.

Japan müsse daher versuchen, stark zu werden.

Er wünsche Japan viel Erfolg bei der Modernisierung des Landes und betonte, Deutschland beabsichtige nicht

– im ausdrücklichen Gegensatz zu England und Frankreich – sich am Wettlauf um Kolonien zu beteiligen
（私訳）

　ビスマルクは、このように忠告した。

「現在、国際法の導入を検討しているようだが、弱い国がそれを採用したからといって権利の行使の助けにならない。だから日本はまず強くなることを試みられよ」

　彼は、日本が近代化することを希望し、そしてドイツはイングランドやフランス帝国のように、植民地競争に関わるつもりはない、ということを強調した。

「なぜなら大国は自国に有利な場合は国際法を守るが、不利な場合は軍事力をもって外交を展開する」という一文、ないんですよ。少なくとも十一日の「面会」では、ビスマルクは言っていないようです（Wikipedia ドイツ語版にも同じ文章が引かれていますが、日本語版ではドイツ語版にない一文が含まれてしまっています）。

　もしや、三月十五日のレセプション（使節団を招待しての晩餐会）でのビスマルクのスピーチではないかと、使節団の一員・久米邦武《くめくにたけ》の『欧米回覧実記』に記録された発言を見てみました。

「方今世界ノ各国、ミナ親睦礼儀ヲ以テ相交《あいまじわ》ルトハイヘドモ、是全ク表面ノ名義ニテ、其陰私ニ於テハ、強弱相凌《しの》ギ、大小相侮《あなど》ルノ情形ナリ、我普国ノ貧弱ナリシハ、諸公モ知ル所ナルベシ、〔中略〕大国ノ利ヲ争フヤ己ニ利アレバ、公法ヲ執《とら》ヘテ動カサズ、若シ不利ナレバ、翻スニ兵威ヲ以テス、小国ハ〔中略〕以テ自主ノ権ヲ保セント勉ムルモ、其簸弄凌侮《はろうりょうぶ》ノ政略ニアタレバ、殆《ほとん》ド自主スル能《あた》ハザルニ至ルコト、毎《つね》ニ之アリ、是ヲ以テ慷慨《こうがい》シ、〔中略〕一国対当ノ権ヲ以テ外交スベキ国トナラント……」

「大国ノ利ヲ争フヤ己ニ利アレバ、公法ヲ執ヘテ動カサズ、若シ不利ナレバ、翻スニ兵威ヲ以テス」。

これですね。この「なぜなら大国は〜」というビスマルクの言葉は、岩倉具視使節団が三月十一日に面談で言われた言葉と、三月十五日の宴席での演説の一部を誰かが混ぜ合わせて、ネット上に出回っているうちに定着してしまったのだと思います。

　インターネット上の解説には、近現代の記述になればなるほど、このような原文にはない表現や、誰が言ったかわからない話が紛れ込んでいるものが増えていきます。何に関しても評価するのは自由ですが、それが誤った事実に基づいていたなら、生まれる歴史観も評価も誤りになります。

　ところで、「どっちだろうとビスマルクが言ったんだから似たようなものじゃないか」と思われるかもしれませんが、文脈が異なります。**三月十五日の彼の演説は、当時のヨーロッパとプロイセンの置かれていた立場をふりかえって**（「本日ノ享会ニ於テ、侯親《みずか》ラ其幼時ヨリノ実歴ヲ話シテ言フ」と前置きして）**話したもの**ですから、**日本のことを言っているのではない**のです。

「軍事力をもって外交を展開する」のはイギリスやフランスのことでした。ビスマルクはすぐれた外交を展開し、ドイツ帝国を成立させた後は、ヨーロッパに勢力均衡による平和な状態をもたらし、その間に経済発展を進める、という「ビスマルク体制」をつくりだした人物です。「軍事力にモノを言わせる」というのは、ビスマルクについての単なるイメージにすぎません。

　このレセプションでビスマルクの隣に座った木戸孝允は、ビスマルクから「両国の親睦に必要ならドイツから有能な人材を送ってもよい」と言われています（『木戸孝允日記』明治六年三月十五日）。ビスマルクは軍事援助などではなく、経済発展に必要な人材の提供を申し出ているのです。

したがって、三月十一日に使節団に話したビスマルクの言葉の中に「軍事力」はなく、あるのは「Modernisierung（近代化）」でした。軍事に関連する「Waffen（武器）」も、「Armee（軍）」も、「Truppe（軍隊）」も、出てこないのです。

8 「鉄道開通」の驚異は、すぐれた「経営」にあった

続いて「驚異の近代化」という項です。

「日本は凄《すさ》まじい勢いで近代化へと突き進んだ。」（291頁）

これはかつての教科書で言われていた明治維新・文明開化のイメージです。現在では、「近代化」に突き進んだのは幕末から、と説明します。幕府だけではなく、薩摩藩や肥前藩などについてもそうです。

開国後つくられた蕃書 調所《ばんしょしらべしょ》（洋学の教授と外交文書の翻訳を行なった役所）は、洋書調所、開成所《かいせいじょ》と改称し、それまで医学・軍事に偏っていた「洋学」が政治・経済へと広がりを見せます。

一八六〇年には天然痘《てんねんとう》の予防接種を行なう民間の種痘所《しゅとうしょ》が幕府の直営となり、医学所と改称されて近代的医学の研究も深まりました。

留学生も多く送られます。

榎本武揚《えのもとたけあき》・西周《にしあまね》・津田真道《つだまみち》らがオランダに、中村正直《まさなお》がイギリスに留学することになりました。幕府だけではなく長州藩も、井上馨《かおる》・伊藤博文をイギリスに派遣します。薩摩藩も五代友厚《ごだいともあつ》・寺島宗則《てらしまむねのり》・森有礼をイギリスに派遣しました。

アメリカの宣教師で医師のヘボンは、診療所だけでなく英語塾も開き、ローマ字の和英辞典をつくって日本人の教育に大きく貢献しました。

イギリス公使オールコックは、日本の美術工芸品を収集して一八六二年のロンドン万国博覧会に出品しています。

幕府も一八六七年、パリ万博に葛飾北斎の浮世絵、陶磁器などを出品させ、日本の文化の知名度を上げることに成功しています。

民間に広まり始めた外国の文化・思想・技術は、しだいに人々の攘夷思想への懐疑をもたらし、商人や豪商らには、藩に対して攘夷を改めるように求める者も出てきました。彼らが経済的にも支援するようになったことが、薩摩や長州の開明化を促進させたのです。

ところで、日本最初の鉄道（いわゆる実験線）も実は幕末です。一八六五年、日本人に鉄道を紹介するため、トーマス・グラバーが長崎に約六〇〇mの区間を走らせました。

「明治五年（一八七二）に日本初の鉄道が「新橋―横浜」間（約二九キロ）で開通した。私はこの事実に驚愕する。鉄道計画が始まったのは明治二年（一八六九）十一月、測量が始まったのは明治三年（一八七〇）三月である（戊辰戦争が終わったのが前年の五月）。そこからわずか二年半で最初の鉄道を開通させたことはまさに驚異である。」（同）

この鉄道は、イギリスの方式によって建設されています。

だいたいどこの植民地でも、ある一定の区間を計画して認可が出て、測量・着工・営業開始まで三〜五年かかっています。ちなみにアジア最初の鉄道はイギリスによって建設されたインド（ボンベイ―ターナー間の約四〇km）で、一八四九年に計画されて一八五三年に営業を開始しています。

日本は一八六九年に計画し、測量・着工・営業開始まで三年で二九kmです。「わずか二年半」を「驚異」と言われていますが、どこもだいたいそんなものです（早さだけで言うならば、クリミア戦争［一八五三〜五六年］の時の要塞までの戦場を結ぶ鉄道建設などは新橋―横浜の半分の距離ですが、イギリスは二カ月で完成させています）。

日本はすでに築城（城の土台造り）を経験している労働者が多く（江戸時代、農民は御手伝い普請《ふしん》などに従事していました）、橋をかける工事なども大工が動員されています。この点は、他のイギリス植民地の労働者よりも習熟していました（ただ、多摩川にかける橋梁だけは、イギリス人の指導を必要としました）。

「いや、明治維新から四年しか経ってないのに鉄道をつくったのはすごい！」という意見もあるかもしれませんが、それを言えば、インドも南アフリカもニュージーランドも事情は同じなんです。

まず、鉄道建設は日本の「自前」ではありません。資金も技術もイギリスからの提供でした。建設の設計・指導もイギリス人（エドモンド・モレルら）、車両はすべてイギリス製ですし、運転する機関士もイギリス人、ダイヤ作成など運用もイギリス人（W・F・ページ）、燃料の石炭もイギリスからの輸入で、国産は枕木の材木くらいでした。

日本の発展段階が明治時代でなくても江戸時代でも室町時代でも、十九世紀のイギリスの技術ならば鉄道を敷設できたでしょう。

日本の鉄道が「すごい」のは、完成した早さでも、堤を築いて海の上を走らせたことでもありません。「経営」なんです。

まず、**経営権と引き替えに資本と技術を提供する方式**（植民地でよく見られた形式）**を拒否してあくまでも政府直営にこだわり**（大隈重信が頑強に主張）、**イギリスがそれに理解を示したことがポイント**でした。

前にも申しましたように、イギリスを初めとする列強は、世界を自分たちの都合のいいように塗り替えていて、原料供給地は植民地に、購買力がある地域は市場に、というように「役割分担」させていました。日本は「市場」、つまり「商売相手」として認めてもらえていた、ということなんです。

これはやはり、幕末にロンドンやパリの万博でさまざまな日本の文物が紹介され、文化水準の高さだけでなく、職人技術の高さもイギリスの産業資本家たちの間に知られるようになっていたことも理由の一つです。

インドの鉄道は、経営権をイギリスが掌握し、原材料の輸送、現地の労働力活用・動員、用地接収など「支配」に利用されたのですが、日本の鉄道は経済援助の見返りとして将来的な「商売上の利益」を生む、とイギリスは考えたのです。

実際、日本の鉄道の利用客は、運賃が高額（十五kgの米四十銭の時代に、三十八銭から一円十三銭ほどの運賃）であったのに一日四千三百人以上の利用があり、旅客収入が四十二万円で、貨物の二万円を大きく上回り、経費二十三万円を差し引いても、なんと二十一万円の利益をあげていました。これ、十分、先進国並みの鉄道経営です。鉄道は「儲かる」事業だったのです。

西郷隆盛や大久保利通など、旧薩摩藩は反対の姿勢を示していたのですが、大久保はさすが慧眼《けいがん》、試運転に一回乗って「始《はじめ》て蒸汽車に乗《のり》候《そうろう》処《ところ》、実に百聞一見にしかず。愉快に堪《たえ》ず。この便を起さずんば、必ず国を起すこと能《あた》はざるべし」と日記（一八七一年九月二十一日）に記し、推進派に転じました。

鉄道が「植民地支配」の象徴となった国と、「近代化」の象徴となった国の違いは、この「経営権」にあったのです。

9 「富国強兵」の根幹は「地租改正」と「徴兵令」である

「〔明治新政府は〕教育にも力を入れ、明治一〇年（一八七七）に東京大学を設立した。この時、東京大学に入学した学生は全員が江戸時代の生まれで、当然、現代のような義務教育などは受けていない。」（292頁）

一八六八年に明治に改元されていますので、明治生まれの人は、この段階ではわずか九才。入学者全員が江戸時代生まれなのは当然です。義務教育はまだ存在していませんが、旧幕府時代の医学所、開成所などですでに高度な教育を受けている人ばかり。特に開成所錬成方出身の三人は、開成所入学後に編入されたため、東大設立の一八七七年の段階で、最初の卒業生（理学部化学科）となっています。

東京大学は、新しい組織として作られたのではなく、すでにあった医学所や開成所からできたものです。また入学するには「東京大学予備門」で専門教育を受ける必要があり、現代のような義務教育は受けていませんが、当時では最高水準の教育を受けた人たちしか入学していません。東京大学を直接「受験」する制度ではありませんでした。

「身分制度も改められた。〔……〕いわゆる「四民平等」となった。ただ、一部地域の戸籍には、穢多や非人は「新平民」や「元穢多」「元非人」と記載され、後々までも差別問題として残った。」（292〜293頁）

部落問題の研究者灘本昌久氏の研究によれば、明治四〜五年（一八七一〜七二）の壬申《じんしん》戸籍に「新平民」という記載がされたというのは広く信じられている俗説であり、実際の記載はすべて「平民」であることがわかっています。役人が勝手に書き込みをしている例はあるようですが、**戸籍そのものの様式に「新平民」は存在していません。**しかも書き込みの例もごくわずかで、全体の一％もないようです（灘本昌久「「差別語」といかに向きあうか（上）」）。

「地租改正によって、江戸時代には禁じられていた田畑を売買することが許され（田畑永代売買禁止令解禁）、また土地には税金が課せられることになった（地租改正条例）。」（293頁）

明治時代の大改革である「地租改正」の説明があまりにも希薄で、驚きです。富国強兵の基礎を支えただけでなく、寄生地主《きせいじぬし》制を生み出し、戦後の「農地改革」まで日本の社会構造の根幹をつくり出した制度の話がわずか二行では、GHQの占領政策の意味がまったく正しく伝わりません（↓上68講）。これは徴兵令に関しても同様で、

「海軍省と陸軍省が創設され、男子は兵役に就くことが義務付けられた（徴兵制）。」（同）

と、一文で終わり。

『古代〜近世篇』でも申し上げたように、通史はネタフリとオチが大切。ここで地租改正後の社会変化と、寄生地主制を説明していない（あるいは理解不足の）ために、後の農地改革の説明が、

「しかし現実には日本の地主の多くは大地主ではなく、小作農からの搾取もなかった。」（438頁）

というような誤解されたものになるのです（農地改革は、大地主かそうでないか、搾取《さくしゅ》があったかなかったか、の問題ではありません。『日本国紀』第十一章以降の多くの誤認と誤解は、明治時代に起因するものが多く、この点はまた後で詳細に説明します→97講）。

そこまで先のネタフリでなくとも、地租改正と徴兵令の解説が不十分だと、目前の「自由民権運動」の背景につながりません。「地租改正反対一揆」、「血税騒動《けつぜいそうどう》（徴兵令反対一揆）」の話があればこそ、自由民権運動の広がりと、不平士族たちの反政府運動とを関連させて説明できるのです。

10 「文明開化」は漸進的に進んだ

「地租改正」については希薄でしたが、続いて、さまざまな近代化、文明開化の例が挙げられています。

「明治四年（一八七一）、「散髪脱刀令」を出し、男性はそれまでの髷を切り、いわゆる「ざんぎり頭」になった。華族や士族などは洋服を着るようになり、靴や帽子も流行した。牛鍋店、パン屋、西洋料理店が増え、ビールや紙巻タバコが売られるようになった。上流階級の生活に椅子やテーブルが使われるようになる。〔……〕その頃の銀座の風景を描いた絵や版画を見ると、江戸時代からわずか数年後の街並みとはとても思えない。」（293頁）

銀座を「馬車が行き交う街」とも紹介されていますが、「その頃の銀座」の絵や版画の何を見られ

三代歌川広重「東京開化名勝京橋石造銀座通り両側煉化石商家盛栄之図」(1874)

たのでしょうか。もし、「馬車」といっても、「鉄道馬車」が描かれていれば、それは一八八二年以降を描いた絵。江戸時代から「わずか数年」ではなく、十数年後の銀座です。

　馬の曳く乗合馬車は、浅草から新橋まで一八七四年から一八八〇年まで営業していました。しかし、一日六往復ですので「行き交う」というような状況ではありません。その頃の様子を描いた浮世絵がありますが、面白いのは、まだ着物やちょんまげの人がいることです。

　また、「新しい都市計画を作り煉瓦造りの洋風の街とした」(293頁)、といってもまだ不十分で、一階は煉瓦、二階は木造といったものでした。「銀座の大火」(一八七二年二月)の後、「不燃都市」をめざして煉瓦《れんが》造りの都市計画を進めたのは由利公正です。火災後の道路の拡幅を図ったのですが、被災した人たちが銀座に戻る時には、地価が大幅に上がり、以前よりはるかに高い賃料が必要となってしまいました。また再建に木造を禁止したので、せっかく煉瓦造りにしたのに、賃料が高くて空室もめだちました。実際、多くの人が銀座には戻れず、他地域からお金持ちが移住して店などをかまえることになります。やはり**一八八二年以降でないと、教科書の挿絵などに見られる「銀座の煉瓦街」は実現していないのです。**

江戸時代から「数年後」にはまだ、人々の生活・風俗は都市部でも江戸時代のままでした。まして農村部では太陽暦も広がらず、都市部は一八八〇年代以降、農村部は日清戦争後でなければ、「近代化」は広まっていません。

「〔これらが〕戊辰戦争終結後の五年以内に行なわれたのは驚愕の一語である。しかも版籍奉還や廃藩置県を行ないながら、である。」（293～294頁）

これは一八八〇～九〇年代の風俗と混同されています。教科書や風景画に見られるような世界は、版籍奉還・廃藩置県の後、さらに十年を必要としなければ実現していないのです。

11 世界史を見渡せば、「急激な近代化」を成し遂げたアジアの国は他にもある

「世界史を見渡しても、これほど急激に近代化を成し遂げた国はない。」（294頁）

アジアだけに例をとっても、近代化を「成し遂げた」国は割とあります。もちろん十九世紀にしぼってもそれは言えます。

そもそも「驚異の近代化」（291～294頁）の項で紹介されているのは、どう読んでも一八七〇年代の話

ですが、当時の日本は「近代化を成し遂げた」とはとても言えない状況でした。近代化に「取り組み始めた」と言うべきでしょう。「成し遂げた」と言えるのは、日清戦争と日露戦争の間ごろではないでしょうか。

一八六八年の五箇条の誓文に始まり、一八八九年の大日本帝国憲法の制定までの間のアジアを眺めてみますと――。

まずオスマン帝国は、十九世紀の前半、一八三九年にギュルハネ勅令を発して一八七六年にミドハト憲法を制定するまでの間、「タンジマート」という近代化を進めました。その初期の様子はまさに明治維新。タンジマートの前にイギリスと通商条約を結び、これはイギリスがアジア諸国と結ぶ条約の原型となります。

その後、ギュルハネ勅令によって、西洋式の政治体制をつくって省庁制を導入、軍事・政治・文化・教育の西欧化を始めました。中央集権的な官僚体制をつくり、近代的な軍隊を整備。一八四〇年代初期には銀行もつくられ、近代的な教育機関としての学校も設立されました。

岩倉具視使節団にも参加していた福地源一郎《ふくちげんいちろう》と島地黙雷《しまじもくらい》は、オスマン帝国がイギリスと結んだ不平等条約改正を順調に進めていると知り、現地に行ってそれを見習おうとし、さらにはオスマン帝国の裁判制度も取り入れようと研究しました。タンジマートは明治維新の手本にもなっています。

それから、清で進められた「洋務《ようむ》運動」は、規模も投入された資金も、はるかに明治維新を上回るものでした。

「洋務運動」は一八六一年から始まります。大量の鉄砲・軍艦の輸入から入り、電報局、製紙工場、製鉄所、陸海軍の学校、西洋書籍翻訳局を次々に設立しました。一八六一年から六四年にかけてほぼ西洋式の軍需工場を完成させています。教育・留学事業も大々的に進み、六二年には京師同文館《けいしどうぶんかん》という外国語研究機関がつくられ、軍事大学でも、六六年には近代的な軍事教育を受けた卒業生を出し、訓練された艦隊や軍隊の士官を供給しています。

清に対する軍事的な遅れを意識していたからこそ、日本は一八八〇年代の緊縮的な「松方財政」でも軍事費だけは削減できず、後の山県有朋の「利益線」論（国の主権の及ぶ範囲だけでなく、その安全に関わる地域も保全すべし、との論）につながっていきます。日清戦争を前に明治新政府は、洋務運動による中国の急激な近代化とその成果を十分認識していました。洋務運動は日本の近代化を促した（焦らせた）隣国の成功例です。

タイの「チャクリ改革」は、明治維新とよく対比されます。ラーマ五世は一八六八年、十五歳で国王となりました。この点、十四歳で即位した明治天皇と同じような状況です。また、イギリスやフランスがタイをめぐって外交上の「かけひき」を展開していたことも日本の状況と似ています。

まず、奴隷の解放や封建的支配を受けていた下層市民・農民を解放するなど近代的な社会改革を始めました。人材育成のための学校の設立を図り、エリート養成だけでなく義務教育を開始します。王室メンバーの海外留学だけでなく、中流階級の留学も奨励し、すべての官僚が留学経験者となりました。

軍事改革も陸軍を中心に進められ、諸貴族や地方勢力と結ぼうとする英・仏を牽制する力となったことから、軍と国王の密接なつながりが生まれます（後のタイの政治で、軍が国王に忠誠を誓いながらも政治に関与する由来はここにあります）。

内政面でも、鉄道・道路の整備、電信・電話、郵便、そして水道を整備しました。地方勢力の委任統治《とうち》を廃止したことは版籍奉還、廃藩置県によく似ており、州を置いて郡制・町村制を敷いたのは、日本で山県有朋がドイツ人顧問モッセの助言で地方制度を整備したことにそっくりです。

これらは明治維新とほぼ同じ二十年間の成果です。

「近年、東南アジア諸国において、日本の明治維新が研究材料となっていることも頷ける。」(294頁)

「明治維新が研究材料になっている」とは、政治家が参考にしていたり大学で研究されたりしている、ということでしょうか。**日本に関する研究は、「近年」というより、二十世紀の後半から現在にいたるまで、東南アジアの各国で行なわれていますが、明治維新は単に「成功した近代化のお手本」と捉えられているわけではない**と思います。

たとえばイ・ケトット・スラジャヤ氏による「インドネシアにおける日本研究の現状と将来」という分析が、一九九四年に出されています。これを見ると、同国での論文のテーマがいくつも挙げられています。「明治時代の自由民権運動」「明治時代の教育」「日露戦争」「聖徳太子」「キリスト教と鎖国」「明治時代の女性運動」「岩倉具視」「太平洋戦争」「1946年日本国憲法」「北方領土問題」「町人の歴史」「自衛隊」「西郷隆盛」「日清戦争」「西周」「出島《でじま》」「財閥」「平安時代」「満州事変」「殖産興業」「安保条約」「明六社《めいろくしゃ》」「日本の台湾侵略」「総合商社の歴史」「天皇裕仁《ひろひと》」のテーマが見られます。多岐にわたってはいますが、「明治時代」が多いようですね。しかし問題は、明治維新の「何を」研究しているか、です。スラジャヤ氏はこう述べています。

「発展途上のインドネシアが直面する問題の背景を考察する時、1960年代後半以来の日本の経済的な成功を含めて、明治維新から第二次世界大戦終結にいたるまで、日本が民主主義を確立できなかったことは、非常に興味をそそる。」

インドネシアは比較的「親日」的と言われますが、そんな国でもこのように、日本の近代化が民主主義に至らなかった理由と問題を明治維新に見出そうとする視点があります。他国の研究の視点は、「日本はすごい」という日本側の楽天的・自己満足的な評価とは無縁なところに向けられている、と思わなければ滑稽《こっけい》です。岩倉具視使節団も、イギリスやアメリカを視察し、その繁栄の「陰」の部分をちゃんと学んでいます。

明治初期の、まだ見た目だけの西洋の「ものまね」は、近代化を成し遂げた、とはもちろん言えません。当時の日本人からも批判されており、民友社《みんゆうしゃ》の徳富蘇峰《とくとみそほう》は、政府の進める欧化政策を「貴族的」であると批判し、「上からの欧化」ではなく、「下からの欧化」を説きました。

また、政教社《せいきょうしゃ》の三宅雪嶺《みやけせつれい》は国粋主義の立場から欧化政策を批判し、政府内でも、井上毅《こわし》・谷干城《たにたてき》などが反発しています。「すごい」ところばかりにとらわれないのが正しい歴史研究だと思います。

12 「明治六年の政変」は、薩摩・長州閥が「征韓論」で巻き返しを図ったものではない

「征韓論」をきっかけに西郷隆盛・板垣退助・江藤新平・副島種臣らが政権を去った「明治六年の政変」と呼ばれる出来事について、独特な解釈がなされているので、詳しく見ていくことにします。

「司法卿《きょう》の江藤新平（肥前）が、陸軍大輔《たいふ》の山県有朋（長州）と大蔵大輔の井上馨（同）を汚職疑惑で辞任に追い込んだことによって、〔対立が〕一気に表面化した。これは明らかに土佐・肥前閥が薩摩・長州閥の発言力の低下を狙ってのことだった。

危機感を抱いた薩摩・長州閥が、「征韓論」反対で巻き返しを狙ったのが、「明治六年の政変」だった。」（295頁）

まず、「汚職疑惑」とは、尾去沢《おさりざわ》銅山事件と山城屋《やましろや》事件のことだと思います。

尾去沢事件は、井上馨が旧南部藩の借金貸借問題から尾去沢銅山を没収して私財にしようと企んだ事件です。

また山城屋事件は、陸軍の公金を山県有朋が懇意にしていた御用商人山城屋に私的に貸し付けて回収不能になったといわれる事件です。山県の関与が十分に疑われましたが、問題の背景は薩摩を中心とする近衛《このえ》部隊の桐野利秋《きりのとしあき》らと、長州の山県有朋らの対立でした。江藤新平が山県を辞任に追い込んだのではなく、桐野利秋らが追及して山県を辞任させたのです。

ほぼ薩摩兵で構成されていた近衛の都督《ととく》（長官）に、長州の山県有朋が就いていたことへの薩摩の反発は強いものでした。つまり、薩摩と長州も対立していたのです。江藤新平による尾去沢事件と山城屋事件の追及に関しては、土佐閥は何の関係もありません。

そのため、百田氏の次のような単純な対立の説明は誤りです。

「この政変は、表向きは「征韓論」で対立した形だったが、実態は薩摩・長州閥と土佐・肥前閥の勢力争いだった。」（同）

実態は、**「薩摩と長州の対立」「肥前の内部対立」「薩摩の内部対立」が複雑に絡んだもの**でした。

「これは「岩倉遣欧使節団」（内治派）と、その外遊中の「留守政府」（征韓派）と呼ばれる者たちの対立でもあった。」（同）

とも書かれていますが、これは一九八〇年代までにドラマや小説の設定でよく用いられたものです。現在はこんな単純な見方はしません。

そもそも山県有朋・井上馨は「留守政府」側でしたし、「岩倉使節団」にいた山口尚芳《なおよし》・久米邦武は肥前閥、田中光顕・佐々木高行は土佐閥です（外遊中には「重要な政策は実施しない」と約束していたのに「地租改正」や「徴兵令」を進めた、と木戸や大久保が責めるような場面がドラマや小説では見られますが、それらは長州の山県・井上が進めたものでもあります）。

「政府内で、西郷隆盛、江藤新平、板垣退助らを中心に「征韓」を唱える声が上がった（「征韓論」）。しかし大久保利通や木戸孝允らは、対外戦争はまずいと判断して反対する。大久保らはまず国内をしっかり治めることが最優先であると考えていた。」（294頁）

「征韓論」をこのように解説するのは現在では珍しいです。

武力討伐を唱えたのは板垣退助。武力征伐に強く反対したのは西郷隆盛でした。

「明治政府は李氏《りし》朝鮮と近代的な国交を結ぼうとし」た（同）ことに対し、李氏朝鮮はあくまでも「旧礼」、つまり旧幕府時代の形式で日本との外交を進めようとしました。国父・大院君《だいいんくん》の過度な排日運動に対し、日本の居留民の保護を名目に軍を派遣しようと主張した板垣退助に、西郷隆盛は旧礼の対応方式で使節として自分が赴き問題を解決する、と主張しました（ちなみに「自分が殺されたら、それを大義名分にして朝鮮を攻めろ」と西郷が言ったというのは俗説です）。

大久保利通・木戸孝允は、西郷隆盛が使者として赴くことが戦争に発展することを危惧しました。

その点、大久保や木戸が「対外戦争はまずいと判断して反対する」は正しいですが、大久保が「国内」を「最優先」に考えていたというのは一部誤りで、これを主張したのは木戸孝允です。**大久保は、清との懸案であった琉球帰属問題、ロシアとの樺太《からふと》・千島領有問題、イギリスとの小笠原諸島領有問題の解決を優先すべきだ、と主張した**のです。ですから、この点は、木戸と大久保の間でも考え方が違っていました。

このように、「征韓派」と括《くく》られていた板垣と西郷も、「内治派」と括られていた木戸と大久保も、それぞれ意見は根本的に違うんです。

ですから大久保は、明治六年の政変後、台湾出兵を行ない、琉球の日本帰属を明確にさせようとし、後の政府が結ぶ樺太・千島交換条約を実現する準備をしました（ちなみに、木戸孝允が台湾出兵に反対して政府を辞めた理由もこれで説明できます）。

何度も言うように、通史はネタフリとオチが大切。征韓論と明治六年の政変を、史実に基づいてちゃんと説明していれば、「台湾出兵」の話（296頁）も、樺太・千島交換条約、そして幕末に水野忠徳の努力によって小笠原諸島領有が実現したこと（→上95講）も、政変後の大久保の話に集約できたのに、なんとも勿体ないところです。

> 「この政変により、土佐・肥前閥は政府の中枢からほぼ一掃され、以後、明治政府は薩摩・長州閥が幅を利かすようになる。
> ただ奇妙なのは、この時、追い落とされた中に、元薩摩藩の西郷隆盛がいたことだ。」（295頁）

「ほぼ一掃され」というのは、あくまでも百田氏が知っている人物がいなくなっただけだと思います。**征韓論に賛成していた大隈重信や大木《おおき》喬任《たかとう》は肥前ですが明治政府の要職についていますし、土佐の福**

岡孝弟・谷干城・佐々木高行も、やはり明治政府の中枢にありました。
「ただ奇妙なのは」と思ってしまうのは、明治六年の政変を単純に薩長・土肥の対立と解釈してしまっているからなのです。

13 明治政府の外交は、「即断即決」でもなければ「拙速」でもない

「朝鮮に開国させる」の項。

「明治五年（一八七二）以来、李氏朝鮮に何度も国交を結ぶ要求をしていた日本は、明治八年（一八七五）、朝鮮半島の江華島《こうかとう》に軍艦「雲揚《うんよう》」を派遣した。しかしこの軍艦が朝鮮に砲撃される事件が起きた（江華島事件）。雲揚はただちに反撃し、朝鮮の砲台を破壊し、江華島を占拠した。」（297頁）

李氏朝鮮との国交交渉が膠着《こうちゃく》する中、日本では協議を有利に進めるため、軍艦を朝鮮近海に派遣して威圧を加える案が出されました。三条実美《さんじょうさねとみ》はこれに反対し、譲歩的な計画を進める寺島宗則の案を支持します。

しかし、譲歩的外交を進める外務省の動きに対して、海軍大輔川村純義《すみよし》は、「雲揚」「第二丁卯《ていぼう》」の二隻の軍艦を秘密裏に派遣。そうしてまず釜山《プサン》に入港させ、あらかじめ通知した上で空砲の射撃訓練などを実施します（艦長の井上良馨《よしか》は征韓論者でしたが、航行中、民家の火災を発見して消火活動を支援したり、賄賂を要求する朝鮮の役人に怒って不正行為を糾弾して謝罪させたりなどもしている剛胆な人物です）。そして沿岸測量を続けながら、首都の漢城《かんじょう》沖の月尾島《げつびとう》に停泊、ボートを下ろして

江華島に向かわせたところ、砲台から攻撃を受けました。

「この軍艦が朝鮮に砲撃される事件が起きた」とサラリと説明されていますが、示威《じい》行為と沿岸測量を続けてきた結果、砲撃されたのです。

井上良馨は、九月二十九日付の上申書に「本日戦争ヲ起ス所由ハ、一同承知ノ通リ」（『綴《つづ》り　明八《はち》孟春《もうしゅん》雲揚朝鮮廻航記事』）と記しており、これらの行動が、朝鮮側からの砲撃を引き出させるための行為であり、軍もそれを承知していたことがわかります（この経緯は、高橋秀直「江華条約と明治政府」、鈴木淳「「雲揚」艦長井上良馨の明治八年九月二九日付け江華島事件報告書」で詳しく説明されています）。

百田氏はその前にペリー来航について、コラムでこのように描写していました。

「ペリーが兵隊を乗せた小舟を下ろし、江戸湾（現在の東京湾）の水深を測るという行動に出た時、防備にあたっていた川越《かわごえ》藩兵はそれを阻止しようとしたが、幕府から「軽挙妄動《けいきょもうどう》を慎め」と命じられていた浦賀《うらが》奉行によって押しとどめられた。自国領内、しかも江戸城のすぐ目の前の海を外国人が堂々と測量することを黙認した幕府の態度は腰抜けとしか言いようがない。」（233頁）

日本はこの時のペリーと同様、沿岸の測量をし、首都の目の前の島に投錨《とうびょう》して小舟を出したのです。違うところは、幕府は「軽挙妄動を慎」んだのに、朝鮮は「砲撃」をした、ということです。百田氏は幕府を「腰抜け」と評されていますが、朝鮮は腰抜けではなく、堂々と意志を貫いたわけです。もし幕府もペリーの測量に対して阻止する動きをとっていたならどうなっていたか、その結果を推測できる解答を明治政府が示したともいえます（後の展開を考えれば、幕府の外交姿勢が正しかったことを、朝鮮は証明しています）。

日本側は、ただちに江華島と永宗島《えいそうとう》砲台を攻撃、永宗島の要塞を占領します。日本側の戦死者は一人、対して朝鮮側は戦死者三十五人、捕虜十六人、鹵獲《ろかく》した砲は三十を越える戦果を挙げ、戦いは日本側の圧勝に終わりました。

「内外に様々な大きな問題を抱えながら、すべての政策と法律がまさに即断即決で出されている。たとえ拙速ではあっても果断に対処していく決断力と実行力は見事である。しかもすべての政治家が近代国家というものを初めて運営しているにもかかわらずだ。」(297〜298頁)

ここに至る日朝交渉、江華島事件後の交渉と日朝修好条規締結の過程に誤解があります。まず、この一連の問題は、一八七一年からの粘り強い交渉が背景にありました。朝鮮側は、幕末日本の長州藩のように攘夷熱にうかされていて、日本だけでなく諸外国ともトラブルを起こしていました。

日本国内も対朝鮮強硬派と穏健派に分かれて征韓論争が巻き起こり、それがきっかけで「明治六年の政変」にまで至っています。**その間、稚拙に「即断即決」しようとはせず、諸外国の意見を聞きながら、また、国内の強硬派(海軍)と穏健派(外務省)のバランスをとりながら、交渉を進めていったのです。**

つまり、外交に関しては「果断に対処していく決断力と実行力」が見事なのではなく、「近代国家というものを初めて運営している」がゆえに、慎重に事を進め、結果的に朝鮮については日本に有利な条約にこぎ着けたのが見事なのです。

フランスにも意見を求め、これを受けて明治政府の法律顧問ボアソナードは、釜山・江華港の開港、朝鮮領海の自由航行権、江華島事件に対する謝罪の三つは要求すべき、と助言していますし、森有礼は「和約を結ぶ以上は和交を進めて貿易を広げることをすれば、それが賠償金の代わりになる」(『大日本外交文書』第九巻、犬塚孝明『森有礼』など)と強硬より穏健の利を説いています。明治政府はペリーにも学ぼうとしました。交渉の前にペリーの『日本遠征記』を熟読、交渉の姿勢などを研究しています。

またイギリス公使のパークスは、日本の交渉の経緯を深く分析して注目していました。日本もそのことは熟知しており、イギリス、そしてロシアなどの介入がないように、配慮して交渉を進めています。

「日本は〔……〕強国が犇《ひし》めきあう世界の中に放り出された赤子のような国家であった。悠長に政策論議をしている時間的余裕はなかったのである。」(298頁)

に至っては完全な思い込み。明治政府は慎重に政策論議を進め、「拙速」どころか「丁寧に」、そして日本に有利な日朝関係を「巧みに」築き上げるのに成功したのです。

14 西南戦争の歴史的意義は「明治維新の終結」ではない

「明治九年(一八七六)から全国各地で、新政府に不満を持つ士族の反乱が続いていたが……」(298頁)

「明治六年の政変」のところで、薩摩・長州閥と土佐・肥前閥の対立の象徴として、江藤新平が井上馨を辞任に追い込んだ話を挙げられているのに、士族の反乱としての「佐賀《さが》の乱」(一八七四年)に触れられていないのが不思議です。

また、明治九年から始まる士族反乱の背景の解説がほとんどありません。廃刀令を引き金に起こった敬神《けいしん》党(神風連《じんぷうれん》)の乱の話もありません。「新政府に不満を持つ士族」とありますが、士族が何に「不満」を持っているのかが何も伝わらないのです。

やはり、「徴兵令」「地租改正」の説明が不十分だったことが大きな原因です(→2講)。それにともない、**薩摩の近衛部隊が徴兵令に反対していたのに、山県有朋らがこれを推進したことが明治六年の政変の背景の一つになっていたことや、学制や徴兵令の負担を不満に思って起こった「血税騒動」**にも触れていません。さらに**廃刀令、士族の俸禄《ほうろく》打ち切り(金禄公債証書《きんろくこうさいしょうしょ》の発行)**なども重なり、**士族たちの不満は一気に表面化した**のです。

「西郷は留守政府の一員でもあり、板垣や江藤らと行動をともにして多くの改革をなすうちに、藩閥を超えて考えを同じくしていたのかもしれない。」(295頁)

というのも史実をふまえない推測で、**板垣と西郷の征韓に対する考え方は真逆**です。また、山県有朋が山城屋事件で追及された時も、西郷は山県をかばおうとし、これをかばいきれなかった後悔を大久保利通に侘びています。**とても江藤と西郷が考えを同じくしていたとは言えません**(→12講)。

「しかし、反乱軍はその年の九月には政府軍に鎮圧され、西郷は自決し、戦争は終わった。以後、士族の反乱は途絶えた。ここに戊辰戦争から十年続いていた動乱の時代が終わりを告げ、明治政府は盤石の体制を築くことができた。」(298頁)

西南戦争は、明治政府を経済的に苦境に陥《おとしい》れ、「盤石の体制」どころか、財政の根幹を揺《ゆ》るがしてしまいました。一八八〇年代の大隈重信、松方正義《まつかたまさよし》による経済改革を余儀なくされ、後の明治政府の経済政策に大きな影響を与えることになります。

西南戦争の戦費は、当時の年間税収四千八百万円に対して、四千万円を超えていました。「破綻《はたん》」と言ってもよいと思います。

このため、政府はできたばかりの国立銀行に不換紙幣を発行させます。幕末以来のインフレーションにみまわれ、地租による税収も大きく目減りしました。

一八八〇年、大蔵卿の大隈重信は緊縮財政を展開し、大幅な増税を行ないました。酒税などができたのはこの時です。官営工場の払い下げは、一般的には殖産興業、つまり産業を発展させるため、と説明されがちですが、もう一つの大きな理由として、財政難解決のための売却の側面がありました。

その方針を引き継いだ松方正義も、増税・緊縮財政を行なって徹底した物価安に誘導します。世に言う「松方デフレ」です。今度は大デフレとなりました。

この結果、繭《まゆ》価・米価が暴落する一方、困窮した小農は、地主に土地を売却して小作人となり、小作農率が四割から五割に増加しました。小作率五割の状態で「現実には日本の地主の多くは大地主ではなく」（438頁）と表現するのはやはり無理があるのです。

大地主は貸金業や酒造業など資本主義経営を行なって富裕化する一方、小作人の一部は都市に子弟・婦女子を労働者として出稼ぎに行かせました。デフレによる原材料費の低さ、農村の貧富の差の拡大が安価な労働力を生み出し、それがやがて国際競争力の高い商品の生産を可能にし、日本の「産業革命」に発展します。

一八七〇年代の文明開化を「驚異の近代化」と表現しているにもかかわらず、本当の近代化とでもいうべき「日本の産業革命」について、第九章の「世界に打って出る日本」でほとんど触れられていないのは驚きです。社会経済史の側面の説明がまったくないまま、戦後のGHQの民主化政策・占領政策を解説するのは、正確さも欠きますし、かなりの無理があると言わざるをえません。

「多くの歴史家が西南戦争の終結をもって「明治維新」の終わりと見做《みな》すのも頷ける。」（298頁）

見てきましたように、西南戦争終結の時点で、国内の問題はまだまだ山積みでした。

現在では多くの歴史家が、**西南戦争を、明治維新の「終結」ではなく「転換点」と捉える**ようになっています。

「世界に打って出る日本」の章

十八世紀にイギリスで始まった産業革命は、十九世紀にかけて世界に広がり、いち早くに成功させた国から、各々の政治・外交・経済状況に応じて、アジア・アフリカへの進出を始めました。

イギリスはインドを直接支配下におさめました。中国ではまずイギリス・フランスが清帝国からさまざまな経済的利権を獲得し、それにロシアの南下政策があいまって、アジアをめぐる諸列強の対立・競合・取引による新しい国際秩序・再編が始まります。

ドイツは十九世紀後半に統一を果たし、遅れながらも工業化に成功して「後発」の列強として世界の分割に参加。アフリカ、オスマン帝国、そして中国へと進出していきます。

列強はまた、経済発展の段階、内政、国内の財政事情、国際関係、進出地域の状況に合わせて支配・進出方法を巧みに変えました。

一方、日本では明治政府が、列強の政治体制を模して近代化を進め、憲法・軍隊・内閣・議会などを約二十年で足早に調えていきました。そのやや性急な改革はいくつかの矛盾や空洞化を生み、同時にそれらが士族の反乱、自由民権運動、社会問題の直接的・間接的な原因となっていきました。

これらと並行して列強の進出と国際情勢をふまえ、幕末に締結された不平等条約の改正交渉、国境・領土の画定を進めます。日清戦争で台湾を手に入れ、日露戦争では南満州の権益を確保し、朝鮮半島に進出してこれを併合することになります。
日本の近代化は、すなわち東アジアにもう一つの「列強」をつくり出すことでもありました。欧米列強を模す以上、政治体制のみならず対外政策を模すことにもなります。
福沢諭吉は、「脱亜論」でこのように言っています。

「現代の日本を発展させる方策を考えると、我国は隣国が開明化するのを待って、共同でアジアを興《おこ》すという余裕はない。むしろアジアの仲間から抜けて、西洋の文明国と行動をともにすべきである。中国・朝鮮と交渉する方法も、日本の隣国だからといって特別の思いやりをする必要はなく、ヨーロッパ人が彼らに対して行なうのと同様の方法で対処すべきである。悪友と仲良くする者は、ともに悪名を受けることを免れ得ない。私は心情からいえば、アジア東方の中国、朝鮮という悪友と交際することを断るものである。」

当時の一知識人の認識ではありますが、以後の日本の歩みは、やがてこれを国是として進行していくかのようです。

15　大日本帝国憲法は、聖徳太子以来の日本の政治思想を深く研究し反映したものではない

「大政奉還までは、徳川将軍が諸侯の上に君臨し、全国に三百近くあった藩では、農民や町人は、殿様が行なう政道に何一つ口を差し挟むことはできなかった。」（301頁）

百田氏自身、すでに「享保の改革」の説明の時に「目安箱」の例を挙げていますし、その誤解の指摘も以前にしました（↓上71講）。

また、庶民が政道に口を挟んで、幕府がそれを変更する、ということも実はけっこうありました（松村博『大井川に橋がなかった理由』）。天保の改革の前の「領知替《りょうちが》え」（大名の領地の配置換え）などは、庄内藩の領民の反対で実行できませんでした。

「それが、わずか十年で「自分たちも政治に参加させろ」と声を上げるようになったのだ。日本の民権運動と憲政の実現は、この後の世界史にも深く静かに影響していく。」（同）

そもそも日本の「自由民権運動」は、世界史の影響を受けたものである、という説明をまずすべきでした。明治六年に、森有礼や福沢諭吉らによって「明六社《めいろくしゃ》」がつくられ、西洋思想が広く紹介され

るようになってから、「天賦《てんぷ》人権思想」が取り入れられるようになりました。自由民権運動は、反政府運動としての性格を持ち合わせていましたが、こういった思想の浸透があったからこそ、広範な国民運動になりえたのです。

また、開拓使官有物払下げ事件（北海道開拓使所有の官有物を払い下げるにあたり、不当に安い価格で薩摩藩出身の商人に払い下げようとして問題になった事件）の影響で、大隈重信が政府をやめることになった「明治十四年の政変」の説明もないため、大隈重信がその後、下野して「立憲改進党」を設立した背景もわかりません。

この「立憲政治へ」に続く「帝国憲法」という項（302～303頁）に、少し不思議な記述があります。

「政府は憲法作成に際して、ヨーロッパ各国の憲法を研究するとともに、聖徳太子の「十七条憲法」以来の日本の政治思想について深く研究し、立憲君主制と議会制民主主義を謳《うた》った憲法を作成した。」（302頁）

大日本帝国憲法は、聖徳太子以来の日本の政治思想について深く研究し、反映したものでしょうか？「告文《こうもん》」、いわゆる憲法の前文の言葉に反映されている、と言いたいのかもしれませんが――。

「皇祖《こうそ》皇宗《こうそう》ノ神霊ニ誥《つ》ケ白《もう》サク皇朕《すめらわ》レ天壌《てんじょう》無窮《むきゅう》ノ宏謨《こうぼ》ニ循《したが》ヒ惟神《かんながら》ノ宝祚《ほうそ》ヲ承継シ旧図《きゅうと》ヲ保持シテ敢テ失墜スルコト無シ顧ミルニ世局《せいきょく》ノ進運ニ膺《あた》リ人文ノ発達ニ随《したが》ヒ宜《よろし》ク……」

「天壌無窮ノ宏謨ニ循ヒ惟神ノ宝祚ヲ承継シ……」は『日本書紀』からの引用を元にした表現です。

「謹《つつし》んで皇祖皇宗に言わせていただきます。いつまでもいつまでも続いていく天地のように、いつまでも続く先までの心構えに従い、神の皇子《みこ》の位を継ぎ、これまでの伝統を維持し続けて、放棄したり別の方法をとったりいたしません……」という意味です。

しかし読めばわかりますが、告文の他を読み進めても、天皇がご先祖様に誓って、ちゃんと正しい政治をします、と約束しているだけのもので、特に聖徳太子以来の「政治思想」が反映されているわけではありません。**そもそも肝心の条文が、「天皇」「臣民権利義務」「帝国議会」「国務大臣及枢密顧《すうみつこ》問《もん》」「司法」「会計」「補則」の七章構成で、きわめて近代的な内容**になっています。

大日本帝国憲法の検討過程で、ドイツやベルギー、フランス第二帝政の研究をしていることは史料的にも十分確認できますが、日本の政治思想の研究をしている様子はありません。

> 「明治二二年（一八八九）二月十一日、「大日本帝国憲法」が公布されたが、これは明治天皇が憲法作成を命じてから実に十三年の歳月をかけて作られたものである。」（302頁）

憲法研究に伊藤博文がヨーロッパへ赴《おもむ》いたのは一八八二年で、政府の憲法草案作成作業は、一八八六年から極秘のうちに進められました。ドイツ人顧問ロエスレルの助言を得ながら、伊藤博文を中心に井上毅《こわし》、伊東巳代治《いとうみよじ》、金子堅太郎《かねこけんたろう》らが起草にあたりました。

そして憲法草案は、一八八六年、ロエスレルとモッセの助言を得た井上毅が作成し、一八八七年六月に書き上げています。作成メンバーは限られていて、宿屋を借りて作成したところ、草案原稿を入れた鞄《かばん》を盗難される、という事件まで起こっています。

後に日本国憲法の制定を百田氏は、わずかな期間とわずかな人数で作成されたもの、と批判されていますが、**大日本帝国憲法も同様、比較的短期間に、外国人顧問のもと、わずかな人数で、西洋的・近代的な憲法として作成されています。**

おそらく、一八七六年の「元老院議長有栖川宮熾仁親王《ありすがわのみやたるひと》へ国憲起草を命ずるの勅語《ちょくご》」を発した時から「十三年の歳月をかけて」と言いたいのかもしれませんが、これは「外国の憲法を研究せよ」という命令です。各国の憲法を研究し、「国憲按《こっけんあん》」が作成され、大隈重信も意見書をつけましたが、内容は後の大日本帝国憲法とはほど遠く、君主権の制限や議会の権限が強いことから、岩倉具視・伊藤博文の反対にあって採択されることはありませんでした。

そして明治十四年（一八八一）の政変で、大隈重信が罷免《ひめん》され、伊藤博文を中心に憲法草案作成が仕切り直されることになったのです。

このように、最初に出された案が、政権中枢の意に沿わないからと退けられて、改めて新しくつくられる、というのは大日本帝国憲法も日本国憲法も同様です。

「この憲法では、天皇は「神聖不可侵《ふかしん》」とされていたことから、戦前の日本は、教祖を崇める危険なカルト集団であったかのような誤解が流布している。」（同）

「天皇ハ神聖ニシテ侵スベカラズ」という項目は、実はフランスの憲法（一八一四年六月発布）に記されたものを参考にしていて、この部分はプロイセン憲法とは異なる部分です（制限選挙規定もフランス一八一四年憲法を参考にしています）。

いったいどなたがこの部分を、日本が「教祖を崇める危険なカルト集団」であった証として誤解を流布させているのでしょう？「国王の神聖」「皇帝の神聖」というのは、十九世紀のヨーロッパ君主制ではありがちな表現ですから、少なくとも諸外国はこの語句をもって日本を「カルト集団」などと思うはずがありません（日本の政治家でそのような指摘をしている方がいるのでしょうか）。

「その統治権は無制限ではなく、天皇もまた、憲法の条文に従うとされていた。」（同）

ここはまったく同感。大日本帝国憲法は天皇主権で、統治権が無制限であるかのように誤解されがちですが、第四条に「天皇ハ国ノ元首ニシテ統治権ヲ総攬《そうらん》シ此ノ憲法ノ条規ニ依《よ》リテ之ヲ行フ」と明記されています。

しかし同時に、天皇は「大権」を行使する者であることが明記されていたことも忘れてはなりません。宣戦布告、講和、条約の締結などに関しては議会の制約をまったく受けない、というのは他の立憲君主国にはない、際だった特色です（議会による制限を極力排除すべきと提言したロエスレルの意見が反映されている箇所です）。

「憲法制定と内閣制度の確立により、日本はアジアで初めての立憲国家となった。」（303頁）

現在ではこのような説明はあまりしません。したとしても、「アジアで初めての本格的な立憲国家」という含みのある表現にしています。

というのも、オスマン帝国がタンジマート（恩恵改革《おんけいかいかく》）の結果として、一八七六年にミドハト憲法を成立させているからです（ただし一年ほどで停止されているので「本格的」とはいえません）。

ちなみに北アフリカではチュニジアのフサイン朝ムハンマド・サーディク・ベイの治世下、一八六一年一月に立憲君主制の憲法が制定されています。こちらも三年後、フランスの圧力で停止されていますから、やはり「本格的」とはいえません。

「本来、憲法というものは、その国の持つ伝統、国家観、歴史観、宗教観を含む多くの価値観が色濃く反映されたものであって然るべきだ。ところが日本国憲法には、第一条に「天皇」のことが書かれている以外、日本らしさを感じさせる条文はほぼない。」（411頁）

近代的な憲法は、権力を法的に制限するもの（芦部信喜『憲法学』）です。その国の持つ伝統、国家観、歴史観、宗教観が反映されていてもかまいませんが、それが普遍的な法の制限を超えるものであってはならないのは言うまでもありません。

この点、**大日本帝国憲法も**、第四条で天皇の統治権すら制限することを明記していますし、「法律ノ範囲内」という留保はあるものの自由権も規定していますから、近代的な憲法です。と同時に、**告文に『日本書紀』以来の文言が記されている以外、「日本らしさを感じさせる条文はほぼない」**とも言えます。

16　一八七〇年代から、日本は東アジアに「触手を伸ばして」いた

「不平等条約に苦しむ日本」という項とそれに続くコラムで、幕末からの「不平等条約」に再度言及されています。

「アジアで唯一、近代国家の仲間入りを果たした日本だったが、江戸幕府が安政時代に結んだ不平等条約の頸木《くびき》から抜け出ることは容易ではなかった。これが国際条約の重みである。」(304頁)

前にもお話ししたように、これは誤解です。

幕府が結んだ安政の五カ国条約は、たとえば関税に関しては二〇%で、当時の国際水準では普通のものです。治外法権に関しても、むしろ諸外国は、日本人(とくに攘夷と称して暴れる狼藉者)を自国の法律で裁けないことを不満に思っていました(↓上89講)。

日本が「関税率五%」で経済的打撃を受けることになる「改税約書」は、長州藩の無謀な下関戦争

の尻拭いのために認めさせられたものです。

それから、これもお話ししたように、明治新政府になってから北ドイツ連邦と結んだ沿岸貿易の特権、さらにはオーストリア＝ハンガリー帝国と結んだ日墺《にちおう》修好通商条約で、不平等条約の「不平等さ」がいっそう「悪化」しました。**条約改正の「指標」は、この新政府になってからの「日墺修好通商条約」**なのです（→6講）。

さて、日清戦争に至る国際関係ですが、この章の冒頭に、すでにこう書かれていました。

「しかし、脅威は去ったわけではなかった。「遅れてきた列強」ロシアが、アジアで南下政策をとり、満洲から朝鮮半島に触手を伸ばしてきたからだ。もしロシアがその一帯を押さえれば、日本の安全は著しく脅かされることになる。」（300頁）

この頃、日本もまた東アジアに「触手を伸ばして」いなかったのでしょうか。

一八七〇年代には、清と相互に近代的な条約を交わし、征韓論は政府を二分する大きな外交問題になりました。台湾出兵に続く江華島《こうかとう》事件、そして日朝修好条規の調印は、それを見たイギリス・フランス・ロシアも朝鮮への利権を求めて進出する呼び水になっています（→12講、13講）。

日朝修好条規が締結されると、清も朝鮮との関係を改めるように動きました。

朝鮮を「冊封《さくほう》国」とする関係を維持し、日本のように近代的な国際法に基づく外交・条約によって改めて朝鮮を「属国」とするために、積極的に動き始めたのです。

これを受けて、日本もまた朝鮮を自国の影響下に置こうと動き、これが日清間の対立を深めました。

日清戦争を「自衛のため」（同）と位置づけるのはかなりの無理があり、むしろ朝鮮をめぐる日清の「対等のぶつかりあい」と言うべきです。

そもそも第一次山県有朋内閣は、帝国議会に提出した予算案の中で、国境としての「主権線」防衛だけでなく、朝鮮を含む「利益線」のために軍事増強を提唱しています。日本は近代化による富国強兵を図り、結果として、欧米に次ぐ帝国主義的行動をとりうる軍事力の増強に力を注ぎ始めていました。

「しかし現実の李氏朝鮮は清の属国であり、国家の体《てい》をなしておらず、近代化には程遠い存在であった。」(306頁)

江華島事件当時の、大院君《だいいんくん》(国王の父)政権時代は、簡単に言うと攘夷に燃えていたかつての長州藩と同じでした。その意味では「国家の体」をなしていないというのは正しいかもしれませんが、日朝修好条規後の閔妃《びんひ》(国王の后)政権(閔氏政権)は、日本の明治維新を見習い、日本から軍事顧問も招き、近代化を進めていました。

「改革に反対する保守派が大規模な暴動を起こし、日本公使館を襲って、日本人軍事顧問や公使館員を殺害した(壬午事変《じんごじへん》)。〔……〕反乱軍を鎮圧した清は、袁世凱《えんせいがい》を派遣し、事実上の朝鮮国王代理として実権を掌握させた。これにより朝鮮国内では親日勢力(改革派)が後退し、再び清への従属度合いを強めていく。」(306〜307頁)

実際は少し違います(ちなみに、現在は「壬午軍乱《じんごぐんらん》」と表記するようになっています)。**清は袁世凱を派遣しましたが、閔氏政権を復活させています。**

その上で、本来の改革を続けようとしたのですが、日本は壬午軍乱に対する賠償金を請求し、さらに軍の駐留を認めさせる済物浦《さいもっぽ》条約(一八八二年)を認めさせたのです。ここから閔妃は日本に不信感をいだくようになり、「再び清への従属度合いを強めていく」ことになります。しかし一方で、閔氏政権で改革派であった金玉均《きんぎょくきん》らのグループは、さらに日本に接近するようになりました。

「そんな中、明治一七年（一八八四）に、ベトナムの領有をめぐって清とフランスの間で戦争が起こったため、朝鮮半島に駐留していた清軍の多くが内地へ戻った。朝鮮の改革派は清がフランスに敗れたことを好機と見てクーデターを起こすが、清軍に鎮圧された（甲申《こうしん》政変）。」（307頁）

これも事実は少し違います。**このクーデターは、井上馨外務卿の訓令を受けて漢城に帰任した竹添《たけぞえ》進一郎公使が、金玉均を支援して起こった事件**です。しかし失敗し、金らは日本に亡命、竹添公使は仁川《じんせん》まで避難しました。そしてクーデターへの関与を否定し、日本公使館に対する攻撃を不当なものであると抗議します。

井上馨も、クーデターへの関与を伏せて、日本人殺害と公使館の焼き打ちを非難し、朝鮮に対して謝罪と賠償金を認めさせる漢城条約を締結することに成功します。

日本国内に対しても、クーデターへの後援をしていたことを伏せて、日本人の殺害、公使館焼き打ちのみの情報を提供したため、日本国内の世論は沸騰し、マスコミ各社は清を非難する記事を掲載していきました。

福沢諭吉の『時事新報』をはじめ、『東京日日新聞』、自由党機関誌『自由新聞』も、日本政府の不正確な情報提供によって対清強硬論へ誘導されたのです。

17 伊藤博文にとって、天津条約には国内世論を抑える意味があった

「この政変〔甲申政変〕で、日本と清の間で軍事的緊張が高まったものの、明治十八年（一八八五）、両国が朝鮮から兵を引き揚げることを約束する天津《てんしん》条約を交わした。」（307頁）

天津条約の日本側の全権は伊藤博文、清国側の全権は李鴻章《りこうしょう》でした。双方、実力者同士の会見です。「両国が朝鮮から兵を引き揚げる」というのは、伊藤外交の実質的な勝利でした。**日本の駐留兵は、公使館の警備兵レベル。それに対して清は首都を完全制圧している全軍の撤退ですから、事実上清軍の撤退を実現させた**ものでした。

伊藤はさらに、永久撤兵を主張したのですが、これは李鴻章が折れず、「清は朝鮮の宗主国《そうしゅこく》であるから朝鮮の出兵要請があれば兵を出す」と譲りませんでした。そこで伊藤は、出兵の際の「相互通知」を条件に、合意へ漕《こ》ぎ着けました。

「この条約で重要なのは、「将来朝鮮に出兵する場合は相互通知を必要と定める。派兵後は速やかに撤退し、駐留しない」という条項だった。」（同）

普通はこれで終わり、のはずですが——伊藤にとって重要なのは、これらではなかったのです。すでに清国に駐在している公使の榎本武揚から、「撤兵と出兵相互通知を清側は認める気配がある」という宮廷側の情報を得ていて（榎本の情報分析力が評価できるところです）、撤兵も出兵相互通知も巧みに思惑通りに進められたのですが、国内に向けて「甲申政変」の不正確な情報提供をしていたために、「清国を討つべし」「清側の謝罪を要求せよ」と、すっかり**国内世論が沸騰してしまい、**

このままでは引き下がれない状況に置かれてしまっていました。

「甲申政変で混乱する首都で多くの在留日本人が殺害された」

「これに関係した軍の指揮官を処罰せよ」

という伊藤の要求に対し、李鴻章は「これらは混乱時の瑣末事《さまつじ》にすぎない。どうでもよいことではないか」と、そもそもクーデターに日本が関与していたことも仄《ほの》めかして伊藤が引き下がるのを待ちました。

ところが伊藤はまったく引き下がりません。李鴻章は「朝鮮の兵がやったことで清国のあずかり知らないことである」とまで言い始め、態度を硬化させます。

なおも伊藤の交渉は続き、ついに李鴻章に、内部で再調査し、事態が判明すれば責任者を処罰するという「約束」をさせたのです（これら一連の史料に基づくやりとりの研究は海野福寿『韓国併合』に詳しいです）。

清が折れたのは、まだフランスとベトナムをめぐって戦争中であったこと、これを機会にフランスが日本と接近する可能性があることをイギリス（李鴻章と良好な関係にあった）が李鴻章に示唆《しさ》したことが背景にありました（牧原憲夫『全集日本の歴史十三　文明国をめざして』）。

政府が都合よく世論を誘導しようと情報操作する。

政府が思っている以上に世論が過剰に反応してしまう。

その結果、政府が想定していた以上の成果を出さなくてはならなくなる……。

のちに日本が何度も経験し失敗する「未来」が、天津条約の締結交渉にすでに現れていました。

18　東学党の乱は二回あり、一回目は鎮圧されたのではない

「九年後の明治二七年（一八九四）二月、朝鮮で大規模な農民反乱（東学党の乱）が起きた時、朝鮮政府から要請を受けた清が軍隊を送った。そこで日本も天津条約により朝鮮に派兵した。乱が鎮圧された後、朝鮮政府は日本と清に撤兵を求めるが、どちらの軍も受け入れず、一触即発の緊迫した状況の中、七月二十五日、ついに両国の軍隊が衝突し（豊島《ほうとう》沖海戦、二十九日には成歓《せいかん》の戦い）、八月一日には、両国が同時に宣戦布告した。」（307頁）

「乱が鎮圧された後」と記されていますが、これでは派兵された軍が東学党の乱を鎮圧したような誤解を与えます。

東学党の乱は一八九四年に起こっていますが、それ以外にも、閔氏政権になってから、一八八〇年代以降、朝鮮各地で減税をスローガンに一揆が頻発《ひんぱつ》していました。

一方、日本は国内の軍事改革を進めていきます。すでに一八七八年、参謀《さんぼう》本部を新設して統帥《とうすい》部を強化し、一八八二年には軍人勅諭《ぐんじんちょくゆ》を発して「大元帥《だいげんすい》」である天皇への軍の忠誠を説くとともに、軍人の政治関与を強く戒めています。

大隈重信、松方正義の両大蔵卿の下に進められた増税・緊縮財政の中でも軍事費だけは削減されず、一八八八年には陸軍の編制が国内治安・防衛を目的とした「鎮台《ちんだい》」制から「師団《しだん》」制に改編され、対外進出を目的とした軍の整備を進めました。自衛戦争ではなく、すでに清との戦争を始める準備をしていたことがわかります。

朝鮮は、清との連携を深め、日本の経済進出に対抗するため、大豆など穀物の日本への輸出を禁じる防穀令《ぼうこくれい》を出します。これに対して日本政府は強く抗議して廃止させ、禁輸中の損害賠償を請求し、一八九三年には最後通牒《つうちょう》をつきつけてその要求を認めさせています。

こうして一八九四年、朝鮮では東学という新宗教の信徒を中心に、減税と排日を要求する農民の反乱（東学党の乱）が起こったのです。

驚いた閔氏政権は、清国に出兵を要請しました。清国は兵を出すとともに天津条約に従って日本に通知し、日本も出兵しました。**農民軍はこの事態に、急いで朝鮮政府と和解した**のです。**「乱が収束した」というならまだしも「鎮圧された」は明確に誤り**ですし、ましてやその「鎮圧」が日清両軍によると読めてしまうに至っては論外です。現在の教科書でそのような記述をしているものはありません。

朝鮮政府の撤兵要請を「どちらの軍も受け入れず、一触即発の緊迫した状況の中……」と日清が何もせずに睨《にら》み合っていたように書かれていますが、実際は違います。

七月二十三日、日本軍混成旅団が行動を開始、うち歩兵一個大隊が首都漢城に入って王宮を占拠、国王を確保することに成功します。そしてなんと、かつて排日を唱えていた大院君を擁立して新政権を樹立させました。その政権に清軍を掃討する依頼を出させ、海では七月二十五日に豊島沖で、陸では七月二十八日に成歓で日清開戦に及んだのです。

八月一日に両国が「同時に」宣戦布告したというのは、正確には「同日に」。まず日本が宣戦を布告し、それに応えて清が宣戦を布告しました。

「近代装備に優る日本軍は各地の戦闘で清軍を圧倒し……」（307頁）も少し古い教科書に見られる説明

です。

実は洋務運動以来、清国軍の装備は近代化されており、装備の優劣で勝敗がついたのではありません。この点、戊辰戦争で、「幕府が旧式、官軍が近代装備だった」と現在では言わないのと同様、日本軍の「戦い方」が近代化されていたことによる勝利です。

ドイツ型の参謀本部の設置、軍を治安・防衛型の鎮台形式から対外戦争型の師団形式に変更していたことが主な理由で、「軍隊の訓練・規律、兵器の統一性などに優る日本側の圧倒的優勢のうちに」（『詳説日本史B』290頁）戦いは進みました。

この間、十月、東学党による第二次蜂起が朝鮮半島で起こりました。今度は日本軍と朝鮮新政府に対する反乱です。十一月には日本軍と農民軍が衝突しますが、近代装備で圧倒的に優る日本があっという間に蹴散《けち》らし、東学党の第二次蜂起は霧散してしまいます。

東学党の乱は二回あり、二回目が、日本によって鎮圧されたものです。

日本軍は、清国軍を朝鮮から駆逐するとさらに兵を進めて清国本土に侵入し、遼東《りょうとう》半島を占領、清国の北洋《ほくよう》艦隊を黄海《こうかい》海戦で撃破し、威海衛《いかいえい》にあった海軍基地を制圧します。こうして戦いは日本の勝利に終わり、一八九五年四月、下関で講和条約が結ばれることになりました。

19　日本は善意やボランティアで朝鮮を独立させたわけではない

「翌明治二八年（一八九五）、下関で日清講和条約が結ばれた。「下関条約」と呼ばれるこの条約の第一条は、「清は、朝鮮半島の独立を認めること」というものだった。つまり日本が清と戦った一番大きな理由は、朝鮮を独立させるためだったのだ。」（307頁）

あたりまえですが、**善意やボランティアで国家予算の二倍もの戦費をつぎ込み戦争をする国はありません。**

伊藤博文とともに下関条約の全権にして外務大臣であった陸奥宗光《むつむねみつ》が、当時の外交交渉の様子を手記『蹇蹇録《けんけんろく》』に詳細に記しているので、以下それに基づいて説明します（外交文書をそのまま引用している部分もあるのでしばらく非公開でしたが、一九二九年に刊行されました）。

まず、一八九四年十月頃から、諸外国が日清戦争の調停を模索するようになり、十一月には日本に対してイギリス、フランス、ロシアが調停の用意がある旨を打診し始めてきました。

さて、「講和」と「休戦」は別のものです。

講和は平和条約を結んで戦争状態を終えること。休戦とは戦いを停止することで、それから再戦か講和かはその後の交渉次第。休戦前に占領をしておかないと、講和の時に領土の割譲や領有を主張しにくくなります。

海軍は台湾を、陸軍は遼東半島の割譲を強く望み、これを受けて伊藤博文は、「威海衛ヲ衝《つ》キ台湾ヲ略スベシ」という「要望」を大本営に出しました。開戦前の世論の動向をふまえても、遼東半島や台湾などを占領しておく必要がありました。日本が清と戦った「大きな理由」が朝鮮独立「だけ」ならば、朝鮮半島から清軍を撃退した段階で戦争をやめていたはずです。

翌一八九五年一月三十一日、清国の使節が来日し、二月一日に陸奥が会談を行ないました。しかし、使節が全権委任状を持ってないことを理由に、講和の使節にならないとして二月十二日に帰国させます。

こうして三月十九日、清国の実力者、李鴻章が全権大使として下関に来航、翌日から講和会議が開かれました。

李鴻章は、まず休戦を申し出ます。しかし、いろいろな条件を陸奥宗光は提示して休戦を拒否します（この間、日本は台湾の西にある澎湖《ほうこ》諸島に軍を送り、二十三日に占領しました）。二十四日、李鴻章も方針を休戦ではなく講和（つまりは降伏をみとめる）とせざるをえないと考えるようになりました。

ところが、この会議の終了後、事件が起こります。

なんと李鴻章が日本人の暴漢に襲撃され、負傷したのです（清を倒すべし、と日本国内に過激な空気が甲申政変以来、みなぎっていたことがよくわかる事件です）。

これをきっかけに、国際世論が、清に同情的に傾きはじめてしまいました。陸奥宗光はこれ以上、休戦を引き延ばすことが困難と考え、三十日に休戦となります。

翌四月一日からようやく講和交渉に入りました。条約の講和は、だいたいにおいて、まず勝者から案を出し、それに敗者が回答、次に敗者から案を出し、それに勝者が回答、という形式で進行します。まずは日本側から「案」を提出します。日本が出したものは、

「朝鮮の独立」

「賠償金の二億両支払い」

「台湾・遼東半島の割譲」

が三つの主な柱となりました。

四月五日、李鴻章は次のように「回答」します。

「朝鮮の独立は清だけでなく日本も認めること」

「賠償金は支払うが減額を求める」

「領土は割譲しない」

そして次に清から案が出されます。それが四月九日。

「朝鮮の独立は清日両国が認める形式にする」

「賠償金分割無利子一億両」

「遼東半島・澎湖諸島は譲るが台湾は認めない」

と、領土割譲について譲歩したことがわかります。ここから交渉のテンポが速まります。翌日、日本は、

「朝鮮の独立については、両国が認めるという形式にはしない」

「賠償金分割有利子二億両」

「台湾を外さない」

と提示し、これに関する次の回答は「諾《だく》」か「否《いな》」かしかない、と迫ります。

李鴻章はなおも「賠償金の減額」と「台湾除外」を求めますが、日本は完全に拒否をしました。十五日に講和が成立しますが、十一日~十四日の交渉は、割譲地の詳細と分割方法などの調整だけで、日本の要求はほぼすべて認められることになります。

さて、賠償金ですが。生徒たちは、「今で言うたらナンボ?」というのが好きですから、私は授業では以下のように(大雑把に)答えることにしています。

「二億両は三億一千万円のこと。でも当時の国家予算は約八千万円だから、今で言うたら三百六十兆円くらいかな？」

銀払いで、三年分割。これを金に換算して、イギリスのポンド金貨で支払うことが決められました。

さて、この交渉過程を見ればわかるように、陸奥宗光は、**第一条の「朝鮮の独立」を「日清両国が認める」形式にすることを頑《かたく》なに拒みました。**これをふまえて、次の一文を読むと――。

「つまり日本が清と戦った一番大きな理由は、朝鮮を独立させるためだったのだ。」（307頁）

どうでしょう。その後の展開をながめれば、何のために「独立」させたのかがわかると思います。

20 「独立門」は「日本と清からの独立」を記念して建てられた

百田氏によれば、日本が朝鮮を清から「独立」させたのは――。

「朝鮮が清の属国である限り、近代化は難しかったからである。下関条約により、李氏朝鮮は初めて清から離れて独立した。李氏朝鮮は二年後に国号を大韓帝国と改め、君主はそれまでの「王」から「皇帝」を名乗ったが、これも朝鮮史上初めてのことである。」（307〜308頁）

これではあたかも、下関条約によって大韓帝国が成立したかのような印象を与えかねません。**一八九五年の下関条約成立から大韓帝国成立（一八九七年）までの二年間が、完全に抜け落ちています。**

朝鮮の独立を清国に認めさせた日本は、「利益線」である朝鮮から清国の勢力を排除することに成功しましたが、ロシア・ドイツ・フランスによる「三国干渉」（→21講）により、遼東半島を返還させられます。

もともと日清戦争中、朝鮮の国王がロシアに匿《かくま》われていたこともあり、日本の威信低下に乗じて閔氏政権は、一八九五年七月、親ロシアの方針をとるようになりました。

一八九五年十月、日本公使三浦梧楼《みうらごろう》はこれに危機感をおぼえ、日本の軍人らとともにクーデターを決行し、閔妃を殺害して大院君を擁立したのです。

ところが一八九六年二月、今度はロシアが後ろ盾《うしだて》となってクーデターが起こり、国王はロシア公使館に居を移し（露館播遷《ろかんはせん》）、またまた親ロシア政権が誕生します。

世界史では、教科書でもこの説明を簡潔に行なっています。

> 「日清戦争後、朝鮮は、戦争当時からすすめていた政治改革を継続し、1895年の閔妃殺害事件後は日本への反発を強め、国王高宗《こうそう》はロシア公使館に避難して政治を行った。1897年には国号を大韓帝国と改め、国王は皇帝となって清や日本との対等を表現した。」（東京書籍『世界史B』340頁）

このことを記念して「独立門」が建てられたのです（ロシア人建築家サバチンの設計施工）。

> 「ソウルにある「独立門」はこの時の清からの独立を記念して建てられたものだが、多くの韓国人が、大東亜《だいとうあ》戦争が終わって日本から独立した記念に建てられたものと誤解している。」（308頁）

正確には、「日本と清からの独立」を記念して建てられた、と言うべきでしょう。下関条約から大韓帝国成立までの二年間の出来事を抜きにして「独立門」の話をするのは、きわめて正確さを欠いた日朝関係の説明です。

また、「多くの韓国人が〔……〕誤解している」という話はよくネット上に見られ、井沢元彦氏の『逆説の日本史』でも取り上げられていました。

しかし二〇〇九年以降、公園の整備が進み、由来を説明する案内も出され、清の皇帝の使節を迎えるための迎恩門《げいおんもん》が取り壊されたこと、朝鮮の清への服従の誓いが刻まれた大清皇帝功徳碑《こうとくひ》の来歴なども、知られるようになってきています。

21 日清戦争の勝利で国民は「戦争は金になる」と思ったわけではない

「三国干渉」について。

「下関条約が結ばれた六日後、ロシアとフランスとドイツが、日本に対して「遼東半島の返還」を要求した。これは「三国干渉」と呼ばれる。〔……〕満洲の利権を狙っていたロシアが、フランスとドイツに働きかけて行なったものだった。フランスとドイツにはこの干渉に参加することによって清に恩を売り、その見返りを得ようという目論見《もくろみ》があった。互いがロシアと接近するのを阻むために、敢えて手を結んだという事情もあった。」（308頁）

ここには、一八九〇年代のヨーロッパの国際関係の情勢に基づかない説明が含まれています。

ドイツでは、一八九〇年にビスマルクが退任し、皇帝ヴィルヘルム二世による親政が始まっていました。フランスを孤立させてドイツの安全保障を確立するための同盟関係を作っていたビスマルクに対し、ヴィルヘルム二世は、イギリスやフランスのように海外に植民地を持つ「世界政策」に大きく外交政策の転換を行なおうとしていました。

ビスマルクはロシアとのつながりを重視していましたが、ヴィルヘルム二世は、ロシアとバルカン半島をめぐって対立していたオーストリアとの関係を重視します。このため、ロシアはフランスと接近し、一八九一年に露仏《ろふつ》同盟を結び、一八九四年にはその関係をさらに強化していたのです。

ですから、**フランスがアジアにおいてもロシアと歩調を合わせるのは当然で、「敢えて」手を結んだわけではありません。同盟に基づいた行動です。**

「世界政策」に舵《かじ》をきったドイツの首相ホーエンローエは、ロシアの注意と進出をバルカンから極東にふりむける好機と捉え、「協力」することを企図しました。また、それまで出遅れていた中国市場への参入のチャンスでもあったので、ロシアの呼びかけに応えたのです。

陸奥宗光は、外交手記『蹇蹇録』を読む限り、ロシアによる干渉を予見していました。しかし、アメリカとイギリスが日本に好意的であったこと、それから当初ドイツが条約に問題なしと通知していたことから、干渉を退けられると考えていたのです。ところが、イギリスとアメリカは中立を宣言してしまい、ドイツがロシア側についたことで、要求を呑《の》まなくてはならなくなりました。

「しかし清から得た二億テールという莫大な賠償金（当時の日本の国家予算の四倍）と遼東半島の還付金三千万テールは日本の経済を繁栄させた。そのため多くの国民が「戦争は金になる」という誤った意識を持った。この意識が後に日本を危険な方向に導くもととなる。」（309頁）

日清戦争の結果、「戦争は金になる」という誤った意識を、国民は持ったのでしょうか。そしてこの意識が、日本を危険な方向に導くもととなったのでしょうか。

独特な説明としか言いようがありません。

三国干渉を甘んじて受け入れざるをえなかったことに対する憤慨の声が日本国内で高まると、**「臥《が》薪《しん》嘗《しょう》胆《たん》」の合言葉が叫ばれ**、政府もそうした気運のなかで国力の充実をめざし、**軍備拡張と重工業分野振興のために賠償金の多くを使います**。

そもそも、日清戦争のために約二億円を費やしています。ですから賠償金（遼東半島返還にともなう追加賠償金を含む）三億六千万円は巨額ですが、先のマイナス分の補塡《ほてん》にも使用されています。

動員された兵力は十万人で、日本側の死者は一万七千人。しかし死者の七割は戦地での病死で、「戦争による犠牲」という意識が後の日露戦争に比べて、桁外《けたはず》れに希薄でした。

とはいえ「この意識が日本を危険な方向に導くもととなる」という説明は、あたかも国民自身に後の戦争責任の一端があるかのような示唆です。

続く日露戦争では、日清戦争と異なり、多くの国民が増税に耐えて戦争を支え、百十万人を動員して二十万人もの戦死者を出したのにもかかわらず、日本の戦況について真相を知らされないままの戦争だった、ということを忘れてはいけません。

22 列強は清が「眠れる獅子」ではないことを知っていた

「日清戦争は、列強に「清帝国は弱い」という事実を教えることになった。」（309頁）

こういう見方は昔からよくあります。続けて、

「〔清が〕実は「弱い国」であることを列強は知った。清は「眠れる獅子」ではなく「死せる豚」と揶揄《やゆ》された。」（同）

と書かれていますが、これは欧米のマスコミなどの「表現」でした。百田氏も指摘されているように、列強はそれぞれアヘン戦争・アロー戦争・清仏戦争を通じて、日清戦争以前から十分「弱い国」であることを知っていて、戦争をすれば勝てることは十分わかっていたのです。

ただ、戦争は無駄なコストがかかりますし、中国への軍事的進出は、列強間の国際関係のバランスを崩して余計な対立を生み出し、それがヨーロッパやアフリカの情勢に影響を与えるために、どこの国も「楽して得する方法」のチャンスを窺《うかが》っていただけでした。

日清戦争は、列強にとってコストと犠牲を日本に肩代わりしてもらい、中国に進出する絶好のチャンスとなったのです。日本に好意的な態度を示していたのに、イギリス・アメリカが局外中立を宣言したのも、これが理由でした。敗戦をきっかけに、いっそうの近代化の必要性を感じ、また多額の賠償金を支払わなくてはならなくなった中国に、列強は借款《しゃっかん》を申し入れ、その「見返り」にさまざまな恩恵を得ることができたのです。

世界史の教科書では、この考え方がすでに反映されており、

「日清戦争終結後、清では近代国家建設が提唱され、すでにすすめられていた全国の電信網が完成し、財政難を理由に外国からの借款にもとづいて鉄道網を整備することとなった。」（東京書籍『世界史B』338頁）

と説明します。

「三国は清に対して見返りを求め、ロシアは明治二九年（一八九六）に東清《とうしん》鉄道敷設権を獲得……」（309頁）

と百田氏は書いてしまっていますが、これは一八九六年の露清《ろしん》密約によるもので、直接的には「三国干渉の見返り」というより「清の財政難による借款の見返り」。ですから、

「いっぽう、日本だけでなく、ヴィルヘルム2世の拡張政策のもとにある〔……〕ドイツが山東《さんとう》半島の膠州湾《こうしゅうわん》を租借《そしゃく》地とし青島《チンタオ》に海軍基地を建設すると、ロシアが旅順《りょじゅん》、大連《だいれん》に、イギリスが山東半島の威海衛にそれぞれ租借地を設定した。」（東京書籍『世界史B』338頁）

と説明します。

また、ドイツの膠州湾租借も「三国干渉の見返り」ではありません。三国干渉後も、ロシア・フランス（露仏同盟）に比べドイツの清国進出は出遅れており、進出の口実を模索していました。うまい具合にドイツ人宣教師殺害事件が起こり、それをきっかけに（在留ドイツ人保護を名目に）膠州湾租借を実現しています（そしてこれが後の「義和団《ぎわだん》事件」の遠因となります）。

ちなみに租借は、割譲と異なり、租借料を支払います（場合によって条件は異なりますが）。また租界も地主などに賃料を支払う借地契約です。

このように、西洋列強は租借地を拠点にして、鉄道敷設権・鉱山開発権を、経済援助、近代化協力、財政難の借款と引き換えに手に入れていきました。

「日本に干渉してきた国々の「極東の平和を乱す」という理由が、まったくの口実にすぎないことを自ら証明したような行ないである。」(310頁)

と三国を非難されていますが皮肉なことに、日清戦争を利用して、列強はいっさい戦わずに、「極東の平和を乱す」ことなく利権を得たのです。

23 「たった一つの言語で古今東西の文学を読めた国」は日本だけではない

「義和団の乱」の項に付属したコラムに、柴五郎の紹介があります。ロンドン・タイムズ紙の社説が彼を評したとされているのですが。

「〔社説は〕「籠城中の外国人の中で、日本人ほど男らしく奮闘し、その任務を全うした国民はいない。日本兵の輝かしい武勇と戦術が、北京籠城を持ちこたえさせたのだ」と記したが……」(312頁)

一部で有名なこの「社説」、出典がわからないんです。

ネット上の説明(Wikipedia「柴五郎」の項)にも、これと一言一句同じ文章が紹介されていて、

「籠城中の外国人の中で、日本人ほど男らしく奮闘し、その任務を全うした国民はいない。日本兵の輝かしい武勇と戦術が、北京籠城を持ちこたえさせたのだ。」

とあるのですが、こちらにも出典が明示されていません。日付などがわかれば調べようがあるのですが、不明です。「男らしく」という訳は原文でどのような単語であったのかにも興味があります

（「北京籠城」という表現は、柴五郎の回顧録などには使用されています）。

義和団の乱の渦中にいたロンドン・タイムズ特派員モリソンの書いた社説（一九〇〇年八月二十九日付）かと思ったのですが、そちらは、

「公使館区域における救出は日本のおかげであると列国は感謝している。列国が虐殺・国旗侮辱を免れたのは日本のおかげである。」（ウッドハウス暎子『北京燃ゆ　義和団事変とモリソン』より）

という似ても似つかない表現。その後に、有名な「日本は欧米列強の伴侶たるにふさわしい国である」という文が続きます。もしどなたか出典がわかる方がおられれば、教えていただきたいです。

「柴は、イギリスのビクトリア女王をはじめ各国政府から勲章を授与された。柴五郎は欧米で広く知られた最初の日本人となった。」（同）

柴五郎の活躍はもちろん否定しませんが、「欧米で広く知られた最初の日本人」と断じるのは誤りでしょう（→その後、第五刷で「広く知られた日本人」と修正）。

「欧米で広く知られた日本人」は、幕末から一九〇〇年までの間に、かなりたくさんいます。葛飾北斎《かつしかほくさい》や安藤《あんどう》（歌川《うたがわ》）広重《ひろしげ》などは、印象派の画家に影響を与え、一八六〇年代のジャポニスムの流行もあり、「欧米」では広く知られた日本人でした。「欧」では戦国時代末期、ルイス・フロイスが『日本史』を著していますから「オダノブナガ」も知られた日本人ともいえます。

幕末・明治に話を戻せば、新島襄《にいじまじょう》などもその一人でしょう。北里柴三郎《きたざとしばさぶろう》もそうです。「明治を支えた学者たち」の項で、「〔北里は〕科学の世界で欧米人の成し得なかった偉大な業績を残した」（331頁）

と紹介されているように、教育者・研究者なども教え子も論文回覧も多くの数になりますから、知名度、貢献度はかなり高いはずです。新渡戸稲造《にとべいなぞう》の『武士道』は一九〇〇年に英語・ドイツ語・フランス語で訳されて大ベストセラーになりました。

「「〇〇である」という表現もこの時代に編み出され、用いられるようになったものだ。」（332頁）

明治時代の発祥、という説に乗っかれば、これはもともと長州の方言「であります」が由来とも言われます。長州出身者の指揮官が多い陸軍で、「です」を「であります」に統一したせいで広まった、という説です。「〇〇である」という表現自体は、戦国時代にもありました。太田牛一《おおたぎゅういち》の記した『信《しん》長公記《ちょうこうき》』の中に、信長が「デアルカ」と返答した話が出てきます。

それにしても、このコラムでの筆のすべりっぷりはすごいです。

「また日本は欧米の書物を数多く翻訳したことにより、日本語で世界中の本が読める特異な国となった。おそらく当時たった一つの言語で、世界の社会科学や自然科学の本だけでなく、古今東西の文学を読めた国は日本だけであったと思われる。」（同）

説明する必要もないと思いますが、明治の頃、英語やドイツ語、フランス語などへ翻訳された世界の書籍は、日本語に訳されたものをはるかに凌駕《りょうが》していました。

「同時代の中国人や朝鮮人、それに東南アジアのインテリたちが、懸命に日本語を学んだ理由はここにもあった。当時、日本語こそ、東アジアで最高の国際言語であったのだ。」（同）

そんな理由はありません。そもそも、**外国の書物を読むのに日本語を学ぶ必要はありません**。

明末清初にかけて中国を訪れた宣教師たちは、科学技術書などを中国語に翻訳して紹介しています。たとえばイタリアのマテオ・リッチなどはユークリッドの幾何《きか》学を一六〇七年に翻訳紹介しました

（『幾何原本』）。中国の人は世界の書物を、いちいち日本語を学んで読む必要はなく、数多くの翻訳が清代を通じて出版されていました。

一八六〇年代の洋務運動でも、翻訳事業は重要なものでした。一八六二年につくられた京師同文館《けいしどうぶんかん》は、西洋の書物を数多く翻訳して出版しています。

また十九世紀末から二十世紀初めにかけても、中国では翻訳・出版はさかんでした。フランスから帰国した王寿昌《おうじゅしょう》は、デュマの『椿姫《つばきひめ》』を中国語に訳して紹介していますし、林紓《りんじょ》はシェイクスピア、バルザック、ディケンズ、イプセン、日本の徳冨蘆花《とくとみろか》など、世界十余国、百七十種類の文学を六百六十冊以上翻訳して出版しています。

厳復《げんふく》はポーツマス軍事大学に学び、西洋思想の紹介に力を入れ、アダム・スミスの『諸国民の富』（『原富』）、モンテスキューの『法の精神』（『法意』）、J・S・ミルの『自由論』（『群己権界論』）を翻訳しています。

当時、日本語が「東アジアで最高の国際言語であった」わけではありません。

24　朝鮮半島は「火薬庫」になっていない

「義和団の乱」に続いて、「火薬庫となる朝鮮半島」（312〜315頁）という項があります。

「清を破って自国を解放してくれたことで、大韓帝国内では親日派が台頭したが、日本が三国干渉に屈したのを見ると、今度は親日派に代わって親ロシア派が力を持った。いかにも朝鮮らしい事大《じだい》主義

（強い他国に従っていくという考え方）の表われである。」（313頁）

史実と異なります。

そもそも大韓帝国は一八九七年の成立。日本が清を破ったのも、三国干渉も、大韓帝国成立の二年余り前ですから、時系列も事実関係も正確ではありません。

改めて以下に整理しますと――。

一八九五年七月、三国干渉の後、閔氏政権は親ロシアの方針に切り替えました。それに危機感をおぼえた日本の公使三浦梧楼らが十月、クーデターを決行して閔妃を殺害し、大院君を擁立して親日政権を立てます。

ところが一八九六年に再びクーデターが起き、日本の勢力が排除されます。日本は国王を捕らえて廃位しようとする動きを見せたため、高宗はロシア公使館に居をうつします（露館播遷）。この点、高宗に同情できなくはありません。閔妃は日本によって殺害されたわけですし、自身の廃位を画策した日本への不信はぬぐえません。

軍事力も治安維持力も劣る朝鮮がロシアに保護を求めたのは（事大主義だという百田氏の指摘に私も同意しないわけでもありませんが）、この状況では仕方がないように思います（↓20講）。それよりも、三浦梧楼によるクーデターと閔妃殺害事件にまったく触れずに、この時期を説明するのは不正確で誤解を招きます。

「高宗（大韓帝国初代皇帝）は、漢城（現ソウル）にあるロシア領事館に匿われて政治を行なっていた。どこの国に、自国内にある他国の領事館に住んで政治を行なう国家元首がいるだろうか。」（313頁）

これも誤りです。

まず「領事館」ではなく「**公使館**」なのですが、**この「露館播遷」は一八九六年二月十一日から一八九七年二月二十日の一年間で、しかも大韓帝国成立（一八九七年十月）**前の話です。この文脈だと、大韓帝国成立後に公使館で政治をしていたかのような誤解を与えかねません。

「**高宗はロシアに言われるがまま自国の鉱山採掘権や森林伐採権を売り渡した。**」（同）

これもロシア単独の「脅威」を過度に強調しています。

一八九六年三月にアメリカが金鉱採掘権、京仁《けいじん》鉄道敷設権、首都の電灯・電話・電車敷設権を得ています。

同年四月、ロシアが鉱山採掘権を、

同年七月、フランスが京義《けいぎ》鉄道敷設権を、

同年九月、ロシアが豆満江《とまんこう》・鴨緑江《おうりょくこう》上流・鬱陵島《うつりょう》・茂山《もさん》の森林伐採権を得ています。

この間、五月と六月に二度、日露議定書が交わされ、朝鮮半島での利権を調節する話し合いをしています。

特にロシアだけが朝鮮に進出していたわけではありません。しかもこれらは、すべて大韓帝国成立前のことです。

さて、この李氏朝鮮内での親日派、親ロシア派による内紛は、そのまま日本とロシアの対立に発展していきます。

そこで一八九六年九月、山県有朋首相とロシア外相ロバノフがペテルブルクで会談をします。

（1）朝鮮の独立を相互に保証すること。

（2）朝鮮の財政改革を進めること。

（3）朝鮮の警察・軍隊を組織すること。
（4）電信線を維持すること（クーデターの時に電信線を切る事件があったので）。
の四つを相互に確認しました（山県・ロバノフ協定）。

この後、一八九七年二月二十日、高宗はロシア公使館から慶運宮《けいうんきゅう》へ遷《うつ》り、同年十月に大韓帝国の成立となります。


「それはかつての清の属国時代よりもさらにひどい有様で、もはや植民地一歩手前の状態となっていた。この状況が続けば、朝鮮半島全体がロシアの領土になりかねず、そうなれば日本の安全が大いに脅かされることは火を見るよりも明らかであった。」（313頁）

これだけはっきりと誤ってこの時期について解説している文章は珍しいです。

すでに述べたように、朝鮮には、ロシアだけでなく、アメリカ・フランスも進出しており、さらに日本はロシアと議定書を二度も結んでいます。

この時期、朝鮮半島では利権をめぐって列強のバランスがとれている状態でした。ですから、このバランスを背景に、一八九七年、朝鮮は大韓帝国として「独立」できたのです。ここで過度に、韓国をめぐるロシア単独の脅威を説くのは不適切です。

一八九八年三月十五日、ロシアは清から旅順と大連を租借することになりました。

ロシアが朝鮮半島に進出することを企図したのは、不凍港を求める「南下政策」が理由でした。ですから、**旅順・大連を租借したことで、ロシアの韓国に対する関心は、一気になくなってしまったのです。**

ロシアの動きは速く、三月二十三日には韓国からロシアの軍事・民事アドバイザーを全員退去させてしまいました。

そして四月二十五日、日本とロシアは東京で会談し、外務大臣西徳二郎《にしとくじろう》と駐日ロシア公使ローゼンの間で協定が結ばれます（西・ローゼン協定）。

（1）ロシアは韓国への日本の非軍事的投資を妨害しない。

（2）日本は満州におけるロシアの勢力範囲を認める。

（3）ロシアは韓国が日本の勢力範囲になることを認める。

この状況が続けば「朝鮮半島全体がロシアの領土に」なるなどというのが、史実に基づかない百田氏の誤った想像に過ぎないことは明確です。

一八九九年、義和団の乱が起こる前に、朝鮮半島の日露間の問題は決着がついていました。アメリカ公使アレンも、西・ローゼン協定によって「朝鮮半島におけるロシアの影響が完全に払拭された」と述べています。正しくは、

「この状況が続けば、朝鮮半島全体が日本の領土になりかねず、そうなれば大韓帝国の独立が脅かされることは火を見るよりも明らかであった。」

ではないでしょうか。実際、後の史実を見ればわかるように、十五年を経ずにそうなりましたから……。

教科書と参考文献

『日本国紀』に関しては、いろいろな方の、いろいろな角度からの批判や意見があるようです。

たとえば、「参考文献の掲載がない」「史料の引用がない」ことも話題になったようですが、私は、これに関してはそれほど問題を感じてはいません。

ただ、そうした批判に対し、百田氏は新聞・雑誌やSNSなどで「教科書にも参考文献や引用先が記されていない」と「反論」していましたが、それには疑問を感じます。

日本では、教科書はかなり特殊な書籍です。

「検定制度」があるからです。

検定に際しては、膨大な指摘がされ、また参考文献やソースを要求されて、その上で提出しなくてはなりません。書いて、出して、検定してもらって、ハイおしまい、ではないのです。

教科書に記載がないからといって、引用・参考文献がそもそも用意されていないわけではありません。

ですから、たとえば『日本国紀』を教科書検定に出せば、間違いなく大量の指摘がされ、それに応える形で参考文献、史料・資料を提出しなくてはならなくなります。

現行の教科書の場合、参考文献は直接掲載・紹介されていなくても、ナマの、つまり原文の史料、それから写真などはちゃんと掲載されています（小・中の教科書の場合は現代語訳で掲載されています）。

ナマの史料が載せられている、というのは、参考文献掲載よりも説得力があります（そしてその史料にはちゃんと出典が書かれています）。

次に、日本史に関する書籍、特に「通史」には参考文献がないではないか、という反論ですが、まあ、細かく載せているものは少ないと思います。「主要参考文献」という形で、引用箇所を細かく指摘せずに載せているものがあるくらいでしょうか。

ですから、最初に申し上げたように、私もこれに関してはそれほど問題を感じてはいません。ただ、それらの本と『日本国紀』が違うのは、百田氏独特の、従来の通説とは異なる主張がされている箇所がある、という点です。「学者の中には〜」「教科書では〜」とことわって、その説、立場をかなり強い口調で否定する主張が散見できます。こういう場合は、やはり「引用」「根拠」を示す必要があるのではないでしょうか。

「参考文献提示がない」「引用先（ソース）を示せ」という指摘の中には、この部分に関する要求が含まれていると思います。「そんなに言うならソースを出せ」という側の気持ちもよくわかります。

「『日本国紀』だけにそれを求めるのはおかしい」という反論に対しては、「こんな風に説明しているのは『日本国紀』だけだから」という理由も挙げられるでしょう。

どれだけ素晴らしい意見であっても、誤った事実の上に立っていたならば、それは「砂上の楼閣」です。

25 日英同盟は、ロシアとの戦争に備えて結ばれた

「ロシアは長年にわたって不凍港を求めていたが、明治一一年（一八七八）のベルリン会議で、地中海に面するバルカン半島への南下政策を阻まれたため、代わりに極東地域での南下に力を入れていた。遼東半島を清から租借したのもそのためであり、朝鮮半島も狙いの一つだった。」（313頁）

ちなみに、ロシアは遼東半島の全域を勢力下に収めてはいますが、租借したのは同半島の大連と旅順だけです。

さて、露土《ろと》戦争（ロシア＝トルコ戦争）に勝利したロシアは、一八七八年、サン＝ステファノ条約を締結してバルカン半島への進出が可能になりました。

ところが直後、ビスマルクの仲介によるベルリン会議で、結局、バルカン半島への影響力を低下させられてしまいました。

この会議から、大連・旅順の租借（一八九八年）までには二十年を要しています。ロシアはベルリン会議でバルカン方面への南下を阻止されたから極東地域の南下に力を入れた、というのは、ちょっと単純すぎる世界情勢の説明です。

ロシアの南下ルートは、三つあります。

バルカン方面、中央アジア方面、そして極東です。

ベルリン会議後、ロシアの南下は極東ではなく、中央アジア方面に移りました。一八八一年に清とイリ条約を結び、イリ地方（新疆《しんきょう》方面）に進出。そして中央アジア南部に勢力をのばし、ヒヴァと

ブハラを保護国化し、コーカンドを併合してロシア領トルキスタンを形成しています。ロシアはアフガニスタンへの影響力も行使しようとしましたが、イギリスに阻止されてしまいました（第二次アフガン戦争。一八七八〜八〇年）。

一八八〇年代後半から日清戦争開始前までは、ロシアはヨーロッパの国際関係の調整（ドイツとの対立、フランスとの同盟）に注力し、日清戦争後に極東への南下政策を進めました。アメリカやフランス同様、朝鮮半島進出を企図していたものの、山県・ロバノフ協定（一八九六年）で日本との関係を調整し、三国干渉後に旅順・大連を獲得すると、西・ローゼン協定（一八九八年）で**韓国から手を引き、満州進出に力を入れるようになった**のです。つまり、朝鮮半島への興味はこの時点ではなくなっていました（↓24講）。

「『義和団の乱』の後、各国が満洲から軍隊を撤退させたにもかかわらず、ロシアだけは引き揚げず、さらに部隊を増強して事実上満洲を占領した。」（同）

「各国」ではなく、**満州にはもともとロシアしか軍を派遣していません**。「義和団事件後も、ロシアは満州から兵を撤退させず」が正しい表現です。

この満州への兵力増強と、大韓帝国の皇帝高宗が日本ではなくロシアへの接近を始めたことに日本が危機感を感じて、西・ローゼン協定があるにもかかわらず、このままでは韓国をもロシアに奪われるのではないか、と懸念し始めるのです。

この視点を忘れると、後の韓国の保護国化の過程が誤って理解されるので指摘しておきますが、大韓帝国の皇帝高宗と政府は、日本の支配をのぞまず、ロシアとの関係を強化したい、と考えていました。

「ロシアに比べ大幅に国力の劣る日本は、万が一、戦争になった場合のことも考え、明治三五年（一九〇二）、イギリスと同盟を結んだ（日英同盟）。」（314頁）

「万が一」ではなく、**ロシアとの戦争は、もはややむなし**と考えて日英同盟を結んでいます。

「しかし大国ロシアに勝てる可能性は低いと考えていた政府は、ぎりぎりまで外交交渉で戦争を回避する道を模索した。」（同）

そしてその後、日本の「満韓交換論」の提案をロシアが蹴ったため、「ロシアとの戦争は避けられないと覚悟する」（314～315頁）というのですが、実際は違います。そもそも三国干渉で、日本は「臥薪嘗胆」を合言葉にし、**ロシアを仮想敵国として軍備の充実をはじめ、国力を充実させていた**ことを忘れたかのような表現です。

満州をロシアに譲る代わりに韓国を日本にという「満韓交換論《まんかんこうかんろん》」（日露協商《きょうしょう》論）は、一九〇〇年から伊藤博文と井上馨が中心になってすでに提唱されていました。

これに対して、山県有朋、桂太郎、そして小村寿太郎ら外務省の官僚たちは、日露協商が成立しても刹那《せつな》的なもので、ロシアはすぐに放棄する、と反対を唱え、「日英同盟論」を提唱しています。

一九〇二年の段階で、この議論はすでに終わっており、伊藤も方針を転換し、日英同盟の成立となりました。

日英同盟後に、「満韓交換論」が出てきたのではありませんし、「ぎりぎりまで」「戦争を回避する道を模索」したわけでもありません。「万が一、戦争になった時のことを考えて」ではなく、「**ロシアとの戦争に備えて**」というべきでしょう。

ところが日英同盟が結ばれると、ロシアのほうでも対日強硬論と対日融和論に意見が分かれました。

この時、ロシア皇帝ニコライ二世に強硬論を説いたのがエフゲニー・アレクセイエフです。海軍軍人で、黒海艦隊の副司令官なども歴任しており、南下政策をことごとくイギリスに阻止された実体験がありました。満州・中国だけでなく「朝鮮半島も支配下に置くべし」と主張し、ニコライ二世もこれに賛同します。

つまり、ロシアが朝鮮半島を支配下に置くことを具体的に企図したのは一九〇二年からで、この人物が極東総督に任じられてから、ロシアの日本への要求は厳しくなりました。

日本の「満韓交換」の提案をアレクセイエフは拒否し、かわって今度はアレクセイエフが「朝鮮半島北部を中立地帯にし、南部を日本の勢力圏とする」案を提示。これを日本は拒否して、「明治三七年（一九〇四）二月四日、御前会議（天皇臨席による閣僚会議）において日露国交断絶を決定し、二日後の六日、ロシアに対してそれを告げた」（315頁）のです。

26　日露戦争は日本にとって、圧倒的に不利な戦いではなかった

「ロシア皇帝ニコライ二世は日本人のことを「マカーキ」（猿）と呼んで侮っていた。」（314頁）

このイメージはおそらく、司馬遼太郎の影響でしょう。『坂の上の雲』で大津事件が紹介され、襲撃を受けた皇太子時代のニコライの人物像がそれで定着してしまい、以来、ずーっと言われ続けていることです。

司馬遼太郎はこういうこと、よくやっちゃうんです。

『世に棲む日日』では、高杉晋作《たかすぎしんさく》が御成橋《おなりばし》を突破した話や白昼堂々関所破りをした話、京都で将軍家茂に「よ！　征夷大将軍！」と声をかけた話などがあり、挙げ句に「くやしい思いをした」と江戸に手紙を書いた旗本もいた、とリアルなエピソードが添えられる（↓上番外篇13）。でもこれ、すべて架空《かくう》の話なんです。

『坂の上の雲』でのニコライやロシア軍が日本を「侮《あなど》る」エピソードはいずれも根拠不明なものが多く、いくつかは俗説として現在では否定されています。公文書にまで「マカーキ」と記されている、と書かれているのですが、皮肉ではなく、本当にそんな公文書があればぜひ、見てみたいです。

ニコライ二世は筆まめな人で、いろんな手紙、日記が残っています。『最後のロシア皇帝ニコライ二世の日記』（保田孝一）を読むと、ニコライは現在に生まれていたら、ツイッターにハマっていたかもしれません。

日記によれば、**ニコライ二世は日本が大好きだった**ことがわかります。

大津事件で自分を襲撃した津田三蔵《つださんぞう》を憎んではいますが、「どこの国にも狂人はいるものだ」と、日本人全体と犯人を明確に区別していますし、事件への人々の対応にも感謝しています。

長崎はことのほかお気に入りの街で、美しい街並や日本建築、清潔な道などに感心しています。日本人の嫁《よめ》をもらうことを真剣に悩んでいる様子もうかがえます。

京都は昔の日本の首都であったとして、「モスクワと同じ」と書いています。

また、事件で自分を助けてくれた車夫に勲章を授与していますが、ロシア軍艦まで「車夫の服装で来るように」とわざわざ命じて名誉礼をとっています。

つまり、「猿」と侮るような態度を、彼は示していません。ニコライが対日強硬策をとるのは、一九〇二年以降、強硬派アレクセイエフの提言を採用して以降です。
強いて探せば、一九〇四年二月八日の日記にこうあります。

「この夜、日本の水雷艇《すいらいてい》が旅順に投錨《とうびょう》中の我が軍に攻撃を加え損害を与えた。これは宣戦布告なしで行われた。卑怯《ひきょう》な猿め、神よ我等を助けたまえ。」

確かに「猿め」とお怒りです。が、他に「侮っていた」にあたる記述は見られず、これで日本人全体を猿と侮っていたかのように表現するのは、適切ではないと思います。「幕府のイヌめ！」のような比喩ではないでしょうか。

さて、日本は当時、ロシアに比して弱小だったのでしょうか。

「ロシアに比べ大幅に国力の劣る日本」（314頁）
「日本とロシアの戦争は、二十世紀に入って初めて行なわれた大国同士の戦いだったが〔……〕ロシアの国家歳入約二十億円に対して日本は約二億五千万円、常備兵力は約三百万人対約二十万人だった。」（315頁）

と百田氏は書かれていますが、日露戦争前の実質ＧＤＰ（百万ドル単位）を算出したデータを見てみましょう（板谷敏彦『日露戦争、資金調達の戦い』）。

日本	五二、〇二〇
ロシア	一五四、〇四九
アメリカ	三一二、四八九

イギリス　一八四、六八六

これだけを見ると、やはりロシアは、日本の三倍の経済力がある、と言えそうですが、国の力を正確に見るには、「一人あたりのGDP」を算出しなくてはいけません。当時、日本の人口は約四千四百万人、ロシアは一億二千五百万人です。すると――（ドル単位）。

日本　一、一八〇

ロシア　一、二三七

アメリカ　四、〇九一

イギリス　四、四九二

経済的にはほぼ拮抗《きっこう》していると言えます。十分勝てる経済力です。

問題はこれを背景とする軍事力。日露戦争開戦時のロシアの常備兵力は約二百万人で、それに対して日本は約二十万人でした。これでは話になりません。

ところが、日露戦争で動員された日本の陸軍兵力は、戦地勤務が九十四万五千人。内地勤務・軍属をくわえると百二十四万三千人なんです。

一九〇五年の段階で戦地に展開されていた兵力は、ロシアが七十八万八千人、日本が六十九万二千人でした（日露戦争研究会編『日露戦争研究の新視点』）。

実は、過去、日露戦争時のロシアの戦力・経済力が「過大に」評価されていたようなのです。日露戦争終結に際するポーツマス条約で講和が不利になる（あるいはなった）ことをふまえて、「日本はすごい相手と戦った」「負けて当然の戦いだった」「それなのに勝ったんだよ」という世論や評価をつくり出すために、後から言われるようになった理屈なのです。

「当時、日露戦争は日本にとって絶望的と見られていた戦争だったのだ。」（同）

というイメージを、まさに日本政府は作り出したかったわけです。

ですから、日露戦争開戦前の、ロシアの軍人の話などもいくつか残っていますが、どうも出典不明の、何の記録によるか曖昧なものが多いのです。たとえば、

「ロシア陸軍の最高司令官アレクセイ・クロパトキンはこう嘯《うそぶ》いた。「日本兵三人にロシア兵一人で十分。今度の戦争は単に軍事的な散歩にすぎない」。また日本に四年間駐在していた陸軍武官はこう言っている。「日本軍がどれほど頑張ろうと、ヨーロッパの一番弱い国と勝負するのに百年以上かかる」。」（同）

これらはネット上でよく見かける話ですが――。

宮脇淳子『世界史のなかの満洲帝国』によれば、「三人に一人」云々《うんぬん》の発言は、クロパトキンが陸軍戸山学校を視察した時のもので、「百年以上かかる」は駐日陸軍武官パノフスキー陸軍大佐の話。一方、神川武利『児玉源太郎・日露戦争における陸軍の頭脳』では、クロパトキンの言葉は「日本兵一人半に、ロシア兵は一人で間に合う」。「百年かかるだろう」と言ったのは「ワンノフスキー」なる人物と紹介されています。発言主も異なりますし、「三人に一人」「一人半に一人」など表現も異なります。どちらが正しいのか？

正直、この話、私は懐疑的なんです。

というのも先に、一九〇二年以降、ロシア政府内でも対日強硬派と対日融和派に分かれていた、という話をしました（→25講）。

アレクセイエフが強硬派、クロパトキンは融和派でした。

クロパトキンは一九〇三年に来日して実情を視察し、日本の軍事力を高く評価しています。そして帰国するや、日本との戦いを回避する行動に出ました。日本に対しては強気な発言をしてみせた可能性はありますが、来日中にクロパトキンを接待した村田惇《あつし》少将と雑談をしていて、その中でも戦う意思がない話をしていますし、陸軍大臣寺内正毅《てらうちまさたけ》にも「日本と開戦するは決してのぞましきことにあらず」と発言しています（横手慎二『日露戦争史』）。

「これだけ馬鹿にされていたのに勝ったのだ」ということを強調するためのネタとして、クロパトキンの「逸話」は利用されてきたのでしょう。『坂の上の雲』その他の影響で「クロパトキン愚将」説はなかなか消えず、「虚像と誇張の日露戦争」が再生産されているようです。

27 高橋是清が説得したのはイギリス政府ではない

日露戦争の戦費調達について。

「高橋の活躍により、日本はようやく戦う準備が整った。」（317頁）

日銀副総裁だった高橋是清が外債《がいさい》発行の見込みを得たり、「ユダヤ人銀行家ジェイコブ・シフの知遇を得て」（同）**外債を引き受けてもらったりしたのは「開戦後」のことです。**

ところで、「日本の外債は開戦と同時に暴落しており……」（316頁）というのも実は正確ではありません。暴落は開戦の約一カ月前の、一月四日に起こりました。

マーケットというのは、「見通し」で動くものです。日露の開戦が近い、と捉えられ、「売り」市場となりました。

しかしこの時、まだ戦費調達のための外債は発行していないので、当然それは暴落していません。つまり正確には、「開戦を前に、市場は大暴落し、このままでは戦費調達のための外債を発行しても引き受け手がなくなる」状態にあったということになります。

高橋是清は、この困難な状態の中で、なんとか外債を引き受けさせる努力をしたのです。


「同盟国イギリスも「公債引き受けは軍費提供となり、中立違反となる」と考え、手をこまねいていた。この難事に、日銀副総裁の高橋是清は自らロンドンに出向き〔……〕イギリスを納得させた。」（316頁）

おや？　外債の引き受けは、ロンドンにいる投資家や銀行家が行なうことで、イギリス政府は関係ないはず。先の文脈だとそう読めますが、そんな話じゃなかったような……と思い、学生時代に読んだ『高橋是清自伝（下）』（上塚司編）を読み直してみました。

するとやはり、以下の経緯がありました。

まず、銀行家たちが外債引き受けをためらった理由が書かれています。

日露戦争は白色人種と黄色人種の戦いで、ロシアの帝室とイギリスの王室は縁戚関係にある。ロシアにはフランスという大銀行を擁する国家の支援があり、軍事的にも日本は不利だ――というイギリスの銀行家たちの考えが、日本公債の引き受けをためらわせていました。

それを知った高橋は、「このたびの戦争は、日本としては国家存亡のため、自衛上已《や》むを得ずして起こったのであって、日本国民は二千五百年来、上《かみ》に戴《いただ》き来《きた》った万世一系の皇室を中心とし、老若男女結束して一団となり、最後の一人まで戦わざれば已まぬ覚悟であるというような意味を雑談し」た、と自伝で説明しています。

「当時銀行家たちは割合に日本の事情に暗く、常に非常な興味をもって聞いておった。かくして日一日と互いに心を開いて談ずるようになって来た。」

ところがまた、銀行家たちは渋《しぶ》るようになる。話を聞いてみると、

「日英両国は同盟国ではあるが、イギリスは〔日露〕戦争に対しては、今なお局外中立の地位にある。ゆえにこの際軍費を調達することは、局外中立の名義に悖《もと》りはせぬかということであった。」

つまり、政府は中立なのに、われわれ銀行家が日本の外債を引き受けて咎《とが》めは受けぬか、という心配を銀行家たちはしていたようなんです。そこで高橋是清は説明します。

「自分にはよく判らぬが、かつてアメリカの南北戦争中に中立国が軍費を調達した事例もあるから、局外中立国が軍費を調達することは差支えないと思うが、君らが心配になるならば、貴君らの信頼せらるる有名なる法官や歴史家について調べて貰うがよかろう。」

そしてさらに、

「その結果、法官や歴史家の意見としては、差支えないということに一致したので、銀行家連も

私も安心した次第であった。」

高橋是清はイギリス政府ではなく、銀行家・投資家を説得していました。この流れの中で、ユダヤ人投資家のシフにも出会うのです。

こうして日本は日露戦争開戦から三カ月後にようやく第一次戦時国債を発行できました。

28 「バルティック艦隊」は世界最強だったわけではない

「コサック騎兵は世界最強の陸上部隊といわれ、海軍もまた世界最強といわれていた。」(315頁)

ロシアの海軍が「世界最強」というのは、当時の世界の評価としては少し違います。

高橋是清の『自伝』を読むと、**世界の評価は、陸軍はロシア、海軍は日本がそれぞれ優位として定まっていた**ことがわかります。

これはバルティック艦隊の戦艦の指揮官も認識しており、一九〇四年十月九日の艦隊士官送別晩餐会(海軍司令官アレクサンドロウィッチ大公主宰)で、戦艦アレクサンドル三世の艦長ブフファウォストフ大佐は、

「我々は、ロシアが海軍国ではないこと、それに政治資金がこれらの艦船に無駄に使われたことを知っています。あなたがたは勝利をのぞまれたが、しかし勝利などはありえないのです。お

そらく我々の艦隊の半分は、途中で失われるでしょう。たぶん私が悲観的過ぎるので、全艦艇はあるいは無事に黄海に着くかもしれません。しかし着いたとしても、東郷《とうごう》〔平八郎連合艦隊司令長官〕は、我々を木っ端微塵《こっぱみじん》にしてしまうでしょう。東郷の艦隊は、我々よりはるかにすぐれており、それに日本人は根っからの水兵なのです。しかしここに、私は一つだけみなさんに約束できます。ここにいる我々すべて、第二太平洋艦隊の全将兵は、少なくとも、いかに死すべきかを知っています。我々はけっして降伏しないでしょう。」

と述べています。

イギリス製の軍艦を擁し、規律・練度の高さは当時の軍事専門家の中でも世界的に有名だった日本海軍。戦争の勝敗が「ビジネス」に直結する投資家・銀行家たちは、かなり正確に情報を集めていました。

「ロシア海軍世界最強説」は、ポーツマス条約の講和の不調に対する不満を緩和するために（日本海海戦の戦果を「大戦果」と誇張するために）流布されたものです。

バルティック艦隊について、いくつかの誤解を解いておきますと、もともと単体の「バルティック艦隊」というものは存在しませんでした。

ロシア海軍はまず、北欧のバルト海に展開している艦隊群を、極東の太平洋艦隊に編入するために大移動させる計画を立てました。日本の連合艦隊と太平洋艦隊の勢力ではやや日本が上回っていたからで、追加艦隊を送り、増強する、という作戦です。ミリタリーバランスを自国に有利にしてから戦闘を開始するのは常識。そうして、バルト海の諸艦隊から艦艇を引き抜き、第二太平洋艦隊を編成したわけです。

日本の対応策は明解です。二つの艦隊の合流を阻むため、すでにある第一太平洋艦隊を旅順港に閉塞《へいそく》させ、第二太平洋艦隊は合流する前に、対馬《つしま》海峡あるいは津軽《つがる》海峡のいずれかでこれを迎撃する。簡にして要なる作戦です。

一九〇四年十月、第二艦隊が出発します。ところが一九〇五年一月、ロシアに旅順要塞陥落の報せが入りました。これに焦ったロシアは、バルト海に残存していた艦艇をすべて結集し、第三太平洋艦隊を編成、追加増援を行ないます。こうして、ロシアの海軍は黒海艦隊をのぞいて、すべて日本に向けられることになったのです。

同年五月に第二・第三艦隊は合流を果たしますが、まもなく日本海海戦で完敗しています。

また陸軍は「世界最強」の評価をロシアは受けていましたが、コサック騎兵が「世界最強の陸上部隊」であるとは、当時の軍事関係者は実はあまり思っていませんでした。

騎兵が陸軍戦力で重要な役割を果たしていたのは十九世紀前半までのことです。司馬遼太郎の『坂の上の雲』の中では、「日本騎兵の父」と称される秋山好古《あきやましふる》の活躍がクローズアップされましたが、当時すでに機関銃が開発されており、騎兵は前時代の遺物になりつつありました。秋山好古も騎兵ではなく、機関銃を使用してコサック騎兵を撃退しています。

29　日露戦争の世界史的位置づけは慎重にする必要がある

一九〇五年一月に旅順要塞を陥落させた日本陸軍は、クロパトキン率いるロシア陸軍と、前哨戦とでもいうべき戦闘状態に二月から入ります。

「秋山好古少将の陽動作戦に怯《おび》えたクロパトキンが余力を残したまま撤退するという失態を犯した（この責任を問われ、〔クロパトキンは〕司令官を罷免されている）。」（319頁）

「陽動作戦に怯えたクロパトキン」という説明はかつてよく見られましたが、これも司馬遼太郎『坂の上の雲』に拠るところが多い記述です。

また**「余力を残したまま撤退」というのも、当時は「戦略的撤退」とヨーロッパでは判断され**（ナポレオン戦争でも見られたロシアの常套《じょうとう》作戦）、マーケット（ロンドン市場）の反応は冷静でした（板谷敏彦『日露戦争、資金調達の戦い』）。

ところが、**ロシアの司令部内・宮廷内の権力争いが絡《から》んで、讒言《ざんげん》もあり、クロパトキンは解任されてしまった**のです。一方の日本ではその後、『坂の上の雲』によって、乃木希典《のぎまれすけ》の過小評価、秋山好古・真之《さねゆき》兄弟の過大評価が、すっかり定着してしまいました。

三月の奉天《ほうてん》会戦は、「大勝利」との国内宣伝とは裏腹に、かなりの犠牲が出ており、乃木希典の第三軍は、その活躍でクロパトキンの後退の決断をうながすほど健闘していたにもかかわらず、弾薬が尽きたため、撤退するロシア軍を追撃できず、鉄道でのロシア軍の移動を傍観せざるをえない状況になってしまいました。

日本海海戦は「世界海戦史上に残る一方的勝利」(319頁)に終わりましたが、その「真の勝因は水兵たちの練度の高さと、指揮官の勇猛果敢な精神にあった」(320頁)わけではもちろんありません。

戦争の勝利とは、海面に出ている氷山の一角と同じで、トータルで見なくてはなりません。百田氏が挙げている外交的優位(日英同盟)、マーケットの反応(高橋是清の活躍)に加え、「下瀬《しもせ》火薬」の開発と利用、無線の活用、「明石《あかし》機関」による対露工作など、「オールジャパン」による勝利でした。個人の手柄《てがら》や勇猛果敢《ゆうもうかかん》な精神論よりも、これら全体に言及されたほうが、日本の命運をかけた「総力戦」であったことを強調できたと思います。「水兵たちの練度の高さと指揮官の勇猛果敢な精神」だけを真の勝因と言ってしまえば、重税に耐え、勝利のために多大な犠牲を強いられた国民の姿が見えにくくなってしまいます。

「日本の勝利は世界を驚倒させた。二十七年前まで鎖国によって西洋文明から隔てられていた極東の小さな島国が、ナポレオンでさえ勝てなかったロシアに勝利したのだ。」(320頁)

日本の勝利は当時、世界を驚かせ、大きな衝撃を与えたことは確かですが、他国との比較は、世界史の知識が不十分ですと誤ることになります。

「ナポレオンでさえ勝てなかったロシア」とありますが、そんなことはありません。**ナポレオンはロシアに勝利し、プロイセンとロシアに屈辱的なティルジット条約を呑ませました。**教科書に記されている戦いだけでも、**アウステルリッツの三帝会戦**でナポレオンはロシアに勝利していますし、**アイラウの戦い**については少し微妙ですが、ロシアが撤退したという意味では勝利でしょう。さらに、**フリーラントの戦い**ではロシア軍を完全に撃破しています。

「コロンブスがアメリカ大陸を発見して以来、四百年以上続いてきた、「劣等人種である有色人種は、

優秀な白人には絶対に勝てない」という神話をも打ち砕いたのだ。」（同）

これもそんなことはありません。

アフリカのスーダンでは、一八八四年のムハンマド・アフマド率いる**マフディー反乱の際**、チャールズ・ゴードン率いる**イギリス軍がハルツームの戦いで壊滅させられ**、ゴードンも戦死しました。

一八九六年の**アドワの戦いでは、エチオピア軍がイタリア軍を破り**、アフリカ分割を進める帝国主義諸国から、初めて独立を守りました。

世界史的な位置づけの評価は、正確な知識が必要となります。日露戦争に関しては、「アジアの新興国がヨーロッパの大国を破った」という評価で十分だと思います。

30　日露戦争は「植民地」の人々に自信を与えたが、失望も与えた

歴史的事象の評価をする際、

「（A）であるが（B）でもある、というふうに常に多面的な姿勢でなければならない。」

というわけでは必ずしもありません。しかし、一見このように見えるが実はこうである、あるいはこうではないか？　とさまざまな角度から懐疑するところに、社会科学としての歴史学の意義があるのではないでしょうか。（A）だけを説明して（B）を省くのは、社会科学ではなくプロパガンダになってしまう場合もあります。

たとえば、インドの元首相ネルーの言葉が紹介されていますが。

「インドのネルー首相は十六歳の時、日本の勝利を聞き、「自分たちだって決意と努力しだいではやれない筈《はず》がないと思うようになった。そのことが今日に至るまでの私の一生をインド独立に捧げさせることになったのだ」と語っている。」（321頁）

実は、**この言葉には続きがあります**。以下、ネルーの『父が子に語る世界歴史』によると。

「日本の勝利がいかにアジア諸民族を勇気づけたことか……しかし、それはすぐに失望に変わった。」

「一握りの侵略的帝国主義グループにもう一国を加えたというに過ぎなかった。」

日露戦争での日本の勝利はアジアの諸民族に独立の勇気をもたらしたが、それは新たな「帝国主義国・日本」の誕生によって、大きな失望に変わった——このように考えたアジア諸国の人々は、少なくありませんでした。教科書もこの事実から、

「ヨーロッパの大国ロシアに対する日本の勝利は、アジア諸民族の民族的自覚を高めたが、その後の日本は、むしろ欧米列強とならんで大陸への帝国主義的進出をすすめた。」（『詳説世界史B』324頁）

そしてその後の国際的な関係をふまえ、

「日露戦争後、日本とイギリスは日英同盟を維持しながら、それぞれロシアと１９０７年に日露協約・英露協商を結んだ。これにより、日本の大陸進出は容易となった。」（同）

と説明しています。

日本がアジア諸国を「失望」させた例を他に挙げると――。

ベトナムでは、ファン・ボイ・チャウを中心に、フランスからの独立と立憲君主制の樹立をめざす組織が生まれました。この組織が「維新会《いしん》」で、明治維新後にめざましい近代化を実現し、日露戦争に勝利した日本の姿に鼓舞《こぶ》されて、日本からの軍事援助を得ようと交渉したり、日本に留学生を送って新しい学問や技術を学ぼうとする動きを推進したり（「東遊運動《ドンズー》」）しました。しかし、日本はフランスと歩調をあわせてこれを弾圧し、留学生を国外へ退去させています。

「長らく欧米の植民地にされてきた中東やアフリカの人々にも大きな自信を与え……」（321頁）

と胸を張って言えるものではなく、「世界の植民地で民族運動が高まることに」なったのに、それを抑圧する側に日本は回っていたことを忘れてはいけません。

「バー・モウは「日本の勝利は我々に新しい誇りを与えてくれた。歴史的に見れば、日本の勝利は、アジアの目覚めの出発点と呼べるものであった」と語っている。」（同）

バー・モウは、ビルマ（現在のミャンマー）独立のためにイギリスに対抗して日本と手を結び、日本の協力を得ようと大東亜会議にも出席して日本を賛辞しました。敗戦が濃厚になると日本に亡命しましたが、しかし独立後には、日本の植民地支配を批判しています（『ビルマの夜明け　独立運動回想録』）。**バー・モウについては、彼がどの立場にあった時の発言なのかを精査しなければ、鵜呑《うの》みには**

できません。

また、「バルチック艦隊が日本の聯合《れんごう》艦隊によって潰滅させられたニュース」をヨーロッパにいた時の孫文が聞いて語ったことも紹介されています。

「此の報道が欧州に伝わるや、全欧州の人民は恰《あたか》も父母を失った如くに悲しみ憂えたのであります。英国は日本と同盟国でありましたが、此の消息を知った英国の大多数は何れも眉を顰《ひそ》め、日本が斯《か》くの如き大勝利を博したことは決して白人種の幸福を意味するものではないと思ったのであります」（321～322頁）

この孫文が語った話は、実は一九二四年十一月二十八日、神戸高等女学校で神戸商業会議所の五団体に行なった「大アジア主義」講演演説の一部です。全文の概意は、「東洋は王道、西洋は覇道。東洋の先端を走っている日本は近代化を進めて素晴らしいが、それが最近では行き過ぎて覇道になっちゃっているよ」、「自分の革命運動をソ連は理解してくれたのに、なんで同じアジアの日本は支援してくれないの？」という「メッセージ」も言外に込めながら、「日本海海戦で勝った時の欧米と同じ反応を、今度は日本がしているのではないか？」「日本はアジアの国のはず」として、「欧米覇道の鷹犬《ようけん》となるか、東洋王道の干城《かんじょう》となるか」と日本にせまっているものです。ぜひ、全文を読んでほしいと思います（『孫文革命文集』『孫文・講演「大アジア主義」資料集』などで読めます）。

「列強諸国の間で日本に対する警戒心が芽生えたのも、この頃からであった。」（322頁）

日本に対する警戒心は、日清戦争の時から「芽生え」ていました。ドイツ皇帝ヴィルヘルム二世やフランスが「黄色人種」を警戒する「黄禍論《こうかろん》」を唱え始めたのです。この懸念が、日露戦争以降、欧米諸国にとって現実となっていきます。

31　日露戦争は、「新聞社に煽動された国民自らが望んだ」戦争ではない

「余談だが、日本海海戦は「丁字戦法《ていじ》」（T字戦法ともいう）によって勝利したというのが定説になっていて、多くの歴史書にもそう書かれている。」（320頁）

通史の場合、細かい戦術はほぼ説明していません。また日露戦争の戦術的なことに言及している歴史書のうち、「T字戦法で勝った」と説明している専門書もないでしょう。現在では、「T字戦法を採用したが、並行航行での砲戦になった」というのが「定説」で、**「T字戦法による勝利」は、ほとんど小説やドラマだけに見られる「俗説」**です（戦史研究では、第二次大戦前からすでに、T字戦法勝利説は否定されています）。

「この敗北により、さすがのロシアもほぼ戦意を喪失した。」（320頁）

「日本海海戦でバルチック艦隊を撃滅し、ロシアに戦争継続の意思を失わせたが、その時点で、実は日本にも余力は残っていなかった。」（322頁）

実際は少し違います。

クロパトキンが降格後、入れ替わる形で総司令官に任命されたリネウィッチは反攻を計画し、シベリア鉄道を用いた陸軍増援を継続しています。日本海海戦での敗戦は衝撃でしたが、むしろ敗戦後、物量で圧倒して南下を進めようとしていました（黒岩比佐子『日露戦争　勝利のあとの誤算』）。

ロシアが講和に傾き始めていたのは、その国内問題からでした。

すでに一九〇五年一月に、「血の日曜日事件」を発端に第一革命が起こり、ロシアの兵士たちにも厭戦《えんせん》気分が広がりつつありました。戦争継続によりストライキや革命の拡大を招く懸念が出てきていたのです。継続を考えていたのは、むしろ日本のほうでした。

「国民は、ぎりぎりの状況であることを知らされていなかった。政府がその情報を公開すれば、ロシアを利することになるため、秘密保持はやむを得なかった。」（324頁）

実情は異なりました。**こうした理屈は、軍事機密を盾に正しい情報を国民に知らせない口実に使われるもの**です。軍の作戦の不備、政府の責任を回避する弁解として使用されたにすぎません。

実際、奉天会戦後の「ぎりぎりの状況」を内地の大本営自体がわかっておらず、追加計画や増援、さらなる占領を企図・実行していました。「戦争を継続すべし」という空気が大本営をしめ、ウラジオストク侵攻を計画、さらに四個師団編成、樺太南部に軍を上陸させています。

驚いた満州軍総司令官大山巌《おおやまいわお》は、ただちに参謀総長児玉源太郎《こだまげんたろう》を東京に派遣し、講和にとりかかるように説得させようとします。にもかかわらず、大本営では、あくまでも戦争継続・戦域拡大を主張するありさまでした。児玉は前線の状況をつぶさに説明・報告し、海軍の山本権兵衛《ごんのひょうえ》も口説《くど》いて説得させたのです。児玉の真の功績は、ロシアとの陸上戦闘の「作戦指揮」よりも、戦争を継続しようとしていた軍首脳の説得に成功したことでしょう。

「秘密保持」は「ロシアを利する」のを回避するためではなく、戦争継続が不可能な状況を大本営が理解せずに続けてしまったことや、作戦の不備から犠牲が増加したこと（旅順の要塞の守備力を低く見つもり、奉天会戦の初戦の苦戦と犠牲は無理な総力戦指示にあった）などを隠蔽《いんぺい》するためでした。

そもそも「ロシアを利する」のを回避する秘密保持ならば、講和成立後に、情報公開をすればよかったわけで、政府はそのようなことを一切していません。条約反対集会が暴徒化すると、戒厳令《かいげんれい》を敷いて弾圧しました。日比谷焼打事件です。

「私は、この事件が、様々な意味で日本の分水嶺となった出来事であると見ている。すなわち、「新聞社（メディア）が戦争を煽り、国民世論を誘導した」事件であり、「新聞社に煽動された国民自らが戦争を望んだ」そのきっかけとなった事件でもあったのだ。この流れは、大正に入って鎮火したように見えたが、昭和に入って再燃し、日本が大東亜戦争になだれ込む一因となったのである。」（325頁）

先に日清戦争の項でも、「多くの国民が「戦争は金になる」と誤った意識を持った」（309頁）と書かれていました（→21講）。

ふりかえれば日清戦争では、「朝鮮を独立させるための戦争」と称して戦いながら、朝鮮半島から清軍を撤退させた後も、戦争を継続して遼東《リャオトン》半島を占領（→19講）。この「大陸進出」が列強を刺激し、黄禍論が叫ばれ、日本を警戒したドイツ・フランス・ロシアの干渉で遼東半島を返還せざるを得なくなりました。それに対し日本政府は「臥薪嘗胆」を説いてロシアを仮想敵国とし、日英同盟を結んでロシアの南下に対抗する姿勢を明確にしました。

そもそも、議会で多数を占めていた自由民権派の政党が、民力休養・経費節減を説き、軍事費の削減を要求していたのに、超然主義の立場をとり、朝鮮を日本の「利益線」であるとして軍備の増強を続けたのは政府です。軍制を改革し、参謀本部を設置して統帥部を強化し、鎮台制を改めて、対外戦争に向けた準備を進めました。政府が近代化を進め、国際的地位を高める過程で「脱亜入欧」を選択し、その延長上の外交政策がつくり出した国際関係の結果が日清戦争であり、日露戦争だったのです。

こうして、インドの元首相ネルーが指摘したように、日本は欧米と並ぶ帝国主義諸国の一員となりました（↓30講）。

この大きな枠組みの中で、日露戦争を捉《とら》えるべきでしょう。**偏った情報からミスリードした新聞社と民衆に非を鳴らすだけでは一方的だと思います。**

日英同盟と義和団事件

歴史はどの立場から視るかで、記述の仕方が当然変わります。

どうも百田氏は、「義和団」を稚拙《ちせつ》な暴徒集団だと思われているようです。

「義和団の神は孫悟空と諸葛孔明という奇妙なもので、団員たちは修行を積めば刀や銃弾さえもはねかえす不死身の身体になれると信じ、近代兵器で武装した列強の軍隊に徒手空拳で挑んだが、各国の軍隊が到着すると、一瞬のうちに鎮圧された。」（311頁）

この捉え方はかなり一面的で、義和団の本質に一切触れられていません。

義和団は、列強の帝国主義支配とその弾圧に対し民衆が立ち上がったもので、山東半島の農村自警団から生まれた宗教的武術集団です。迷信にとらわれた人々も一部いましたが、反帝国主義民族運動として、列強の帝国主義的支配の象徴である「鉄道」と「教会」を破壊しました。

日清戦争後に進出した列強は、鉄道敷設のために用地を強制的に接収し、農村の共有地や祖先の祭祀《さいし》の場などをおかまいなく破壊していきました。キリスト教会も、農村のさまざまな祭祀を否定し、その文化を見下した布教活動を行なっていました。

北京に入城した列強の軍隊が、「鎮圧」と称した破壊と略奪を繰り返し、日本軍に掃討《そうとう》と防衛をまかせきりで略奪行為を繰り返したことは、北京攻略戦での犠牲の五〇%が日本兵であったことからも窺《うかが》えます。北京を奪還した後がさらにひどく、周辺地区の略奪・暴行はしばらく治まりませんでした。列国がことさらに日本の軍事行動を美化して賞賛し、義和団に非を鳴らした背景は、この軍隊の不正行為（国際法違反）を糊塗《こと》する目的もあったのです。

先の引用のような見方は、義和団を貶《おとし》め、自分たちの行為を正当化するために列強が誇張した当時のイメージなんです。柴五郎の功績はもちろん高く評価できますが（→23講）、列強が「義和団事件の英雄」をクローズアップしなくてはならない背景や、帝国主義に対する闘争としての義和団の側面を忘れてはいけないと思います。

列強は義和団を「悪」と描きがちでしたが、当時の日本人ジャーナリスト青柳有美《あおやぎゆうび》などは「義和団賛論《さんろん》」を著していますし、そもそも北京に籠城していた側からも義和団に同情的な評価がありました。イギリスの外交官ロバート・ハートは、義和団に民族意識の先ぶれを認めていますし、オーストリアの外交官ロストホーンは「私が中国人だったならば、義和団に入ってここで戦っていただろう」と述べています。

さて、日英同盟も、大きな世界史の枠組みで捉える視点が大切です。

十九世紀半ば以降、常にイギリスはロシアの南下を阻止するように外交を展開してきました。その手法は、「自分の手を汚さない」。バルカン方面、中東・インド方面への南下を阻止してゆきつつ、ヨーロッパの現状を維持するためにも、極東におけるロシアの南下にぶつける国を模索していました。

義和団事件の様子を見て、手を結ぶにふさわしい相手は日本である、と判断したのは自然な流れです。「義和団の英雄」とそれを高く評価するイギリス公使クロード・マクドナルドがたとえいなくても、ソールズベリ首相は、日英同盟を成立させていたことでしょう。

こういった国際関係の枠組みを俯瞰《ふかん》した時、日露戦争は、イギリスの大きな世界戦略の枠組みの中にあったことがわかります。

日露戦争開戦と同じ年（一九〇四年）にイギリスは、英仏協商を成立させました。日露戦争によってロシアの極東での南下を阻止した後はすぐにロシアに接近し、英露協商を成立させ（一九〇七年）、今度はイギリスと敵対するドイツとオーストリアにぶつけるため、ロシアの南下政策をバルカン半島にふりむけさせました。

日英同盟は、日露戦争に際し日本の大きな助けになったことは確かですが、イギリスの世界戦略の片棒《かたぼう》を担《かつ》がされたこともまた確かです。伊藤博文が推進しようとしていた日露協商は、イギリスにとっては困る動きでした。イギリスに接近させるために、柴五郎への勲章《くんしょう》授与で「義和団の乱を治めた英雄」を演出するなどして、友好的な態度を示した、ということも指摘できます。

大国との同盟は、その大国の利益のためにしか利用されない側面があることも、日露戦争から学ぶことができます。

32　大韓帝国を保護国とする際、日本は「世界」の了承を取り付けていない

「韓国併合」への道は、日露戦争開戦と同時に始まりました。

一九〇四年二月、日本は仁川《じんせん》に軍を上陸させ、ただちに漢城を制圧しました。

そして同月二十三日に、朝鮮内での軍事行動と韓国政府の便宜《べんぎ》供与、および「施政改善」に日本が「協力」することを韓国政府に認めさせました。これが日韓議定書です。

七月には軍用電信線・鉄道を破壊した者を死刑にする軍律を施行。一九〇五年一月には日本軍に不利益な行動をする者は死刑以下にする布告を出します。

この軍律で、一九〇四年七月から〇六年十月までに、死刑三十五人、監禁・拘留四十六人、追放二人、笞刑《ちけい》百人、過料七十四人が行なわれています（山田朗『戦争の日本史20　世界の中の日露戦争』）。

「日本は日露戦争後、大韓帝国を保護国（外交処理を代わりに行なう国）とし、漢城に統監《とうかん》府を置き、初代統監に伊藤博文が就いた。この時日本が大韓帝国を保護国とするにあたって、世界の了承を取り付けている。」（326頁）

大きな誤解と事実誤認があります。

まず、この文脈では日露戦争後に大韓帝国を保護国化してから了承を取り付けているように読めてしまいますが、実際は日露戦争中です。

それから、「世界の了承」についてはあまりに不正確です。日露戦争「中」、日本が「世界」を相手

に取り付けた「了承」とは以下のことです。

まず、一九〇五年七月二十九日、アメリカとの間で桂・タフト協定を成立させます。これはアメリカによるフィリピン支配と、日本による韓国保護国化を相互承認したもので、帝国主義諸国がよく行なうbargain《バーゲン》（取引・駆け引き）です。

また日露戦争が始まると、日本とイギリスは日英同盟の適用範囲の拡大と、「攻守同盟」（一方が戦争を始めたり攻められたりすると協力して参戦する同盟）化の検討を始めます。バルティック艦隊との海戦が近づいた一九〇五年五月二十三日、元老会議と翌日の閣議で日英同盟の強化を決定しました。こうして八月十二日、第二次日英同盟協約を調印、攻守同盟化するとともに、同盟の適用範囲をインドにまで拡大し、いわば朝鮮とインドをbargain（取引）する形で、イギリスは韓国の保護国化に対する保証と援助を了承したのです。

そして日露戦争「後」、ポーツマス条約によって、ロシアは「韓国に対する日本の指導・保護・管理措置の承認」を認めています。

このように、「この時日本が大韓帝国を保護国とするにあたって、世界の承認を取り付けている」というのは極めて不正確で誤解を与える説明です。

日本が日露戦争中、そして戦後に韓国の保護国化の了承を取り付けた相手は、「世界」ではなく、関係列国の「イギリス・アメリカ・ロシア」だった、というべきでしょう。

33 「近代化によって独り立ち」させるために大韓帝国を保護国化したわけではない

「韓国併合」の項。

「日本は大韓帝国を近代化によって独り立ちさせようとし、そうなった暁には保護を解くつもりでいた。」（326頁）

この根拠となる一次史料は何でしょう。保護国化、さらに植民地化にあたっての後付けの理屈でしかありません。「保護国化」とは、百田氏が述べているように「外交処理を代わりに行なう国」（同）のことですが、**「近代化」するために、なぜ外交権を奪う「保護国」にする必要があったのでしょうか。**

日清戦争の下関条約の締結過程をふりかえればわかるように、第一条の、

「清国は朝鮮の独立を認める」

という項目をめぐり、李鴻章はこれを「日清両国は朝鮮の独立を認める」にしようと要求しましたが、陸奥宗光は頑なに拒否し、清国一方による独立の承認を認めさせています（→19講）。

ところが清国から独立した大韓帝国は、今度はロシアに接近し始めました。皇帝の高宗も政府も、ロシアの協力を得て日本離れを示し始めていたのです（→20講）。

ですから、大韓帝国をロシア（あるいは他国）と手を組ませない方針の延長線上に保護国化がありました。

「日本は欧米諸国のような収奪型の植民地政策を行なうつもりはなく、朝鮮半島は東南アジアのよう

に資源が豊富ではなかっただけに、併合によるメリットがなかったのだ。」（326頁）

というのも、大きな誤認に基づいています。

ネット上などでも、「日本の植民地支配は欧米とは違う」「ヨーロッパの植民地支配は収奪を目的としていた」という意見が現在、散見されます。

一般に、「植民地支配＝収奪型」というイメージが広がっているようです。ですから、「ヨーロッパとは違う」と言われると、日本の支配方法は違うんだ、と納得してしまいやすいのでしょう。

しかしそもそも、「植民地支配＝収奪型」というのが、誤った理解なのです。スペインがその初期において南米に行なったような植民地支配は、十九世紀後半以降、行なわれていません。

イギリスのやり方は、現地に鉄道を敷き、インフラを整備していくものでした。そして学校を設立し、教育も行なっています。

フランスの場合は「同化政策」が中心で、街並《まちなみ》などもフランス式に建て替え、フランス語の教育を進めていきます。植民地化される前のアルジェリアの人々は、犬小屋と変わらぬ家に住み、食べ物がろくに手に入らぬ状態であり、伝染病も蔓延《まんえん》し、子供の半数が五歳を迎えず死亡している状態で、人口は百五十万人くらいでした。しかし、フランスが支配してからは、これらは「改善」され、一八九〇年代には四百五十万人と三倍になっています（林槙子『チュニジア・アルジェリア・モロッコ　世界の国ぐにの歴史6』）。

インフラを整備し、公衆衛生を向上させ、現地の「野蛮」な習慣を廃止し、奴隷取引を停止、「近代的な」ヨーロッパの法律を適用し、教育を施して文字のない世界に文字を与え、人口が増加している――だから良好である、と評価するなら、ヨーロッパ諸国の植民地支配はすべて良好であったことになります。

「全土がほぼはげ山だったところに約六億本もの木を植え、鴨緑江には当時世界最大の水力発電所を作り、国内の至るところに鉄道網を敷き、工場を建てた。新たな農地を開拓し、灌漑《かんがい》を行ない、耕地面積を倍にした。それにより米の収穫量を増やし、三十年足らずで人口を約二倍に増やした。同時に二十四歳だった平均寿命を四十二歳にまで延ばした。厳しい身分制度や奴隷制度、おぞましい刑罰などを廃止した。これらのどこが収奪だというのだろうか。」（327〜328頁）

もちろん「収奪」ではありません。二十世紀に世界でよく見られた列強の植民地支配と大体同じ、だと言えます。帝国主義諸国の植民地支配の多様性を研究したことがある方ならば、別に驚くべき話ではないことがわかるでしょう。

奴隷の廃止は十九世紀前半からイギリスが進めていますが、人道的な理由で進めたのではなく、安価な労働力の創出のためでした。

南北戦争による奴隷解放も、ロシアの農奴解放も、産業革命と資本主義の発展が背景にあります。帝国主義時代において、植民地支配がその地域に「近代化」をもたらすことは、支配する国にとって都合のいい経済構造に「改造」する、ということです。

「たしかに当時の日本の内務省の文書には「植民地」という言葉があるが、これは用語だけのことで、政策の実態は欧米の収奪型の植民地政策とはまるで違うものだった。」（328頁）

われわれは「植民地」という言葉をよく使いますが、それがもともと文字通り「植民」、つまり人を移動させるための場所である、ということを忘れがちです。**「植民」のために支配する場所が「植民地」であり、植民先として適合するように改造するのが「植民地支配」です。法律も刑罰も社会制**

度も変えるのは当時あたりまえだったのです。

また、この段階で唐突に「日本名を強制した事実もなければ、「慰安婦狩り」をした事実もない」（328頁）と言及されていますが、一九一〇年の韓国併合後の植民地支配は、一貫して同じだったわけではありません。一九一二年の辛亥《しんがい》革命、第一次世界大戦、恐慌《きょうこう》前後、満州事変前後、日中戦争、と状況に応じ変化しています。

「韓国併合」時における支配のあり方を、「独り立ちさせるため」として、一元的に説明するのは無理があるのです。

34　韓国併合のプロセスで「武力を用いていない」とは言えない

「韓国併合は武力を用いて行なわれたものでもなければ、大韓帝国政府の意向を無視して強引に行なわれたものでもない。あくまで両政府の合意のもとでなされ、当時の国際社会が歓迎したことだったのである。もちろん、朝鮮人の中には併合に反対する者もいたが、そのことをもって併合が非合法だなどとはいえない。」（327頁）

百田氏の主張は、「武力を用いていない」「両政府の合意があった」「国際社会が歓迎した」「反対する人がいたからといって非合法とはいえない」という四点にあるように思われます。「国際社会が歓迎」については、すでに述べました（↓32講）。ここでは「武力を用いていない」「両政府の合意」について解説します。

一九〇五年十月二十七日の閣議決定記録にあるように、第二次日韓協約の案（訓令）が決定されました。そこには、**「韓国政府ノ同意ヲ得ル見込ナキ時ハ最後ノ手段」を用いても強行すると定められていました**。この段階で、同意がなければ武力行使をすることは前提となっています。

そして十一月九日、首都漢城には日本の軍が配備され、特命全権大使伊藤博文が到着しました。王宮の周りを武装した日本兵が囲み、正門に大砲を配置しています。九日から十七日まで、王宮前広場および市街では日本軍による演習が行なわれました。

十五日、伊藤は皇帝高宗と会見。高宗は日露戦争後、日本がとってきた措置のいくつかに不満を表明しています。これに対して伊藤は、第二次日韓協約の案を提示しました。

十六日、大韓帝国の各大臣が日本の公使館に呼び出されます。そして日本側は協約案の説明を行ない、受諾を求めました。ほとんどの大臣は反対を表明します。

十七日、林権助《はやしごんすけ》公使は、また大臣を呼び出し、その後王宮での御前会議となりました。

同日夕刻、日本兵が王宮内に入って整列し、伊藤博文は憲兵と長谷川好道《よしみち》軍司令官とともに閣議に参加します。第二次日韓協約案の賛否を問うと、まず首相は反対して部屋を退出します。反対は首相の他に二人で、残りの五人のうち賛成したのは学部大臣であった李完用《りかんよう》だけ。四人は賛成も反対も唱えませんでした。

この状況で、伊藤は「大勢ハ賛成」と判断します。同深夜に第二次日韓協約は調印されましたが、皇帝は承認していません。

第二次日韓協約が調印されると、首都に地方から多くの人々が集まり、抗議集会が開かれます。『皇城新聞』はその日の社説に、

「ああ彼の豚犬でしかないわが政府大臣は、栄利をねがい、おどしをおそれ、甘んじて売国の賊となり、三千里の領土を他人にわたし、二千万の国民を他人の奴隷にかりたてるとは。」

と記して発行禁止となり、編集者は逮捕・投獄されました（山辺健太郎『日韓併合小史』、海野福寿『韓国併合』）。

翌年、反対運動は激化します。一九〇六年二月、忠清道《ちゅうせいどう》で閔宗植《びんそうしょく》ら五百人が洪州《こうしゅう》城に籠城しました。日本は警察・憲兵に加え、歩兵・騎兵を出動させています。一九〇七年までに七万人の蜂起があり、一万人が殺されました。

植民地支配に対する抵抗と弾圧は、このようなものです。

批判を承知で申しますと、だから当時の日本は特別ひどかった、と私は思っていません。植民地支配には、日本にかぎらず、このような苛酷な側面があるからです。が、それを直視せず、一方の事実だけに目を向けてしまうと、歴史の全体像は歪《いびつ》になってしまうでしょう。

十九世紀末から二十世紀初頭にかけてアジア・アフリカで見られた帝国主義諸国の支配と日本の植民地支配は大差なく、日本だけが特別という部分は少ないのです。しかし併合までのプロセスにこのようなことがあったことは、『日本国紀』にはもちろん一行も触れられていません。

「明治四二年（一九〇九）、伊藤がハルビンで朝鮮人テロリストによって暗殺され……」（326頁）

弾圧と反対運動の延長に起こった事件として眺めれば、テロリスト安重根《あんじゅうこん》が朝鮮では愛国者アン・ジュングンとして捉えられている理由も見えます。

私は伊藤博文自身も実は、国内の併合推進派を抑えつつも、植民地化には消極的であった、と考えています。彼の暗殺によって推進派が発言権を持ってしまったかもしれませんが、とはいえ、伊藤博文が併合に反対だろうと賛成だろうと、統監として武断的な態度・政策を展開していたことも確かでした（統監は在韓日本軍の指揮権を持っていました）。

35　一進会は韓国最大の政治結社ではないし、韓国内の世論は併合に反対だった

「国内で併合論が高まると同時に、大韓帝国政府からも併合の提案がなされた。大韓帝国最大の政治結社である「一進会」（会員八十万〜百万人）もまた「日韓合邦《がっぽう》」を勧める声明文を出した。」（326頁）

いまだに一進会が「日韓合邦」を提案したという話を鵜呑みにされているのか、と少し驚きました。一進会の実態は、すでに明らかになっているからです。

まず、一進会が求めたのは「対等の合併」です。声明文を読めばわかることで、「韓国自らを保つため、韓国皇室を万世にわたり尊栄《そんえい》させたい」と明記しています。「両翼鼓身《りょうよくこしん》」「両輪行輿《りょうりんこうよ》」という表現も見られます。韓国をなくすこと、韓国皇室の退位など、望んでいません。「保護国の劣等、奴隷の侮蔑から抜け出し、対等の権利を獲得すべく合邦を求める」と書いています。

現在ネット上に見られる一進会についての言説のうち、「韓国の人々が韓国併合を求めていた」という主張は、明らかに意図的な「読み替え」でしょう。

さらに一進会のこの「請願文」を受け取った韓国統監府は困惑し、どうすべきかの判断を東京に打診しています。これを受けて日本政府は、

「明治四十二年〔一九〇九〕十二月五日午后六時二十分発第三六号
日韓合邦ニ関スル一進会上書ノ趣旨ハ
一、韓国皇室ノ尊栄ヲ日本皇室ト共ニ永遠普及ニ垂レント欲スル事
二、韓国ヲシテ世界一等国ノ班ニ列シ、韓国民モ日本人同様ノ権利幸福ヲ受セシメン。
トスルノ二点ニ帰着シ合邦ノ意味ハ連邦ナルガ如ク、又、合併ナルガ如ク見へ、甚《はなは》ダ不明ナリ。
元来、此《かか》ル大事ヲ一進会如キモノノ行動ニ基キ今日ニ実行セントスルガ如キハ、徒《いたずら》ニ平地ニ
波風ヲ起コシ其局ヲ統《す》ベルコトナキニ終ルベシ。」

一進会の主張する「対等な合併」について否定的に考えていることがわかります。つまり統監府が考えていた「合邦」がどのようなものであったかは明白。面白いのはこれに続く文です。

「殊《こと》ニ内田ハ、韓人ニ対シ此《この》事ニツイテハ桂首相、寺内陸相ノ密旨《みっし》ヲ受ケ来《きた》レルコトヲ声言シ居レルガ如シ。是最モ憂フベキ事ト存ス。」

唐突に「内田」なる人物が登場してきました。政治結社黒龍会《こくりゅうかい》の内田良平《うちだりょうへい》のことで、彼については憲兵隊が機密報告を出しています。

「憲機二三六五号
今回一進会ノ発表シタル声明書ノ主謀者ハ内田良平ニシテ、同人ガ該書《がいしょ》ヲ齎《もたら》シタルコトハ蔽《おお》フ可《べ》カラザルモノニシテ、発表後、意外ニモ国民及ビ政府ノ反対熾烈《しれつ》ナルタメ、殆《ほと》ンド今日ニテハソノ成算ニ苦《くるし》ミ居レリト。」

憲兵隊は、一進会の声明文の「黒幕」は日本人の内田良平であると断じています。百田氏は「大韓帝国最大の政治結社」と言われ、韓国民を代表しているかのように紹介されていますが、その請願文は日本人の「企画」によるものであったことが濃厚です。

しかも、「意外ニモ〔韓国〕国民及ビ政府ノ反対」が激しかったこともわかります。

ネット上では、韓国民の多くが望んだ証拠のように一進会の請願の話がなされていますが、実際は違ったことを日本の憲兵隊が証言しているのです。続きを見ると、

「而《しか》シテ昨日、菊池謙譲《かねよし》ハ内田ニ対シ大要左ノ如キ忠告ヲ与ヘタリ。
一、今日ノ事件ハ時機未ダ熟セズ、一般ノ反対ヲ受ケ平和ヲ破壊スルノミナラズ、平地ニ風波ヲ起スモノナレバ、一進会ノ指揮ハ東京ニ於テ之《これ》ヲ為サズ、一切之レヲ京城ニ移シ、且ツ内田等ハ潔ク関係ヲ絶チ、間接ニ一進会ヲ援助スベシト。
二、各会中声望アルハ大韓協会ナルヲ以テ、該会ニ反対スレバ到底希望ヲ満シ能《あた》ハザルニヨリ、大垣丈夫《おおがきたけお》ト協議決定スベシト。」

一進会の行動の背後には、日本人活動家の暗躍が読み取れます。文内の「菊池謙譲」なる人物は統監府の顧問です（また一進会の顧問には杉山茂丸という日本人もいます）。憲兵隊は、「各会中声望」あるのは「大韓協会」（別の政治結社）とも把握していたようです。こうなってくると、一進会が韓国「最大」の政治結社というのも怪しくなってきました。

一進会の会員は、本当に百万人だったのでしょうか。

ネット上では百万人の署名を集めた、とよく出てきますが、ウソです。統監府に出された請願文の最後に「一進会長李容九《りようきゅう》　同一百万人」と記されているだけ。つまり自称にすぎません。

それどころか、一九〇九年十二月七日付の「日韓合邦論ニ対スル韓人ノ言動」という資料の中では「一進会ハ或ル一部ノ人士ヨリ成ル政治団体ニシテ、ソノ勢力モ我ガ韓国ニ於テハ大韓協会ノ如ク厖大ナラズ、ソノ会員ハ僅カ三千人内外ニ過ギズ」と韓国興学会副会長朴炳哲が証言しています。ただしこれは、「一進会なんてたいしたことない」という別団体の主張とも解釈できます。

日韓併合によって一進会も解散させられましたが、明治四十三年八月二十五日の『朝鮮総督府施政年報　明治43年』に「併合ノ際解散ヲ命ジタル政治結社」として、

会名　一進会

創立年月　明治三十七年八月

会員概算数　一四〇、七一五

と記されています。

一進会は、日本人活動家が背後で使嗾《しそう》しており、会員は八十万～百万人どころか、最低三千人、最

大十四万人しか確認できない団体です。

日韓併合は韓国の人も望んでいた、という理屈は、今日では破綻《はたん》しているんです。

植民地支配は「収奪」だけではない

列強は、支配する先を都合よく「色分け」していた、という話を何度かしました。

資源がある国は、資源の供給地に。

農産物がある国は、農産品の供給地に。

これらは、支配の第一段階としての「収奪」です。現地の人間を奴隷として、あるいは安価な労働力として重労働に従事させます。資源のある国なら鉱山労働者として、農産物がある国なら農民として。

最初は「国営」あるいは「半官半民」の企業がこれらを特権的に運営します。やがて産業資本家たちが、自分たちにも分け前をよこせと要求すると、民営化され、投資先として活用されるようになります。

ここで言う「資源がある国」は、列強にとっては「資源しかない国」であり、そこへ鉄道を通したり、耕地を切り開いたりして、開発が進んでいきます。

本来、そこに生育していない農産物でも、気候や地質的に育つことがわかれば、別の地域からその農産物を移植すればよいわけです。

熱帯ならば、天然ゴムやサトウキビ。本来そこには生えていないのに、現地の人たちが作っているイモや穀物の畑をつぶして、どんどん植えさせていきます（これがプランテーション）。

もともと農産物がある国では、効率と収益を高めるために、特定の農産品しかつくらせません。コーヒーが売れる、麻が売れる、それならこの地域はコーヒー、こっちは麻、というように支配地域ごとに栽培する農作物を単一化していく（これがモノカルチュア）。

ところが、さらなる利益を追求するには、支配のコストダウンが必要となります。

効率のいい輸送のために、鉄道や道路の整備が進みます。

労働力の減少を食い止めるために、医療・公衆衛生などを充実させる必要もあります。アフリカなどは奥地開発を進めたため、ヨーロッパ人の知らない病気に遭遇し、伝染病の蔓延で植民地支配が一時停滞しました。よって、イギリスやフランスでは伝染病の研究が進んでいきます。どうして国家が多額の資本を投下して伝染病研究・医療開発をしたかというと、こういう植民地支配の深化と関わりがあるからです。

そもそもが、帝国主義は、「タテマエの近代化」「ホンネの支配深化」の並走です。

現地での支配のコストを下げるのは簡単で、事務や雑務を現地の人々に分担させればよいのです。文字がなければ文字を与え、意思疎通のため英語やフランス語を教え、さらには学校をつくって「現地人の中間層」を養います。

被支配者をタテに分断すれば、団結による植民地支配の転覆も回避できます。

支配の恩恵を一部還元すれば、支配を甘受《かんじゅ》する層が生まれ、低いコストで支配を続けていくことが可能です。

一方、もともと一定の文化が発展していて、住民に購買力がある場合は、自国の製品を輸出し、その国の製品を輸入する「市場」として活用すればよいのです。

この場合は苛酷な植民地支配をせず、有利な商取引の環境をつくります。

武力を使わず、しかし武力で威嚇《いかく》し、有利な通商条件を呑ませて貿易を展開する。なので、

> 「極東に位置する島国は、列強から見れば、清帝国とともに最後に残された植民地候補の地であった」（329頁）

という見立ては誤りです。**清や日本は「原料供給地」としての「植民地」にはせず、自国に有利な「市場」に組み込んでいく対象**でした。

中国については、「半植民地化」という表現をしますが、列強は植民地にはせずに、マーケットとして温存して最大限に利益を引き出す有利な条件を押し付けていく、という方法をとっていきました。租界《そかい》・租借などはその方法です。

日本も市場として温存されました。

イギリスは鉄道敷設に協力しましたが、経営は日本に委ねます。

四十万円以上の売り上げを出し、経費を差し引いても二十万円も利益を出せる鉄道経営ができる国です。植民地などにするわけがありません。植民地にされる、という妄想《もうそう》に近い危機感を幕末の志士たちは抱いていましたが、とはいえ、その危機感が原動力となって近代化の弾みになったことも確かです。

よく、日清・日露戦争に勝利し植民地を持てたことで、列強が一流国と認めてくれたから、

不平等条約を改正できた、と一面的な説明がされがちですが、これはむしろ、経済発展によって日本のマーケットとしての価値が次のステップに上がったため、と言うべきです。

関税は物流の停滞を結局は招きます。関税なしに通商するほうが経済規模は拡大し、大きな利益をもたらします。相互に経済発展した国の間での貿易の場合、過度な保護貿易は、企業間の競争を阻害して経済活動の縮小をもたらしかねません。当時、世界の経済指向は「自由貿易」に傾きつつありました。

日清戦争後、日本は金本位制を導入し、ほぼ同じ時期に、綿糸の輸出額が輸入額をついに上回る国となりました。その後、製鉄などの重工業分野における第二次産業革命も成功させ、国内資本の蓄積も高まり、銀行は海外への投資まで行なえる水準までできました。イギリス・アメリカなどの産業資本家・銀行家が自由化を政府に求めて当然です。

アメリカとの間で関税自主権が回復された背景は、ここにもありました。

以後、外交的不利を経済で打開する、というのが日本の「得意技」となっていきます。

しかし後には、逆に、経済的不振が外交のゆきづまりをもたらしてしまう、という未来が待っていることになりました。

「日本はアメリカとの間で日米修好通商条約に残されていた最後の不平等条項である「関税自主権がない」という条文を完全に消し去ることに成功した。安政五年（一八五八）に結ばれた不平等条約が、ようやく改正されたのだ。」（328頁）

以前にも解説しましたが、一八六六年の改税約書、ならびに明治新政府になって結んだ日墺修好通商条約の「不平等条約」が改正されたのであって、日米修好通商条約の不平等性は、関税については無関係でした（→上89講）。

「日本は欧米諸国のような収奪型の植民地政策を行なうつもりはなく、朝鮮半島は東南アジアのように資源が豊富ではなかっただけに、併合によるメリットがなかったのだ。」（326頁）

これは、「収奪」から「改造」へ、という欧米列強のとっていた植民地支配の「二段階目（改造）」から日本がスタートさせただけ。とても胸を張って主張できるようなことではありません。耕地が少なければ耕地を増やし、インフラを整備しました。支配のコストを下げるために識字率を上げ、すでにあった文字ハングルを利用します。

ですから、最初は「半官半民」の企業で植民地支配を進めています。

一九一〇年から一八年にかけて強行した「土地調査事業」で、既存の特権階級であった地主も利用し、さらに植民した日本人の一部を地主としていきます。

そして一九〇八年設立の「東洋拓殖《たくしょく》会社」に、ほぼ独占的に植民地事業を担当させます。

移民事業では、一九一〇年に十四万人、一九一七年には三十三万人の入植を進めています。

また、土地調査事業で「買収」した土地が東洋拓殖会社に「現物投資」という形で付与されました（一万千四百町歩）。一九一九年の段階で七万八千町歩の土地を所有し、朝鮮最大の「地主」となっています。東洋拓殖会社は、地主でありながら金融業も行ない（日本の不在地主と同じ）、朝鮮企業五十社以上の株主でもありました。

「全体がほぼはげ山だったところに約六億本もの木を植え、鴨緑江には当時世界最大の水力発電所を作り、国内の至るところに鉄道網を敷き、工場を建てた。新たな農地を開拓し、灌漑を行ない、耕地面積を倍にした。」（327頁）

つまりこうした事業に、東洋拓殖会社が何らかの形で関与していたんですよね。「日本は朝鮮半島に凄まじいまでの資金を投入して、近代化に大きく貢献した」（同）と力説されていますが、**朝鮮へは何に投資しても、ぐるっと還流して日本の東洋拓殖会社が回収する仕組みになっていたも同然だった**のです。

「大正から昭和へ」の章

日本は近代以降、六つの大きな対外戦争を経験しています。

日清戦争、日露戦争、第一次世界大戦、満州事変、日中戦争、太平洋戦争です。

日本の近代の歴史は、これらの戦争と戦争の間、に詰まっています。戦争へ至る背景、戦後の影響……これらをどう説明するかで、日本史におけるそうした戦争の意味も大きく変わってしまいます。

特に、日清・日露戦争後、日本は太平洋戦争までどのような道を歩んでいったのか。その「隙間」をしっかりと埋めていくことは大切です。

戦争の性格は、端的にその名称にあらわれます。

日清も日露も、大きな世界史の枠組みの中の国際戦争ではありましたが、やはり限定的な二国間戦争。

しかしそれ以後は、「世界大戦」という言葉からもわかるように、多国間戦争の時代へと進んでいきます。「日本史」も日本の歴史だけでは存在できず、「世界史」の一部であることが明らかになっていく時代です。

そして、戦争の性格、社会的影響も、それまでの戦いとは大きく変化していきます。

第一次世界大戦は、「総力戦」と呼ばれました。各国は、政治制度における行政権の権限を肥大化させ、軍需産業への傾斜生産とそれを支える労働力の集中、兵士の大量動員ができる体制を整えていきました。が、しかし、それは同時に、労働問題や社会問題をもたらし、社会主義思想や労働争議・小作争議を引き起こす原因ともなりました。

　また、戦争準備と自衛のための（あるいは「強国」アピールのための）軍拡は、景気の回復に寄与することがあった反面、歪《いびつ》で過剰な予算配分が同時に財政難をもたらします。各国ともそれらの問題に直面すると、国際的緊張を緩和しようという国際世論が生まれ、軍縮の必要性を感じるようになりました。この場合、一国だけの軍縮は意味がありません。二国間の同盟や協定ではなく、多国間の枠組みが必要となり、財政難を解決する方便として軍拡から軍縮へシフトしていくためにも（国際的対立・緊張をほぐすためにも）、各国は多国間の協定を結ぼうとして歩み寄りを始めます。国際連盟やワシントン会議などの国際会議の開催はこの現れでした。

　しかし、戦争や対立の危機をなくし軍縮する、というのが合理である一方、軍縮とはすなわち、軍組織のリストラを意味します。不要になったのだから削減する、という理屈で組織に迫ると、「不要じゃない」「必要だ」と主張して、組織防衛に必ず動くもの。戦争で肥大した軍事組織は、何としても既得権益を維持しようと、様々な「努力」をします。

　新しい「敵」をつくり、危機感をあおり、さらには「陰謀」にまで手を染める。

「われわれは必要なのだ」

「国を憂いているのはわれわれだけ」

……「軍国主義」はこうして始まりました。

36 「ヨーロッパの火薬庫」とは、「独立を目指す動き」だけを指す比喩ではない

第十章「大正から昭和へ」は、二十世紀初頭の世界の状況から始まっています。近現代以降は、日本史も世界史の一部です。簡潔であっても慎重・丁寧な説明が必要です。

「明治四四年（一九一一）、義和団の乱（北清事変）以降、すっかり国力が落ちていた清帝国の各地で、「清朝打倒」を掲げる漢人による武装蜂起が相次いだ。」（335頁）

そのとおりですが、なぜ清朝打倒が叫ばれたのか、つまり義和団の乱の時は「扶清滅洋《ふしんめつよう》（清を助け西洋を滅ぼす）」というスローガンだったのが、なぜ清朝打倒に変わったのか、これだけではわからないと思うので補足しますと――。

まず、義和団の乱の賠償金は、人々の重税に転嫁されました。「滅洋」の頂点にあったともいえる保守派の西太后《せいたいごう》は、あっさりと「洋化」に転じ、義和団の行動を否定しました。これが、人心の離れるきっかけとなってしまいました。

さらに、「光緒《こうしょ》新政」（西太后が主導した政治改革）は、立憲君主政をめざすものでしたが、組織さ

れた内閣は満州人がほぼ全席を占め、さらには財政立て直しのため、地方に認めていた利権を廃止し、すべて中央に集約してしまおうとしました。

続いて、清政府は、民間資本で建設されていた鉄道を国有化しようとし、その資金不足を外国からの借款《しゃっかん》で賄《まかな》おうとしたのです。借款を与え、債務超過にさせ、鉄道経営権を奪う――帝国主義諸国の常套手段です。

こうして民間資本家や地方勢力が結び、四川《しせん》省で暴動が起こります。これを鎮圧しようと軍が派遣されたのですが、武昌《ぶしょう》に残されていた軍の兵士たちが、革命勢力と呼応して蜂起し、民間資本家・地方勢力・軍が一体となって独立を宣言しました。

これが辛亥《しんがい》革命です。

アメリカにいた孫文《そんぶん》が帰国すると、民間資本・地方勢力・軍の「接着剤」として声望の高い孫文は指導者に推戴《すいたい》され、一九一二年、臨時大総統となって中華民国が成立することになります。

「南京に臨時政府「中華民国」が誕生し、孫文が臨時大総統となった。翌月、清朝最後の皇帝、宣統《せんとう》帝（溥儀《ふぎ》）は退位させられ、ここに清帝国は二百九十六年の歴史の幕を閉じる。中華民国はほどなく軍閥（多くの私兵を抱えた地方豪族）の袁世凱が実権を握り、孫文を追い出して大総統となる。」（335頁）

清政府は、北洋新軍の首領袁世凱に中華民国臨時政府と交渉をさせました。そして、袁世凱と孫文が「取引」をします。

袁世凱は、宣統帝溥儀や皇室の身分、生活保障などの優待条件と引き換えに皇帝の退位を承諾しました。**孫文は**、中華民国の制定した憲法とでも言うべき**「臨時約法」の順守、共和政の採用、清の版図の維持、五族協和を約束すれば中華民国の臨時大総統の地位を譲る**、としたのです。よって孫文を

「追い出し」たというのは不正確です。

袁世凱が臨時大総統となると、南京の政府が合流して袁世凱を首班とする中華民国が北京に成立しました。しかし、中華民国の制度では大総統よりも議会の力が強く、国会の選挙では国民党が第一党となりました。

袁世凱は中央集権国家建設をめざし、議会を弾圧します。そして国民党の中心人物である宋教仁《そうきょうじん》が暗殺されると、一九一三年に正式に大総統となりますが、自ら皇帝になろうとして内外の反発を受け、帝位に就くことを諦《あきら》めることになります。


以下は誤りの指摘です。

「オスマン帝国は〔……〕十九世紀を迎える頃から弱体化し始めていた。これに呼応するかのように、バルカン半島では小国のナショナリズムが高揚していた。半島の諸国・諸民族（現在のギリシャ、アルバニア、ブルガリア、マケドニア、セルビア、モンテネグロ、クロアチア、ボスニア、ヘルツェゴビナ、コソボ、ヴォイヴォディナ、トルコの一部などを含む地域）が、独立を目指す動きを見せる中、その民族感情を利用する形で列強が入り込み、まさに一触即発の状態へと緊張が高まっていった。この時のバルカン半島情勢は「ヨーロッパの火薬庫」と呼ばれた。」（336頁）

「半島の諸国・諸民族が、独立を目指す動きを見せる中」とありますが、これはどこがどこからの「独立を目指す」と言われているのでしょう？　オスマン帝国から、それともオーストリアから、あるいはその両方それぞれでしょうか。

そもそも、ギリシャは十九世紀前半にすでに独立しています。

セルビアもルーマニアもモンテネグロも、一八七八年に独立しています（ロシアの南下を阻止したベルリン会議で）。

ブルガリアも一九〇八年に独立しました。

アルバニアも一九一二年に独立しました。

このように、「ヨーロッパの火薬庫」と呼ばれている時点（第一次大戦直前）で、百田氏の挙げる地域には、すでに独立している国も多かったのです。「ヨーロッパの火薬庫」とは、「独立を目指す動きを見せる中、その民族感情を利用する形で列強が入り込んでいる状態」を比喩的に説明したのではありません。

ボスニア・ヘルツェゴヴィナは一八七八年以来、オーストリアに統治権を奪われていました。スラヴ系住民が多いボスニア・ヘルツェゴヴィナを一九〇八年にオーストリアが本格的に併合したことから、同じスラヴ系のセルビアが猛反発し、セルビアとオーストリアの対立が深刻化します。

また、セルビア、モンテネグロ、ブルガリアにギリシャを加えたバルカン同盟がオスマン帝国と戦い（第一次バルカン戦争）、バルカン半島からほぼオスマン帝国を締め出しました。が、その領土配分をめぐって、ブルガリアとそれを除くバルカン同盟が戦うことになり（第二次バルカン戦争）、敗れたブルガリアがドイツ、オーストリアに接近してセルビア、モンテネグロ、ギリシャと対立するようになったのです。

こうした**「小国の民族的対立」を「列強が利用しようとしていつ衝突してもおかしくない状態」、それを「ヨーロッパの火薬庫」と比喩した**のです。

37　第一次世界大戦へのイギリスの参戦理由は「三国協商」によるものではない

第一次世界大戦の「宣戦布告」について。

開戦経緯としては、一九一四年六月、オーストリア＝ハンガリーの帝位継承権者がボスニア系セルビア人によって暗殺されたことを契機として、オーストリア＝ハンガリーがセルビアに宣戦布告したことから世界大戦が始まった、と説明するのが普通です。

「八月一日、オーストリア＝ハンガリー帝国の同盟国ドイツがロシアに宣戦布告、次いでロシアの同盟国フランスにも宣戦布告した。これを受け、フランスとロシアの同盟国であるイギリスがドイツに宣戦布告する。」（336～337頁）

第一次大戦の構図は、よく「三国同盟」（ドイツ、オーストリア、イタリア）と「三国協商」（イギリス、フランス、ロシア）に分けて説明されます。しかし、「同盟」と「協商」の性格は、実はかなり違うのです。

ロシアとフランスは「同盟」（通称・露仏同盟）を結んでいましたが、イギリスとフランス、イギリスとロシアは「協商」でした。「協商」を意味する英語entente《アンタント》は「合意」の意。interest《インタレスト》（利害）を調整して友好関係を整えることで、援助義務規定はともないません。イギリスは、フランスとは主にアフリカにおいて、ロシアとは中央アジア・中国などにおいて、利害関係を調整し（勢力範囲を取り決め）、相互に敵対的関係にならない、という「合意」を行なっていたのです。

これ、間違えやすいんですが、**イギリスはフランスとロシアに、軍事的協力や安全保障を共有するような約束（集団安全保障）はしていないんです。**

他方、「同盟」には援助義務が明記されます。ロシアとフランスは一八九一年の同盟において政治協力、そして一八九四年には軍事協力を約しました。

よく生徒に、教科書に露仏同盟が一八九一年と九四年の二つある理由を問われるのですが、一八九四年同盟は、より強化されたものだよ、と説明します。

さて、このように、第一次世界大戦でイギリスがドイツに宣戦布告した理由は、フランスとロシアの「同盟」国だったからではありません。意外に思われますが、大戦前および開始段階では、イギリスは「中立」国だったんです。

極論を言うと、オーストリアとロシアの戦争（バルカン問題）、フランスとドイツの戦争（普仏戦争以来のアルザス・ロレーヌ問題）だけなら、イギリスは「傍観者」でした。

ところが、ドイツがフランスと戦うにあたって、ベルギーを通過する作戦（シュリーフェン・プラン）を立案し、ドイツはベルギーに対し通過の許可要求を出したのです。

十九世紀前半に、ベルギーはオランダから独立する条件として「永世中立」を宣言しています。オランダとベルギーをイギリスがとりもち、これを成立させました（ロンドン条約）。

ベルギーが中立であると、ドイツもフランスも地理的に有効な軍事展開ができません。西欧の安全保障の要《かなめ》がベルギーでもありましたし、何よりベルギーが占領された場合、対岸のイギリスの安全保障にも問題が生じます。ですからイギリスは、ベルギーとの友好・協力関係をずっと続けていました。

しかし軍事作戦の必要上、ドイツはベルギーを通過しようとしたのです。ベルギーははっきりと要請を拒否します。「われわれは道ではない」と。**ドイツはこれを無視すると宣言したため、イギリスはドイツに宣戦することになった**のです。ドイツ首相ベートマン・ホルヴェークは驚きました。「たった一片の紙きれ（ロンドン条約のこと）で戦争するのか」と。イギリスとベルギーの関係を甘く考えていたようです。

現在の教科書は、

「ドイツは8月はじめ、かねてからの計画に従って、ロシアとフランスに宣戦し、中立国ベルギーに侵入して、まずフランスをめざした。イギリスは、中立国侵犯を理由にドイツに宣戦し……」（東京書籍『世界史B』349頁）

のように、参戦経緯について、ロシア・フランスとイギリスとでは、明確に区別して示しています。「三国同盟」（イタリアは連合国側で参戦し、三国同盟として第一次世界大戦は戦っていない）対「三国協商」の戦い、という単純な図式ではないのです。

「〔第一次大戦中、〕ヨーロッパ諸国で中立を保ったのは、永世中立国スイスを別にすると、スウェーデン、デンマーク、ノルウェーなど、一部にすぎなかった。」（337頁）

スペイン、オランダも中立でした。「など」、「一部」とまとめるには無視できないヨーロッパの主要国です。

38 日本が第一次世界大戦に参戦した経緯を「日英同盟」だけに求めるのは不正確である

「ヨーロッパから遠く離れた日本もイギリスと同盟を結んでいる関係で、八月二十三日にドイツに宣戦布告し、ドイツの租借地であった山東半島などを攻めた。この時、日本国内では国益に直接寄与しない戦争への参加に異論もあったため、ドイツに最後通牒《つうちょう》を送り、回答を一週間待った上で参戦している。」（337頁）

この記述では、日本が第一次世界大戦の勃発を大陸進出への好機ととらえ、日英同盟を口実に参戦したことがまったく伝わってきません。教科書ではこうです。

「イギリスは、中立国侵犯を理由にドイツに宣戦し、日本も1914年8月末に日英同盟を口実に参戦した。」（東京書籍『世界史B』349頁）

「イギリスと同盟を結んでいる関係」で参戦したのではないのです。

先にお話ししたように、「同盟」はかなり強い結びつきです。**日英同盟は**、韓国の保護国化承認と、同盟の適用範囲をインドにまで認める、という相互承認をした上での「攻守同盟」ではありました。

しかし**「自動的な参戦」まで義務付けてはいません**でした。

八月に入ってイギリスの外務大臣グレイは日本の駐英大使を呼び出し、「第一次世界大戦参戦に日英同盟は適用されない」と伝え、覚書が交わされました。日本は中立を宣言します。

ところが、前にも申した通り、大国との同盟は、大国側の利益に利用されるものです（→番外篇3）。その後、グレイは再び大使を呼び出し、イギリスに都合のいい提案をします。「日本はドイツには宣戦布告しないまま、東アジアのドイツの艦艇に、攻撃を含む牽制行動をとってほしい」と依頼してきたのです。日本の参戦範囲を中国では沿岸部のみと限定して。

すでにイギリスは外交方針として、「日本の野心は抑えつつ、あくまでドイツと敵対させる」「膠《こう》州《しゅう》湾は日本に奪われないようにする」「青島《チンタオ》の利権はイギリスかフランスのものにする」「日本の軍事的援助への見返りは財政的な援助とする」と定めていました。グレイの提案からは、イギリスが日英同盟に基づく日本の参戦を回避しようとしていたことがわかります。

一方、大隈重信内閣の外務大臣加藤高明《かとうたかあき》、司法大臣尾崎行雄《おざきゆきお》は、ドイツへの宣戦布告を強く推進していました。

尾崎は「日英同盟の誼《よしみ》、という理由だけでよいから一刻も早く参戦すべき」と主張しています。日清戦争に際しては、開戦に反対する勢力がありましたが、第一次世界大戦への参戦は、閣僚全員が賛成しています。

加藤高明は大正天皇にも上奏《じょうそう》しますが、元老《げんろう》の井上馨と山県有朋は参戦には賛成したものの、「ドイツと中国に日英同盟上、やむを得ぬ参戦であることを十分了解させた上で行動するべきである」と要求しました。

そこで政府は、「宣戦布告」ではなく、「最後通牒」の形式を採ったのです。「回答を一週間待った上」での参戦は、このような事情からでした。

百田氏は「この時、日本国内では国益に直接寄与しない戦争への参加に異論もあった」と説明されているのですが、ここを初めて読んだ時、あれ？　変なことを言うなあ、と思ったんです。それって、後にフランスやベルギーが、ヨーロッパでの戦闘にも兵を出してほしいと要請してきた時に、日本が断った理由だからです。ネット上の説明（Wikipedia「第一次世界大戦下の日本」の項）にも、

「直接国益に関与しない第一次世界大戦への参戦には異論も存在したため、一週間の回答期限を設ける異例の対応になったが……」

とあるのですが、誤りです。後のフランス・ベルギーからの参戦依頼を拒否した時の理由と混同したのでしょう。最後通牒に期限があるのは普通のことで、「異例の対応」というなら、政府は宣戦布告にしたかったのに、元老の意見で最後通牒になった、というのがある意味、異例と言えなくもありません。

日本はドイツへの宣戦布告をイギリスに承認してもらうために、説得工作を続けました。「ドイツ支配地域以外では戦闘をしない」「膠州湾は中国に戦後還付する」という条件を提示し、これを受けてイギリスは青島攻撃に同意しています。参戦延期要請には、すでに天皇に上奏して取り消しは不可能、と大隈重信は回答し、また戦域限定条件要求には、膠州湾は還付する、領土的野心はない、とした上でイギリスの同意をとりつけたのです。

最後通牒にしたのは、元老の意見をふまえ、ドイツに日英同盟を理由に参戦するものであることを周知させる体裁をとるためでした。

39　ロシア革命では、まだソ連は成立していない

「アメリカも世界大戦に参戦していたものの、最後の一年間だけで、戦死者も十二万人とヨーロッパ諸国に比べて桁違いに少なかった。これは自国が戦場にならなかったからだが、それでも日露戦争における日本の戦死者よりも多いのだから、第一次世界大戦の悲惨さがわかる。」（338頁）

誤りの指摘ではありませんが、むしろ「日露戦争の悲惨さが際立つ」と思います。当時の日本の人口は四千四百万人で、アメリカの人口は九千二百万人。日露戦争も自国が戦場にはなりませんでしたが、日本は八万四千人以上の戦死者で、病死者も戦争犠牲者に含めるならば十万人を超えています。アメリカの人口比戦没者〇・一三％に比べ、日本は〇・二％となります。

さて、「戦後の世界」としてこう書かれています。

「日本もまた大きな犠牲を払うことなく（戦死者は三百人）、多くの利権を得た国だった。加えて、ヨーロッパ諸国への軍需品の輸出が急増し、それにつれて重工業が発展した。さらに、大戦前、ヨーロッパから様々なものを輸入していたアジア地域も、戦争により輸入が困難になったことから、日本に注文が殺到し、結果、日本は空前の好景気を迎えた。」（同）

日本の好景気、いわゆる「大戦景気」は戦争中だけのことでした。戦後は一九二〇年の恐慌に陥ったため、「空前の好景気」を迎えたアメリカとは対照的な状態になっています。

しかも日本の経済構造は、寄生地主制と後の財閥となる一部企業による経済支配が進んでいた時代なので、好景気の利益はそれらが吸い上げ、一般への利益配分は進まず、異常な物価高と品不足を招

きました。

加えて、ロシア革命に干渉するシベリア出兵が計画されると、米の買い占めが起こり、富山県を発端にした「米騒動」が全国的に広がりました。寺内正毅内閣は軍隊まで出動させて鎮圧しましたが、対応は遅れ、これを背景として本格的な政党内閣、原敬《はらたかし》内閣が発足します。

しかし、それらの説明がまったくなく、唐突に「大正デモクラシー」（347頁）の話になり、「日本で最初の本格的な政党内閣」として原敬の話が出てきます。通史はネタフリとオチが大切。シベリア出兵・米騒動抜きに原敬内閣成立を説明するのは、かなり無理があります。

「なお、この戦争中、後の歴史を大きく変える二つの出来事があった。」（339頁）として「ロシア革命」と、「石炭に代わって石油が最重要な戦略物資となった」ことを取り上げています。

「経済学者のマルクスが唱えた共産主義を信奉するレーニンが武装蜂起し、政権を奪って皇帝一族を皆殺しにしたのだ。」（339頁）

日本史の通史ですので、ロシア革命を簡略化して説明するのはわかりますが、「簡略化」と「単純化」は異なります。これでは「皇帝一族を皆殺しにした」のがロシア革命であるという説明になってしまいます。日露戦争中にすでに革命運動が始まっていたことを、先にネタフリをしておけばここでの話にうまくつながったのですが。

明石元二郎を中心とする「明石機関」の活動により、日本は日露戦争中にロシアの革命活動家を支援していました。つまり、一九〇五年のロシア第一革命に、日本は一定の「貢献」をしています（→29講）。

そして一九一七年の第二革命。これは同じ年に二つの革命が起こっています。

第一次世界大戦が長期化したことで、国民の間に厭戦気分が広がりました。首都で労働者や兵士が暴動を起こし、国会でも立憲民主党を中心に臨時政府が樹立され、皇帝ニコライ二世は退位します。これが二月（太陽暦で三月）革命です。

また、社会主義左派ボリシェヴィキのレーニンも亡命先から帰還したため、革命の過激化が予想されました。そこで臨時政府はより広範な市民層の取り込みを図ろうとして、社会革命党や社会主義右派メンシェヴィキを入閣させ、社会革命党のケレンスキーを首相としました。しかし臨時政府は戦争を継続したため、多くの労働者・兵士からなるソヴィエト（評議会）の離反を招き、これを指導するボリシェヴィキが武装蜂起して、ソヴィエト政権を樹立しました。これが十月（十一月）革命です。

実は、**革命政権の樹立と皇帝一家処刑は、別**なんです。

処刑は一九一八年七月。革命政権樹立より半年以上、後になります。

まず、新政府が「平和に関する布告」「土地に関する布告」を出し、憲法制定議会のための選挙を実施すると、ボリシェヴィキが大敗し、社会革命党が第一党になりました。しかしレーニンは議会を即時解散、ほぼ軍事クーデターのような形でボリシェヴィキ独裁体制を建てました。これが一九一八年一月です。そして三月にドイツと単独講和を結んで戦争をやめました。

それに対して各国は、革命が自国へ波及することを恐れて干渉戦争を開始。日本も加わります。これがシベリア出兵です。

ボリシェヴィキは選挙結果を否定、つまり民意を無視した政権を樹立したわけですから、外からの干渉戦争に加え、内からの反革命運動を引き起こします。こうして、反革命勢力によって皇帝ニコライ二世一家が奪われて政治利用されることを恐れ、ひそかに殺害するに至ったのです。

「二月革命で臨時政府が誕生したが、戦争を継続したため、反対する国民の声が高まり、十月革命によって兵士・農民の支持を得たボリシェヴィキが武装蜂起して政権を奪った」くらいの説明はあってよかったのではないでしょうか。

それよりも、以下に続く説明が完全に誤っています。

「人類史上初の一党独裁による共産主義国家「ソヴィエト社会主義共和国連邦」(ソ連)の誕生である。この革命により、ソ連はドイツとの戦争をやめ、国内の制圧に力を注いだが、内戦によって、夥《おびただ》しい死者が出た。」(339頁)

どうも百田氏は、一九一七年の十月革命によってソ連が成立した、と誤認されているようですが、**ソ連の成立は内戦を抑え、対外干渉戦争を退けた後の一九二二年**です。

ですから、ドイツとの戦争をやめるブレスト＝リトフスク条約はソ連が締結したものではありませんし、国内の制圧に力を注いだのもソ連ではありません。この段階ではソ連ではなく、「ロシア＝ソヴィエト」と言うべきかもしれません。

一方、「石油が最重要な戦略物資となった」という説明にも不思議な記述があります。

「〔第一次世界大戦で〕実は両陣営に石油を供給していたのはアメリカだった。アメリカはそれで多くの外貨を獲得した。」(340頁)

「両陣営」とは、イギリスやフランスだけではなくドイツにも石油を供給していた、ということでしょうか。だとすると、第一次世界大戦で敵対する二つの勢力に石油を売っていた「あくどい国」、という印象を与えかねない表現ですが、違います。

一九一四年に大戦が始まると、イギリスは真っ先にドイツの経済封鎖を実施しています。イギリスは世界に突出した海軍力を有しており、地中海・北海全域の海上封鎖・臨検が可能でした。八月には**アメリカ合衆国に対しても禁輸・制限品目リストを用意していました。**したがって、「両陣営に石油を供給していた」は誤り。

この禁制品はかなり包括的で、食料品なども禁止していました。

効果はてきめんで、一九一五年の段階でドイツの貿易は輸入では五五％も減少し、輸出も前年比五三％となります。

一九一七年の段階では、北海及びアドリア海（オーストリアの領海）を通じてのドイツへの物資輸送は完全にゼロとなりました。

イギリス海軍は、大戦前から海軍艦艇の燃料を石炭から石油に転換していましたが、ドイツはまだ石炭。燃料革命が遅れていたドイツにとって石油の輸入が途絶えたことももちろん打撃でしたが、自給可能な量を上回る石炭を戦争では消費し、この途絶が戦争継続を不可能に追いやりました。

いや、それよりも、経済封鎖による食糧の輸入途絶が問題でした。戦略的にはこちらのほうがドイツにとってははるかに深刻で、実際、食糧不足は、大戦末期の暴動やドイツ革命の引き金となっています。

40 日本による人種差別撤廃の提案には背景がある

アメリカ大統領ウッドロウ・ウィルソンがすでに第一次世界大戦中に構想していた「国際連盟」が、

大戦後に設立されることになります。

「日本は国際連盟規約に、「人種差別をしない」という文章を入れることを提起する。〔……〕議長国のアメリカは、「このような重要な案件は全会一致でなければならない」と主張した。当時、自国内の黒人に公民権を与えず、人種分離政策をとっていたアメリカは、当然ながらこの提案には反対の立場だった。」（340～341頁）

国際会議における外交は、まさにディール（取引）。すべて何らかの意味があって提案したり拒否したりしています。「自国の利益のためにウソをつく」、「人の弱みにつけこむ」、「値切って買って、高値で売る」、これが外交の三原則です。

さて、「アメリカは、当然ながらこの提案には反対」というのは、半分誤りです。**会議の前半では、むしろ日本の提案に賛成**しています。根回しの段階では国務長官ランシングも乗り気で、それどころか大統領ウィルソンに働きかけ、「大統領提案」として提出するつもりである、という回答まで日本は得ていました。

反対したのはイギリスです。「帝国」イギリスの自治領であったオーストラリアとカナダが強く反対していたのです。オーストラリアは白人至上の白豪《はくごう》主義で、カナダは移民労働力を必要としていました。イギリス外務大臣バルフォアは、アメリカの説得を拒否し、人種差別は国際連盟規約とは無関係である、と主張しました。

そもそも、日本は講和会議では、ドイツ領の利権の獲得以外の発言をしていませんでした。連盟の設立そのものには懐疑的で、外務大臣内田康哉《こうさい》は「本件具体的案ノ議定《ぎじょう》ハ成ルベクコレヲ延期セシメル……」と述べています。

ですから、連盟の規約について積極的な提案を日本がしてきたことは、議長国のアメリカにとって好ましく、好意的な態度を示すことにより、連盟成立の同意を得ようとしたのです。

ところが、人種差別撤廃項目についてのオーストラリアの反対は特に強硬で、この提案が採択されることがあれば帰国する、とまで言い出しました。

さらに、ウィルソンも自国の議会に足をすくわれます。人種差別撤廃条項は国内政策に対する内政干渉にあたるとして、これが採択された場合、上院は批准《ひじゅん》しないと宣言されました。

オーストラリアの離反と、イギリスの反対、アメリカ上院の反対などから、ウィルソンはこの条項を通すわけにはいかなくなりました。

日本政府はこの提案について、実は「成否はともかくこれについて日本の主張を明らかにしておくことは極めて重要な意味がある」とちょっと「ふくみ」のある考え方をしていました（一方国内では、犬養毅らが、否決された場合は「会議の席を立て」「連盟に加盟しなくてもよい」と猛反発していました）。

結果、この「外交」では実は日本が勝利します。

旧ドイツ領における、日本の利権（山東半島と南洋諸島）については、もともとイギリスとフランスは同意、アメリカが反対だったのですが、人種差別撤廃提案が議長判断で「全会一致が必要」として否定される代わりに、ドイツ利権についてはアメリカも同意する、というように山東問題では態度を軟化させることができました。これが「ふくみ」の理由です。

「外交とは騙《だま》し合いの一種であるということが、単純な日本人には理解できなかったのだろう。」（345頁）

と、一九一五年の中華民国に対する「二十一カ条要求」の時の「日本外交の稚拙さ」（344頁）を百田氏は嘆《なげ》いておられますが、なかなかどうして、一九一九年のパリ講和会議の時には巧みに、山東半島・南洋諸島の利権の獲得・承認に成功しています。

「人種差別撤廃条項提案」をとらえて美談仕立てにするだけでは、外交という複雑な駆け引き、騙し合いを一面的にしか見ていないということになりかねません（二十一カ条要求についてはまた後ほど↓43講）。

41 「アメリカの敵意」を一方的に強調しすぎている

341〜344頁の項のタイトルは、「アメリカの敵意」。

しかしそこに行きつくまでにもすでに、言外あるいは直接に「アメリカの敵意」を想起させる表現が見られました。以下は日本に対してではありませんが。

「〔第一次大戦で〕実は両陣営に石油を供給していたのはアメリカだった。アメリカはそれで多くの外貨を獲得した。」（340頁）

先に解説したように（↓39講）、実際には一九一四年からのイギリスによるドイツ経済封鎖にアメリカは参加しており、供給不能でした。一七年以降は連合国側として参戦しています。

また先述の人種差別撤廃の提案についても、アメリカが反対したとあるだけで、日本の提案に当初同意していたことは書かれていません。イギリスやオーストラリアの反対と、日本脱退のブラフがあったことにも言及されず、日本の山東半島の利権を認めるという「取引」もありましたが、それにも触れられていません（→40講）。

この項も、一面的な見方、あるいは事実誤認の上に立った「アメリカの敵意」の話となってしまっています。

「日露戦争の勝利によって、列強を含む世界の日本を見る目は変わった。
同盟を結んでいるイギリスをはじめとするヨーロッパ諸国は、日本に一種の敬意を持った。〔……〕
しかし現実の世界は日本を称賛する国ばかりではなかった。その一つがアメリカである。」（341〜342頁）

ここで不思議に思ったんです。以前にはこう書かれていました。

「日露戦争」こそ、その後の世界秩序を塗り替える端緒《たんしょ》となった大事件であった。
しかし列強諸国の受け止め方は違った。〔……〕
〔孫文の言葉〕「英国は日本と同盟国でありましたが、此の消息を知った英国の大多数は何《いず》れも眉を顰《ひそ》め、日本が斯《か》くの如き大勝利を博したことは決して白人種の幸福を意味するものではないと思ったのであります」
列強諸国の間で日本に対する警戒心が芽生え始めたのも、この頃からであった。」（321〜322頁）

前者は、「ヨーロッパ諸国を含む世界から多くの尊敬を受ける日本、警戒するアメリカ」を強調し、後者は、「アジアから尊敬を集める日本、警戒する欧米」を強調しています。

列強の日本に対する真意は、どこにあるのでしょうか。「日本を見る目は変わった」とありますが、特にイギリスが抱いたのは、「敬意」だったのか「警戒心」だったのか。むろんこの二つは、両立しないわけではありませんが、こう真逆の表現では、とまどいます。

世界史を俯瞰するとこの頃、イギリス・フランスはアジア・アフリカに進出し、すでに植民地や利権を確保しつつありました。

また、イギリスはロシアの南下を食い止めるため、日本とロシアを衝突させようとし、日英同盟を結びました。

そしてアメリカは、中国への進出に出遅れていたため、その機会をうかがいます。日本がロシアと対立していることを利用し、アメリカは中国進出のきっかけ作りのために日本を後援しました。セオドア・ローズヴェルトは「日本贔屓《ひいき》」であることを日露開戦前から公言しています。そしてポーツマス条約を仲介したわけですが、帝国主義諸国は、善意やボランティアで外交などしません。しょせんは大国どうしのエゴの衝突と調整です。どういうことかと言うと。

日本は朝鮮半島を植民地にし、中国の利権を確保しつつありました。英仏は日本と衝突ではなく、調整を図りました。

アメリカは、イギリスとフランスに対抗して海外進出を企図したのに、日本はアメリカではなくイギリス、フランスとの関係を重視し、ロシアとも協約を結んでいます。

もちろん日本とのこうした外交には、イギリスにはイギリスの、フランスにはフランスの、大国エゴが働いています。日本の植民地支配を否定すれば、後発帝国主義諸国（アメリカやドイツ）から植民地独占に対する批判を招きかねませんから。

桂太郎が小村寿太郎の提言を受け入れて、ハリマンとの覚書を白紙にもどし、南満州鉄道のアメリカとの共同経営を拒否した（342頁）背景には、こうした帝国主義間相互のバランスがありました。

ロシア・イギリス・フランスとの利害関係を調整し、満州の利権を独占できるチャンスを得た大国日本のエゴと、講和を斡旋し、多くの外債の償還に協力し、日本の満州進出で得るであろう利益の分け前をねらっていた大国アメリカのエゴがぶつかったために、アメリカが「笑顔」の外交から「不快な表情」の外交に転換した、という話です。

それを大国日本のエゴ抜きで、大国アメリカのエゴのみを説明すれば、自ずと「アメリカの敵意」が強調されることになります。

42 ジョンソン・リード法は「日本人移民排斥法」だったわけではない

アメリカは建国以来、多くの移民を受け入れてきました。南北戦争後の経済発展は、移民たちによって支えられていたといっても過言ではありません。

大陸横断鉄道の建設は東西から始められ、東側は主としてアイルランドなどヨーロッパ系、西側は中国系の移民労働者によって建設されました。「線路は続くよ、どこまでも」という唱歌は、もともとアイルランド系の鉄道労働者が歌っていたもので、のちにアメリカ民謡になりました。

一八九〇年代にはさらなる大規模な移民が始まりました。東欧・南欧・アジア系の移民が増えます。一定以上、人口が増えて経済発展すると、中間層が育ちます。新しい安価な労働力が入ってくると、自分たちの仕事が奪われる、という危機感を持つ人々が増え、移民を排斥する空気も生まれてきました。

一九二四年に成立した「移民法」、別名ジョンソン・リード法は、一八九〇年を基準年として、その出身別移民数の二％以下に移民を制限する、というものですが、この法令の一部だけを抜き出して、一九〇〇年代にアメリカが日本人の排斥を強化していったように説明するのは一面的です。もともと日本人は、アメリカの連邦移民帰化法の制限対象外でした。アジアの中で欧米諸国と対等に交渉ができる国という評価を得ていたからで、アメリカは日本を「特別扱い」してくれていたのです。

ここで、近現代アメリカ史を理解する上で重要なことがあります。

アメリカは連邦制です。内政においては各州の独立性が高く、州の諸法・諸規制に関して政府は容易に口出しできないのです。

日露戦争後の一九〇六年に、サンフランシスコで公立学校に通う日本人学童を東洋人のための学校へ転校させようとする動きが出ました。それをセオドア・ローズヴェルトが「異例の干渉」を行なって撤回させています。「私は従来日本びいきだったが、ポーツマス会議以来、そうではなくなった」（342頁）というローズヴェルトの書簡（いつのどこのものかは不明）を百田氏は引用されていますが、大統領の個人的見解はともかく、実際は、アメリカ政府は日本に対して友好的に対応しています。

日本政府は、他のアジア系民族と同列に扱われることを回避しようと、さまざまな働きかけをアメリカ政府に行ないました。結果、一九〇七年から翌年にかけて林董《はやしただす》外務大臣と駐日大使オブライエンとの間で「紳士協定」が結ばれ、日本がアメリカへの移民を「自主的に規制」するという形にしたのです。

「大正二年（一九一三）には排日土地法を成立させ、日本人の農地購入を禁止し……」（343頁）

このとき制定されたのはカリフォルニアの州法で、正確には「市民権のない外国人の土地所有および三年以上の賃借を禁止するカリフォルニアの法律」です。**日本人を特定する文言はこの条文には一**

切ふくまれていません。ちなみにこれを「排日土地法」と呼称しているのは日本だけです。

一九二四年のジョンソン・リード法もまた、日本人移民を狙って排斥する法ではありませんでした。

「当時、アジアからの移民の大半が日本人であったので、実質的には日本を対象にしたものだった。」

（同）

ほぼ同じ表現がネット上の説明（Wikipedia「排日移民法」の項）にも見られますが、まず移民法制定の大きな流れを見れば、中国人や朝鮮人が先に制限され、その後に日本人が制限されています。**これは後に、戦時中の反米プロパガンダによってつくられた理屈ですので、最近ではこれをことさら「排日移民法」（この表現も日本だけ）として説明しない**ようになっています。

移民に対する感情には、アメリカの各階層によって温度差がありました。東側では、ＷＡＳＰ（白人《ホワイト》・アングロサクソン・プロテスタント）とよばれる人々が移民に反対しており、西側では、南欧・東欧出身の労働者階層が、自分たちの仕事を奪われるのを懸念してアジア系を排斥する動きを見せていました。

アメリカは「民主主義」国家ですので、選挙によって政権の政策は変化します。当時の野党は、これら移民に反対する票を取り込むために、排斥運動を利用していました。

国務長官ヒューズは、移民法制定を避けようと努力していましたし、クーリッジ大統領は、この法は日本人を排斥することになり、従来の日本との協定に反する、と反対の表明もしています。

ウィルソン大統領（一九一三〜二一年）の民主党期とは異なり、一九二〇年代のアメリカはハーディング、クーリッジ、フーヴァーの共和党時代に入っており、政府は日本に友好的、しかし議会は政府に反対、という状況にありました。

日本では、移民法成立時には反米感情が沸き上がりましたが、これは実はすぐに沈静します。ところが一九三〇年代に右翼・軍部などによってこの時のことが再度強調され、言わば蒸し返す形で「排日移民法」と連呼されるようになったのです。

一九二〇年代、共和党政権と日本との関係はむしろ良好でしたので、「その後も、日本とアメリカの溝は埋まらず、やがて大東亜戦争という悲劇につながっていく」(343頁)という説明には違和感をおぼえます。

43 「二十一カ条の要求」は「時代遅れの国際常識」だった

「日本は第一次世界大戦中の大正四年(一九一五)、袁世凱の中華民国政府に対して、ドイツが山東省に持っていた権益を譲ることなどを含む「二十一ヵ条要求」を出す。それは一部の希望条件を除き、当時の国際情勢において、ごく普通の要求だった。しかも最初は日本と中華民国双方納得の上での話だったものを中華民国側から「要求という形にしてほしい。やむなく調印したという形にしたい」という申し出があったので、日本側は敢えて「要求」という形にした。」(344頁)

一部のホントの話を紹介してそれが全体であるかのように語る、というのは、不正確な説明と同じです。続けて、

「これは日本の外相だけでなく、中国に詳しいアメリカ外交官のラルフ・タウンゼントも認めていることである。また孫文も「二十一ヵ条要求は、袁世凱自身によって起草され、『要求』された策略で

あり、皇帝であることを認めてもらうために、袁が日本に支払った代償である」と言っている。」（同）

とあります。

これではまるで、日中双方納得して結んだ「条約」だったのに、袁世凱が自分の立場が悪くなるから「要求」という形にしてほしい、と日本にお願いして、おひとよしの日本が「じゃあそれでいいです」ということにしたものが「二十一ヵ条の要求」だった、みたいな印象を与えてしまいます。

まったく違います。「二十一ヵ条の要求」は第一号から第五号まであり、各号に複数の条項があるので、それらを合計して二十一カ条としているのですが、重要な部分は以下です。

第一号

第一条　支那国政府ハ、独逸国ガ山東省ニ関シ条約其他ニ依リ支那国ニ対シテ有スル一切ノ権利、利益、譲与等ノ処分ニ付、日本国政府ガ独逸国ト協定スベキ一切ノ事項ヲ承認スベキコトヲ約ス

第二号

第一条　両締約国ハ、旅順、大連租借期限並南満州及安奉両鉄道各期限ヲ、何《いず》レモ更ニ九十九ヶ年ヅツ延長スベキコトヲ約ス

第四号

日本国政府及支那国政府ハ支那国領土保全ノ目的ヲ確保センガ為、茲《ここ》ニ左ノ条款ヲ締約セリ

支那国政府ハ支那国沿岸ノ港湾及島嶼《とうしょ》ヲ他国ニ譲与シ若《も》シクハ貸与セザルベキコトヲ約ス

第五号

第一条　中央政府ニ政治財政及軍事顧問トシテ有力ナル日本人ヲ傭聘《ようへい》セシムルコト

まず、その頃は「ごく普通の要求だった」という「当時の国際情勢」に、実は日本は乗り遅れていました。「二十一ヵ条の要求」は、一九〇〇年代の感覚なんです。ひと昔前なら「普通の要求」だったものが、この段階ではもう「前時代の国際常識」になりつつあった、ということです。

そしてその新しい国際常識とは、「中国の領土保全」の合意、でした。

この国際合意は、第一次世界大戦後の九カ国条約で成立しますが、第一次世界大戦が始まった段階で「中国の領土保全」はイギリスやフランス、ロシア、そしてアメリカも合意していたことでした。日本も承認しないと「国際常識」に乗り遅れますので、それが第四号「中国の領土保全のための約定」に示されています。

日本は少し焦っていました。中華民国政府が成立した後、清国の時代に得ていた利権をそのまま引き継いでおく必要があったからですが、その外交的手続きを、日本は第一次世界大戦が始まるまでに完了できていなかったのです。そのため、日露戦争で得た権益の確実な継承を改めて確認する必要がありました。

特に、このままだと旅順・大連の租借期間は、一九二三年に満了してしまうのです。ですから、「二十一ヵ条要求」のうちの第二号「南満東蒙での日本の地位明確化」というのは、やや時代遅れではあっても、いちはやく出して中国に承認させなくてはならない、日本にとって「ごく普通の要求だった」のです。

第四号はまったく問題なし。第二号も、これだけならばすんなり通っていた話で、何も無理な要求ではありませんでした。

ところが、第一次世界大戦が始まると、日本はさらなる権益を持つチャンスを得ることになり、ドイツが利権を持つ山東半島を軍事的に占領することに成功しました。

しかし、山東半島の利権はドイツと中国の間で成立している「契約」ですから、日本がドイツの租借地を占領したからといって、日本にそのまま利権がスライドされるわけではありません。講和条約で敗戦国のドイツに中国が返還要求をすれば、中国に返還されます。利権の他国譲渡は、「租借」契約では禁止されていることですから、日本は山東半島への攻撃と同時に、中華民国政府と利権獲得の交渉をしなくてはなりませんでした。これが第一号「山東半島処分に関する条約案」の内容です。

ここで日本政府は不思議な動きをします。

日本がドイツ軍に対して宣戦布告したのが一九一四年八月二十三日。ところが外務大臣の加藤高明は日置《ひおき》駐中公使の再三の要求にもかかわらず、交渉を始めませんでした。青島を占領したのが十一月七日。そして十一日に閣議を開きます。翌年一月八日になってから日置公使にようやく「交渉ヲ開始セラレ差支《さしつか》ヘナシ」と発令します。

さっさと第二号の交渉を第一次世界大戦前に始めていればよかったのに、国際情勢が変化したため第四号を入れなくてはならなくなり、また、大戦が始まってドイツに宣戦するというなら、早くに第一号の交渉をしなくてはいけなかったのに、なかなか交渉指示を出さない……なぜ、加藤高明は、第一号の交渉を遅らせたのか？

もう、この話をすると、ああ、そういうことね、ってなっちゃうんですが。

加藤高明は、立憲同志会の政治家です。

実は、十二月二十五日に衆議院が解散され、総選挙が始まっていました。第一号・第二号・第四号をまとめて政府の強気の外交成果を示して、**選挙を有利に進めるという「選挙戦略」に外交を用いたん**です。

外交を国内政治に利用すると、必ず国益が損なわれます。

しかも、第一号の交渉をドイツ宣戦前から始めていなかったことで、さらに「要求」を拡大せざるをえない羽目《はめ》になりました。

軍部の介入を招き、山東半島の軍事占領という成果をもって、軍部は中国に対する要求を高めるように求め始めました。

参謀本部の次長になっていた明石元二郎は、一九一五年一月二十九日付けの寺内総督宛《あて》書簡で、

「ワガ提議ハ十分強硬ニコレヲ貫徹スル必要コレアルベク、モシソレワガ要求ニシテ容レラレズバ、断乎トシテ師団ヲ燕京《えんきょう》〔北京〕ノ城郭ニ進メ候コトハ数ヶ月ヲ待タズシテ解決イタスベク」

と記しています。

兵力を用いてでも要求を貫徹することを主張しているのは明白です。とても「日本と中華民国双方納得の上での話だった」というような交渉過程ではなかったことがわかります。実際、海軍は艦隊を派遣していますし、陸軍はこの時期に合わせて満州駐屯軍の交代を名目に軍を動かしています。

さらに十二月三日、日置公使は加藤外務大臣に、交渉の意見書に「懸引上引誘条件」を記していて、それによると、

一、膠州湾の還付
二、袁世凱大総統の地位及び政府の安全の保証
三、日本国内及び日本法権下の国民党など留学生、不謹慎な日本商人取締の厳重励行
四、袁大総統及び閣僚の叙勲
五、税率改定の提議についての同意条件

を示し、「山東出征中の軍隊による威力」もあわせて説いています。

袁世凱の大総統としての地位保証は、日本政府側から求めていたことがわかります。「二十一ヵ条要求は、袁世凱自身によって起草され、『要求』された策略であり、皇帝であることを認めてもらうために、袁が日本に支払った代償である」という孫文の言葉は、こうした交渉の舞台裏を知らないゆえの推測でしょう（袁世凱と対立し、日本政府にも革命分子と考えられていた孫文が知らないのはあたりまえです）。

第二号の交渉が遅れ、第一号の要求は軍部のさらなる強硬案をもたらし、結果、第五号を付け加えなくてはならなくなりました。

第五号は「その他」ですが、中国政府に日本人の政治財政軍事顧問を雇わせる、中国内の日本の病院・寺院・学校に土地所有を認める、さらには中国南部の鉄道敷設権、などを求めています。これは「領土保全」の第四号に矛盾しますし、当然、イギリスやフランス、アメリカに知られると困ります。**ですから袁世凱には、これを他国には秘密であるとして、付記した**のです。

「この「要求」の経緯は外部には漏《も》らさないという密約として交わされた条約だったが、袁世凱はそれを破って公にし、国内外に向かって、日本の横暴さを訴えた。」（344〜345頁）

これも不正確です。「密約」とは、第五号だけの話だからです。第一号から第四号までは、すでにイギリスやフランス、アメリカにも伝えており、袁世凱が暴露したのは秘密条項の第五号でした。ですから、

「欧米列強は条約の裏事情を知りながら、日本を糾弾した。」（345頁）

も誤り。知らなかった「裏事情」の暴露を受けて、第一号から第四号は聞いているが、第五号なんて知らないぞ、と不信感を表明しました。

加藤外務大臣は二月十日、駐英公使に「第五号は袁世凱から求められたことで、希望にしかすぎません」と弁明していますが、第五号を取り下げず、そのまま袁世凱に認めさせています（後に撤回されますが）。

イギリスとフランスはこの交渉を承認し、アメリカだけが不承認を発表しました。

まとめますと――。

「第一号」は本来ならば、ドイツに宣戦する前から交渉すべきだった。

「第二号」の要求はもっと早くに確認すべきだった。

「第四号」は諸外国を納得させるために「中国の領土保全」を認めた。

「第五号」はそれらの交渉を延期したため、軍部の要求が高くなってしまい、入れざるをえなくなってしまった。

そして「対外強硬論」で日本国内向けに「強い政治家」を演出し、総選挙を利用して、本来ならば

別々に示して交渉すべきことをまとめて要求してしまった。

第一号から第四号は各国も認知していたのに、秘密のはずの「第五号」を袁世凱に暴露されてしまった。

よって弁解のために、「第五号は希望にすぎない」とした。

これらが、「二十一ヵ条の要求」の実態でした。現在の研究では、ここまでちゃんと細かく判明しています。

「現代でも「二十一ヵ条要求」は日本の非道さの表われとする歴史教科書があるが、これは誤りである。」（345頁）

いったいどの教科書のどの記述が、「日本の非道さ」と説明しているのでしょう。実際の例を以下、引用します。

「続く1915（大正4）年、加藤外相は北京の袁世凱政府に対し、山東省のドイツ権益の継承、南満州および東部内蒙古《ないもうこ》の権益の強化、日中合弁事業の承認など、いわゆる二十一カ条の要求をおこない、同年5月、最後通牒を発して要求の大部分を承認させた。加藤による外交には内外からの批判があり、大隈を首相に選んだ元老の山県も、野党政友会の総裁原敬に「訳のわからぬ無用の箇条まで羅列して請求したるは大失策」と述べて加藤を批判していた。」（『詳説日本史B』321頁）

加藤外交への一定の批判を感じますが、少なくとも、ここに「日本の非道さ」を示す表現はないように思います。

ちなみに、孫文＝正義、袁世凱＝悪、という考え方は、現在ではとりません。

孫文革命勢力も袁世凱政府も、どちらも日本政府の支援を得ようとしており、孫文も二十一カ条の要求の内容とよく似たことを日本に打診しています。「袁世凱が起草したものだ」と孫文は非難していますが、自分も日本に歩み寄ろうとしていたことを糊塗《こと》する言い分だと考えればよいと思います。

44 ワシントン会議において、日英同盟はしかるべくして失効した

「大正一〇年（一九二一）から翌年にかけて、アメリカでワシントン会議が開かれた。参加国はアメリカ、イギリス、日本、フランス、イタリア、ベルギー、オランダ、ポルトガル、中華民国で、これほど大きな国際会議が開かれたのは初めてのことだった。」（345頁）

直近のパリ講和会議（一九一九年）には、三十カ国以上が参加しています。「これほど大きな国際会議が開かれたのは初めて」ではありません。

「議題は、列強が再び第一次世界大戦のような悲惨な戦争を繰り返さないための軍縮だった。」（同）

これだけでは誤解を招きます。

まず、この会議は国際連盟が承認していない会議です。集まった国々は、太平洋と東アジアに権益がある国のみ。「第一次世界大戦のような悲惨な戦争」を回避するならば、陸軍の軍縮について話し合うべきですが、この会議ではそれも話し合われませんでした。議題は次の三つです。

「太平洋問題の調整」
「中国問題の解決」
「海軍の軍縮」

ヴェルサイユ条約によって南洋諸島の委任統治権を得た日本は、太平洋に利権を持っていました。これはフィリピン・ハワイに利権を持つアメリカとの対立を招く可能性があり、日米を含む列強は、多国間条約によって太平洋の安定を図るべく、利害の調整を進めようとしました。

山東半島の権益はヴェルサイユ条約によって日本に帰属することが明記されましたが、中国では反対運動が激化していました。また山東問題だけでなく、中国をめぐっての列強の対立が国際的な安定を揺るがすことを回避しようとしていました。

第一次世界大戦で参加国の多くの経済は低迷し、日本も大戦中こそ好景気でしたが戦後は恐慌に陥っています。しかし軍備だけはどこの国も維持したままで、財政を圧迫していました。戦後の経済的不安定を解決するために各国とも軍縮が必須でしたが、一国ではできません。そのため多国間で行なおうと考えたのです。

さて、

「この会議で、「中国の領土保全」「門戸開放・機会均等」が成文化される（九ヵ国条約）。つまり列強も現状以上の中国への侵略は控え、ビジネス的な進出に切り替えようというものだった。これには中国大陸進出に出遅れたアメリカの意向が色濃く反映されていた。」（346頁）

とあります。そして日英同盟の破棄《はき》に言及し、

「この同盟の破棄を強引に主導したのはアメリカだった。中国大陸の市場に乗り込もうと考えていた

アメリカは、日本とイギリスの分断を目論んだのだ。」（同）

と、史料に基づかない推論を断言されています。

そこで、中国に対する列強の投資割合を見てみましょう（『近現代日本経済史要覧』）。

一九一四年　計一六一〇、三（百万ドル単位）

イギリス	三八％
ロシア	一七％
ドイツ	一六％
日本	一三％
フランス	一一％
アメリカ	三％

一九三一年　計三二四二、五（百万ドル単位）

イギリス	三七％
日本	三五％
ソ連	八％
フランス	六％
アメリカ	六％
ドイツ	三％

百田氏はあたかもアメリカが自国の経済進出のために日本を抑えようとしていたかのような説明をされていますが、実際は**会議以降、圧倒的にイギリスと日本の投資額が増えて、中国における非軍事**

的な経済的進出はイギリス・日本の独占といっても過言ではありません。九カ国条約の経済的恩恵《おんけい》は、明らかに日本とイギリスが得ました。

そもそもこの間の、「二十一カ条要求」の後、第一次世界大戦中の日本の大陸への進出と、それを列強に認めさせていく過程が、ご存知ないのか意図的なのか、まったく説明されていません。ここで詳しく見ていきますと――。

一九一六年、第四次日露協約が締結され、極東における日露の特殊権益が相互承認されました。

大隈内閣後の寺内正毅内閣では、袁世凱の後継者となった段祺瑞《だんきずい》に対して巨額の経済借款を与え（西原借款）、段祺瑞政権を通じて日本の権益の浸透を図っています。

また、イギリスの地中海派兵要求に応じるのと引き換えに、山東半島と南洋諸島の権益をイギリス・フランスに認めさせています。

一九一七年、日本の中国進出を警戒していたアメリカとも石井・ランシング協定を結び、中国の領土保全と門戸開放を、また地理的な近接性ゆえに日本は中国に特殊権益がある、と認めさせています。

さらにはロシア革命に干渉するシベリア出兵も一九一八年から開始し、大戦終了後、他列強が撤兵したにもかかわらず、一九二二年まで日本は撤兵していません。

このように、第四次日露協約、英仏との秘密協定による山東省・南洋諸島進出、石井・ランシング協定、シベリア出兵、またワシントン会議の九カ国条約がこの石井・ランシング協定の破棄を意味したことを見てくれば、アメリカの悪意がどうこう、という問題ではなく、アジア及び太平洋の「平和と安定」の鍵を日本が握っているのは明白です。

さらに日英同盟の破棄に関する説明は著しく誤認されています。

「アメリカは、日本とイギリスの分断を目論んだのだ。そしてもう一つ、いずれ日本と戦う時のためにも、イギリスとは切り離しておきたいという意図もあった。」(346頁)

そもそも日英同盟は、「アメリカを交戦国の対象から外す」と明記している同盟です。すでに一九一一年の段階で、アメリカも交えてこれは確認されており、ワシントン会議で突如言い出した話などではありません。

「イギリスは同盟の破棄を望んでいなかったが、日本の全権大使、幣原喜重郎《しではらきじゅうろう》は〔日英米仏の〕「四ヵ国条約」を締結すれば国際平和につながるだろうと安易に考え、これを呑んで、日英同盟を破棄してしまった。

日英同盟こそは日本の安全保障の要であり、日露戦争に勝利できたのも、この同盟があったればこそである。しかし幣原は、その重要性も、また変化する国際情勢における日本の立ち位置やアメリカの思惑も、まったく理解していなかった。」(同)

これはまったくの事実誤認です。

日英同盟は二回の更新を経て、一九二三年に失効しました。締結は一九〇二年で、次に一九〇五年、そして一九一一年に更新されています。

第二次同盟では、日英同盟の範囲をインドにまで拡大することと引き換えに、日本は韓国を保護国化する承認を得ました。

第三次同盟ではアメリカが交戦国の対象外になります。

ところが、辛亥革命をきっかけに、東アジア情勢をめぐる日英の温度差が出てきはじめました。考え方が対立し、イギリスは孫文と清国の仲介を図るようになります。このあたりから、双方で日英同盟の重要性が低下するようになり、両国の東アジアにおける行動の制約になりつつありました（片山慶隆『日露戦争と新聞』）。

日英両国の対立は、パリ講和会議での「人種差別撤廃提案」をめぐる問題で決定的となりました（→40講）。百田氏はこれをアメリカの反対のせいにしてしまっており、本当はイギリスが激しく反対したことにもまったく言及されていません。

一九二一年には、日英同盟がそもそも国際連盟規約に抵触するのではないか、という議論も起こり、**日本でもイギリスでも、同盟の廃止は望まれていた**のです。

たしかにイギリス外相バルフォアは、四カ国条約締結に際して「日英同盟を存続すればアメリカに誤解され、破棄すれば日本に誤解される」と述懐していますが（波多野勝『裕仁皇太子ヨーロッパ外遊記』）、これは日英同盟の存続を願ってではなく、外交上の調整の難しさを嘆く意味での発言です。

幣原喜重郎は「変化する国際情勢」を「理解し」、変化に合わせて、制度疲労していた日英同盟を四カ国条約へと発展解消したのです。

「日英同盟が破棄されたことで、日本は後にアメリカと戦う時には単独で対峙しなければならなくなった。これこそアメリカが望んでいたことだったのだ。」（346〜347頁）

これに至っては意味がよくわかりません。

現実に後年、日本はアメリカと戦う際、イギリスに対しても宣戦布告し、真珠湾の攻撃と同時に、イギリスが支配していたマレー半島にも上陸しています。

のちの章で主張される、当初の戦争目的になかった「植民地の解放」などという後付けの理屈は、東南アジアに権益を有していたイギリスをも明らかに対象としているわけで、それはこの「日英同盟こそが重要だった」という主張とは矛盾します。日本のアジア・太平洋への進出過程において、日英同盟はしかるべくして失効したと言うべきでしょう。

「二十一カ条要求」の説明の時には、外務大臣加藤高明の名前すら出てこなかったのに、突如、ここでは幣原喜重郎を登場させて非難しているのも不可解です。

複雑な国際情勢をふまえず、幣原一個人の考えで一九二〇年代の外交が展開したかのように言うのは、たいへん不適切だと思います。

45 明治から大正にかけての社会問題にまったく触れられていない

続いて「大正デモクラシー」です。

「日本で最初の本格的な政党内閣を作った原敬は爵位を持たない最初の総理大臣になった（そのため平民宰相と呼ばれた）。」（347頁）

以前、原敬内閣の成立事情に「シベリア出兵」「米騒動」は欠かせないとお話ししましたが（↓39講）、改めて詳しく見てみましょう。

第一次世界大戦が始まると、日本では造船・化学などの工業が発達、生糸《きいと》・綿糸の輸出も大幅に伸張し、空前の好景気を迎えました。

しかし、多くの利益は後の財閥となる企業に吸収され、大部分の労働者への利益還元は滞《とどこお》り、物価高が人々の生活にのしかかりました。農業も寄生地主制の影響で生産は停滞し、寺内正毅内閣のシベリア出兵を見越した米など農産物の投機的な買い占めが起こり、物価高にさらに追い打ちをかけていました。これを背景に富山県を出発点として米騒動が全国に広がり、軍隊まで出動させて鎮圧したものの、寺内内閣は引責辞任せざるをえませんでした。

こうして、立憲政友会を中心とする原敬の本格的政党内閣が始まったのです。

しかしこの内閣も、一九二〇年に始まる戦後恐慌で財政的にゆきづまり、また党員の関係する汚職事件も続出しました。政党政治に憤激した一青年により東京駅で原敬が暗殺され、代わって高橋是清が政友会総裁となり組閣しましたが、政権内の対立から短命に終わります。

この頃、労働運動が活発化しています。友愛会《ゆうあいかい》は一九一九年、大日本労働総同盟友愛会となり、翌年には日本最初のメーデーも実施されました。しかし戦後恐慌の影響もあり、労働争議が頻発、一九二一年には日本労働総同盟が結成され、それまでの労使協調路線から、階級闘争路線に変化することになりました。農村でも小作料引き下げを求める小作争議が起こり、一九二二年には日本農民組合が結成されました。後の財閥となる一部企業への利益集中、寄生地主制による小作と地主の貧富の差の拡大など、一九二〇年代はこれらの矛盾が表面化した時代でした。

また、ロシア革命の影響を受けて社会主義運動が高まりました。

一九二二年、堺利彦《さかいとしひこ》や山川均《やまかわひとし》らにより、日本共産党がコミンテルンの日本支部として非合法に結成されました。

一九二〇年には、婦人参政権の実現をめざす新婦人協会が、平塚《ひらつか》らいてうや市川房枝《いちかわふさえ》らによって組織されました。

被差別部落の住民たちへの社会的差別を自主的に撤廃しようとする運動も本格化して、一九二二年に全国水平社《すいへいしゃ》ができています。

教科書では普通、これくらいは紹介します。『日本国紀』で語られる歴史は、「誰か」の歴史ではありますが、日本の人口の八割以上を占める「人々」の歴史については圧倒的に希薄です。社会や経済の動きへの言及なく、歴史を語ることには無理があります。

「大正一四年（一九二五）には、普通選挙制度ができた。これにより納税額による制限が撤廃され、満二十五歳以上の男性は全員参政権を持った（ただし女性には参政権は与えられなかった）。」（347頁）

これも、労働運動、小作争議、社会主義の広がり、婦人参政権運動などに触れておけば、普通選挙がなぜ実現したのか、わかりやすかったはずです。

また、普通選挙法と同時に制定された、治安維持法の説明が皆無です。労働者や農民を代表する無産政党を非合法化し、後に強化されて言論を弾圧するこの法律に触れていないのは問題です。

それに、シベリア出兵などロシア革命に干渉していた日本でしたが、同じ年に日ソ基本条約を締結し、日本はソビエト連邦を承認しました。これがないのも不思議です。

「明治維新からひたすら富国強兵に励んできた日本であったが、大正時代になってようやく国民が娯楽や愉《たの》しみを享受できるようになった。」（348頁）

実際は、大戦後の恐慌もあって、娯楽に興じることができたのは都市の一部の市民たちだけでした。大企業と中小企業、都市と農村との格差が開いたのもこの時期です。これを「二重構造」と呼ぶようになり、この解決が政治課題となっていました。

個人の消費が増大し、いわゆる大衆消費社会が生まれたとも言えますが、農民や都市の下層労働者の生活水準は低く、大企業で働く人との差が大きく開きました。

46 関東大震災直後、朝鮮人の渡日数は激減した

「そんな楽しい空気を一気に吹き飛ばす出来事が発生した。」（348頁）

と、一九二三年の関東大震災についての項に入るのですが、先述のように、一九二〇年から日本は戦後恐慌に入り、不景気や社会不安が増大していました。**関東大震災は、むしろそんな状況への「追い打ち」**のようだったと言った方が適切です。大正時代の中間層の成長と、市民の娯楽の拡大の時期を誤解されているようです。

「第一次世界大戦後は国民の生活も大きく変わった。街には活動写真（映画）を上映する劇場が多く作られ、ラジオ放送も始まった。食生活でも、カレーライス、とんカツなどの洋食や、キャラメルやビスケット、ケーキが庶民生活の中に溶け込んでいった。東京や大阪には鉄筋コンクリートのビルが立ち並び、デパートが誕生し、バスが運行した。電話交換手やバスガールなど、女性の社会進出も増えた。」（同）

という記述の後「そんな楽しい空気」が「一気に吹き飛ば」されたと言うのですが、ここに挙げられた中に、関東大震災後の「風景」が入っています。

明確な誤りは、「ラジオ放送」です。**開始は一九二五年で、大震災より一年半あとのこと。**情報伝達手段が未発達だったことも震災中のデマや流言飛語を生み出した背景にありました。

また震災翌年の一九二四年、同潤会《どうじゅんかい》が設立され、木造アパートの建築、四～五階建てのデパート

の建築が進みました。電灯なども農村部に拡大し、都市では一般家庭に普及します。都市では水道、ガスの供給事業が本格化しました。さらに市電やバス、円タクなどの交通機関が発達し、東京と大阪では地下鉄も開通します。洋服を着る男性も増え、「モボ・モガ（モダンボーイ・ガール）」と呼ばれる人々が街を闊歩《かっぽ》するようになりました。

とんカツ、カレーライスの普及も関東大震災「後」なんです。

「なお、この震災直後、流言飛語やデマが原因で日本人自警団が多数の朝鮮人を虐殺したといわれているが、この話には虚偽が含まれている。一部の朝鮮人が殺人・暴行・放火・略奪を行なったことは事実である（警察記録もあり、新聞記事になった事件も非常に多い。ただし記事の中にはデマもあった）。中には震災に乗じたテロリストグループによる犯行もあった。」（349頁）

「多数の朝鮮人を虐殺した」に「いわれている」は不要。**虐殺は事実です。風聞ではありません。**司法省の記録として「二百三十三人」（同）という犠牲者数が挙げられていますが、「一部のホント」で全体を説明するのは誤りです。記録の使用法に問題があります。

さらに、この司法省の記録（「震災後に於ける刑事事犯及之に関連する事項調査書」）に取り上げられている朝鮮人殺傷事件は、「犯罪行為に因り殺傷せられたるものにして明確に認め得べきもの」として起訴された事件だけの数なんです。

逆に言えば、起訴されない件数を含めればこれを上回る、という証拠でもあります。犠牲者追悼碑などに記されている朝鮮人犠牲者六千人をこの数字で否定することはできません。

芥川龍之介は「自警団」に入っていた経験があり、その時の体験をもとに掌篇小説を書いています

（「或《ある》自警団員の言葉」『侏儒の言葉』）。

映画監督の黒澤明も、父親が朝鮮人と間違えられて暴徒に囲まれた話、自分の落書きを朝鮮人が井戸に毒を入れた印だと自警団員が大騒ぎしていた話を自伝で懐古しています。

歴史家や政治家の記録以外に、いくらでも当時の話は残っています。

「テロリストグループによる犯行もあった」ともありますが、陸軍大尉甘粕《あまかす》正彦は、震災のどさくさに、目をつけていた大杉栄ら無政府主義者を憲兵隊に殺害させています（甘粕事件）。**「震災に乗じた憲兵隊による無政府主義者の殺害もあった」が正しい説明でしょう。**

日本の植民地支配に対する朝鮮人たちの抵抗運動への恐怖心や敵対心、朝鮮人への差別意識が、自警団の過剰な警戒心を生んだ、と考えるべきです。魔女狩りの心理と同じで、朝鮮人や社会主義者に間違えられることをおそれた人々は、「取り締まる側」にまわろうとして、自警団の活動も活発化しました。

不思議なのは、日露戦争や後の満州事変以後の話であれほど新聞が民衆を煽動した、と批判しながら、関東大震災での朝鮮人の話では新聞は「正しい」と鵜呑みにするように引用されていることです。ここでも、「デマもあった」どころではなく、**デマや情報不足から、多くの新聞がミスリードしてしまった**、と捉えるべきではないでしょうか。

「警察記録もあり、新聞記事にもなった事件も非常に多い」については、これこそ実は関東大震災の時のおそろしさ。次のような史料が明確に残っています。

震災発生の翌日、臨時震災救護事務局が設立されます。その警備部が九月五日に次のような協定を定めています（以下、『現代史資料6　関東大震災と朝鮮人』より）。

「朝鮮問題ニ関スル協定
警備部
鮮人問題ニ関スル協定
朝鮮人ニ対スル官憲ノ採ルベキ態度ニ付キ、九月五日関係各方面主任者事務局警備部ニ集合取《とり》
敢《あ》ヘズ左ノ打合《うちあわせ》ヲ為シタリ
第一、内外ニ対シ各方面官憲ハ鮮人問題ニ対シテハ、左記事項ヲ事実ノ真相トシテ宣伝ニ努メ
将来之ヲ事実ノ真相トスルコト
従テ、（イ）一般関係官憲ニモ事実ノ真相トシテ此ノ趣旨ヲ通達シ各部ニ対シテモ此ノ態度ヲ採
ラシメ、（ロ）新聞等ニ対シテ、調査ノ結果事実ノ真相トシテ斯《かく》ノ如シト伝フルコト」

警察や新聞に対して「左記」のことを「真相」として宣伝せよ、と命じています。完全な情報操作でしょう。

さらにその「左記」はというと――。

「左記
朝鮮人ノ暴行又ハ暴行セムトシタル事柄ハ多少アリトモ今日ハ全然危険ナシ、而《しか》シテ一般鮮
人ハ皆極メテ平穏順良ナリ
朝鮮人ニシテ混雑ノ際危害ヲ受ケタル者ノ少数アルベキモ、内地人モ同様ノ危害ヲ蒙《こうむ》リタル

モノ多数アリ

皆混乱ノ際ニ生ジタルモノニシテ、鮮人ニ対シ故《ことさ》ラニ大ナル迫害ヲ加ヘタル事実ナシ

〔……〕

第二、朝鮮人ノ暴行又ハ暴行セムトシタル事実ヲ極力捜査シ、肯定ニ努ムルコト

尚、左記事項ニ努ムルコト

イ　風説ヲ徹底的ニ取調べ、之ヲ事実トシテ出来ル限リ肯定スルコトニ努ムルコト

ロ　風説宣伝ノ根拠ヲ充分ニ取調ブルコト」

「朝鮮人による暴動」の発生を出来る限り肯定し、また虐殺は震災による混乱であり、一部の民衆の暴走である、と政府が意図的に宣伝していたことがわかります。

情報が少ない中、政府機関が発表する情報を新聞は書きますし、警察がこの「指示」に従って取り調べていたことは明らかです。

満州事変以降の官憲による情報操作の徹底は、関東大震災直後の対応を見れば、どのようなものであったか容易に想像できます。

マスコミのミスリードの背後には、こういう動きがあったことも忘れてはいけません。さらに言えば、

「震災当時、日本全国にいる朝鮮人は八万六百十七人であった。しかも震災の翌年には、十二万二百三十八人の朝鮮人が日本に渡航している。多くの同胞が虐殺されたところへ、それほど大勢が渡ってきたことはどう考えても解《げ》せない。あまりの多さに渡航制限がかけられたほどなのだ。」（349〜350頁）

実際は、**多くの朝鮮人が虐殺をおそれて帰国し、さらに朝鮮からの渡航数も激減**しています。

朝鮮人の内地（日本本国）への出入りは三・一独立運動（一九一九年）以来、内務省がかなり詳細に把握し、記録が残っています。

「あまりの多さに渡航制限がかけられた」事実は確かにありますが、これは三・一運動以降、朝鮮人の独立運動家の渡航を制限したものでした。関東大震災後は、復興のための安価な労働力確保のために、むしろ朝鮮人の受け入れを進めています。

そもそも日韓併合以後、朝鮮半島では地主への土地集中や接収によって小作人が増え、生活困窮者が職を求めて日本への渡航が増加するようになっていました。

また、三・一独立運動後は、総督府は朝鮮政策を武断的な方法から転換し始めてもいます。つまりは、末端の役人に朝鮮人を採用したりするなど、一部朝鮮人の中間層を体制内に取り込む方法を採用しました（これを「文化政治」と言います）。さらに関東大震災後、強圧的な政策を緩和し、震災復興の労働力のために多くの労働者の「募集」を展開していたのです。「どう考えても解せない」というのは、単にこの事実をご存知ない勘違いだと思います。

震災当時の朝鮮人を「八万六百十七人」、翌年「十二万二百三十八人」とされていますが、震災前後の月毎の渡航者数を数値化しますと、

一九二三年朝鮮人「渡日」数推移／「帰国」数推移

六月　八一二九人／　六〇三八人

七月　一〇三九五人／　六八七八人

八月　一二六八六人／　八一七八人

九月	二四一〇人／一四七一七人
十月	六〇二人／一三七二六人
十一月	八〇四人／　六六三〇人
十二月	一一七二人／　五八〇二人

これを見れば一目瞭然ですが、九月一日の大震災直後、渡日数は激減し、帰国は大幅に増加しました。総督府と日本政府は、震災復興労働力として「募集」を進めましたが、渡日は年内には八月の水準の十分の一にも回復せず、帰国数は十月の段階で八月の渡日数を上回るものでした（「関東地方震災ノ朝鮮ニ及シタル状況」）。一時的に虐殺から逃れ、渡航が減った、という動向は、数字上も明白だと思います。

> 「地震国である日本は江戸時代にもたびたび大地震に見舞われたが、明治の近代国家になってからは初めてで……」（349頁）

『防災白書』などを見ればわかりますが、**一八九一年の濃尾地震**では死者・不明者七千人を超える被害が出ていますし、**一八九六年の明治三陸地震**では津波にみまわれ二万人以上の死者・不明者が出ています。関東大震災は「超」大規模な地震ですが、濃尾地震も明治三陸地震も、どう考えても十分「大地震」だったと思います。

47　張作霖爆殺事件に「諸説」はない。事件の首謀者は関東軍参謀である

関東大震災後についてですが……。

通常欠かせない重要事項としては第二次護憲運動、治安維持法の制定がありますが、これについても触れられていません。「昭和」の項に、

「昭和の前半は日本にとって暗く陰鬱な時代となるが、その兆候はすぐに現れる。」（350頁）

と書かれてすぐ、昭和四年（一九二九）の世界恐慌の話に入られています。

しかしもう一つの出てこない話に、一九二七年の「金融恐慌」があります。

加藤高明内閣の後、憲政会総裁となった若槻礼次郎《わかつきれいじろう》が組閣しますが、関東大震災で決済不能となっていた手形（「震災手形」）の処理の審議中、大蔵大臣の不用意な発言から取り付け騒ぎが起こり、金融恐慌が起こってしまいました。

若槻は、緊急勅令によって不良債権を抱えていた台湾銀行を救済しようとしましたが、対外協調的な若槻内閣を嫌った枢密院《すうみついん》の了承が得られず、総辞職することになってしまいました。

そして、その後を受けたのが政友会総裁で陸軍出身の田中義一《たなかぎいち》でした。

『日本国紀』は、「昭和」「統帥権干犯問題《とうすいけんかんぱん》」「満洲事変」と続く各項（350～359頁）の記述が、時系列に沿って説明されていないので、時系列を整えて以下、説明します。

田中内閣は一九二七年、緊急勅令を得て支払い猶予を実施し、日本銀行から多額の融資を引き出して金融恐慌を鎮めました。

この頃、中国では国民党の蔣介石《しょうかいせき》が、国民革命軍（国民党軍）を率いて中国を統一しようと「北伐《ほくばつ》」を開始していました。田中内閣は外交官・軍人を集めた「東方会議」を開催し、満州における日本の権益を、武力を用いてでも守ることを決定します。

袁世凱の後を継いだ段祺瑞《だんきずい》に、日本はすでに多額の借款を与えて影響力を華北《かほく》・満州に及ぼしていましたが、段祺瑞の後、後継をめぐる軍閥の争いが起こります。日本は張作霖《ちょうさくりん》を支援しました。そして国民党との戦いなどを通じて他軍閥が倒れていく中で、とうとう張作霖が北京政府の実権を握ります。

ところがこの頃から、イギリスやフランス、特にアメリカが張作霖に接近するようになったのです。張作霖は日本から離れてアメリカの支援を受けるようになり、南満州鉄道に対抗して、平行線（満鉄に平行するような鉄道）の建設に着手し始めました。

また日本は、蔣介石の北伐に対抗するため、一九二七年から翌年にかけ三度にわたって「山東出兵」を行ない、第二次出兵に際しては国民党軍と戦火を交えています（こうした一連の日本の派兵にも百田氏はまったく言及していません）。

当時、満州及び関東州（遼東半島先端部）で力を持っていたのが関東軍です。

一九一九年に関東都督府《ととくふ》が関東庁に改組された時、遼東半島租借地と南満州鉄道及びその沿線を守備する陸軍部が関東軍として独立し、大陸進出の急先鋒となっていました。張作霖が国民党軍との戦いで敗れると、関東軍の中で、張作霖を排除して満州を直接支配しようとする勢力が台頭するようになりました。そして一九二八年六月、事件は起きました。

張作霖の人物像を、「もとは馬賊」「権謀術数に長けた」「徴収した金をすべて自分のものとしていた」とし、「物資の買い占め、紙幣の乱発、増税など」を行なって関東軍と対立、「爆殺事件はそんな状況下で起こった」（355頁）と説明されています。これではまるで、張作霖が悪行を重ねていたため、爆殺されても仕方がなかったと言わんばかりです。

もともと張作霖は、ロシアと手を組んで諜報《ちょうほう》活動をしていたところ日本軍に捕らわれ、処刑されかけた人物です。しかし、参謀次長だった児玉源太郎が張作霖を利用することを考え、処刑せずに今度は日本側のスパイとしたのです。その時の連絡役が、当時、陸軍少佐だった田中義一でしたから面白いところです。

日本軍との癒着は日露戦争以来で、満州の実力者となってからも深い関係にありましたが、アメリカ・イギリス・フランスに接近して、もとあった中国の利権を回収しようとしたため、関東軍は独断で張作霖排除に動いたのです（澁谷由里『馬賊の「満洲」張作霖と近代中国』、大江志乃夫『張作霖爆殺昭和天皇の統帥』）。

「事件の首謀者は関東軍参謀といわれているが、これには諸説あって決定的な証拠は今もってない。」（355頁）

これは完全な誤り。

事件の首謀者は関東軍参謀河本大作《こうもとだいさく》であるとはっきりわかっています。「諸説ある」というのは本来、歴史学上の議論となっている、ということを意味しますが、『歴史学研究』や『史学雑誌』などの学術誌でこれに異論を提唱している歴史学者は一人もいません。このような言い方は避けるべきでした。

そもそもこの事件は昭和天皇も知るところとなり、元老西園寺公望《さいおんじきんもち》は、真相の公表と厳重処分の意向を田中義一に伝えています。

爆破方法の詳細も判明していました。調査に赴いた国会議員は、爆破に使用された電線などが日本軍の監視所から引かれていた事実が明白となったため、弁解不能という感想を残しています（松村謙三『三代回顧録』）。

爆破に関わった軍人のヒアリングも行なわれており、書簡「奉天《ほうてん》に於ける爆発事件の真相」として鉄道大臣に伝えられ、田中首相・小川鉄道相らを中心に「特別調査委員会」も設けられています。

斎藤関東軍参謀長も、河本大作による陰謀だったことは明確であるため、残りの調査はどのような爆破・殺害方法をとったかの調査であったと「張作霖列車爆破事件に関する所見」で示しています。

しかし、陸軍や閣僚から事件の真相究明と責任の拡大を反対されたため、首謀者の河本大作を停職にしただけの処分としました。田中義一のこの対応に、昭和天皇は不満を示され、田中内閣は総辞職することになったのです（原田熊雄『西園寺公と政局』第一巻）。

48　統帥権干犯問題のきっかけは野党ではない

引き続き時系列に沿って。

関東軍参謀による張作霖爆殺事件、いわゆる「満州某重大事件《まんしゅうぼうじゅうだいじけん》」で昭和天皇の信頼を失った政友会の田中義一内閣は総辞職し、かわって組閣したのが立憲民政党の浜口雄幸《はまぐちおさち》でした（この頃は、立憲政友会と立憲民政党の二大政党制のような政局でした）。

一般に、田中義一内閣（一九二七〜二九年）は強硬外交、加藤高明内閣（一九二四〜二六年）は幣原喜重郎外務大臣の協調外交、と説明されがちですが、「田中外交」は実は、対中国には強硬でしたが、対欧米には協調路線で、不戦条約の批准も行なっています。欧米と協調すれば中国進出が容易にできると考えていたのが田中外交で、中国進出が欧米協調を崩すと考えていたのが「幣原外交」です。

不思議なことに、浜口内閣（一九二九〜三一年）の「統帥権干犯問題」には百田氏は触れているのに、一九三〇年一月からの「金解禁」と産業合理化・緊縮財政の話が出てきません。

「昭和」の項の中で、世界恐慌による企業の倒産、農村不況の話の後、

「政府は恐慌から脱出するために、金融緩和に踏み切るとともに積極的な歳出拡大をし、農山漁村経済更正運動を起こし、インドや東南アジアへと輸出を行ない、欧米諸国よりも早く景気回復を成し遂げた。」（350頁）

とされていますが、これは、浜口内閣の次（第二次若槻内閣）の、さらに次の立憲政友会犬養毅内閣（一九三一〜三二年）の蔵相高橋是清による財政政策（「高橋財政」）の話です。田中内閣に続いた、立憲民政党の浜口・若槻内閣の経済政策がまったく出てこないのは違和感をおぼえます。

浜口雄幸の金解禁と緊縮財政、産業合理化があるからこそ、犬養内閣の「金融緩和」「金輸出再禁止」「管理通貨制度」「労働者の不当に安い賃金」（350〜351頁）に繋がるのに、どうしてすべて割愛されているのでしょう。

浜口内閣は井上準之助《いのうえじゅんのすけ》蔵相のもと、産業の合理化・緊縮財政に努めました。金輸出の解禁で為替相場を安定させ、輸出を促進しようとしましたが、アメリカ発の世界恐慌に巻き込まれ、金解禁は「嵐の中で雨戸を開ける」とのちに言われるような状態となり、昭和恐慌に陥りました。

一方、浜口内閣の緊縮財政は軍事費にもおよびます。世界的不況の中で、各国も軍縮による財政赤字の解消を図ろうとしていました。軍縮は一国ではできないので、ロンドンで軍縮会議が開かれ、日本も一九三〇年四月に軍縮条約に調印しました。

「ところが、ロンドン海軍軍縮条約に反対する野党政治家（犬養毅、鳩山一郎など）が、それまでの大日本帝国憲法の解釈と運用を無視して、「陸海軍の兵力を決めるのは天皇であり、それを差し置いて兵力を決めたのは、天皇の統帥権と編制大権を侵すものであり、憲法違反である」と言い出して、政府を批判したのだ。〔……〕野党が無理矢理な理屈で反発したのである。そしてこれに一部の軍人が乗り、大きな問題となった。やがて民衆の中にも政府を非難する者が出た。」（353〜354頁）

順序が逆です。**一部の軍人が反発し、野党がこれに乗った**のです。

そもそも、海軍は兵力の対米七割を主張していました。政府は交渉で対米六・九七五割を実現し、海軍省は受け入れる様子だったのですが、軍令部長の加藤寛治《かとうかんじ》が嚙《か》みつきました。いったん矛先を収めるかに見えたものの、これに野党立憲政友会・国家主義団体が同調し、衆議院本会議で追及したのです。実はこの問題はダシにすぎず、海軍の反発の契機は、浜口内閣の海軍予算削減にありました。そこで議会の承認を必要とする予算ではなく、グレーゾーンであった統帥権・編制権にからめて反発した、というのが真相です。

「やがて民衆の中にも政府を非難する者が出た」についても、「民衆の中」と言えないことはありませんが、非難したのは右翼団体や国家主義活動家で、一般民衆レベルの反対運動は起こっていません。

したがって、

「軍部の一部が統帥権を利用して、暴走していくことになる。野党の政府攻撃が日本を変えていくこ

とになったのだ。」（354頁）

と、軍部の暴走をもたらしたのが、いつも政局を絡める野党のせいだったと言わんばかりの記述も不適切です。

軍部の条約批判に野党が乗り、政局に持ち込もうとしたのが統帥権干犯問題でした。野党はいつの時代にも、政局に絡めることが多々ありますが、情報公開をしない政府や、軍事機密をタテに不利な情報を開示しない軍部の状況があったことも忘れてはいけません。軍・政府の情報非公開・情報操作は、関東大震災の朝鮮人虐殺・張作霖爆殺事件を経て、満州事変・日中戦争・太平洋戦争へと深化していきます。

さて、この項にプロイセンの軍事理論家クラウゼヴィッツへの言及があります（353頁）。彼の「有名な言葉」と称して「戦争は、政府と軍隊と国民の三位一体で行なわれなければならない」と「引用」し、「戦争に勝利するためは、国民の理解が必要であり、政府は戦争目的を訴え、国民の支持を集め、軍事予算を準備する。その予算のもとで軍は戦うが、この時、軍事に関して素人の政治家は作戦には口出ししない」と書かれています。

これは、クラウゼヴィッツの理論と「シビリアン・コントロール（文民統制）」を著しく曲解した独特の解釈です。クラウゼヴィッツは、戦争は、

「憎悪や敵意をともなう暴力行為」

「偶然性という賭けの要素」

「政策のための従属的性質」

から構成されている、としました。

この三つをクラウセヴィッツは「国民」「軍隊」「政府」に割り当てています。戦争には、

国民の情熱や世論の支持が必要である。

偶然性の高い賭けの要素があるがゆえに、将軍と軍隊の勇気と能力が勝敗を分ける。

達成すべき政治目的は、政府のみが決定できる。


と説いたのです。したがって、先の要約は、正確とは言えません。

『戦争論』を実際に読めばわかりますが、シビリアン・コントロールの要点とは、「軍事に関して政治家は口出ししない」ではなく、むしろ逆に、「経済や外交を知らない軍人が戦争をしてしまうことを抑制する」という点です。クラウゼヴィッツは、「戦争は外交の延長」と明言していることからわかるように「軍事＝政治・外交」なのです。クラウゼヴィッツを用いるならば、経済・外交の素人である軍人が「軍事」に口出ししない、というところも強調すべきでした。

ちなみに『戦争論』は岩波文庫、中公文庫など多数翻訳出版されています（森鷗外も『大戦学理』という翻訳書を書いています）。

49　一九二七年の南京事件で、幣原外交は一定の役割を果たした

続いて「満洲事変」の項です。

「日露戦争でロシア軍を追い出して以降、日本は満鉄をはじめとする投資により、満洲のインフラを

整え、産業を興してきた。そのお陰で満洲は大発展したのである。」（356頁）

これは一面の事実の強調で、支配の実態を正確に説明できていません。

帝国主義諸国による進出は、すべてこの形式をとっていました。利益は本国に還元される仕組みで、珍しいものではありません。児玉源太郎は日露戦争後の満州の経営について、

「戦後満州経営唯一ノ要訣ハ、陽ニ鉄道経営ノ仮面ヲ装イ、陰ニ百般ノ施設ヲ実行スルニアリ」

と述べています。

満鉄は、撫順《ぶじゅん》炭田、鞍山《あんざん》製鉄所、ヤマトホテル、航空会社の経営、炭坑開発、農林水産業など総合的な事業展開を行なっていました。それだけではなく、ロシアから譲られた鉄道付属地での行政権も有していたのです。長春《ちょうしゅん》、奉天、大連の都市近代化を進め、学校や病院も設立しました。

しかし、張作霖爆殺事件以後、息子の張学良《ちょうがくりょう》は排日政策に転じ、満鉄を包囲するように鉄道網を整備して、日本に奪われていた利権の回復を図ろうとしました。

「蔣介石率いる中国国民党政権と中国共産党による反日宣伝工作が進められ、排日運動や日本人への脅迫やいじめが日常的に行なわれるようになった。」（356頁）

これでは満州での排日運動が、日本の利権独占への反発や不満とは無関係の、中国国民党や共産党による工作であったかのような印象を与えてしまいます。

蔣介石は、そもそも孫文の行なった国共合作《こっきょうがっさく》（第一次・一九二四〜二七年）により国民党軍内に共産党の兵が含まれていることに不満を感じていました。

アメリカ・イギリス・フランスは、共産党と国民党を分離させ、共産党並びに国民党左派抜きで蔣介石による国民党政府樹立を考えていました。

この分離工作に対抗しようと、共産党は、国民党軍とイギリス・アメリカ・フランスの関係を悪化させるために、共産党の影響下にある第二軍、第六軍による南京攻撃を計画します。

一九二七年の南京事件（蔣介石の北伐軍が南京占領の際に外国領事館、居留民を襲撃した事件）では、日本人一人、イギリス人三人、アメリカ人一人、イタリア人一人、デンマーク人一人、フランス人宣教師二人が殺害され、二人が行方不明になっています。当時の記録（中支被難者連合会編『南京漢口事件真相・揚子江流域邦人遭難実記』）によると、軍といっても正規兵ではなく便衣兵《べんい》、また略奪したのは兵ではなく南京の住民だったようです。第二軍の師長である戴岱《さいたい》は、このような略奪を働いたのは国民党軍ではない、北軍（軍閥の兵）である、と演説して現場から帰っていったといいます。

「この暴挙に対して、列強は怒り、イギリスとアメリカの艦艇はただちに南京を砲撃したが、中華民国への協調路線（および内政不干渉政策）を取る幣原喜重郎外務大臣は、中華民国への報復措置をとらないばかりか、逆に列強を説得している。」（357頁）

これも一面的です。

イギリスとアメリカは艦砲射撃の後、陸戦隊を上陸させました。日本はさらなる虐殺を誘発する可能性のある艦砲射撃はしていませんが、陸戦隊をちゃんと派遣しています。英米に倣《なら》わず、居留民の安全に配慮したのです（実際、イギリスとアメリカの艦砲射撃は民間人も巻き込んで被害者を出し、日本の領事館近くにも着弾しています）。

「中国国民党がこの事件と日本の無抵抗主義を大きく宣伝したため、これ以降、中国人は日本を見下すようになったといわれる。」（同）

日本は、これは共産党による組織的な排外暴動であり、国民党と列強の対立を企図したものであるとの情報を森岡《もりおか》領事から受けており、国民党への過度な攻撃・非難を控えるべきだ、とイギリス・アメリカを「説得」したのです。

これを受け入れた列強は蔣介石に対し、謝罪、外国人の生命保障、人的物的被害に対する賠償要求を出しました。

蔣介石が翌月に上海クーデターを起こし、国民政府内の共産主義勢力を一掃し、共産党指導者を九十人以上処刑したのは、これに応えた側面もあります。コミンテルン指揮下の共産党勢力と決別し、ソ連との断交も発表しました。新しく成立した蔣介石国民政府は、一九二八年、二九年にアメリカ、イギリス、フランス、イタリア、日本と協定・合意を結び、南京事件は決着したのです。

幣原によるイギリス、フランス、アメリカとの協調外交は、共産党と国民党を分離させることに一定の成果を出しています。百田氏の後々の共産党やコミンテルンに対する姿勢を考えると、なぜこれを「評価」されていないのか不思議です。

50　満州の朝鮮人入植者が「いい暮らし」をしていたとは言えない

「被害を受けた日本人居留民が領事館に訴えても、前述したように、時の日本政府は、第二次幣原外交の「善隣の誼《よしみ》を敦《あつ》くするは刻下の一大急務に属す」（中国人と仲良くするのが何よりも大事）という対支外交方針を取っていたため、訴えを黙殺した。それどころか幣原外務大臣は、「日本警官増強は日支対立を深め、ひいては日本の満蒙権益を損なう」という理由で、応援警官引き揚げを決定す

る。」（357頁）

いずれも当時の国家主義団体や右翼、一部マスコミの政府非難と同じような論調です。満州でのテロや日本人襲撃などについてのこうした話は、二〇〇〇年代に入ってからネット上に増えるようになったのですが、過去のプロパガンダを鵜呑みにしてそのまま引用するばかりで、逆に一次史料の裏付けのあるものは少なく、注意が必要です。

また、「第二次幣原外交」（一九二九〜三一年）は日本政府の方針であり、軍部も同調していました。というのも、この場合の「善隣の誼」とは、共産党及び国民党左派を除いた中国国民党政府に対する「誼」のことだからです。

当時の日本政府および軍部は、日本や欧米に対するテロ・襲撃事件は国民党ではなく、国民党と列国を分離・対立させようとする「共産党勢力の工作」と考えていました。日英米仏伊五カ国と蔣介石との協定で「外国人の生命財産の保障」を約束させ、蔣介石に治安維持をさせる、という列国との共同歩調の枠組みがとられました。

一九二〇年代、中国では、主権および列強に押さえられていた様々な権益を回収しようとする動きが活発になっていました。その背景として、一九一九年のソ連による「カラハン宣言」の影響が大きくあります。

ソ連の外務人民委員のレフ・カラハンは、帝政ロシアが中国に持っていた権益を全面的に放棄する、と宣言しました。この宣言は、「民族自決」をアジアに適用しなかったヴェルサイユ体制に失望していた中国民衆に歓迎され、以来、中国民衆はこのソ連の態度に共鳴・感謝し、民衆の間に「政権が変われば、前政権の条約は引き継ぐ必要はない」という考え方を広める一因となりました。こうして、ソ連・共産党と連携しようという考え方が当時の中国の世論になっていったのです。孫文が一九二四年に「連ソ・容共《ようきょう》・扶助工農《ふじょこうのう》」を唱えたのは、これが背景にあったからです。蒋介石はそれを不服に思い、翌年の孫文の死後、国民党内の主導権を握り、反共に転じていました。英・仏・米は蒋介石を支援し、日本も最初は蒋介石を支援しようとしていました。しかし関東軍による張作霖爆殺後、その子の張学良がしだいに日本の排斥に動きます。満蒙《まんもう》の権益にこだわる日本への反発を強め、満鉄によって奪われていた権益を回収するために、満鉄に並行する鉄道を敷設していったのです。

「張学良はこの後、満洲に入植してきた日本人と朝鮮人の権利を侵害する様々な法律を作った。また父の張作霖が満鉄に並行して敷いた鉄道の運賃を異常に安くすることで満鉄を経営難に陥れた。」（356頁）

満鉄の損害を一方的に強調していますが、張学良政権の「排日」と国民党への歩み寄りは、反共・民族的利益回復で利害が一致したためで、特に過度の排日は張作霖爆殺事件による日本側の敵対行動のいわば「自業自得」の側面もあったことを忘れてはいけません。

また幣原外交の対中融和的態度についてですが、当時の若槻礼次郎内閣（外務大臣幣原喜重郎）も、実は「満蒙権益」固守には賛同しています。立憲民政党の大会で若槻は「いかなる犠牲もかえりみず、敢然として決起せねばならぬ」と演説していました。

「韓国併合により当時は「日本人」だった朝鮮人は、中国人を見下す横柄な態度をとっていたといわれ、中国人にしてみれば、長い間、自分たちの属国の民のような存在と思っていた朝鮮人が、自分たちよりもいい暮らしをしているのが我慢ならなかったものと考えられる。」（358頁）

「～いわれ」「～と考えられる」とあるように、いずれも百田氏の推測にすぎません。韓国併合を言外に正当化するような説明ですが、このような記述を裏づける一次史料を見たことがありません。どのような根拠でこう説明されているのでしょう。

逆に、一九一〇～三一年にかけての朝鮮人の満州入植者の実態について説明した論文・研究はたくさんあります。

一般に、この時期の朝鮮人移民に関しては二段階で説明します。

第一段階は一九一〇年の韓国併合直後から満州へ移動した人々。第二段階は一九一九年の三・一独立運動以後に移動した人々です。

弾圧・支配への抵抗としての移民（逃亡）のほかに、韓国併合にともなう日本の「土地調査事業」と「産米増産計画」などの植民地政策を由来とする移民がありました。調査事業によって土地を失い、農民たちの貧困化が進んだためです。

一九一八年の米騒動をきっかけに、日本は朝鮮での米の増産計画と、そのための土地改良・整理を進めます。これを契機に朝鮮半島のモノカルチュア化（作物の単一化）、地主による土地集積が進みました。また日本人が朝鮮に移住し、朝鮮人が満州に移住する、という「換位《かんい》移民」政策が押し進められます。**これらの移民は、土地を失い、生活の糧《かて》を求めての移民でしたので、「いい暮らし」をしていたとはとても言えない状況**でした。

> 「中国人から執拗《しつよう》な嫌がらせを受けた朝鮮人入植者は、日本政府に対して「日本名を名乗らせてほしい」と訴える。最初は日本名を名乗ることを許さなかった統監府も、やがて黙認する形で認めることとなる。」（同）

ここも違和感をおぼえます。

「創氏改名《そうしかいめい》」の研究も現在ではかなり進んでいて、設定創氏（届け出による氏の設定）の比率は、朝鮮八〇％、日本国内一五％、満州は二〇％弱です。**朝鮮人の改名率は、満州よりも朝鮮内でのほうが圧倒的に多い**のが実際でした（ちなみに「統監府」は併合前の名称。併合後に設置されたのは「**総督府**」です）。

「日本政府の無為無策では南満洲鉄道や入植者を守れないと判断した関東軍は、昭和六年（一九三一）九月、奉天（現在の瀋陽）郊外の柳条湖で、南満洲鉄道の線路を爆破し、これを中国軍の仕業であるとして、満洲の治安を守るという名目で軍事行動を起こした。」（同）

他の箇所でもそうですが、満州事変の本質的説明になっていません。

そもそも、満蒙問題の解決とそのための軍事行動の計画は、張作霖・張学良の排日政策以前から計画されていたことです。

一九二七年には陸軍内に木曜会《もくようかい》（陸軍若手幕僚グループ。国防・軍事に関する問題を議論した）が結成され、翌年には、帝国自存のために満蒙に独立した政治権力を樹立する（『現代史資料7　満州事変』）方針を確認しています。満鉄の権益維持や入植者保護は、この目的実現のための「口実」として利用したにすぎません。

51　満州は中華民国の一部だった

「満州は中華民国のものか」という問いかけがタイトルの項（359〜360頁）があります。

「「九ヵ国条約」は、中国（China）の門戸開放、機会均等、主権尊重の原則を包括したものだったが、実はこの条約における China に「満洲」が含まれるかどうかについては曖昧《あいまい》なまま放置されていたのだ。」（359頁）

世界史における清末から中華民国の成立の過程を知っていれば、このような解釈には至りません。

まず、孫文が一九一二年一月一日に南京で中華民国の建国を宣言しました。この段階では、清帝国はまだ存在しています。清は袁世凱を起用して中華民国臨時政府と交渉させ、袁世凱は、宣統帝溥儀と皇室の身分、生活保障の約束と引き換えにその退位を承諾するとともに、自らの臨時大総統就任、臨時約法（中華民国の制定した憲法ともいうべき基本法）の遵守《じゅんしゅ》、共和政の採用を約束します。

この時、さらに「清の版図の維持」と「五族協和」も約束しました。

「南京に臨時政府を建てた孫文が、「中華民国は清朝の領土を引き継ぐ」と宣言した。ただしこれは、孫文の一方的な宣言にすぎず、そもそも女真《じょしん》族の土地であった満洲全土が、この宣言一つで中華民国の実効支配下に置かれたはずもなかった。」（359〜360頁）

これは一九一二年の段階の話にすぎません。清朝は宣統帝の退位で滅亡し、袁世凱の北京政府と、孫文の南京政府が合流して、事前の「約束」通り、袁世凱が孫文より臨時大総統の地位を宣統帝の退位と引き換えに譲り受けました。**明確に清帝国はその版図ごと中華民国へと継承され、関係列国も、**

一九一三年までに清帝国時代の諸条約・利権をそのまま引き継ぐことと引き換えに、中華民国を承認しました（そもそも百田氏も、項の冒頭で「関東軍主導のもと、満洲は中華民国から分離され」と説明しており、満州が中華民国の一部であることは認識されていると思うのですが……）。

「中華民国の体制は非常に弱く、その支配は限定的で、満洲に限らず、広い版図の大半の地域に地方軍閥の割拠を許していた。」（360頁）

というのは、袁世凱の死後（一九一六年）、後継争いが起こってからのことです。

満州は中華民国のものではないかのような見方は、当時も現在も否定されています。よって一九三二年の「満洲国」の建国について、「列強は九ヵ国条約を盾に日本を非難し……」（同）という説明は不適切で、「九ヵ国条約にもとづいて……」とすべきでした。

「この時、〔リットン〕調査団は「満洲における日本の権益の正当性」や「満洲に在住する日本人の権益を、中華民国が組織的に不法行為を含む行ないによって脅かしている」ことを認める報告書を出している。つまり満洲事変には相応の発生事由があったと、国際的に見做《みな》されたことになる。」（同）

あまりに恣意《しい》的な切り取りです。

報告書は全部で十章あります。確かに、「満州に日本が持つ権益は認めるべき」であり、「国際社会や日本は中国を近代化できる」と述べられていて、「日本が武力を、中華民国が不買運動や挑発を行使していては、平和は訪れない」と一部「日本への配慮」を示しているのも事実です。しかし、「柳条湖《りゅうじょうこ》事件及びその後の日本軍の行動は自衛的行為とは言えず」、「満州国は住民の自発的独立によって成立したものとは言えず」、「満州国の存在は日本軍が支えている」と結論付けています。

リットン調査団の報告書は、日本による「自衛のための行動」「満州国は満州の人々による独立国

家である」という主張を明白に否定しているのです。

52　五・一五事件の助命嘆願運動は、マスコミの報道だけが煽ったのではない

一九三二年、「五・一五事件」が起こります。

「〔五・一五事件は〕昭和恐慌による経済的苦境の中で、ロンドン海軍軍縮条約に不満を持った海軍急進派青年将校を中心とするクーデターで、首相官邸、内大臣官邸、立憲政友会本部、日本銀行、警視庁などを襲撃して、犬養毅首相を射殺した事件である。〔……〕この事件の背景には、世界恐慌による不景気が続き、農村の疲弊や政党政治への不満が民衆の中に充満していたこともあった。」（360〜361頁）

あれ？　変なことをおっしゃるなあ、と思いました。というのも、その前にはこのように書かれているからです。

「政府は恐慌から脱出するために、金融緩和に踏み切るとともに積極的な歳出拡大をし、農村漁村経済更正運動を起こし、インドや東南アジアへと輸出を行ない、欧米諸国よりも早く景気回復を成し遂げた。」（350頁）

この「政府」、同じ犬養毅内閣（一九三一〜三二年）のことなんです。とすると、五・一五事件の背景として「世界恐慌による不景気が続き……」は明らかに矛盾です。350頁の時点で「欧米諸国よりも

早く景気回復を成し遂げた」という表面的な成果よりも、**「その裏で農村が疲弊していた」「利益は財閥や地主などに独占されていた」**と実情を説明しておくべきでした。

「軍人が共謀して首相を殺害するなど許しがたい暴挙だが、それ以上に驚くのは、当時の新聞が犯人らの減刑を訴えたことだ。」（361頁）

首相殺害という大事件よりも、新聞が犯人の減刑を訴えたことの方が「それ以上に驚く」という感想に、むしろ私などは驚きます。「新聞が犯人の減刑を訴えたことにも驚かされるが、軍人が共謀して首相を殺害するなどは許しがたい暴挙だ」ぐらいにすべきではないでしょうか。また、

「この報道に煽られた国民の間で助命嘆願運動が巻き起こり、将校らへの量刑は異常に軽いものとなった。」（同）

これは著しく不正確です。

まず、**五・一五事件が勃発した段階で、完全な報道管制が敷かれました。**国民の間に事件が知らされたのは五月十七日になってからです。司法省・陸軍省・海軍省の三省から発表されました。しかしここで、荒木貞夫《あらきさだお》陸軍大臣は驚くべきことに、「純真なる青年が、かくの如き挙措《きょそ》に出《い》でた心情について考えてみれば涙なきを得ない」と犯行に一定の理解を示したのです。

裁判も異様でした。犯行に及んだ士官候補生はもちろん軍籍《ぐんせき》を剝奪《はくだつ》されていましたが、軍部は彼らに襟章《えりしょう》のない制服を新調し、傍聴の海軍将校も真っ白な新しい軍服を着用していました。軍を挙げて「義挙《ぎきょ》」であるかのような演出をしていたとしか言いようがありません。犯人の一人、中村海軍中尉の公判中には、戦闘機三機が公判廷上空を低空で飛行。被告らは「我らが捨て石とならん」を繰り返しました。市原《いちはら》陸軍士官候補生は「対立政党の腐敗《ふはい》、財閥の利権独占、東北地方の不作を放置すれ

ば、国家にとってこれより大なる危険はない」と強調、軍人である裁判官判士は公然と涙を流しました。

実は、各新聞はこの様子を記事にしており、裁判官判士が「体を震わせて泣いていた」などと描写しています。これらの記事が犯人への国民の同情を招いたことは否定できないと思いますが、東西の朝日新聞・新愛知（現在の中日新聞）・福岡日日新聞（現在の西日本新聞）は**いずれもかなり厳しく犯行を糾弾しています**。実際に「犯人の減刑を訴えた」新聞はいったいどれだったのでしょうか。「助命嘆願運動」が広がった背景には、愛郷塾の「農民決死隊」が事件に荷担していたことが大きいと思います。五・一五事件は、軍部だけでなく民間人も参加しており、新聞は軍の暴挙には攻撃的論調でしたが、民間人には同情的でした。

新聞報道によって助命嘆願運動が激化し、犯行将校らへの量刑が軽くなったとし、それが二・二六事件（一九三六年）の「後押し」（361頁）となったと説明するのは、事件の全体像を歪《ゆが》めてしまいます。むしろ、当時の軍部が犯行将校・候補生に対して同情的対応を堂々と行なったところに、軍部内の急進的な国家改造への意思を感じざるをえません。

53　二・二六事件に「皇道派」は欠かせない

続いて、一九三六年に起こった「二・二六事件」についてですが――まず、五・一五事件を「ロンドン海軍軍縮条約に不満を持った海軍の急進派青年将校を中心とするクーデターで……」（360〜361頁）

と説明されているのに、二・二六事件に関しては「大日本帝国憲法を否定するテロ行為に反発した昭和天皇は……」（362頁）と「テロ」と言われるだけで、「クーデター」という表現を用いていません。

五・一五事件は、実は「クーデター」として計画され、テロに終わった」と言うべきものです。青年将校たちは「将校」として行動しておらず、武器なども軍の兵器をいっさい使用せず、拳銃に至るまですべてわざわざ別に購入して、つまり「私物」を使用して事件を起こしていました。教科書でも、同年に起こった「血盟団《けつめいだん》事件」と併《あわ》せて「一連のテロ活動は支配層をおびやかし……」（『詳説日本史B』346頁）と説明しています。

二・二六事件は、陸軍の青年将校が千人を超える軍隊を動かし、首相官邸・警視庁などを襲撃し、国政の中枢部を四日間にわたって占拠した事件で、首都に戒厳令《かいげんれい》が出された「クーデター」です。また陸軍の「統制派《とうせいは》」は説明されているのに、事件を主導した「皇道派《こうどうは》」は名称さえ出てきません。クーデターと言える事件をテロとし、テロとしか言えない事件をクーデターと説明していることに違和感を覚えます。

青年将校たちの傾向について一応、

「彼らは腐敗した（と彼らが思う）政党や財閥や政府重臣らを取り除き、「天皇親政」という名の軍官僚による独裁政治を目指していた。」（361〜362頁）

とされているのですが、**これは「統制派」と「皇道派」が混同されています。**

一般的に、昭和初期の陸軍内部の動きは、この二つの派閥で解説されることが多いので、少し詳しく見ていくことにします。

「統制派」は、陸軍省や参謀本部の中枢幕僚《ばくりょう》将校を中心に、官僚や財閥と結んだ軍部の強力な統制のもとで総力戦体制をめざす派閥です。なので、「軍官僚による独裁政治」は、むしろ統制派に近い。「統制派」と呼ばれる反米、反資本主義的傾向が強いグループ」（362頁）とも書かれていますが、「反米」はともかく、官僚・財閥との提携・協力を考えていた彼らは「反資本主義的」ではありません。

一方「皇道派」は、隊付きの青年将校を中心に、直接行動による既成支配層の打倒、「天皇親政」の実現をめざしていました。犬養内閣の陸軍大臣・荒木貞夫や、陸軍教育総監を務めた真崎甚三郎《まさきじんざぶろう》らを象徴的リーダーとするグループです。二人が軍の要職から離れたため、皇道派は軍内での地位が低下しつつありました。

かつてはよく、両派の対立が二・二六事件につながった、と説明されていたのですが、最近では、当時の軍部内は「皇道派」と「非皇道派」に分かれていたと捉えるべき、とも言われています。「統制派」側にはリーダーや牽引するグループがおらず、陸軍大学卒のエリート集団という括《くく》り方がふさわしい、という考え方も強くなってきました。

さて、二・二六事件の裁判では、荒木や真崎が青年将校を使嗾《しそう》したのではないかと追及されました。真崎は起訴され、軍法会議にかけられましたが、無罪となり予備役に回されました。荒木は事件勃発当初から、反乱軍に対し明確に原隊復帰を積極的に呼びかけていましたが、皇道派のシンボルであったことから、事件後はやはり予備役に回されています。実は、このことと「軍部大臣現役武官制」の復活が深く関係しています。

「日本共産党の幹部・野坂参三《さんぞう》の義兄・次田大三郎《つぎただいざぶろう》法制局長官の主導で軍部大臣現役武官制を復活させて、軍が政治を動かす体制を作り上げた……」（362頁）

これは奇妙な記述です。次田大三郎が野坂参三の義兄であるという指摘に、何の意味があるのでしょう？

次田は二・二六事件で倒れた岡田内閣の後継、広田内閣（一九三六〜三七年）の法制局長ですが、軍部大臣現役武官制の復活は、次田の主導ではなく、軍部からの要求でした。

というのも、皇道派グループが二・二六事件で失脚し、予備役に回されたため、彼らが軍部大臣などの要職に復活することを阻止するために、陸・海軍大臣を現役に限る制度を復活させたのです（実際後年、近衛文麿《このえふみまろ》が皇道派を入閣させようとした際、この制度により阻止されています）。「軍が政治を動かす体制を作り上げ」たのは、あくまでも結果論にすぎませんでした。

同じ項に、皇道派のめざす「天皇親政」は「立憲君主制を謳《うた》った大日本帝国憲法を否定するものであった」（同）とあります。なぜか言及されていませんが、二・二六事件の前年（一九三五年）には、「天皇機《き》関説《かんせつ》問題」（統治権は国民にあり、天皇はその最高機関であるとする憲法学説）、岡田内閣の「国体明徴《こくたいめいちょう》声明」（天皇が統治権の主体であり、日本は天皇の統治する国家であるとして天皇機関説を否定した）がありました。事件以前のこれらによって、政党政治および政党内閣制は、すでに理論的支柱を失っていました。

54　ナチスもファシスタ党も、正当な選挙で政権を取ったとは言えない

「ファシズムの嵐」という項に続きます。

「日本の政治の主導権を軍の「統制派」が握ったのと同じ頃、ヨーロッパでも全体主義の嵐が吹き荒

れていた。ソ連の共産主義とドイツ、イタリアのファシズムである。」（363頁）

二・二六事件以後、統制派が日本の主導権を握った、と言うならば、それは一九三六年以降ということになります。ソ連のスターリン体制の確立（一九二九年）、ナチス・ドイツの政権掌握（一九三三年）の時期はほぼ同じとも言えそうですが、イタリアは少し違います。ファシスト党は一九一九年に成立し、政権を握ったのは一九二二年。他国よりも十年以上前から一党独裁体制を確立していました。

「ちなみにファシズムという言葉は、ムッソリーニの政党ファシスタ党から生まれたものである。」（同）

「ファシズム」は「束、結束」を意味するイタリア語の「ファシオ fascio」が語源で、古代ローマの「ファスケス fasces」（斧の周りに棒を束ねた図柄で、権威の象徴）に由来します。「ファシスタ党から生まれたのがファシズム」ではなく、「ファシズムを実現する政党としてファシスタ党と名乗った」と言うべきでしょう。ちなみに、「ファシスト」は社会主義陣営からは蔑称《べっしょう》として使われ、ドイツのファシストたちは自らを「ファシスト」とは名乗っていません。

「ここで注意しなければならないのは、暴力革命で政権を奪取したソ連のスターリンは別にして、ヒトラーが率いる政党ナチス（国家社会主義ドイツ労働者党）も、ムッソリーニのファシスタ党も、正当な選挙で政権を取ったということだ。」（363頁）

明確な誤りが詰まっています。

まず、スターリンは暴力革命で政権を奪取していません（政権を取った後、自分に反対する人物たちを「粛清」しました）。

次にヒトラーの政権獲得についてですが、一九三二年七月の選挙の場合は「正当」と言えなくもありませんが、事実上の独裁政権を立てた三三年三月の選挙はとても「正当」とは言えません。まず、二月の「国会議事堂放火事件」を利用して共産党を弾圧し、共産党員を逮捕します。それでも四五％の二百八十八議席で過半数を満たすことができなかったため、逮捕された共産党議員やその他の議員を投票に参加しない者として議席をカウントせず、国家人民党・中央党の協力を得てようやく「過半数」を確保し、全権委任法を成立させました。

ムッソリーニのファシスタ党に至っては選挙で政権を獲得したのではなく、**「ローマ進軍」というクーデターによって国王から首相に任命され、**よって、**ナチスもファシスタ党も、「正当な選挙で政権を取った」とも「国民の熱狂的支持で第一党になった」**（同）**とも言い難いのが実態**でした。

また、ナチスを「国家社会主義ドイツ労働者党」とされていますが、これは現在では「国民社会主義ドイツ労働者党」と表記します。私の学生時代は「国家社会主義ドイツ労働者党」と習ったのですが、実際には誤りで、二十年以上前から近現代史の専門家でこのように訳される方はおらず、学校教育の現場、高校教科書などでも変更されてずいぶん経っています。近現代史が専門の方の監修が入っていればすぐに指摘できたと思います。

以下は誤りではありませんが、ちょっと古い、昔の説明です。

「昭和一〇年（一九三五）、ヒトラーはヴェルサイユ条約を破棄し、再軍備と徴兵制の復活を宣言し……」（363頁）

徴兵制の復活と再軍備宣言は、現在ではヴェルサイユ条約の軍備制限条項の「死文化」と捉えられるようになりました。完全な「破棄」ではないからで、一九三六年にロカルノ条約を破棄し、ラインラントに進駐したことによって、さらに「ヴェルサイユ体制の破壊を進めた」（『詳説世界史B』361頁）

と考えられるようになっています。
こちらも近現代史の専門の方が監修に入っていれば指摘を受けた箇所だと思います。

55　ドイツと中華民国の蜜月は、対日敵視政策とあまり関係がない

「ドイツと中華民国の蜜月」という項についてですが。
「ドイツはまた、蔣介石の中国国民党による中華民国と手を結んでいた。当時、国際的に孤立していたドイツは、資源の安定供給を求めて中華民国に接近し、武器を売る代わりに希少金属のタングステンを輸入していた。」（364頁）
これは、いつの段階の話でしょうか。
「国際的に孤立していたドイツ」とありますが、一九二〇年代のドイツは、シュトレーゼマンによるインフレの克服、国際協調路線で賠償金の緩和を実現し、一九二五年のロカルノ条約の調印を経て、一九二六年には国際連盟にも加盟しました。**二〇年代後半以降、ドイツは国際的に孤立しておらず、**ナチスが政権をとった後の話とすると、一九三三年以降ということになります。
「昭和八年（一九三三）には、軍事・経済顧問を送り込んで中国軍を近代化させた。ドイツから派遣された元ドイツ参謀総長で軍事顧問のハンス・フォン・ゼークトは……」（同）
ナチス・ドイツはこの段階では、東アジア政策について中立（消極的）に傾斜し始めていました。ゼークトについては「送り込んで」ではなく「蔣介石が依頼して」、「ドイツから派遣された」では

なく「蔣介石が高額で雇った」とすべきです。ドイツ外務省は、すでに日本との連携を企図しており（一九三六年には日独防共協定が成立）、ゼークトの中国行きをたしなめているのですが、蔣介石から高額の報酬を受けて、いわば彼は個人的に協力をしています。

「ゼークトは、蔣介石に「日本一国だけを敵とし、他の国とは親善政策を取ること」と進言し、「今最も中国がやるべきは、中国軍兵に対して、日本への敵愾心《てきがいしん》を養うことだ」とも提案した。これを受けて蔣介石は対日敵視政策をとるようになる。」（同）

あたかもゼークトの「進言」で蔣介石が「対日敵視政策」をとったように説明されていますが、これは誤りです。蔣介石の日記が見つかっており、それによると一九三一年の満州事変を機に彼は日本敵視政策をとることを決めています。この時は**国民党内の問題と、共産党勢力一掃のために対日政策を後回しにしているだけで、ゼークトの話とは無関係な既定路線**です。

「昭和一〇年（一九三五）には、ゼークトの提案に基づき中華民国秘密警察は親日要人へのテロ事件を起こしている。」（同）

この「秘密警察」は藍衣社《らんいしゃ》のことだと思うのですが、設立段階（一九三二年）から日本ファシズムに対抗するためにつくられ、「打倒日本帝国主義」「殺絶赤匪《さつぜつせきひ》」をスローガンに掲げているので、特にゼークトの提案に基づいたというわけではありません。ただ、基本的には蔣介石の提唱する「安内攘外《あんないじょうがい》」（共産党や反蔣介石勢力の掃討に力を入れ、日本と戦う準備期間を設ける）を優先としているので、テロの対象は「親日要人」というより「反蔣《はんしょう》勢力」でした（菊池一隆「政治テロの横行」）。

このように、ドイツと中華民国との提携は一九三四年頃からは希薄となっています。「蜜月」と強調するほどのことではないと思います。

56 コミンテルンは一九三〇年代に方針を転換し、「暗躍」はしていない

『日本国紀』の中に、たびたび「コミンテルン」が出てきます。

コミンテルンは一九一九年三月、レーニンの主導で、モスクワで設立されました。いわゆる「第三インターナショナル」のことで、当初は「世界革命」をめざすものでした。

しかし、第一次世界大戦の敗戦国ハンガリーやドイツでの革命はいずれも失敗で、アジアの民族運動支援にも失敗します。唯一、中国では一九一九年の「カラハン宣言」によってソ連が好意的に民衆に受け入れられたことを背景に、中国共産党結成に成功しますが、「世界革命」への期待は薄れ、コミンテルンの存在・役割は大きな転機を迎えることになります。

レーニンが死に（一九二四年）、スターリンがソ連共産党内で独裁的な実権を握るようになる（一九二九年頃）と、「一国社会主義」に路線変更。コミンテルンの役割は、ソ連国家の擁護が主目的となり、スターリンの意向をそのまま反映する機関へと変化していきました。

「コミンテルンは世界の国々すべてを共産主義国家に変えるという目的のもと……」（365頁）

と「暗躍するコミンテルンと中国」の項にありますが、一九三〇年代以降のコミンテルンは、この目的を事実上放棄しています。

日本共産党の場合も、コミンテルンの指導による武装闘争方針に失敗し、一九三三年には獄中にあった幹部の佐野学《さのまなぶ》・鍋山貞親《なべやまさだちか》が「転向《てんこう》」を表明。彼らは日本共産党の方針であった天皇制打倒・帝

国主義戦争反対、コミンテルン指導を批判し、一国社会主義の立場をとって「天皇制のもとの一国社会主義革命」「満州事変を国民解放戦争に導く必要性」を説くようになりました。

「〔コミンテルンは〕そのため、活動の重要拠点を植民地や、中国大陸に移すという路線変更を行なっていた。」(同)

これも誤りです。「世界革命論」を放棄して「一国社会主義」に転じたコミンテルンは、ソ連国家を守るために、むしろ資本主義国との連携も視野に入れ、ファシズムに対抗していく、という選択肢をとるように変わります。これが「人民戦線《じんみんせんせん》方式」です。各国の共産党と中道政党とが手を組み、連立政権を立てるという方法でした。

一九三五年にソ連と相互援助条約を結んだフランスでは、翌年、社会党・急進社会党に共産党が協力してブルムを首班とする人民戦線内閣を成立させています。同じ方法で、スペインでもアサーニャ人民戦線内閣が成立しました。中国のいわゆる第二次国共合作(一九三七年)は、この人民戦線方式に則ったもので、国民党と共産党が連立して日本のファシズムに対抗していくために協力関係を結びました。

一九三〇年代には既に、コミンテルンは世界革命論を放棄しており、「暗躍」や「陰謀」よりも、公然と反ファシズム勢力との「連携」に舵を切っています。

57　盧溝橋事件に始まる日中戦争に、侵略意図がなかったとは言えない

「昭和一二年（一九三七）七月七日夜、北京郊外の盧溝橋《ろこうきょう》で演習していた日本軍が、中華民国軍が占領している後方の陣地から射撃を受けたことがきっかけで、日本軍と中華民国軍が戦闘状態になった。」（366頁）

盧溝橋事件に関しては、昭和天皇『独白録』にも出てきます（以下、原文ママ）。

「日支関係は正に一触即発の状況であつたから私は何とかして、介石と妥協しよーと思ひ、杉山〔元〕陸軍大臣と閑院宮《かんいんのみや》参謀総長とを呼んだ。」

「若《も》し陸軍の意見が私と同じであるならば、近衛に話して、蔣介石と妥協させる考《かんがえ》であつた。これは満洲は田舎であるから事件が起つても大した事はないが、天津北京で起ると必ず英米の干渉が非道《ひど》くなり彼我《ひが》衝突《しょうとつ》の虞《おそれ》があると思つたからである。」

「当時参謀本部は事実石原〔莞《かん》〕爾《じ》が採《さい》〔采〕配《はい》を振《ふ》つてゐた。参謀総長と陸軍大臣の将来の見透しは、天津で一撃を加へれば事件は一ケ月内に終《おわ》るといふのであつた。これで暗《あん》に私の意見とは違つてゐる事が判《わか》つたので、遺憾《いかん》乍《なが》ら妥協の事は云《い》ひ出さなかつた。」

「かゝる危機に際して蘆溝橋事件が起つたのである。之《これ》は支那の方から、仕掛《しか》けたとは思はぬ、つまらぬ争《あらそい》から起こつたものと思ふ。」

昭和天皇は国際的な状況をふまえた上で「妥協」を模索されていたことが伺《うかが》え、それに対して参謀総長と陸軍大臣は事件は一ヶ月で終わるという甘い見通しを持っていたことがわかります。

さて、中国で日本人が標的にされたさまざまな「事件」が、366〜367頁にかけて紹介されています。まず、猟奇的な殺害が行なわれた「通州《つうしゅう》事件」が語られ、「この事件を知らされた日本国民と軍部は激しく怒り、国内に反中感情が高まった」とされています。

そして日本軍人が射殺された「大山《おおやま》事件」。「日本人居留地を守っていた日本軍」と中華民国軍が戦闘状態に入った「第二次上海事変」。さらに、

「昭和六年（一九三一）、商社や商店、個人が受けた暴行や略奪は二百件以上。通学児童に対する暴行や嫌がらせは約七百件。殺害事件だけでも昭和七年（一九三二）から昭和一二年（一九三七）までの間に何件も起きている。」（367頁）

と、一方的に日本の被害だけを書き連ねていますが、このような事件が頻発している背景や個々の理由にはまったく言及が見られません。

満州国建国以来の住民の反対運動や、それを弾圧した日本側の説明がありませんし、一九三二年九月十六日に起こった「平頂山《へいちょうざん》事件」で住民を日本側が大量に殺傷した事件についても、もちろん触れられていません。この事件は、撫順炭田で働く中国人労働者たちに動揺を与え、日本離れを起こすきっかけともなっています。

弾圧、それに対する抵抗、反撃、そしてまた弾圧……というのは、植民地支配や侵攻に関しては付きもので、日本側だけの被害を主張するのは問題です。ましてや、

「ただ、日本が戦闘を行なったのは、そもそもは自国民に対する暴挙への抵抗のためであって、中華

民国を侵略する意図はなかった。」（同）

というのは、あまりにも一面的な主張です。

一九三三年五月、満州事変の事後処理として日本は国民政府と停戦協定（塘沽《タンクー》停戦協定）を結びましたが、軍部は華北《かほく》進出を企図し、一九三五年十一月には長城以南の非武装地帯に「冀東防共《きとうぼうきょう》自治政府」をつくらせ、国民政府から切り離す工作を進めています（華北分離工作）。広田内閣は翌年八月、華北五省を日本の支配下に置く方針を明確にしています。

広田内閣大蔵大臣の馬場鍈一《ばばえいいち》は、軍事予算拡大のために大幅な国債発行を行なってこれをまかないましたが（馬場財政）、国際収支の悪化から、政党勢力が広田内閣を非難するようになります。

軍部は華北進出と高度国防国家の建設をめざした内閣成立を推進して、宇垣一成《うがきかずしげ》内閣を流産させ、林銑十郎《はやしせんじゅうろう》内閣も短命に終わってしまいます。

建川美次《たてかわよしつぐ》予備役中将は「支那こそは通商的見地よりする市場開発のために、しかして未開の各種天然資源に富める満蒙支の東亜大陸こそは資源的見地よりする日本経済の脆弱《ぜいじゃく》性補強のため残されたる格好の天地なのである」とし（『東京日日新聞』一九三七年一月三日）、近衛文麿も「自ら開発の力がおよばざるに天賦《てんぷ》の資源を放置して顧みないといふのは、天に対する冒瀆《ぼうとく》といひ得るが、日本は友誼《ゆうぎ》の発露として開発をなさんとするものである」と述べています（『東京朝日新聞』一九三七年一月一日）。

一九三七年初めの日本の支配層が、防共・資源・市場のために華北を支配下に置こうとしていたことはこれらの発言からも明白です。こうして同年六月、陸軍や国民の期待を受けた近衛文麿内閣が成立し、一カ月後、盧溝橋事件が起こるのです。これらの背景なしに、

「「暴支膺懲《ぼうしようちょう》」というスローガンが示すように「暴れる支那を懲《こ》らしめる（膺懲）」という形で行なった戦闘がいつのまにか全面戦争に発展したというのが実情である。」（367頁）

と説明するのは、盧溝橋事件発生後の右翼団体や国家主義者、軍部による古いプロパガンダそのままの受け売りで、実態とはかなりかけ離れたものと言えます。

58　南京大虐殺はフィクションではない

「「なかったこと」を証明するのは、俗に「悪魔の証明」といわれ、ほぼ不可能なこととされている。つまり、私がここで書いたことも、「なかったこと」の証明にならない。ただ、客観的に見れば、「『南京大虐殺』はなかった」と考えるのがきわめて自然である。」（372頁）

あたりまえですが、南京事件が「なかったこと」を証明する必要などはありません。「あったこと」が否定されれば「なかったこと」の証明になりますから、それは「悪魔の証明」とはまったく無関係。実際、百田氏も南京事件を否定するのに「あったこと」を否定する論法を用いています。まず、

「「南京大虐殺」は、日本軍の占領直後から、蔣介石が国民党中央宣伝部を使って盛んに宣伝した事件である。」（368頁）

として、当時南京事件を報道したのが、ハロルド・ティンパーリとディルマン・ダーディンの二人の記者だけで、いずれも伝聞の域を出ない、と説明されています。この二人を「否定」し、南京事件の報道が虚偽である、という論法です。

曰く、ティンパーリは「月千ドルで雇われていた国民党中央宣伝部顧問であったことが後に判明している」（同）。

曰く、ティンパーリの著作「『外国人の見た日本軍の暴行―実録・南京大虐殺―』の出版に際しては、国民党からの偽情報の提供や資金援助が行なわれていたことが近年の研究で明らかになっている」（同）。

曰く、ダーディンは「後に自分が書いた記事の内容を否定している」（369頁）。

いずれも、いくつかの誤認をもとにしています。

「近年の研究」とは、どこの誰のものか不明ですが、国民党はティンパーリに資金援助して書籍を書かせたりはしておらず、百田氏の挙げる著書、原題『What War Means : The Japanese Terror in China（戦争の意味するもの　中国における日本の恐怖）』の翻訳出版の許可をとっているだけです（翻訳出版権の買い取り）。この著作は国民党宣伝部の顧問になる前にすでに書かれて出版されているものです。

また、ダーディン記者も、南京で行なわれた日本軍の行為については自らの記事を否定していません。

「当時、南京には欧米諸国の外交機関も赤十字も存在しており、各国の特派員も大勢いたにもかかわらず、大虐殺があったと世界に報じられてはいない。」（369頁）

いや、他にも配信されていますよ。南京市内に居住していた欧米人の例を挙げるならば、**ミニー・ヴォートリンの「日記」**は有名です。

また、ティンパーリやダーディンなどよりも、事件に関し当時最大のニュースを配信した「**シカゴ・デイリー・ニューズ」のA・T・スティール特派員の報道**（一九三七年十二月十五日〜一九三八年二月四日）に、どうして触れないのでしょうか。

「逃げ場を失った人々はウサギのように無力で戦意を失っていた。」
「日本軍は兵士と便衣兵を捕らえるため市内をくまなく捜索した。何百人も難民キャンプから引き出され、処刑された。」
「日本軍には戦争なのかもしれないが、私には単なる殺戮《さつりく》に見えた。」

「シカゴ・デイリー・ニューズ」のこれらの記事は、世界中で十分ニュースになりました。

「また、同じ頃の南京政府の人口調査によれば、占領される直前の南京市民は二十万人である。」（369頁）

そんな人口調査はそもそも南京で行なわれていません。よく取り上げられる「二十万人」「二十五万人」という数字は、**「南京安全区国際委員会」が、戦災で住居を失って避難してきた難民や、南京居住の貧民を救済する目的で設けた「安全区」にいた人々の数だけ、**というのが定説です。ですから南京全体の実際の人口はもっと多かったと推測できます。否定しやすそうな「証人」「証言」の一部だけを取り上げたり、数字が確かではない、と言ったりして、全体の否定につなげるのは不適切です。

一九三七年十一月七日、上海派遣軍・第一〇軍を統轄する松井石根《まついいわね》を司令官とする中支那方面軍が編制され、「上海付近の敵を掃討する作戦」を命じられました。

しかし、上海派遣軍と第一〇軍諸隊は南京への「先陣争い」をしており、急進撃による兵站《へいたん》の不足については「現地にて徴発、自活すべし」という命令も付随して発せられています（『現代史資料9日中戦争（二）』）。

「八年間の戦争で、わずか二ヵ月間だけ、日本人が狂ったように中国人を虐殺したというのは不自然である」（370〜371頁）と言われていますが、作戦展開と命令を見るかぎり、そのようなことが起こっても不思議ではない状況にありました。また「日本軍は列強の軍隊の中でもきわめて規律正しい軍隊で……」（371頁）という評価については（日清戦争の頃はそう言えたかもしれませんが）、当時の兵士たちはそう考えていません。

日本軍は、南京だけで虐殺行為をしていたわけではなく、南京に至るまでの間に略奪や放火なども行なっていました。ある兵士は回想録（曽根一夫『私記南京虐殺』）で「匪賊《ひぞく》のような軍隊」だったと告白しています。

十二月一日、参謀本部は正式に南京攻略を発動し、十三日には占領しています。いわゆる**南京大虐殺は、侵入時の殺戮行為のみを言うのではありません。翌三八年一月までに行なわれた一連の敗残《はいざん》兵・便衣《べんい》兵・捕虜の摘発・処刑を含みます。**

第一六師団長中島《なかじま》今朝吾《けさご》中将は、日記にこのように記しています（原文ママ）。

「大体捕虜せぬ方針成れば片端《かたはし》より之を片付くることとなしたれ共《ども》……」
「之を片付くるには相当大なる壕《ごう》を要し中中《なかなか》見当《みあ》たらず、一案としては百二百に分割したる後適当のケ処《しょ》に誘《おび》きて処理する予定なり。」

この方針に基づいて第一六師団は、十三日の一日だけで約二万四千人を「処理」しています。
「南京大虐殺がなかった」という主張は、このような数々の史料に目をつぶった、かなり不自然なものなのです。

「大東亜戦争」の章

自由主義者の評論家で、外交史研究者の清沢洌《きよさわきよし》という人物がいます。彼は戦争中、日記をつけていました。題して『暗黒日記』。そのいくつかを紹介します。

昭和十七（一九四二）年十二月九日
昨日は大東亜戦争記念日だった。ラジオは朝の賀屋《かや》大蔵大臣の放送に始めて、まるで感情的叫喚《きょうかん》であった。夕方は僕は聞かなかったが、米国は鬼畜で英国は悪魔でといった放送で、家人でさえもラジオを切ったそうだ。斯《か》く感情に訴えなければ戦争は完遂《かんすい》できぬか。

昭和十八（一九四三）年七月九日
僕は十二月八日、大東亜戦争勃発の時に持った感じを忘れることはできない。私は愛国者として、これで臣節《しんせつ》を全《まっと》うしたといえるか、もっと戦争を避けるために努力しなければならなかったのではないかと一日中煩悶《はんもん》した。米国の戦力と、世界の情勢を知っていたからだ。

日本は拡大する日中戦争で消耗していきます。日中戦争を展開するにあたり、杉山陸軍大臣は天皇に対して一カ月で終息するという甘い見通しを語りました。現実は四年の長きにわたり、主要都市という「点」を押さえたものの各地で国民党軍・共産党軍の抵抗にあい、「線」でつなぎ「面」とすることができずにいました。

軍部は、ヨーロッパにおけるナチス・ドイツの勝利を確信して（アテにして）、この閉塞状況を南進（東南アジア方面へ活路を求める動き）によって解決しようとしたのです。

アメリカのローズヴェルト大統領とイギリスのチャーチル首相は大西洋上で会談し、将来の「民主主義社会実現」のためのヴィジョン（大西洋憲章）を示し、ファシズム諸国に対抗する共通の原則を掲げました。対してファシズム諸国は、それぞれの帝国主義的侵略を正当化する主張を内外に語るだけで、他国民を説得しうる普遍的な理念の浸透に失敗することになります。

宣戦の詔書《しょうしょ》では、開戦は「已《や》ムヲ得《え》ザルモノ」とされ、日中戦争は中国が挑発したものであり、さらに重慶の国民党政権を助けるイギリス・アメリカが「東洋制覇ノ非望」をたくましくした結果、「帝国ノ生存ニ重大ナル脅威」を加えたため、「自存自衛ノ為」に行なったものであるとされました。

結局のところ、日中戦争のゆきづまりの解消を南進で解決しようとし、ヨーロッパ戦線で有利に戦いを展開していたドイツと連携することでアメリカを牽制しうる、という甘い見通しの結果、米英との対立を深刻化させてしまったのです。

欧米による植民地支配から「アジアを解放する」という文言は「宣戦の詔書」には見られません。戦争目的としてよく言われる「アジア解放」、「大東亜共栄圏」の建設は、南方への帝国主義的進出を正当化する「後付け」のものにすぎませんでした。

日本は一九四三年以降、アメリカを中心とする連合国軍の反攻にあい、太平洋諸地域の拠点を失って、各地に散在した守備隊への支援はほとんど停滞することになります。撤退できなかった守備隊は激しい攻撃を受け、全滅しますが、軍部は全滅を「玉砕」、敗北による撤退を「転進」と正当化して国民に発表していきます。

一方、連合軍は、戦略上重要な拠点を押さえ、その他の島は放置するという作戦をとったために、孤立した島の守備隊は補給を絶たれて飢餓に苦しむことになります。

レイテ沖の海戦での敗北は、日本の海軍力の壊滅を意味しました。以後、次々とサイパン、ビルマ（現在のミャンマー）、フィリピンを奪われ、日本本土への空襲も激化します。

そしてついに東条内閣が辞任し、後継内閣は戦争終結を模索することになりましたが、沖縄戦の敗退、原子爆弾の投下、ソ連の参戦を受けて、日本は無条件降伏を求めるポツダム宣言を受諾することになったのです。

59 佐藤賢了は「黙れ」発言を取り消し、議会は恫喝に屈しなかった

章の始まりは「全面戦争へ」という項です。

「「支那事変〔日中戦争〕」は確固たる目的がないままに行なわれた戦争であった。乱暴な言い方をすれば、中国人の度重なるテロ行為に、お灸をすえてやるという感じで戦闘行為に入ったものの、気が付けば全面的な戦いになっていたという計画性も戦略もない愚かなものだった。」（375頁）

一部正しく、一部誤りを含む記述です。

たしかに、満州事変の柳条湖事件は関東軍参謀による計画的謀略でしたが、日中全面戦争の契機となった盧溝橋事件は非計画的・偶発的なものだったと言えます。

しかし、その背景となった根本的な事情は、「中国人の度重なるテロ行為に、お灸をすえてやる」というようなものではありませんでした。日本が華北に対し、分離・支配の企図を明確に示して兵力を動員しつつあったこと、一方、中国は「抗日」への民族的統合を進め、その相互の情報の接点が北京郊外にあったこと、などの事実を忘れてはいけません。

「中国人の度重なるテロ行為」があったと言うならば、満州国建国以来の抵抗運動を各地で弾圧していた日本の動きも当然あったことを明記すべきですし、中国側の非人道的なふるまいを言うならば、日本による平頂山事件のような一般人への虐殺行為にも言及しておかなくてはならないでしょう。当時の日本軍は、中国を軽侮《けいぶ》し、「一撃」で終わる（杉山陸軍大臣の言。『昭和天皇独白録』より）と安易に武力発動・拡大をしました（→57講）。

盧溝橋事件の結果、中国全体で抗日の気運が高まり、上海・長江流域での抗日運動は日本側の予想を上回るものになりました。

七月二十九日に起こった「通州事件」は、この文脈で説明すべきで、日本の傀儡《かいらい》であった冀《き》東《とう》防共政府の中国兵が、抗日運動に連動して反乱を起こしたものです。

「中国人部隊が、通州にある日本人居留地を襲い、女性や子供、老人や乳児を含む民間人二百三十三人を虐殺した残酷な事件である。〔……〕この事件を知らされた日本国民と軍部は激しく怒り、国内に反中感情が高まった。」（366頁）

という記述は、背景にまったく触れていません。

事件の契機は、抗日運動の激化に驚いた関東軍が飛行隊を出撃させて華北一帯を爆撃した際、冀東防共政府の兵舎を誤爆したことでした。

また中国民衆は、通州でアヘンの密売が行なわれていたことにも不満と憤激をおぼえていて、保安隊の反乱に乗じて通州への暴挙に出ました。

日本軍はその後、誤爆や通州でのアヘン売買には触れずに、この事件の残虐性を宣伝して、「反中意識」を高めることに利用しています（信夫清三郎「通州事件」）。

「支那事変が始まった翌年の昭和一三年（一九三八）には、「国家総動員法」が成立した。〔……〕ちなみにこの法案の審議中、趣旨説明をした佐藤賢了《けんりょう》陸軍中佐のあまりに長い答弁に、衆議院議員たちから抗議の声が上がったが、佐藤は「黙れ！」と一喝《どうかつ》した。議員たちの脳裏に二年前の二・二六事件が浮かんだことは容易に想像できる。佐藤の恫喝後、誰も異議を挟まなくなり、狂気の法案はあっという間に成立した。」（375頁）

通称「黙れ事件」を完全に誤認されています。

一九三八年三月三日の衆議院の委員会での出来事です。政友会の板野《いたの》友造《ともぞう》議員が、法案に基本的に賛同しながらも、国民への理解を深めるために十分な説明を要するとして、陸軍に説明を求めました。これに応えたのが、当時軍務局軍務課国内班長であった佐藤賢了中佐です。「あまりに長い答弁に」とありますが、政府委員のような演説で答弁ではない、と議員たちから委員長に発言を止めるよう声が上がったのですが、委員長は、かまわず続けてください、と促しました。それで「止めろ」「続けろ」の野次《やじ》が飛び始め、それに対して佐藤が「黙れ！」と発言したのです。これに対して議場は騒然とします。「黙れとは何だ！」と議員たちは猛反発。「誰も異議を挟まなくなり……」というのはまったくの誤りで、佐藤は「不適切発言」をその場でちゃんと取り消していま す。

このままでは法案通過が難しいと考えた政府は、翌日の委員会には司法大臣・陸軍大臣に加え、近衛文麿首相や内務大臣、海軍大臣まで総出で対応し、杉山陸軍大臣は前日の佐藤の発言に遺憾《いかん》の意をあらわし、異例の「陳謝《ちんしゃ》」をしています。

成立はもちろん、「あっという間」ではなく、**三月三日の「黙れ事件」後、陸軍の陳謝、説明、質**

問、討議が続けられ、三月十六日にようやく委員会で可決され、本会議に上程されたのです。

60　ミュンヘン会談の時点でイギリスとフランスは、ドイツと戦争可能な状態になかった

「暴れるドイツ」という項についてです。

「同じ昭和一三年（一九三八）、ヨーロッパではドイツがオーストリアを併合し、チェコスロバキアのズデーテン地方を要求する事態となっていた。チェコは拒否するが、ヒトラーは戦争をしてでも奪うと宣言する。イギリスとフランスの首相がヒトラーと会談したが（ミュンヘン会談）、英仏両国は、チェコを犠牲にすれば戦争は回避できると考え、また、「これが最後の領土的要求である」というヒトラーの言葉を信じて、彼の要求を全面的に受け入れる。」（376頁）

ミュンヘン会談にはイタリアのムッソリーニも参加していて、英・仏・独・伊の四カ国会談です。また「これが最後の領土的要求である」という言葉も、実は不正確です。**ヒトラーはミュンヘン会談でこのような発言をしておらず、実際は「一人のチェコ人も我々は不要」「チェコの領土に興味はない」というもの**です。

そもそもヒトラーにとって、ズデーテン地方は「領土問題」ではなく、チェコ在住のドイツ人の「少数民族問題」でした。もちろん「チェコの領土に興味はない」の言外には、ズデーテン地方はチェコのものではない、という意味が含まれていましたが。

ミュンヘン会談は、ズデーテン地方の問題を解決する一方、ドイツのその後の対外政策を制限するものではありませんでした。

チャーチルの回顧録『第二次世界大戦』以来、ミュンヘン会談での妥協が大戦を引き起こした、というイメージが広がり、「イギリスとフランスがあの時にドイツと戦っていたら……」とよく言われます。が、これはちょっとチャーチルが「盛った話」で、文学的修辞なんです（同書でノーベル文学賞を受賞しています）。

イギリスとフランスは、軍事的にも国内世論的にも、あの段階で戦争を開始できる状況にはありませんでした。特にフランスはチェコスロヴァキアと相互援助軍事同盟を結んでいましたから、ドイツとチェコスロヴァキアが開戦した場合、フランスも参戦することになります。しかしフランス軍部は一九三八年の段階では戦う能力がない、と結論づけて首相ダラディエに報告していました。

これはイギリスも同じで、首相チェンバレンは軍部から、現段階では開戦できる準備が整っていない、という報告を受けています。

フランスの外相ジョルジュ・ボネは、のちに「一九三八年に開戦しても一九四〇年の敗戦が二年早まることになっただけである」と述べました（大井孝『欧州の国際関係　1919－1946』）。

むしろミュンヘン会談は、ヒトラーの「横暴」だけでなく、イギリスの「冷血」も非難されるべきものでした。会談前に、すでにイギリスはドイツと交渉を始めており、チェコスロヴァキア大統領へドイツにズデーテン地方を割譲するよう要求していました。さらに軍事援助条約の破棄を通告し、「無条件の勧告受け入れなき場合は、貴国の運命にイギリスは関心を持たない」とまでチェコスロヴァキア政府に伝えています。こうした「根回し」の上に、ミュンヘン会談が開催されていました。

「この「宥和《ゆうわ》政策」は、結果的にドイツに時間的、資金的な猶予《ゆうよ》を与えただけのものとなった。」（376〜378頁）

と同時に、イギリスとフランスにも時間的・資金的な猶予は与えられたのです。

「狂気の独裁者に対して宥和政策を取るということは、一見、危険を回避したように見えるが、より大きな危険を招くことにもつながるという一種の教訓である。」（377頁）

という意見には私も深く同意しますが、同時に、チェコスロヴァキアの運命にかぎらず、「大国と軍事同盟を結んでいても、自国の都合によって、いくらでも反故《ほご》にされてしまう」という教訓も得なくてはならないと思います。

61 「まやかし戦争」は「戦争をする気がなかった」という意味ではない

「第二次世界大戦」の項に入ります。

「第二次世界大戦は不思議な戦争だった。イギリスとフランスはドイツに対して宣戦布告したものの〔一九三九年九月〕、実際にドイツに攻め込むことはしなかったからだ。」（379頁）

チャーチルの回顧録でも、同じように書かれているのですが——。

「八ヵ月間、陸上での戦いはほとんどなかった。そのためイギリスでは「まやかし戦争」、フランスでは「奇妙な戦争」と呼ばれた。つまりイギリスもフランスも、建前上、ドイツに宣戦布告したものの、本心は戦争をする気がなかったのだ。」（同）

かなり誤解があります。「まやかし戦争」とネット上などで称されているのは、第二次世界大戦の初期の状況全般の話ではなく、あくまでも「西部戦線」の一時的な状況ですが、宣戦布告をしても具体的な戦闘が始まらなかったのは、イギリスの場合、ドーバー海峡を挟んでヨーロッパ大陸と対峙《たいじ》していたことが一つの要因です。

フランスの場合は、戦闘準備状態には入っていましたが、「マジノ要塞線」（フランスがドイツとの国境に構築した要塞線）を堅持していたからです。ドイツ側も「マジノ要塞線」に対抗し、「ジークフリート線」という防衛線を構築していて、「にらみ合い」の状態にありました。

イギリス首相チェンバレンの開戦直後の方針は「早期の和平実現」で、経済的圧力によってドイツを疲弊《ひへい》させ、領土拡大がドイツの利益にならないとヒトラーに思わせる作戦を考えていました。「本心は戦争をする気がなかった」（同）というように見えますが、実際は異なり、**西ヨーロッパが主戦場となる戦争を回避する（第一次世界大戦の塹壕《ざんごう》戦の悲劇を繰り返さないため）計画を立てていた**んです。

ソ連がフィンランドに侵攻し、早期に講和してしまったので実現しませんでしたが、イギリスとフランスはフィンランド支援の軍を派遣し、ノルウェー北端のナルヴィク港を占領、ドイツへの鉄鉱石供給地のスウェーデンのキルナなどを攻撃する準備も進めていました。「本心は戦争する気でいたがそれを隠していた」という説明のほうが正しいでしょう。

「当時、ドイツ軍は主力を東部戦線に移しており、イギリス軍とフランス軍が一挙に攻め込めば、ドイツ軍は総崩れになったであろうといわれている。ドイツ軍首脳は、フランスとの国境線に大軍を配備しておくべきと主張したが、英仏のそれまでの宥和的態度から、戦う意思がないと見抜いていたヒ

トラーは、西部戦線をがら空きにして主力をポーランドに集中させた。」（380頁）

これは少し事実関係を誤解されています。

主力を東部戦線に回した、というのは間違いではありませんが、投入されたのは装甲部隊の七五％で、二五％は西部戦線に準備されていました。前述のように、マジノ線に対峙する形でジークフリート線をドイツは構築しています。プロパガンダによってその機能が誇張されていたこともあり、フランス軍はそう簡単には動けませんでした。イギリスもこの段階では敵地に送り込むだけの遠征軍は準備できていません。

「ドイツ軍首脳は、フランスとの国境線に大軍を配備しておくべきと主張した」というのは、開戦時のポーランド侵攻作戦（一九三九年九月）よりもかなり前の話です。そう主張した参謀総長ベックはすでに辞任しており（一九三八年九月）、ヒトラーの立てた作戦案に賛同していたハルダーが参謀総長に就任し、同じくヒトラーの方針に賛同していたブラウヒッチュが陸軍総司令官となっていました。西部戦線を「がら空き」にしたというのは多分に百田氏の文学的修辞にすぎず、実情の説明にはなっていません。

「ドイツはポーランドを完全に制圧すると、今度は主力を西部戦線に移し、昭和一五年（一九四〇）六月、ダンケルクで、英仏軍に一気に襲いかかった。両国軍はあっという間に撃破され、イギリス軍はヨーロッパ大陸から駆逐され、フランスは首都パリと国土の五分の三を占領された。」（380頁）

ダンケルクへのドイツ軍による攻撃は六月ではなく、五月十日から開始されています。また西部戦線の主戦場はダンケルクではなく、「アルデンヌの森」を突破する「赤色作戦」でした。この作戦でフランスの防御戦は崩壊することになります。

五月十四日にはオランダが降伏、十九日にはドイツ軍はドーバー海峡に達しました。五月二十二日にはカレーを包囲、ここからようやくダンケルクの攻撃が企図されました。ところがダンケルク攻撃を前に進軍停止が命じられました。ゲーリング率いる空軍が、空から英仏軍を撃退する、と豪語してしまったからです。これによりドイツ軍が「一気に襲いかかっ」てくることはなく、ダンケルクからイギリス軍が撤退できる時間的余裕が生まれました（「ダンケルクの奇跡」）。五月二十六日に始まった撤退作戦は六月四日に完了しています。

62 樋口季一郎の「オトポール事件」にドイツは抗議していない

コラム（377〜379頁）に、ユダヤ人と日本人についての話があります。

日本人の活躍が外国の方から評価されるのは、私も大変嬉しく、また誇らしくもあるのですが、その紹介に不正確、誇張、虚構があったりしては、かえってその評価を汚すことになりかねません。丁寧な説明を願いたいところです。

ユダヤ人たちはナチスの迫害から逃れるため、いろいろなルートを模索していました。シベリア鉄道を使って東方に移動し、上海のアメリカ租界からアメリカに渡ろうとした人々もいます。このルートの経由地に「満州国」がありました。

「しかし、ルート途上にある満洲国の外交部が旅券を出さないため、国境近くのオトポール駅（現在のロシア、ザバイカリスク駅）で足止めされた。

それを知った関東軍の樋口季一郎《きいちろう》少将（当時）はユダヤ人に食料・衣服・医療品などを支給した上で、上海租界へ移動できるように便宜を図った。この「ヒグチルート」と呼ばれるルートを通って命を救われたユダヤ人は二万人といわれている。」（377〜378頁）

「二万人」は誇張がすぎます。この時期のユダヤ人全体の亡命者数が二万人ですから、**多くても二千人レベル**のはずです。

また、樋口が「便宜を図った」という「事情」もかなり違います（以下、『陸軍中将樋口季一郎回想録』によります）。

樋口は「某日、満州国外交部ハルビン代表部主任某君の来訪を求め、この問題に関して種々協議し」、「人道上の問題であることに意見一致を見た」と述べています。そしてあくまでも「外交部の決定としてともかくも」オトポールと国境を接する満州里駅を通過させた、ということになっています。**食料・衣料・衣料品の支給は満州外交部が行なったことで、当時の樋口の職掌の範囲ではできません。**まして**上海租界へ移動できる便宜はすべて満州国外交部の計らい**。実際、その後のユダヤ人難民の動向を樋口は承知しておらず、回想録では「彼ら流民は、大部分上海に去ったであろう」（傍点引用者）と推測しています。

「このことを知ったドイツは、日本に対して強く抗議した。前々年に「日独防共協定」を結び、ドイツと良好な関係を保ちたいと考えていた関東軍内部でも樋口の処分を求める声が高まった。しかし時の関東軍参謀長、東条英機は樋口を不問とし、ドイツに対して「人道上の当然の配慮である」として、その抗議をはねのけた。」（378頁）

樋口少将の話を絡めて、上司であった東条英機の「美談」仕立てにされていますが、この話もかなり誤認されています。**ドイツが抗議したのは、満州国外交部が、オトポールに集まったユダヤ人難民の入国・通行を認めたことについてではありません。**

樋口の回想録によると、この出来事の約半月後、在ハルビンのユダヤ人たちが、樋口に対する「感謝の大会」を開きたいと申し出てきたそうです。それに関して樋口は「ユダヤ人は、彼ら流民を満州に入れたのは私の指図によると信じたようである」と述べています。この点、樋口は謙虚で正直に述懐していて、「それは否定せぬ。だが、私はそれこそ「方面指導」であったに過ぎないのであった」と明記しています。

では**「ドイツの抗議」は**いったい何についてかというと、**この大会に参加した時のスピーチに対してでした。**この内容も回想録に記されています。

「ある国は、好ましからざる分子として、法律上同胞であるべき人々を追放するという。それを何処へ追放せんとするか。追放せんとするならば、その行先を明示しあらかじめそれを準備すべきである。当然の処置を講ぜずしての追放は、刃を加えざる虐殺に等しい。私は個人として心からかかる行為をにくむ。ユダヤ追放の前に彼らに土地すなわち祖国を与えよ。」

そして樋口は「先方があまりに私を「天使」扱いした関係もあり、つい油がのり過ぎ、間接にドイツの追放を難詰する口調に移ったのであり、ユダヤ大衆の歓呼は全堂割れんばかりであった」と回想しています。

東京駐在のドイツ大使オットーからの外務省への「抗議」は、回想録によればこの二週間後。

「今や日独の国交はいよいよ親善を加え、両民族の握手提携、日に濃厚を加えつつあるは欣然《きんぜん》とするところである。然るに聞くところによれば、ハルビンにおいて日本陸軍の某少将が、ドイツの国策を批判し誹謗しつつありと。もし然りとせば日独国交に及ぼす影響少なからんと信ず。請う速《すみや》かに善処ありたし。」

この抗議が樋口季一郎のハルビンにおける「演説」に対する批判で、ユダヤ人を満州国に入国させたことに対するものでないことは明白です。**そもそもナチスはこの段階ではユダヤ人を国外に追放することを政策として実施していたのですから、ユダヤ人がどこの国を通過し、どこの国が受け入れようと、それに関して抗議をする意味はなかった**のです。

「ドイツと良好な関係を保ちたいと考えていた関東軍内部でも樋口の処分を求める声が高まった」も正確ではありません。

外務省からこの抗議の複写が陸軍省に渡され、さらに「陸軍省から私の所へそのまま伝達された。それでどうしろと言うのであるか」と樋口はやや憤慨しています。「こんなん言われてるよ」と樋口に伝えられた、という感じで、**陸軍省も大きな問題にしている様子ではありません。**

樋口は、当時関東軍参謀長であった東条英機に「私は何ら責任を負う立場にあらざることを主張した」とも記しています。そして東条は主張に同意し、樋口の考えを陸軍省に申し送ったといいます。いわば、**東条は樋口と陸軍省の取り次ぎをしたにすぎず、東条が抗議を退けたわけではありません。**

現在、ネットや様々な書籍で樋口季一郎とオトポール事件について解説されていますが、ソースは、樋口の部下であった河村愛三の「解説」(前掲『回想録』所収)に拠るものがほとんどです。

これはもともと、一九七〇年、樋口の死の直後に突如発表されたもので、実は非常に誤りが多いのです。樋口が第一回極東ユダヤ人大会(一九三七年十二月)で述べた祝辞を、いわゆる「オトポール事件」(一九三八年)から約半年後に開かれた、樋口謝恩大会での演説と取り違えていますし、東条があたかも陸軍省や外務省からの申し出を退けたかのように記述しており、さらにリッベントロップ外相からオットー駐日大使を経て外務省にもたらされた抗議を「ユダヤ人入国」についてであるとも誤認しています。

しかし現在の研究家で、「ヒグチ・ルート二万人説」や、この「河村解説」を信憑性が高いと考えている人はいません。

「戦後、ソ連は樋口をA級戦犯として起訴しようとするが、それを知った世界ユダヤ人会議がアメリカ国防総省に樋口の助命嘆願を行ない、戦犯リストから外させた。」(378頁)

A級戦犯が起訴された後、東京裁判が開かれたのは一九四六年五月三日です。アメリカ国防総省の設立は一九四七年七月二十六日(実働九月十八日)ですから、**世界ユダヤ人会議がアメリカ国防総省に働きかけて戦犯リストから外させる、という話は成立しません。**

終戦後、樋口はアメリカ占領下の札幌にいました。ソ連は、ハルビンの特務機関長であり、占守島での戦いを指揮していた樋口の身柄引き渡しを要求しましたが、これをマッカーサーは拒否しました。世界ユダヤ人会議が、ユダヤ人のネットワークを用いてロビー活動などを展開し、アメリカ政府を動かしたと言われています。

「エルサレムにあるイスラエル建国の功労者の氏名が刻み込まれた記念碑「ゴールデンブック」には、

樋口と安江〔仙弘〕と杉原の名前が刻まれている。」（379頁）

という説明は完全に誤り。ゴールデンブックにあるのは**杉原千畝ではなく古崎博氏**です（→その後、第五刷で削除）。

63 「バスに乗り遅れるな」は陸軍の動きを表した言葉ではない

61講の続きです。

「〔英仏〕両国軍はあっという間に撃破され、イギリス軍はヨーロッパ大陸から駆逐され、フランスは首都パリと国土の五分の三を占領された。それを見てイタリアもイギリス、フランスに宣戦布告した。」（380頁）

イタリアが参戦したのは一九四〇年六月十日です。パリが占領され、フランスが降伏したのは六月十四日。ドイツとフランスが休戦協定を結んだのは二十二日。その後にイタリアがイギリスやフランスに宣戦したのではありませんので、念のため。

「ドイツの破竹の進撃を見た日本陸軍内にも、「バスに乗り遅れるな」との声が上がり、新聞もそれを支持した。そして同年九月、近衛文麿内閣は「日独伊三国同盟」を締結した。朝日新聞は、これを一大慶事のように報じた。」（同）

「バスに乗り遅れるな」という標語を、日本が「破竹の進撃」を続けるドイツと同盟を結ぶべしの意味と誤解されているようですが、そうではありません。

一九四〇年六月、近衛文麿は枢密院議長を辞任し、「新体制運動」を展開します。これは、ナチスやイタリアのファシスト党にならって大衆組織を基盤とする「指導政党」をつくり、既成政党政治の打破、全国民の戦争協力への動員をめざす革新運動でした。これを見た立憲政友会、社会大衆党、立憲民政党らの**政党、各団体が「バスに乗り遅れるな」を合い言葉に、解散して「新体制」に参加・合流していった**のです。陸軍が「バスに乗り遅れるな」とドイツとの同盟を進めたのではありません（Wikipedia「日独伊三国同盟」の項でも百田氏と同じように「バスに乗り遅れるな」が使われていますが、適切とは言えません）。

これを見た軍部は、近衛の首相就任に期待して米内《よない》内閣を退陣させました。

近衛は七月、陸軍大臣・海軍大臣・外務大臣就任予定者と会談し、「欧州大戦介入」「ドイツ・イタリア・ソ連との連携」「積極的南方進出（南進）」を三つの内閣の方針とすることを定めて第二次近衛内閣が組閣されたのです。

「しかしこの同盟は、実質的には日本に大きなメリットはなく、アメリカとの関係を決定的に悪くしただけの、実に愚かな同盟締結だったといわざるを得ない。
もっともアメリカのルーズベルト民主党政権はこれ以前から、日本を敵視し、様々な圧力をかけていた。」（同）

これはなぜアメリカが日本を「敵視」するようになったかの記述がありません。

日中戦争は泥沼《どろぬま》化の様相を呈していたにもかかわらず、第一次近衛内閣（一九三七〜三九年）は「〔蔣介石の〕国民政府を対手《あいて》とせず」と声明し、さらに日中戦争の目的を「後付け」して日・満・華三連帯による「東亜新秩序《とうあしんちつじょ》」建設にあると表明しました。これは東アジアにおける自由貿易圏の確立をめざしていたアメリカ・イギリスを刺激してしまいました。当然、日米間の貿易額はここから減少し始めます。

このタイミングでドイツが第一次近衛内閣に、防共協定を強化し、イギリス・フランスを仮想敵国とすることを提案してきました。日本とドイツの接近を受けて、一九三九年七月、アメリカは日米通商航海条約の破棄を日本に通告し、翌年失効して軍需資材の入手が困難となったのです。

一九三九年九月に、ドイツのポーランド侵攻に始まった第二次世界大戦に対しては、阿部信行《あべのぶゆき》内閣（一九三九年八月～四〇年一月）も米内光政《みつまさ》内閣（一九四〇年一～七月）も、ドイツとの軍事同盟には消極的で「欧州大戦不介入」の立場をとり続けていました。

一方、日中戦争はどんどん深刻化しており、必要とする資源・軍事物資は、台湾・朝鮮の植民地、満州国及び中国の占領地からなる経済圏（「円ブロック」）の中だけではとうてい充足できる状態にありませんでした。この時点でも、日本は欧米およびその植民地からの輸入にたよらなくてはならないのが現実だったのです。その点、阿部・米内内閣が欧州大戦不介入をとっていたのは実に合理的です。ドイツと連携してしまえば、米英との対立が明確になり、日中戦争を遂行するための軍需物資が得られなくなるからです。

ところが、ヨーロッパでのドイツの優勢を見て、陸軍を中心に、ドイツとの結びつきを強め、イギリスとアメリカとの戦争を覚悟の上で南方に進出して「大東亜共栄圏」の建設を図り、石油・ゴム・ボーキサイトなどの資源を得よう、という主張が急激に高まることになったのです。

南方進出は当然、東南アジアなどに利権を持つ欧米諸国との対立を深め、かえって日本に対する経済封鎖が強まることになります。このように、日本と植民地に利権を持つ欧米、それぞれ大国のエゴの衝突・連携がアジア・太平洋での戦争をもたらしたのであって、アメリカの非のみを鳴らすのは全体を見失う説明です。

日独伊三国同盟の締結に対する新聞への批判も一面的です。何より一大慶事であるかのようにドイツとの同盟を説いてきたのは軍部、近衛内閣の中でもとりわけ松岡外相でした。

ドイツとの連携がアメリカとの対立を深めることは、第一次近衛内閣の時に理解していたはずです。ですから、阿部内閣も米内内閣も欧州大戦には介入せず、欧米との対立からこれ以上の輸入が減らないようにしてきたのです。それを軍部が、ドイツの優勢を見て、アメリカ・イギリスとの衝突覚悟で方針を転換させ、一九四〇年七月、第二次近衛文麿内閣を成立させたのです。

「〔蔣介石率いる国民党政府を支援した〕援蔣ルート」をつぶされたアメリカは、日本への敵意をあらわにし……」（381頁）

このように、ドイツと軍事同盟を結んで先に「敵意をあらわにし」たのは、日本の方でした。

日独伊三国軍事同盟が、アメリカとの対立が予想されていたのに締結に持ち込まれた背景には、駐独大島大使と松岡外相の交渉およびその結果の不正確な政府への説明がありました。「ドイツと同盟を結んでも、参戦するか否かは秘密議定書で日本が選択できることが担保できている」と国内の御前会議や枢密院会議を説得し、アメリカ・イギリスとの対決を避けたい海軍もそれでしぶしぶ賛成に回りました。

しかし、これは実はドイツのシュターマー特使が「私信」で松岡に提案したことにすぎず、同盟締結を成立させるために松岡が独断で「約束」と表現したものだったのです。「ドイツとソ連の開戦はない」「アメリカは日本との戦争にふみきらない」と松岡は主張していました（渡辺延志『虚妄《きょもう》の三国

同盟　発掘・日米開戦前夜外交秘史』)。

これらの誤った、前途《ぜんと》明るい日独伊三国同盟である、というプロパガンダをしていた政府や陸軍の情報操作に目をつぶり、マスコミの報道を一方的に批判するのは適切ではありません。

64　仏印進駐は、軍部の暴走により起きた

仏印進駐（フランス領インドシナへの日本軍の進出）について。

「日本は仏印ルート〔「援蔣ルート」の一つ〕の遮断《しゃだん》を目的として、昭和一五年（一九四〇）、北部仏印（現在のベトナム北部）に軍を進出させた。これはフランスのヴィシー政権（昭和一五年【一九四〇】にドイツに降伏した後、中部フランスの町ヴィシーに成立させた政府）と条約を結んで行なったものだが、アメリカとイギリスは、ヴィシー政権はドイツの傀儡《かいらい》であり日本との条約は無効だと抗議した。しかし日本はそれを無視して駐留を続けた。」（381頁）

日本は、フランスがドイツに敗退したことを受けて仏印の「援蔣《えんしょう》行為」中止を要求し、フランスはこれに応じました。一九四〇年六月二十九日、日本は西原《にしはら》少将を団長とする輸送停止状況監視団をハノイに送ります。これに対して参謀本部の富永《とみなが》少将は仏印への武力進駐を主張。西原は日本軍の通過及び飛行場使用を認めるようフランスに迫りました。

現地の仏印当局はこれを拒否したので、松岡外相は駐日フランス大使アンリと交渉し、日本は仏印におけるフランスの主権の尊重、領土保全を約束。フランスはハノイの飛行場の使用、兵力五千の駐

留、軍隊の通過を容認するとして協定が成立しました（松岡・アンリ協定）。

ところが、「現地指導」と称して仏印に乗り込んだ富永少将はあくまでも武力進駐にこだわります。中国・仏印国境に待機していた第五師団は協定を無視して越境、侵入、九月二十三日から二日間、フランス軍と戦闘を行なって武力進駐を強行しました（北部仏印進駐）。

外交も軍の意向も無視し、統帥部（参謀本部）が独走した例となります。実際、海軍はこの動きに憤激し、護衛艦を引き上げたので、陸軍は海上護衛なしで上陸をするという異常事態になっています。「南進」はさらに、軍が明らかに政府のコントロールを逸脱して展開していくことになります。仏印進駐は、アメリカとイギリスが無効だ、と非難したどころか、日本軍が「ヴィシー政権」との協定をも無視して行なわれたものだったのです。

「「援蔣ルート」をつぶされたアメリカは、日本への敵意をあらわにし……」（同）

をあらためて検討しますと、アメリカの日本に対する「敵意」の理由は、これとほぼ同時に結ばれた日独伊三国同盟（一九四〇年九月）なども含め、複合的なものです。

一九三九年以降の日本への「経済制裁」は、一九三九年五～十月に陸軍航空部隊が実施した重慶への無差別爆撃にも理由があります。さらに九月から西尾大将を総司令官とする支那派遣軍を組織し、援蔣ルート遮断のための南寧《なんねい》作戦を華南で展開しています。

中国軍の反撃は激しく、さらに一九四〇年五月～十月、日本は再度、重慶を爆撃。二度の重慶への無差別爆撃は、アメリカを始めとする国際的な非難を浴びるようになるのです。

「日本は必死で戦争回避の道を探るが、ルーズベルト政権には妥協するつもりはなかった。」（382頁）

「戦争回避の道を探る」と言っても、実際は日中戦争を早く終わらせようという焦りから、**日本は戦**

争の拡大と無差別爆撃を行なっていました。「妥協するつもりはなかった」のは、日本側も同じだったのです。

65 アメリカが一方的に経済制裁をして、日本を戦争に追い詰めたのではない

引き続き、「アメリカの敵意」について見ていきます。

「〔アメリカは〕前年の昭和一四年（一九三九）には、日米通商航海条約破棄を通告し、航空機用ガソリン製造設備と技術の輸出を禁止していた。〔……〕昭和一五年（一九四〇）、特殊工作機械と石油製品の輸出を制限、さらに航空機用ガソリンと屑鉄《くずてつ》の輸出を全面禁止する。」（380～381頁）

これを受けて第二次近衛内閣は、「日米交渉」を始めました。「日本は必死で戦争回避の道を探る」（382頁）とあるのは駐米大使の野村吉三郎と国務長官ハルとの交渉でしょう。

しかし、その一方で、外相松岡洋右は三国同盟提携強化のためにドイツ・イタリアを訪問しています。外交は二重性があって当然ですが、一方で和平を唱え、一方で進出の手をゆるめない日本の姿勢は、国際的信用を低下させます。

松岡外相はその帰途、モスクワで日ソ中立条約を締結します。これは明らかに「南進」を進めるための北方の平和確保が狙いで、アメリカやイギリスもそのように判断しました。『日本国紀』では、どういうわけかこの時期の「北進」、つまりソ連との対立から宥和への話が出てきません。ノモンハンでの衝突（一九三九年五～九月）の話もありませんし、日ソ中立条約締結（一九四一年）の話も希

薄です。

一九四一年六月、ドイツが突如不可侵条約を破ってソ連に侵攻しました。同年七月、御前会議が開かれましたが、軍部の強い主張で、「対英米戦覚悟ノ南方進出」(『杉山メモ』、『木戸幸一日記』)だけでなく、情勢が有利になれば対ソ戦(北進)を行なうと決定しました。

内々の決定だけではありません。陸軍はすぐに行動に出ました。

シベリア・極東ソ連の占領計画を策定し、七十万の兵を満州に集結させて「関東軍特種演習」を実施しています。日ソ中立条約を結びながら、独ソ戦が開戦されるや、ソ連の背後を狙うこの行動は、ソ連の不信も招き、後の和平交渉の停滞や敗戦間際のソ連侵攻の遠因ともなります。

アメリカの行動の背景として、日本のこのような「外交・対外姿勢」があった側面は否めません。日本は政府内部や軍部内部でも対米強硬派と宥和派に分かれて対立しており、それぞれの統一されない行動が国際的な不信を高めていました(これがナチスとは決定的な違いで、日本がとても「ファシズム(全体主義)」とは言えないところです)。

近衛文麿は、松岡洋右の対米強硬路線が、アメリカを中心とする経済制裁と「余計な対立」をもたらしていると考え、松岡らを内閣から除くためにいったん総辞職して第三次近衛内閣を七月に成立させました。

ところが、軍部はこの政府方針を汲み取らず、今度は「南部仏印進駐」を実行しました。

「アメリカのルーズベルト政権はこれを対米戦争の準備行動と見做《みな》し、日本の在米資産凍結令を実施した。イギリスとオランダもこれに倣《なら》った。そして同年八月、アメリカはついに日本への石油輸出を全面的に禁止したのである。」(381頁)

「アメリカがいつから日本を仮想敵国としたのかは、判然としないが……」（382頁）と書かれていますが、この南部仏印進駐の時こそ、ローズヴェルトは「東亜新秩序建設」と「南進」の阻止を明確にしたのです。

すでに指摘したように、アメリカが「〔一九二一年の〕ワシントン会議の席で、強引に日英同盟を破棄させた頃には、いずれ日本と戦うことを想定していた」（382頁）というのはあくまでも百田氏の推論にすぎず、「それを見抜けず、日英同盟を破棄して、お飾りだけの平和を謳った「四ヵ国条約」を締結してよしとした日本政府の行動は、国際感覚が欠如しているとしかいいようがない」（同）というのは誤りです。当時、日英同盟は日本にとってもイギリスにとっても不要なものになっていて、「四ヵ国条約」の締結は、軍縮によって財政破綻を回避しようとする世界的な動きの中でとられたものです。むしろ国際感覚に合致していたというべきでしょう（↓44講）。

そもそも百田氏が言及しているように、ローズヴェルトは「自分が選ばれれば、外国との戦争はしない」（383頁）という公約を掲げて当選しました。そのため、

「彼は「日本から戦争を仕掛けさせる方法」を探っていたはずで、日本への石油の全面禁輸はそのための策であったろう。」（383頁）

というのは百田氏の想像でしかなく、**よく言われる「ローズヴェルト陰謀《いんぼう》論」にすぎません。**ローズヴェルトは公約を守り、一九三九年から四一年まで一貫して、「武力」ではなく「経済制裁」によって日本の東アジア・東南アジア進出を阻止しようとしたのです。

それを武力によって打開しようとしたのは日本（軍部）でした。ここから軍部はプロパガンダを展開します。「ABCD包囲陣」という言葉を使い、アメリカは日本を不当に圧迫していると国民に訴

えました。

陸海軍には「報道部」があり、各新聞社にそれぞれ担当をつけていて、新聞社も記者を用意していました。そのため陸軍省付き・海軍省付きの記者は、同じ新聞社の中でも意見を異にしており、それぞれの立場の「空気」を反映した記事が書かれていました。

この背景を前提にして当時のマスコミ報道を説明すべきで、一方的に「日本の新聞各紙は政府の弱腰を激しく非難した」「戦争を煽《あお》る記事や社説、あるいは兵士の勇ましい戦いぶりを報じる記事が紙面を賑《にぎ》わせていた」(同)とするのは不適切です。政府が戦争を回避しようとしたのに新聞が国民を扇動した、のではなく、政府が戦争を遂行するに当たって国民の理解を得るためマスコミを利用した、と言うべきでしょう。

「日本はそれでもアメリカとの戦争を何とか回避しようと画策した」(同)とされていますが、九月六日の御前会議では、日米交渉の期限を十月上旬と区切り、交渉が成功しなければ対米開戦に踏み切る、という「帝国国策遂行要領《こくさくすいこうようりょう》」を決定しています。

ちなみに「アメリカのルーズベルト政権はそれまでの交渉を無視するかのように、日本に対して強硬な文書を突き付けてきた」(384頁)として、十一月二十七日に示された「ハル・ノート」を紹介されていますが誤りです。「それまでの交渉」の中で、すでに日本側に、日本軍の中国からの全面撤退などを要求しています。近衛内閣は、妥協点を見出せないまま十月半ばを迎えました。

そして、日米交渉の妥結を強く希望する近衛首相と、交渉打ち切り・開戦を主張する陸軍大臣東条英機が対立し、十月十六日に第三次近衛内閣は総辞職することになったのです。

66 「ハル・ノート」によって開戦の決意が固められたのではない

「つまり日本は戦争回避を試みながらも、戦争開始の準備を着々と進めていたのだった。」(384頁)

まさにその通りで、それゆえに日本は国際的に信用を失い、経済制裁を受けることになったのです。和平交渉と言いながら、ドイツが優勢になればドイツと接近し、ドイツがソ連と戦争を開始すれば、満州に演習と称して軍を集中させてみせる。一方のローズヴェルトは公約通り、軍事行動には出ず、経済制裁によって日本を押さえこもうとする。日本は南部仏印への進駐を行なう……。

しかしこの過程で、日本の政府と軍部は対立しており、その方針が揺《ゆ》らいでいました。

したがって、より詳しく見ると、「政府は戦争回避を試みながらも」「軍部は戦争開始の準備を着々と進めていた」のが実際でした。が、それは日本の国内問題に過ぎず、イギリス・アメリカにすれば、日本が戦争を準備する時間稼ぎのように見えても不思議ではありません。このあたりをもう少し深く描写してほしかったところです。

真珠湾攻撃を計画し、訓練を始めているのは一九四一年五月です。近衛文麿が野村大使に日米交渉を開始させたのが四月ですから、翌月にもう真珠湾攻撃の訓練を開始していることになります。交渉期限を十月に定めた「帝国国策遂行要領」が定められたのは九月で、アメリカと戦うのは軍部には既定路線でした。

ハル・ノートが日本に手渡されたのは十一月二十七日ですが、択捉島単冠湾《ひとかっぷわん》に真珠湾攻撃のための機動部隊が十一月二十二日には集結を完了しています。つまり、ハル・ノートが出されてから開戦が決意されたのではないのです。

「もっとも、何としても日本を戦争に引きずり込みたいと考えていたルーズベルトは、別の手段で日本を追い込んだであろう。」(385頁)

何の一次史料にも基づかない空想です。「引きずり込」むまでもなく、軍部は戦争を開始する準備を進めていました。ハル・ノートの有無にかかわらず、軍部は「何としてもアメリカと戦争したいと考えていて」、「別の理由でアメリカと開戦していたであろう」と言えます。

ところで、ハル・ノートの主な論点は、「中国からの日本の撤兵」「中国の汪兆銘《おうちょうめい》政権の否定」ですが、百田氏は、アメリカの言う「中国」に「満洲」が含まれているかいないか、という議論に言及されています。

「日本側は「満洲」を含めた地域と解釈したが、実はアメリカ側は、満洲は考慮に入れていなかったともいわれている。

戦後、この経緯を調べたピューリッツァー賞受賞作家のジョン・トーランドは、当時の日本の閣僚らに、もし満洲を含まないと知っていたら開戦していたかと訊《たず》ねている。すると多くの人は、「それならハル・ノートを受諾した」、あるいは「開戦を急がなかったであろう」と答えている。」(384〜385頁)

中国に満洲が含まれるか否かは、東郷外相が「回答」しており、閣僚ならば全員この経緯を知っているはずです。

一九四一年十二月一日の「御前会議」、つまり開戦を決定した会議で、原《はら》枢密院議長は東郷外相に対して、

「支那トイフ字句ノ中ニ満洲国ヲ含ム意味ナリヤ否ヤ、此事《このこと》ヲ両大使ハ確カメラレタカドウカ、両大使ハ如何《いか》ニ了解シテ居ラレルカヲ伺ヒ度《た》イ」

と問うています。これに東郷は、

「支那ニ満洲国ヲ含ムヤ否ヤニツキマシテハ、モトモト四月十六日提案ノ中ニハ満洲国ヲ承認スルトイフコトガアリマスノデ、支那ニハ之ヲ含マヌワケデアリマス……」

と回答し、アメリカは「支那」の中に「満州」は含まれていないと認識している、と外務省は答えています。ただ、アメリカは蔣介石の重慶政府を正式な政府として考え、南京の汪《おう》政権を認めないと捉えているので「前言ヲ否認スルカモシレヌト思ヒマス」とも、自信なさげに付け加えています。

これに対して軍部は、『機密戦争日誌』の中で「満州ヲ含メタ全支カラマタ仏印カラモ全面撤兵ヲ要求シテ全支ニタダ一ツノ重慶政権ノミガ正当政府ダトイフ」と記していて、日本が満州国を手放せば、全中国は赤化する、と危機感を募らせていました（ここでは「支那」が「全支」と置き換えられています）。どうも軍部は、アメリカが言う「中国」には「満州」が含まれる、とハル・ノートを強引に解釈して、ならば「開戦」だ、という会議の流れをつくったような気配があります。主戦派にとって、ハル・ノートはむしろ好都合だったと言えます（波多野澄雄『幕僚たちの真珠湾』）。

しかし、「当時大本営政府首脳は、（支那の中に満州は）含まないとの前提に立ってハル・ノートを理解」（原四郎『大戦略なき開戦』）していたのです。つまり「ハル・ノート」を「誤解」していたわけではなく、それを裏づける史料や研究はたくさんあります（『戦史叢書76　大本営陸軍部大東亜戦争開戦経緯5』、須藤眞志『ハル・ノートを書いた男』、安井淳『太平洋戦争開戦過程の研究』など）。

ジョン・トーランドが「閣僚」に質問した、というのは、おそらく以下の記述ではないかと思います（トーランド『大日本帝国の興亡　1暁のZ作戦』「第五部　運命のハル・ノート」）。

「連絡会議の出席者は東条から東郷にいたるまで全員、ハルの言う「中国」は満州を含むものと信じ込んでいた。一九六七年に、かつての東条側近の何人かに、もしハルが「中国」の定義をはっきりと示していたらどうだったかと質問したところ、初めてそれに思い至った佐藤賢了は額をたたき「そうだったのか！」と言った。彼は非常に興奮して「もしアメリカが『満州国を承認する』と書いてくれていたなら、われわれは受諾するところだった」と付言した。鈴木〔貞一・当時企画院総裁〕、賀屋〔興宣《おきのり》・同大蔵大臣〕、星野〔直樹・同内閣書記官長〕の反応は佐藤ほどではなかった。いま指導的な政治家である賀屋は「もしハル・ノートが満州国を除外していたら、開戦はもっと長期間にわたって検討されていたことだろう。共産主義の脅威をあえてしても北支から即時撤退すべきかどうかが連絡会議で熱心に討議されたはずだ」と答えた。鈴木は、少なくとも真珠湾攻撃は起こらなかっただろうと述べ、「新内閣が登場することになったかもしれない」と言った。」

そしてトーランドはこうした取材を基に、

「ハルにとって「中国」は満州を包含せず、したがって彼は、日本が満州から撤兵することを求めているのではなかった。〔……〕しかし日本人はハル・ノートを額面どおり取るほかなかった。〔……〕アメリカ側は、この点をもっと明瞭にすべきであった。」

と、確かに結論づけているのですが……質問への反応をよく読むと、軍部（佐藤）と他の三人（鈴木・賀屋・星野）との間に微妙な温度差があるようですが、このインタビューが行なわれたのは一九六七年です。戦後二十年以上も経ってこの四人が初めて知ったというのは不自然で、これだけをもって「日本は知らなかった」という一次史料にはなりません。

67　対米開戦の宣戦布告が遅れたのは大使館員だけのせいではない

「真珠湾攻撃」の項です。

「昭和一六年（一九四一）十二月八日未明、聯合艦隊の空母から飛び立った日本海軍の航空隊はハワイの真珠湾に停泊するアメリカ艦隊を攻撃した。日本軍は戦艦四隻を撃沈し、基地航空部隊をほぼ全滅させた。この時、在アメリカ日本大使館員の不手際で宣戦布告が攻撃後になってしまった。」（385頁）

南雲《なぐも》中将率いる機動部隊は、十一月二十二日、択捉島単冠湾に集結し、二十六日にはすでにハワイに向けて出撃しています。この二十六日はハル・ノートが出された日（回答期限は同月三十日）。十二月一日に御前会議で最終決定が行なわれていますが、結局は「帝国国策遂行要領」の一部修正のみで軍部は作戦を進行させています。

ハル・ノートが日本を戦争に追い詰めた、とよく言われますが、このように、実際にハル・ノートが開戦に果たした役割は希薄なんです。

また「在アメリカ日本大使館員の不手際で……」もよく言われることですが、宣戦布告が遅れて「奇襲」「騙し討ち」の汚名を受けた責任を、「大使館員の不手際」のみに負わせるのは不正確です。

東郷外相は、対米交渉打ち切りの通告を、アメリカに手交する時間的余裕を計算して十二月五日午後にワシントンの日本大使館へ発電しようとしました。しかし、**開戦意図を直前まで隠すことを強く海軍から要求され（すでに出撃している攻撃部隊のタイミングに合わせるために）、通告は日本時間十二月八日午前三時（真珠湾攻撃の三十分前）と決定されました。**

ですから、そもそも対米開戦についてワシントンの大使館には知らされていなかったのです。開戦通告は、電文を受け取ってから暗号解読、浄書に手間取り、真珠湾攻撃から一時間余り遅れることになりました。野村大使がハル長官に手交しましたが、大使館に帰ってから日本軍が奇襲攻撃をしかけたことを知ったのです。

どうも、開戦については、真珠湾攻撃のことばかりが強調され、日本に奇襲するつもりはなく、大使館の不手際のせいだとする言説が流布されています。しかし、**同日に行なわれたマレー半島の上陸作戦によるイギリスへの攻撃は、宣戦布告なしのまぎれもない奇襲。そもそもイギリスとは何の交渉もしていません**でした。

第二五軍の第一八師団は、日本時間十二月七日午後十一時三十分、マレー半島コタバルに侵入、八日午前一時三十分に上陸しています。こちらは**真珠湾攻撃より一時間以上も前**のことです。

また、第二五軍第五師団はタイの承認なくタイ南部のシンゴラに上陸し、タイ軍と交戦しています。それを退けマレーシア国境に進軍し、さらに仏印からもタイに近衛師団が侵攻したのです。

68　戦争目的として「共存共栄」と「資源収奪」は矛盾する

「日本がアメリカとイギリスに対して同時に開戦したのは、オランダ領インドネシアの石油を奪うためだった。そのためにはシンガポールのイギリス軍を撃破しなければならず、また手に入れた石油を日本に送るのに東シナ海を通るため、その航路を遮《さえぎ》る位置にあるアメリカのクラーク基地を無力化する必要があった。真珠湾のアメリカ艦隊を叩いたのも同じ理由である。」（385〜386頁）

ここで百田氏は「石油を奪うため」に英米と戦争をした、とはっきり断言されています。また、

「そしてこの戦争の主目的であったオランダ領インドネシアの石油施設を奪うことに成功した。〔……〕日本政府はインドネシアからの石油やボーキサイト（アルミニウムの原料）を日本に送り届けるための輸送船を民間から徴用することに決めた。」（389〜390頁）

とも述べられる一方、

「「大東亜戦争は東南アジア諸国への侵略戦争だった」と言う人がいるが、これは誤りである。」（391頁）

とコラムでは断言されています。

他国の石油資源を奪うことは「侵略」ではないのでしょうか。

中立国タイを無断で通過して（のちに承認）、宣戦布告なくイギリス領マレーシアに入り、ボーキ

サイトや天然ゴムの資源を確保し、インドネシアの「石油を奪う」。これでは「侵略戦争」と言われても仕方がないように思います。

『日本国紀』のこの辺りの記述を読むと、東南アジアへの進出は、日本の資源不足を補うために、これらの資源を収奪するためであったと明白に書かれています。百田氏も、本当は無意識のうちに「東南アジア諸国への侵略戦争だった」と考えているのでは？　とさえ思ってしまいます。

「日本軍が〔オランダ領インドネシアの〕パレンバンの油田を占領したと聞いた東条英機首相は、「これで石油問題は解決した」と言ったが、彼も政府（そして軍）も、油田を占領することと石油を手に入れることは同じではないということに気付いていなかった。」（389頁）

石油を手に入れれば輸送ルートが必要だということに「気付いていなかった」というより、以降の展開を見ると、**単に輸送手段に対する考え方が甘かっただけ**、ではないでしょうか。

「インドネシアからの石油などの物資を運ぶ輸送船が、アメリカの潜水艦によって次々と沈められるという事態となる。それでも、海軍は輸送船の護衛など一顧だにせず、聯合艦隊の誇る優秀な駆逐艦が護衛に付くことは一切なかった。」（390頁）

補足しておきますと、真珠湾攻撃の三時間後、アメリカ海軍は五十四隻の潜水艦を東南アジア方面に派遣し、すでに日本の補給線を叩く作戦を開始していました。一九四二年までに、日本は九十六万トンの船舶を喪失してしまいます。

また日本海軍の駆逐艦は哨戒《しょうかい》能力が低いため、護衛についたとしても、軍艦からの攻撃の防御にはなったかもしれませんが、喪失《そうしつ》船舶数を上積みするだけの結果になったかもしれません。

「「大東亜共栄圏」とは、日本を指導者として、欧米諸国をアジアから排斥し、中華民国、満洲、ベトナム、タイ、マレーシア、フィリピン、インドネシア、ビルマ、インドを含む広域の政治的・経済的な共存共栄を図る政策だった。」（392頁）

と日本の「理想」（同）を述べられていますが、**「経済的な共存共栄」を図る政策については何一つ触れられていません。**あたかも東南アジア各国を独立に導いたのは日本だと言わんばかりでありながら、一方では「収奪」が目的であったと列挙され、「共に存して共に栄える」ための具体的な政策には何一つ言及されていないのです。これでは、

「この世界史上における画期的な事実を踏まえることなく、短絡的に「日本はアジアを侵略した」というのは空虚である。」（同）

と言うよりも、

「この収奪の上に共存共栄を図ろうとした事実を踏まえず、短絡的に「日本はアジアを侵略していない」というのは空虚である。」

と言い換えざるをえません。

69 「騙し討ち」がプロパガンダならば「自衛のための戦争」もプロパガンダである

「日本軍は緒戦だけは用意周到に作戦を練っていたが、大局的な見通しはまるでなかった。そもそも工業力が十倍以上も違うアメリカとの長期戦は一〇〇パーセント勝ち目がなかった。しかし、ハル・

ノートを受け入れれば、日本は座して死を待つことになる。」（386頁）

「ハル・ノート」が日米開戦の引き金となった、という見方は昔から多く、昨今のネット上でもよく言われます。しかし、ハル・ノートが日本に対して過酷であろうとなかろうと、日本はすでに戦争の準備を進めていました。

　そもそも、ハル・ノートが出される前に日本が提示した交渉条件も、アメリカにとっては受け入れ難いものでした。

　前にも申しましたように、「日米交渉」といっても、しょせん大国のエゴをすりあわせようとする日本とアメリカの帝国主義的角逐《かくちく》です。大国日本のエゴを抜きにして、ハル・ノートの内容が日本を追い込んだとか、日本は戦争をするつもりが本当はなかったとか、今更そんな弁解をする必要があるのでしょうか。

「ハル・ノート」よりも前、十一月五日の御前会議で、以下が決定されました。

一、帝国ハ現下ノ危局ヲ打開シテ自存自衛ヲ完《まっと》フシ大東亜ノ新秩序ヲ建設スル為、
　此ノ際対米英蘭戦争ヲ決意シ、左記措置ヲ採ル
（一）武力発動ノ時期ヲ十二月初頭ト定メ陸海軍ハ作戦準備ヲ完整ス
（二）対米交渉ハ別紙要領ニ依リ之ヲ行フ

　別紙の「要領」には甲案と乙案があり、甲案には「北支及蒙疆《もうきょう》ノ一定地域及海南島」への二十五年間の駐兵が含まれていました。一方の乙案は日本が仏印以外へは武力進出しない、また蘭印からの

必要物資の獲得について協力する代わりに、アメリカは資産凍結前の状態にして石油の対日供給を再開し、日中和平に干渉しないように要求するものでした。

野村大使はハル国務長官に甲案を提出しました。

日本側はハル・ノートを最後通牒だと受け取りますが、甲案はアメリカの要求をすべて退けているのに等しく、アメリカ側から見れば甲案を最後通牒と見做しても不思議ではない内容です。いずれにせよ、双方のエゴの衝突で、どちらか一方が正しい、不当だ、というものではありません。

それにしても、「ハル・ノートを受け入れれば、日本は座して死を待つ」ことに、本当になったのでしょうか。

アメリカ帝国主義は日本帝国主義に対して、「円ブロック」と日本の獲得物を精算し、対英米協調路線への回帰を迫りました。すでに出されていた「大西洋憲章」に見られるように、ハル・ノートは「反ファシズム・反膨張主義」の理念で書かれていて、簡単に言えば「ポツダム宣言」の原型でした。

結局、日本は敗戦し、ハル・ノートを受諾する以上の広範な要求をポツダム宣言で受け入れてしまうことになりました。

現在、日本は台湾も朝鮮半島も植民地とせず、また東南アジアも中国も支配下には置いていませんが、世界有数の経済大国になりえています。そのことを見ても**「満蒙は日本の生命線」というプロパガンダが虚構であったことは明白で、ハル・ノート受け入れは「座して死を待つ」のと同じだ、という主張も、戦争遂行を正当化する当時のプロパガンダの一種にすぎない**と言えます。

さて、プロパガンダと言えば、真珠湾攻撃について。

「有史以来、宣戦布告をしてから戦争を行なったケースは実はほとんどない。〔……〕第二次世界大戦後もアメリカは何度も戦争をしているが、そのほとんどの場合、宣戦布告なしに攻撃を行なっている。つまり真珠湾攻撃を卑怯なやり口と言い募ったのは、完全なプロパガンダなのである。」（387〜388頁）

これを言い出したら、「侵略ではなく自衛のための戦争」という表現もプロパガンダになりえます。有史以来、とは言いませんが、これは我々の侵略戦争だ、とか、今から侵略します、と宣言して戦争を始めた国はないでしょう。「自国民の保護」「自衛」「膺懲《ようちょう》（懲らしめる）」「解放」……みなプロパガンダになってしまいます。

「ダグラス・マッカーサーは、昭和二六年（一九五一）、アメリカ上院軍事外交合同委員会の場において、「日本が戦争に飛び込んでいった動機は、大部分が安全保障の必要に迫られてのものだった」と述べている。つまり侵略ではなく自衛のための戦争であったと言ったのだ。」（387頁）

これ、マッカーサーが「日本の戦争は自衛戦争だった」と言った、としてよく引用される言葉なんですが、「一九五一年五月」の発言、というのが実はポイントです。

マッカーサーは、日本占領中からアメリカ大統領選挙に出ることを考えており、実際、一九四八年の選挙で共和党候補の一人に数えられたことがあります。結局指名されませんでしたが、当時の政権は、トルーマン民主党政権です。もともと太平洋戦争中から、トルーマンとマッカーサーはなにかとソリが合わなかったのですが、マッカーサーが共和党の大統領候補の予備選候補となったところから対立が始まっていました。

朝鮮戦争勃発後も、トルーマンは、マッカーサーの政治的言動を不快に考えていたところがあり、中国の参戦への甘い見通しと敗北を機会に（マッカーサーの原爆使用発言も含めて）一九五一年四月に解任します。解任後、共和党はマッカーサーを民主党政権の攻撃に使えると考え、民主党の太平洋戦争中の諸政策を批判するのに利用していました。

したがって先の委員会での発言は、**ローズヴェルト政権およびトルーマン政権の戦争政策・外交を攻撃する流れを受けてのもの**、ということに留意すべきです。

この頃共和党は、ローズヴェルトの戦争政策を批判するため、さまざまな手段を用いていました。それが現在「日米開戦はローズヴェルトが画策した！」という「陰謀論」の温床となっているのです。発言元の多くは、対立していた共和党の元大統領や議員の言葉ですが、そこに見られる日本に有利な発言をつまみ食いして、陰謀論が構成されている場合が多いと言えます。

70　占領地での日本の軍政は、共存共栄とはほど遠かった

「日本はアジアの人々と戦争はしていない。日本が戦った相手は、フィリピンを植民地としていたアメリカであり、ベトナムとカンボジアとラオスを植民地としていたフランスであり、インドネシアを植民地としていたオランダであり、マレーシアとシンガポールとビルマを植民地としていたイギリスである。日本はこれらの植民地を支配していた四ヵ国と戦って、彼らを駆逐したのである。」（391〜392頁）

これは帝国主義列強間の戦いを理解していない記述としか言いようがありません。

そもそも植民地支配からの解放というのは明確にプロパガンダ、というか欺瞞《ぎまん》で、それは史料的にいくらでも証明できます。

一九四一年十一月二十日、大本営政府連絡会議は、**「南方占領地行政実施要領」**を策定しています。それを見ると、**どう読んでも、支配国を「駆逐」したのち自らが次の支配国としてとってかわるための戦いであった**ことがわかります。

「占領ニ対シテハ差シ当タリ軍政ヲ実施シ治安ノ恢復《かいふく》、重要国防資源ノ急速獲得及作戦軍ノ自活確保ニ資ス」

という方針を掲げ、

「国防資源取得ト占領軍ノ現地自活ノ為民生ニ及ボサザルヲ得ザル重圧ハ之ヲ忍バシメ、宣撫上ノ要求ハ右目的ニ反セザル限度ニ止ムルモノトス」
「原住土民ニ対シテハ皇軍ニ対スル信倚《しんい》〔信じ頼る〕観念ヲ助長セシムル如ク指導シ、其ノ独立運動ハ過早《かそう》ニ誘発セシムルコトヲ避クルモノトス」

と定めていました。
「重要国防資源ノ急速獲得」こそこの戦争の根本目的であったことは、すでに百田氏も繰り返し強調していました。そもそもなぜ、資源獲得が必要であったかといえば、日中戦争に軍事的・政治的・経済的に行詰まっていたにもかかわらず、最大輸入先のアメリカや東南アジアを支配していたイギリスなどと対立したからでした。アジア太平洋戦争は、「自存自衛」と「大東亜新秩序建設」と称して、戦略物資獲得のために東南アジアを「排他的経済圏」に収めようとしたものでした。

さらに、「軍政」の基本的事項も、一九四一年十二月十二日の関係大臣会議で「南方経済対策要綱」としてまとめられました。戦略物資および農産物の開発、獲得にあたっては、「極力在来企業ヲ利導協力セシメ」とし、この方針に基づいて三井・三菱・住友などの財閥、および傘下の企業が占領地に進出していきました。経済・開発要員は、フィリピン・マレー半島・スマトラ・ジャワ・英領ボルネオ・ビルマに送られ、一九四三年六月までに四万人を超えています。

占領地に人を移動させることを「植民」地化と言います。占領地の通貨にはいわゆる「軍票《ぐんぴょう》」と、南方開発金庫が発券した「南方開発金庫券」(南発券) を使用しましたが、これらは無制限に濫発《らんぱつ》され、占領地に激しいインフレを巻き起こしました。現地での活動により生じたマイナス分は、現地住民に、経済的負担をさせることで解消する、という典型的な植民地経済が導入されています。「解放」どころか、「新しい植民地支配者」が登場した、というのが実状でした。

フランスに関しては、仏印進駐の際に、陸軍の協定違反による強引な上陸で、フランス軍と戦闘になったことはありますが、ヴィシー政権とは戦争をしていません。

「また中国大陸に限っては戦いを有利に進めていた」(399頁) とも説明されているのですが、フランスの租借地広州湾《こうしゅうわん》を協定に基づいて日本軍が利用するなど、ヴィシー政権との友好関係 (一九四三年二月二十一日・共同防衛協議) があったからこそ、有利に戦いを進められました。フランスとは戦っていない、と言うべきでしょう。

意外に思われるかもしれませんが、オランダへの宣戦布告は、一九四二年一月に入ってからでした。この月に内閣が作成した「大東亜戦争ノ呼称ヲ定メタルニ伴フ各法律中改正法律案」の「説明基準」

の中で、対オランダ戦と対ソ連戦を「大東亜戦争」に含む、と規定しました。

また日ソ中立条約を破ってソ連が侵攻した、とはよく言われますが、「関特演」（関東軍特種大演習）にせよ「説明基準」にせよ、戦局によっては、日本も「北進」、つまりソ連と戦争をする計画であったことは明白です。実際、オランダにはこの「説明基準」に基づいて、一九四二年一月に宣戦布告を行なっています。


「昭和一八年（一九四三）には東京で、中華民国、満洲国、インド、フィリピン、タイ、ビルマの国家的有力者を招いて「大東亜会議」を開いている。実際に昭和一八年（一九四三）八月一日にビルマを、十月十四日にフィリピンの独立を承認している。」（392頁）

続いて、この部分で省かれている重要な事実を、丁寧に説明したいと思います。まず、フィリピンとビルマを例に挙げられているので、私もそちらから。

ビルマの場合、アウンサンらはまず、日本軍に接触し、ビルマ独立の確約を得て日本軍に協力することになり、独立義勇軍を結成します。以後、日本軍とともにビルマ国内で活動していきました。

しかし、ビルマを占領した日本は軍政を敷き、ビルマ独立実現を引き延ばします。すでに開戦前に「南方占領地行政実施要領」を、開戦直後には「南方経済対策要綱」を定めてビルマには軍政を敷くことを決めていながら、アウンサンと「独立の約束」をして彼らを利用したのです。

そして軍政施行後の、バー・モウを長官とするビルマ中央政府は、日本軍司令官のもとでの傀儡《かいらい》政権でした。独立を認めたのは、日本の戦局が不利になっていった一九四三年八月になってからのことです。

独立後も、軍事・外交・経済は日本軍の管理下にありました。占領下のビルマでは軍票の濫発による経済混乱が起こり、泰緬《たいめん》鉄道建設のため労働者の強制動員が行なわれました。仏教の盛んなビルマでの天皇崇拝の強制は、ビルマの人々の強い反発を生みます。

日本の敗戦が見え始めた一九四四年八月、アウンサンは抗日統一戦線の結成を発表しました。一九四五年三月、アウンサンの指揮する人民独立軍が、日本軍とそれに味方するバー・モウ政権に対して武装蜂起し、五月、連合軍の力を借りることなくラングーンを自力解放することに成功したのです。

二〇一六年に来日した、現ミャンマーのセイン・ウィン国防大臣の発言が『日本国紀』に引用されていますが、こうした発言は、現在の日本による経済援助とひきかえのサービス・トークの色合いが強いものです。「わが国の独立の歴史において、日本と旧日本軍による軍事支援は大きな意味があった」(446頁)というのは、日本が独立を約束してアウンサンの協力を引き出し、ビルマを占領するまでの時期の話にすぎないのです。現在友好関係にある国の大臣が、かつて自国では抗日統一戦線が結成され独立運動も展開された、などという話は当然しないでしょう。政治家のこういう「社交辞令」は、近現代の歴史的事実の根拠にはできないのです。日本軍によるアウンサンらへの当初の協力が、彼らの独立戦争に大きな役割を果たしたことは否定できませんが、最終的には、日本も彼らの「打倒の対象」となったことも、併せて説明すべきでした。

フィリピンの場合は、さらに明白です。

フィリピンは長い独立運動のもと、一九三四年にアメリカから十年後の独立を約束されていました。翌三五年にはすでに、M・L・ケソンを大統領とする独立準備政府が成立していたのです。

一九四二年のコレヒドールの戦いの後、ケソン大統領はオーストラリアに脱出してアメリカへの亡命を余儀なくされました。マニラを占領した日本は規定通り、軍政を敷きます。日本占領下のフィリピンでは、やはり軍票・南発券の濫発で経済が混乱し、「南方占領地行政実施要領」「南方経済対策要綱」に基づいたサトウキビ・綿花の強制作付けが行なわれました。

いわゆる「バターン死の行進」（バターン半島で降伏した捕虜《ほりょ》を炎天下収容所まで六〇㎞の道のりを歩かせた事件）では、多くのフィリピン兵・アメリカ兵の捕虜・民間人が犠牲になっています。

これらの支配・圧政に対して、元フィリピン兵は山中にこもってパルチザン活動を行ない、一九四二年三月には抗日人民軍フクバラハップが結成されています。戦争末期には抵抗勢力の一掃作戦にともない、多くの住民が巻き添えとなって犠牲となりました。

「大東亜会議」の開催は一九四三年十一月ですが、その年の二月には、ガダルカナル島の敗戦と撤退があり、日本は軍政を転換せざるをえない状況にありました。会議では「独立」の議題もありましたが、同時に「マレー、スマトラ、ジャワ、ボルネオ、セレベスは帝国領土」とも宣言されているのです。結局、石油・天然ゴム・スズなどの戦略物資が産出される地域の独立は認めていません。

独立、といっても形だけであることは、「此ノ独立ハ、軍事・外交・経済等ニ亙《わた》リ帝国ノ強力ナル把握下ニ置カルベキ独立ナル点特ニ留意ヲ要スル」という一九四二年七月八日の「軍政総監指示」に明らかです（『戦史叢書史料集　南方の軍政』）。

71　ミッドウェー海戦と「言霊主義」は無関係である

「昭和一七年（一九四二）六月、聯合艦隊はミッドウェー海戦で、主力空母四隻を失うという致命的な大敗を喫する。この戦いは運にも見放された面があったが、日本海軍の驕りと油断が多分にあった。［……］私はここに「言霊主義」の悪しき面を見る。つまり「悪い結果は口にしないし、想定もしない」で、「いいことだけを言う」というものだ。この後も、日本軍は「言霊主義」に囚われ、太平洋の各戦場でひとりよがりの作戦を立てて敗北を重ねていく。」（393頁）

戦局を大きく悪化の方向へと導いた分岐点のミッドウェー海戦の敗戦を、実証困難な「言霊主義」で説明してしまっては、社会科学的分析がまったく無意味なものになり、複雑な歴史の要因を単純化してしまいます。敗因として、索敵《さくてき》の失敗、暗号の解読、米軍のレーダー使用、司令官の判断ミスなど、数行もあれば説明できます。

ところで、「言霊主義」の例として出された、ミッドウェー海戦前の図上演習のエピソードについて。私はこの手の話は割り引いて理解しているのですが、百田氏の記述が通説とも微妙に異なり、不正確なので、紹介させてもらいます。

「日本の空母に爆弾が命中して沈没するという事態になった時、参謀の一人が「今のはやり直し」ということで、被害ゼロのシミュレーションにして図上演習を続けている。」（同）

この「一人」とはおそらく、連合艦隊参謀長・宇垣纏《うがきまとめ》のことであろうと思いますが、まず、「空母に爆弾が命中」というような戦術レベルの話は、参謀長はしません。どうやら百田氏は、次の二つの逸話を混同、あるいは誤認されてしまっていると思われます。

一つは真珠湾攻撃の図上演習の時のこと。一九四一年九月、海軍大学校でその「演習」は行なわれました。全体的には日本が戦果を挙げたものの、日本の空母が三隻撃沈されるという判定が出ました。

しかし、図上演習を見ていた宇垣は、空母が撃沈されたという判定を取り消しました。**判定の一部変**

更であり、「やり直し」や「演習を続け」させてはいません（半藤一利『山本五十六』）。

一九四二年四月、ミッドウェー海戦前、戦艦「大和《やまと》」でも図上演習が行なわれています。この時は、ミッドウェー攻略の前にアメリカ機動部隊が日本の機動部隊を攻撃するという事態が起こり、その結果、日本の空母に被害が出て攻撃機が出撃できない、という判定になりました（「沈没」ではなく）。この時の宇垣は、空母の被害を軽微とし、作戦演習を続行させています（千早正隆『日本海軍の驕り症候群（下）』）。

「鎧袖一触《がいしゅういっしょく》」の例も挙げられています。

「また作戦前に「もし敵空母がやってきたら」と問われた航空参謀は、「鎧袖一触です」とこともなげに答えている。「鎧袖一触」とは「相手に対して刀を抜くまでもなく、鎧《よろい》の袖を当てただけで倒してしまう」という意味の言葉である。」（同）

こちらは山本五十六《やまもといそろく》と源田実《げんだみのる》の、実話かどうか不明の逸話（一九四二年五月二十五日）の紹介だと思いますが、以下、『太平洋戦争海戦全史』（新人物往来社戦史室編）によりますと――。

宇垣参謀長が南雲第一艦隊司令官に尋ねます。

「ミッドウェー基地に空襲をかけているとき、敵基地空軍が不意に襲ってくるかもしれない。そのときの対策は？」

南雲は、航空参謀源田実の顔を見ます。源田はこう答えました。

「わが戦闘機をもってすれば鎧袖一触である」

すると山本五十六は、厳しい表情で源田にこう言いました。

「鎧袖一触などという言葉は不用心きわまる。実際に、不意に横槍を突っ込まれた場合にはどう応じるか十分研究しておかなくてはならぬ。この作戦はミッドウェーを叩くのが主目的ではなく、そこを衝かれて顔を出した敵空母を潰《つぶ》すのが目的なのだ。いいか、決して本末を誤らぬように……だから攻撃機の半分に魚雷《ぎょらい》をつけて待機さすように」

これによれば、「鎧袖一触」の一言で対策や検討を打ち切るどころか研究は続けられ、山本五十六は魚雷などについて対策を指示した、ということになっています。

しかし私はそもそも、この一部で有名な「鎧袖一触」の逸話自体、ちょっと怪しいと思っています。源田実に対して批判的すぎ、過度に無能であるかのように描かれているからです。

実は、このエピソードについてはもう一つの記録があり、私はこちらが実際にあったものではないかと考えています。

宇垣は、草鹿《くさか》第一航空艦隊参謀長に「敵に先制空襲を受けたる場合、或《あるい》は陸上攻撃の際、敵海上部隊より側面をたたかれたる場合如何《いか》にする」と尋ねました。すると草鹿は、「斯かる事無き様処理する」と答えました。宇垣がこれを不適切として追及すると、航空参謀の源田実が、

「艦攻に増槽《ぞうそう》を付したる偵察機を四五〇浬《カイリ》程度まで伸ばし得るもの近く二、三機配当せらるるを以て、之と巡洋艦の零式水偵《すいてい》を使用して側面哨戒に当たらしむ」

と具体的に対策を回答した、という話です（『戦史叢書43　ミッドウェー海戦』）。

つまり、**「そんなことにならないように何とかします」と曖昧《あいまい》に答えた草鹿に対し**、宇垣が追及すると、源田は「航続距離を伸ばした偵察機を用意し、零式水上偵察機を使って側面哨戒させる」と**的確な対策を披露している**のです。

歴史は、一見単純な動きをしているように見えても、実は複数のさまざまな合力で動いているもの

です。再度強調しますが、戦時中の「面白い逸話」を真に受け、しかもそれすら正確ではなく、当時の軍人の無能・失敗エピソードを、何の根拠もない「言霊主義」で片付けてしまうことは、小説なら許されるのかもしれません。しかし歴史書であるなら、歴史的事件や戦争の原因を矮小化《わいしょう》し、社会科学的説明や実証的研究を省略あるいは軽視することは許されません（↓上85講）。

72 ガダルカナル島の戦いは根拠なくアメリカ軍の兵力を見積もったわけではない

「もう一つ日本軍の大きな欠点は情報を軽視したことである。その典型が昭和一七年（一九四二）八月に始まったガダルカナル島攻防戦である。」（393頁）

これに関してはまったく同感です。ところが、

「この島をアメリカ軍に奪われたと聞いた大本営はただちに奪回を試みるが、アメリカ軍の兵力を二千人くらいと根拠もなく見積もり、それなら九百人ほどで勝てるだろうと一木《いちき》支隊を送り込んだ。」（394頁）

実際は、**ガダルカナル島がまだ奪われていない段階で、一木支隊は「増援」として派遣されたのです**。アメリカ軍による完全な奇襲でしたが、日本軍は各地で敗れながらも徹底抗戦します。

それから、**大本営はアメリカ軍の兵力が「二千人くらい」という根拠を持っていました**。

大本営は、海軍第一一設営部隊からの情報、及び米軍の作戦を「漏らしてくれる」ソ連のルート

（駐ソ武官からの情報）から、「アメリカ軍は二千の兵力でガダルカナル島の飛行場を攻撃・破壊するつもりである」と考えていました。

ですから、ミッドウェーの上陸作戦のために準備していた一木支隊、つまり第七師団歩兵第二八連隊二千三百名をただちに増援部隊としてトラック諸島におくり、第一梯団《ていだん》として九百十六名をガダルカナル島にまず上陸させたのです。

敵は二千人くらい、「それなら九百人ほどで勝てるだろう」と一木支隊を送ったのではありません。そもそも、それでも半数ですから「勝てるだろう」とは考えていません。先の九百十六名に続き、第二梯団、それから横須賀第五陸戦隊も後送されています。上陸に際し一木大佐へも「連合軍は二千人」の情報は伝わっています。

確かに、日本軍の情報収集能力は低いものでした。対照的にアメリカ軍は、「コーストウォッチャー」（沿岸監視機関）という組織を太平洋諸島に配備し、情報を専門的に集めていました。これにより、一連の日本の反撃行動、上陸はすべてアメリカ軍に把握されていました。日本軍の弱点は「情報を軽視した」ことですが、それでも「根拠もなく見積もっ」てばかりではなかったのです。

「アメリカ軍陣地に突撃した八百人の兵士のうち七百七十七人が一夜にして死んだ。」（同）

これも不正確です。

八月二十日の夕方六時から戦闘が始まり、夜十時半より、イル川を渡河する作戦を決行しました。しかし重火器を揃えていた米軍の攻撃を受け、第一回の渡河で百名、第二回で二百名ほどの犠牲を出してしまいます。

一木支隊が攻撃を停止し退却しようと、翌朝五時に部隊の状況を確認していた際、アメリカ空軍機が一木支隊を見つけます。さらに迂回したアメリカ海兵隊が一木支隊の退路を断ち、包囲しました。最後の抵抗を試みますが、空軍機からの機銃掃射《きじゅうそうしゃ》を浴び、さらに六台のアメリカ軍戦車が投入され、一木支隊は壊滅することになりました。掃討戦も執拗で、海岸に追い詰められた兵士は狙撃されて命を落としています。「アメリカ軍陣地に突撃」して「一夜にして」七百七十七人が死んだのではありません。

「その報を受けた大本営は、それではと今度は五千人を送り込んだ。」(同)

一木支隊壊滅の報が届く前に、川口少将率いる部隊の輸送が始まっています。

「結局、ガダルカナル島をめぐる攻防戦は半年近くにわたって行なわれ、日本軍は夥《おびただ》しい人的被害を出し大量の航空機と艦艇を失って敗退した。ガダルカナル島で亡くなった陸軍兵の多くは餓死だった。」(同)

ガダルカナル島に投入された日本兵は三万一千人以上で、撤退できた者は約一万人。戦死者は五千名で、一万五千人が餓死・戦病死と言われています(『戦死叢書28　南太平洋陸軍作戦2』、亀井宏『ガダルカナル戦記』)。**撤退することが困難な負傷者は、捕虜となることを防ぐために自決させるか(手《て》榴弾《りゅうだん》などによる爆死)、戦友によって銃や銃剣などで殺害**されているのです。東条英機陸軍大臣が一九四一年一月に示達《じたつ》した「生きて虜囚《りょしゅう》の辱《はずかし》めを受けず」という「戦陣訓」が実行された一例です。実態は「陸軍兵の多くは餓死だった」というようなものではありませんでした。

73　日本は「総力戦」を理解していた

「大東亜戦争を研究すると、参謀本部（陸軍の総司令部）も軍令部（海軍の総司令部）も「戦争は国を挙げての総力戦である」ということをまったく理解していなかったのではないかと思える。」（394頁）

まったく同感なのですが、後を読むと、どうも政治・経済・軍事の用語としての「総力戦」（教科書でも説明されています）という言葉を誤解されているようです。

「総力戦」とは、①強い権限を持つ政府あるいは軍部が、②軍需工業優先に産業を再編し、③女性や青少年をも軍需工業の生産に動員し、④食料の配給制などを実施して、⑤国民の消費生活を統制する体制のことを言います。

この点、**日本は「総力戦を理解していなかった」どころか、十分理解し**、第一次世界大戦時のドイツのルーデンドルフによる「総力戦論」にも適合する、**もっとも典型的な総力戦体制を作り上げることに成功**しています。このコラムで延々と説明される問題点（394〜398頁）は、「総力戦体制をとったものの、敗戦してしまった国」に共通する例にすぎません。

むしろ、**インフラも整備されておらず、資源や物資が国内で自給できない状況で「総力戦」体制をとっていたことが誤り**なのです。また、陸軍・海軍によるさまざまな「不統一」「不一致」は、ドイツはもちろんアメリカでも見られたことで、「総力戦」とは別問題。

「日本の同盟国ドイツでは軍需大臣のアルベルト・シュペーアが徴兵の権限まで持っていたため、一流の職人や工場労働者は戦場に送らなかった。」（396頁）

シュペーアが軍需大臣となったのは一九四二年から三年間だけ。三〇年代後半から徴兵制や軍需の諸制度を整備、運用したのはフリッツ・トートでした。彼の死去後、シュペーアが任じられたのです。一九四三年以降、ヒトラーは閣僚に専門性の高い人物を任命しなくなっており、戦局の悪化が進むにつれて、自分の意を直接的に反映してくれる人物を選んでいます。シュペーアはもともと建築家だったため、「自分は門外漢」として辞退を申し出たくらいでした。また、一九四四年一月から五月までは病気で入院しており、名前だけの軍需大臣でした。とはいえ、同年十月以降は、方針をそれまでの「戦争に必要な物資をいかに調達するか」から、「敗戦後のドイツをいかに早く立ち直らせるか」に切り替えています。「一流の職人や工場労働者は戦場に送らなかった」という方針はこの時からです（シュペーアの回想録『ナチス狂気の内幕』より）。またドイツが「戦争末期まで工業生産力が低下しなかった」（同）というのも、シュペーアのこの方針転換以降です。

しかし、一九四五年三月にヒトラーは「ネロ指令」を出して、ドイツ及びベルリンを「焦土」とし、敵に工業生産施設を使用されないようにするため、工場などの破壊を命じています。ですから大戦末期にはドイツの工業生産は急激に落ち込んでいたのが実状です（ちなみに戦後、長らく「ナチスの良心」とされたシュペーアですが、近年では、その言動の信憑性に疑問が持たれるようになってきています［グイド・クノップ『ヒトラーの共犯者』など］）。

一方、日本軍についてですが。

「出世は陸軍士官学校と海軍兵学校（および陸軍大学校と海軍大学校）の卒業年次と成績で決められていたのだ。個々人の能力はほとんど考慮されない。」（397頁）

これは同意できる部分もあります。ただ、日清・日露戦争時の「司令官」クラスも薩長出身かどうか、つまり「個々人の能力はほとんど考慮されない」時代に選ばれた人々でした。むしろ、広く才能のある者を「平民」も含めて募集する士官学校の制度がそれなりに人材を集めていたことは確かで、一概に否定してしまうのはどうでしょうか。

「戊辰戦争や西南戦争を経験していた日清戦争や日露戦争の司令官クラスとはまるで違っていた」(同)と述べられていますが、外国との戦争である日清・日露戦争よりも、国内紛争の戊辰戦争や西南戦争から学ぶことのほうが多かった、というのは無理があります。「戦争は局地戦で勝利を収めれば勝てる」というのが「誤った教訓」(396頁)ならば、戊辰戦争や西南戦争から得られた「教訓」こそ、それに該当するはずだからです。

また太平洋戦争開戦について、

「宣戦布告の文書を、不手際でハル長官に手渡すのが遅れた日本大使館員」(398頁)

と、ここでも批判され、「答えのある問題には強いが、前例のない事態への対応力は格段に落ちる」(397〜398頁)と指摘されています。先述のように、大使館員たちには「日本がアメリカに攻撃をかける」ことは一切知らされておらず、しかも外相が間違いの起こらないようにと「余裕」をもって提出させようとしたのに、**海軍が作戦決行のできるだけ直前にまで引き延ばそうとして、「三十分前にハル長官に手交するように」命じたから起こった「不手際」**です(↓67講)。外交官を適切に利用できなかったのは、当然、大臣・軍部に責任があったと言うべきでしょう。

「これでは、宣戦布告の遅れを国が黙認していたと、アメリカに受け取られても仕方がない。」(398頁)

「国が黙認していた」とアメリカが考えるのは、不手際の大使館員を処罰しなかったからではなく、**事前交渉も通告もしていないイギリスに対し、真珠湾よりも先にマレー半島に奇襲攻撃をかけたから**

です。これでは「奇襲攻撃をするつもりはなかった」と言ってもアメリカおよび世界の国々には信用してもらえません。

74　コミンテルンは一九四三年に解散しており、「陰謀」はない

前講で、総力戦体制の条件を五つ挙げました。

日本の場合は、これに「言論・出版・報道統制」が入ります。

国による検閲《けんえつ》は、表現の一言一句にまで入りました。「敗退」は「転進」、「全滅」は「玉砕」……現在でも、「玉砕」は普通の表現のように使用されています。

思想面での統制は、満州事変以降、さらに深化しました。

一九三三年、獄中にあった共産党の指導者たちは次々に「転向」を表明しました。佐野学・鍋山貞親は、「コミンテルンが日本共産党に指示した天皇制打倒・侵略戦争反対の方針を批判し、天皇制と民族主義のもとでの一国社会主義の実現を提唱した。この声明をきっかけに、獄中の大半の党員は転向」（『詳説日本史B』349頁）しました。

当時の社会運動、反政府的な政治家の動きなどについて、現在、「コミンテルンの陰謀」を喧伝する人がいますが、このように、コミンテルンの役割・機能は日本史でも世界史でも、教科書レベルで十分に説明されています。

コミンテルンとはいわゆる「第三インターナショナル」のことで、各国の社会主義運動を支援し、

「世界革命」をめざす組織でしたが、レーニンの死後、役割が大きく変化することになりました。一九四三年五月に解散していますが、それより以前に、スターリン体制が確立された時点（一九二〇年代末）で、ソ連は「世界革命」を放棄し、「一国社会主義」に転じており、したがってコミンテルンの役割も「ソ連共産主義の防衛」に変化していました。

スターリン体制後は、それぞれの国で共産党勢力を伸張させながらも、合法的に政権に関与させてファシズムに対抗する路線（人民戦線方式）に移行しています（→56講）。よって、第二次大戦後の日本についての記述で、

「一般企業でも労働組合が強くなり、全国各地で暴力を伴う労働争議が頻発した。これらはソ連のコミンテルンの指示があったともいわれている。」（435頁）

「そこでスターリンは日本のコミンテルンに「講和条約を阻止せよ」という指令を下したといわれる。」（450頁）

と書かれていますが、**存在しない組織が指示を出したり受けたりすることはできません**。一九二〇年代とは大きく社会主義体制の方針が転換されているのに（かつての方針は「時代遅れの世界革命論」とソ連の側も認識していた）、いつまでも二〇年代の方針が残存していると考えるのは無理があります（→その後、第五刷で「旧コミンテルン一派」と修正。しかしその「一派」も、この時すでに粛清されています）。

一九四七年にスターリンは、コミンフォルム（共産党情報局）を設置しています。各国の共産党の情報交換、ソ連指導下の共産党活動の調整が主目的の組織で、コミンテルンの後継とも言えないことはありませんが、これも一九五六年に解体されています。なぜ、一九四三年には解体されたコミンテ

ルンを、（戦後の記述でも）これほどまでにクローズアップされているのでしょう？

さて、日本の場合は、これに「言論・出版・報道統制」が入ると先ほど申しました。教科書では「弾圧」ではなく「統制」と表現していますが、これには実は理由があります。

一九三〇年代、佐野学らの転向声明をきっかけに、治安維持法で検挙されていた人々の九割が転向しました。政府は反体制活動を改正治安維持法で徹底的に取り締まりましたが、実は最高刑罰の死刑は適用していないのです。

政府は一九一〇年代、二〇年代の過酷な弾圧とは方針を変え、三〇年代後半から独自の政策をとりはじめます。治安維持法で検挙された経歴を持つ旧左翼関係者を、内閣調査局（後の企画院）に「官僚」として採用したのです。

同時代のファシズム国家（ナチス・ソ連）のように、反体制派を粛清、処刑せず、それどころか体制内に取り込む、という点は世界に類を見ないもので、こういう部分をもっとクローズアップしてほしかったところです。別に「和をもって貴《とうと》しとなす」日本文化の証、とは申しませんが、転向した者を批判せずに活用する、ということは日本では普通に見られました。

75 アメリカの大規模な反攻がないから日本は講和を進めなかったわけではない

「昭和一八年（一九四三）の時点で、日本の国内経済はすでにガタガタになっており、生産力は著しく低下し、戦争の継続の見通しは立たなくなっていたが、アメリカの本格的な反攻がないため、講和の画策もしなかった。」（398〜399頁）

不思議な記述です。

一九四三年段階では確かに、東条内閣は講和など一切考えていません。

しかし百田氏も言うように、「中国大陸に限っては戦いを有利に進めていた」（399頁）のです。一九四三年に入ってからも、フランスとは「共同防衛協議」を行ない広州湾に軍を進駐させ、揚子江《ようすこう》（長江）北部、武漢西方に第一一軍を展開し中国の守備隊を壊滅させています（①江北殲滅《せんめつ》作戦）。さらに同五月には洞庭湖《どうていこ》西方、長江南部に第一一軍は進軍し、民間人を含む中国軍三万人を殲滅しました（②江南殲滅作戦）。十一月には、湖南省北部で中国軍と激突しています（③常徳会戦）。

そして一九四四年からは「④打通《だつう》作戦」を展開します。

これは中国大陸縦断作戦とも言うべきもので、中国内陸部の連合軍基地の破壊、仏印への陸路を開くことを目的としたものでした。投入総兵力はなんと五十万人。八百台の戦車、七万の騎兵を用いて作戦距離は驚きの二千四百km。しかも、この作戦は成功しているんです。

「国内経済がガタガタ」で、「生産力は著しく低下」していて「戦争の継続の見通しは立たなくなっていた」はずなのに、一九四三年以降、①〜④の軍事作戦を次々展開し、戦果を挙げています（③の常徳会戦は成功か失敗か、意見が分かれるところですが）。

このような作戦展開が可能だった理由は、資源・食料などを徹底的に「現地調達」したか、日本国内あるいは満州国・朝鮮で食料・物資を強烈に絞り上げて中国大陸に送っていたか、あるいはその両方の場合もありました。

「アメリカの本格的な反攻がない」というのもあまり賛同できません。というのも**一九四二年三月からアメリカは「ウォッチタワー作戦」といって、東南アジア・太平洋諸島を、一斉に奪還する大規模な作戦を展開するから**です。何より、ガダルカナル島攻防戦はこの作戦の一環によるものです。

「アメリカがその一年間休んでいたわけでは決してない。ヨーロッパ戦線を戦いながら、日本への反攻準備を着々と整えていたのである。」（399頁）

一九四三年二月、ガダルカナル島が奪われ、北方では五月にアッツ島の日本軍が全滅させられます。キスカ島も攻撃を受けましたが、七月、日本軍はなんとか包囲から脱出に成功しています。十一月には南方ギルバート諸島のマキン島、タラワ島で日本軍が全滅しています。「反攻準備を着々と整えていた」と言うより、**「着々と日本の勢力範囲を奪って縮めていって」います**。

一九四三年九月、ガダルカナル島失陥を受けて、御前会議で「今後採ルベキ戦争指導大綱」を決定し、「万難ヲ排シ概《おおむ》ネ昭和十九年中期ヲ目途トシ米英ノ進攻ニ対応スベキ戦略態勢ヲ確立シツツ随時敵の反攻戦力ヲ捕捉破摧ス　帝国戦争遂行上太平洋印度洋方面ニ於テ絶対確保スベキ要域ヲ千島、小笠原、内南洋（中、西部）及西部「ニューギニア」「スンダ」「ビルマ」ヲ含ム圏域トス」として「絶対国防圏」を設定しました。

このように、「アメリカの本格的な反攻を受けても、日本は戦いを継続し、講和を考えることはなかった」と書くべきでした。また「絶対国防圏」、つまり「この内側だけは守らなければならない」という範囲の設定は、逆に言えば南太平洋の最大基地ラバウル（約十万人の兵を擁する）を含む「圏外」の日本軍が置き去りにされることも意味しました。それも忘れてはなりません。

76　中国大陸での戦いの優勢も、大局的には無意味になった

「神風特攻隊」の項。

「日本は中国大陸の戦いでは優勢だったが、アメリカを相手にした太平洋での戦いはもはや絶望的だった。」（400頁）

アメリカも同様の指摘をしていますが、蔣介石は兵を温存し、正面からの戦いを回避していました。また、一方で日本軍の方は「打通作戦」を展開し、連合軍が使用可能な航空基地を破壊することに成功。中国からの日本への空襲を阻止したかに見えましたが、それも直後のサイパン陥落で無意味になってしまいました。

戦略（長期的な戦い方）によって敵の戦術（短期的な戦い方）を無力化するのは、古代ローマのスキピオが、カルタゴのハンニバルに対峙したのと同じ作戦です。そもそも日本は「大東亜戦争」という名称で日中戦争と太平洋戦争を一体的に捉えていたので、**対米戦争の敗北は、同時に中国での戦いの敗戦も意味します**。「大東亜戦争」の呼称を現在でも使用すべしと言う方は、一方で、中国との戦いは勝っていた、と主張される場合がありますが、その矛盾はここにあらわれています。

ただ、現実には、日中戦争も限界点に達していました。

もともと北支方面軍は「一切ノ諸施策ヲ中共勢力剿滅《そうめつ》〔滅ぼし尽くす〕ニ集中スル」方針をとり続け、「目標方法」として以下を掲げています（「第一期晋中作戦戦闘詳報」、江口圭一『十五年戦争小史』）。

一、敵及土民ヲ仮装スル敵
二、敵性アリト認ムル住民中十五歳以上六十歳迄ノ男子
　　殺戮
三、敵ノ隠匿シアル武器弾薬器具爆薬等
四、敵ノ集積セリト認ムル糧秣《りょうまつ》
五、敵ノ使用セル文書
　　押収携行、止ムヲ得ザル時ハ焼却
六、敵性部落
　　焼却破壊

このような作戦展開は、中国民衆の反感を買い、蔣介石の国民党軍が日本との正面衝突を回避していくなか、共産党が抵抗・反撃をして解放区を広げ、かえって共産党の支持を農民たちの中で広げていく結果となりました。中国の赤化をおそれながら、共産党の支持を拡大することに手を貸したようなものです。

後に戦後の「WGIP」による「洗脳の深さ」と称して「多くの日本人が「戦前の政府と軍部は最悪」であり、「大東亜戦争は悪辣《あくらつ》非道な侵略戦争であった」と無条件に思い込んでいる」(425頁)、「アジアの人々と戦争をしたわけではない」(同)と繰り返し書かれますが、戦後の歴史教科書は「無条件」に「悪辣非道な侵略戦争」であったと一方的に説明したりはしていません。アジア太平洋戦争を「悪辣非道な侵略戦争」と記している教科書があるならば、具体的に示すべきでした(私が知るかぎ

り現在の教科書でそのようなものを見たことがありません)。そして、史料と根拠をもとにした歴史著述の結果、それを読んだ側がどのように感じたか、という問題は、「WGIPによる洗脳・陰謀」といった使嗾のせいではありません(→92講)。

何度も申しますが、世界のさまざまな教科書と比べて、日本の教科書は非常にニュートラルで、客観的な史料に基づき、抑制された調子で記述されています。たとえば、

「中国共産党が華北の農村地帯に広く抗日根拠地(解放区)を組織してゲリラ戦を展開したのに対し、日本軍は抗日ゲリラに対する大掃討作戦(中国側はこれを三光作戦と呼んだ)を実施し、一般の住民にも多大の被害を与えた。」(『詳説日本史B』365頁)

という説明が、先に示した史料「目標方法」に基づいているのは明白です。また注目すべきは「三光作戦」を「中国側が」そう呼んでいたにすぎない、と示していることです。

「聯合艦隊はほとんどの空母を失っており、強大な空母部隊を擁するアメリカ艦隊に対抗できる力はなかった。それでも降伏しない限りは戦い続けなくてはならない。」(400頁)

ここは意味がよくわかりません。「対抗できる力はなかった」のに、どうして「戦い続けなくてはならない」のでしょう。「**抵抗する力がなかったのに降伏せずに戦い続けた**」のではなかったでしょうか。

「追い詰められた日本海軍は、人類史上初めて航空機による自爆攻撃を作戦として行なった。」(同)

何と言えばよいのでしょう。「航空機による自爆攻撃」という、自爆を前提とし兵士の尊い命を犠

牲にした作戦に対して、「人類史上初めて」という表現は、個人的には誇らしげな修飾に感じられ、違和感があるのですが……。

「神風特攻隊は最初はフィリピンでの戦いの限定的作戦だったが、予想外の戦果を挙げたことから、なし崩し的に通常作戦の中に組み入れられた。」（同）

これに関しては、**すでに山本五十六が「体当たり攻撃」をする案を持っていました**。海軍の計画は、**限定的作戦ではなく、あらかじめ計画されていたことの実行**であり、なし崩し的に通常作戦に組み込まれたものではありません。ただ、フィリピンでの作戦実行にあたっては、「特攻」に対して司令部にためらいや逡巡の記録も見られます（『侍従武官　城英一郎日記』）。

77　陸軍は最終的に「沖縄を捨て石にした」と言える

「日本軍は沖縄を守るために、沖縄本島を中心とした南西諸島に十八万の兵士を配置した。陸軍と海軍合わせて約二千機の特攻機が出撃した。」（401頁）

まず、**沖縄戦開始時には、十八万も兵は配置されていません**。

沖縄戦で戦った日本の兵力配置は、「足し算」ではなく「引き算」から始まりました。実は、沖縄本島には陸軍第三二軍の主力が配置されていたものの、レイテ戦との関係で、一九四五年一月に精鋭の第九師団が台湾に転出してしまっていたのです。牛島《うしじま》軍司令官配下の兵は七万七千で、沖縄本島に上陸したアメリカ第一〇軍の十八万三千と戦うことになりました。圧倒的兵力差を見て牛島中将は、二つの飛行場（沖縄本島南部にあった北飛行場と中飛行場）の確保を諦め、本島南部での持久戦を展開する方針に変更したのです。

ですから、あっさりと米軍は飛行場を占拠できました。大本営は驚きます。沖縄の飛行場をアメリカと日本、どちらが押さえるかがこの戦いのポイントであると考えていたのに、牛島中将は飛行場を放棄してしまったのですから。

昭和天皇も「現地軍は何故《なぜ》攻勢に出ぬか」と疑問を呈されました。大本営はただちに第三二軍に攻勢の要望を出しますが、結局大損害を被ってしまいました。昭和天皇は常に沖縄戦の動向に気を遣《つか》われており、「航空機だけの総攻撃か」と御下問《ごかもん》され、豊田連合艦隊司令長官は、戦艦大和と第二水雷戦隊とからなる海上特攻隊に沖縄突入を命じました（『戦史叢書11　沖縄方面陸軍作戦』）。昭和天皇の「疑問」や「御下問」がなければ、海軍は沖縄戦に航空戦力しか投入しなかったかもしれません。

しかし結局、戦艦大和・巡洋艦矢矧《やはぎ》・四隻の駆逐艦は海底に沈み、連合艦隊の海上戦力は事実上消滅することになります。しかし、連合艦隊は「指揮下一切ノ航空戦力ヲ投入シ総追撃」（前掲『戦史叢書』）を続け、特攻を行ない、ロケット推進の「桜花《おうか》」も投入されます。

陸軍は、すでに本土を最終決戦の場と定め、沖縄戦を本土決戦のための「出血持久的前哨戦《ぜんしょうせん》」とみなし、航空戦力のすべてを投入しようとしませんでした。このため、沖縄決戦を主張する海軍と激しく対立しています。

「戦後の今日、「日本は沖縄を捨て石にした」と言う人がいるが、これは誤りだ。日本は、沖縄を守るために最後の力をふり絞って戦ったのだ。もし捨て石にするつもりだったなら、飛行機も大和もガソリンも重油も本土防空および本土決戦のために温存したであろう。」（401頁）

陸軍は本土防空および本土決戦のために実際に兵力を温存していますから、最終的には「捨て石にした」と指摘されても、誤りとは言えません。

特攻機は二千三百九十三機が投入され、大本営は「空母二十二〜二十五隻、戦艦四隻、巡洋艦二十四隻を撃沈破した」と発表しましたが、そもそもこんなにたくさんの空母も巡洋艦もアメリカは投入していません。アメリカ側の艦艇沈没は三十六隻でしたが、空母・戦艦・巡洋艦の撃沈は一隻もありませんでした（江口圭一「戦線の崩壊」『十五年戦争小史』）。

78　東条内閣の打倒は岸信介一人で実現したのではない

第一次世界大戦中、ドイツでは参謀本部次長のルーデンドルフ（↓73講）が「独裁」と呼ばれるほどの権力を握りました。

総力戦の場合、政治と軍部が一体不可分となりやすいもの。政治が主導するべき戦争が、歴史的に見れば軍部が主導する戦争になってしまいがちです。経済が戦争を決するのに、戦争で経済を決めようとする体制が敗北するのは、ほぼ間違いなさそうです。

それは「東条独裁」の場合も同様でした。

もともと戦争の勝利という目的をテコに、東条は権力を集中させていきました。すでに一九四一年十月、東条は首相兼陸相となり、さらに憲兵隊の要職を腹心で固め、あたかも「私兵」のように用いて批判勢力と言論の弾圧に活用しています。実際、新聞社に圧力をかけるために憲兵を送りこんだり、戦争を批判する記事を書いた記者を執拗に特定し、徴兵して戦地に送ったりしています（政府を批判した記事を書いた毎日新聞社記者・新名丈夫《しんみょうたけお》が徴兵された「竹槍事件」などが有名）。

一九四三年十一月には新しく軍需省を設置して大臣を兼任し、さらには首相・陸相兼務のまま、一九四四年二月にはなんと参謀総長を兼任します。軍政・軍令の別はこの時に崩れ、政治・軍事両権を東条は掌握しました。

しかし、戦局の悪化と一九四四年七月九日のサイパン陥落により、その勢威に陰りが出てきます。

「この時、商工大臣であった岸信介（戦後、首相になる）は「本土爆撃が繰り返されれば必要な軍需を生産できず、軍需次官としての責任を全うできないから講和すべし」と首相の東条英機に進言した。東条は「ならば辞職せよ」と言ったが、岸は断固拒絶した。東条の腹心だった東京憲兵隊長が岸の私邸を訪れ、軍刀をがちゃつかせて恫喝したが、岸は動じなかった。結果、閣内不一致となり、同年七月、東条内閣はサイパン失陥の責任を取る形で総辞職となった。」（399頁）

この時、**岸は「商工大臣」ではありません。無任所の国務大臣の誤り**です。実はこのことは、後に重要な意味を持つので、些細なミスではすまされません（↓その後、第五刷で「国務大臣でもあった岸信介」と修正）。**岸が商工大臣ではなく無任所国務大臣であったからこそ、東条辞任につながる**のです。岸の拒絶が東条独裁を倒したかのような美談仕立てとなっていますが、これは大きな活動の中の一つの動きにすぎませんでした。

戦局の悪化は、国内生産の限界を招きました。不足する物資・労働力の配分をめぐって政府と軍部、つまり民需と軍需の対立が顕著となり、さらに陸軍と海軍は船舶・航空機の生産、燃料配分で対立します。一九四四年二月、天皇みずから仲裁に入ってようやく妥協するような有様でした。天皇は戦争末期に近づくにつれて、事後報告ばかりの軍部に不満を示し、時には政治・統帥部の作戦担当者よりも的確な判断を下しておられます（『朝日ジャーナル』編集部「棄民41年の国家責任」）。

これに対して、統帥部はかえって天皇に、虚偽とは申しませんが、自らに有利な情報を伝え、その判断に誤った方向性を与えていきます。

サイパンが失陥すると、東条独裁を倒すための「陰謀」が進みます。重臣・海軍・翼賛政治会が倒閣工作を図り、これに対して東条は、憲兵を用いて反対派を抑えようとしました（その一つが岸信介への圧力の話です）。

教科書では、サイパン島陥落（一九四四年七月九日）の責任をとって東条内閣は総辞職したように書いてありますが、実際はマリアナ沖海戦（同年六月十九、二十日）で四百機近くの戦闘機、空母三隻を失ったことが大問題でした。そのため、サイパン島陥落前に東条打倒工作が始まっています。

その中心となったのが岡田啓介・若槻礼次郎・近衛文麿・平沼騏一郎《ひらぬまきいちろう》ら重臣たちでした。六月二十七日には、東条は岡田啓介に対して内閣批判を自重するよう「説得」しました。実際は、逮捕・拘禁をちらつかせたほぼ脅迫まがいのものでしたが、なにせ岡田は二・二六事件で九死に一生を得た、海軍出身の当時の首相。その程度の恫喝は何とも感じていなかったようです（『岡田啓介回顧録』）。

海軍でも、予備役海軍大将への戦局説明後、軍令部の記録で「今後帝国ハ作戦的ニ退勢挽回ノ目途ナク、戦争終結ヲ企画ストノ結論ニ意見一致セリ」と記されています。

窮地に陥った東条は、内閣改造を内大臣・木戸幸一に求めます。実は、これが宮中・重臣の狙いでした。以下、その工作を説明しますと――。

もともと東条と「長年の盟友」と言われていた岸信介でしたが、マリアナ沖海戦以降は東条を見限るようになっていました。岡田はこのことに目をつけ、岸信介も重臣に接近します。

まず、木戸が東条に三つの改造条件を提示します。一つは東条首相の陸軍大臣・参謀総長の兼任を解く。二つ目は海軍大臣の更迭。そして三つ目が重臣の入閣でした。重臣を入閣させる枠をつくるためには大臣を一人解任する必要があります。しかし、多くはすでに省付の大臣ですから、確実に東条は無任所（省付ではない）の岸に辞任を求めるはずでした。

そこを見越して、岡田は岸に対し「閣僚辞任を拒否してほしい」と要望していたのです。**岸が憲兵隊長に対して強気に拒否できたのは重臣との裏工作があったからで、岸一人の意思ではありません**でした。こうして岡田・木戸が連携し、岸を利用した東条打倒工作が成功したのです。

歴史はたった一つの力で動きません。一定の方向に進むのはいろいろな力の「合力」の結果です。

79　日本は本土空襲がハーグ陸戦条約違反ではないと示してしまっている

「アメリカ軍は沖縄を攻略する前に、三月に東京大空襲を行なっている。これはアメリカが日本の戦意を挫《くじ》くために、一般市民の大量殺戮を狙って行なわれたものだった。」（401〜402頁）

私もこのように考えないわけではありません。基本的に百田氏と同じ思いです。

マリアナ諸島攻略後、アメリカはただちに基地の建設を行ないました。サイパン、グアム、テニアンの基地にB29爆撃機を一九四四年十月には配備し、アーノルド大将指揮下に第二一爆撃兵団を置き、さらに中国大陸の成都《せいと》にあった第二〇爆撃兵団を吸収しました。

十一月一日、高高度一万メートル上空から東京偵察を行ない、二十四日、中島《なかじま》飛行機武蔵野《むさしの》工場を爆撃しました。以後、東京・名古屋・大阪・神戸などの航空機工場に対する高高度爆撃を実施しています。高高度攻撃を行なったのは、日本の防空戦闘機、鍾馗《しょうき》や飛燕《ひえん》からの迎撃を避けるためで、実際、これらはB29の来襲を阻止できませんでした。しかし、高高度爆撃では思った以上の戦果が挙げられませんでした。

そこで一九四五年一月、アーノルドは精密爆撃に評価が高かったルメイ少将を第二一爆撃兵団の司令官に任命し、焼夷弾による市街地攻撃を優先させる指令を発します。

「二千メートルという低空から東京都民に爆弾の雨を降らせた」（402頁）低空爆撃、それから「爆弾を積めるだけ積んで出撃し（そのために機銃までおろしていた）」（同）たこと、防空戦闘機の出撃が難しい夜間を選んだこと、命中精度を高める単機縦列による爆撃で、点ではなく面で大火災を発生させたこと、これらの作戦はルメイが立案・実行させたものでした。

そしてこの作戦の成功を受け、次々に日本の主要都市を爆撃します。

「大阪、名古屋、札幌、福岡など、日本の主要都市は軒並み焦土にされ、全国の道府県、四百三十の市町村が空襲にあった。」（402頁）

おそらく、ネット上の各所に「五大都市」と説明されているので、「現代の五大都市」と勘違いされて、東京・名古屋・大阪・札幌・福岡とされたのだと思いますが、札幌は「焦土」となっていません。爆撃された「東京以下五大都市」とは当時、東京・大阪・名古屋・福岡・神戸のことです（↓その後、第六刷で修正）。ちなみに川崎も大きな被害を受けています。

航空機工場は、組み立てが主目的で、主要部品は住宅地にまぎれていた町工場に分散していました。

この空襲によって、一般市民に甚大《じんだい》な犠牲が出たことはもちろん、航空機生産は一気に空襲前の四〇%に落ち込むことになりました。

「その結果、一夜にして老人、女性、子供などの非戦闘員が十万人以上殺された。これはハーグ陸戦条約に違反した明白な戦争犯罪行為だった。」(402頁)

私も同意したいところなのですが……。

実は現在では、**ハーグ陸戦条約違反ではない、と日本は判断してしまっています。**

二〇〇七年、「東京空襲犠牲者遺族会」の被災者・犠牲者が日本国に対し東京地方裁判所へ集団提訴を行ない、無差別爆撃はハーグ陸戦条約第三条違反であるという主張がなされました。また、軍人には補償がなされたが、国家総動員法によって動員された国民の犠牲に対しては十分な補償がされていない、とも主張しています。一審・二審で敗訴、最高裁まで争われましたが、原告側の全面敗訴が決まっています。

また政府も、空襲を戦争犯罪とは認めないかのような行動をとっています。低空爆撃、火災拡大をねらった爆撃の作戦を立案・実行したルメイに、戦後(一九六四年)、佐藤栄作内閣は勲章を与えているのです。勲一等旭日章《くんいっとうきょくじつしょう》です。

なぜ? と驚くところですが、これは航空自衛隊育成の協力・功績に対するものでした。国会でも問題となりましたが、佐藤栄作は「今はアメリカとは友好関係にあり、功績があるならば過去は過去として功に報いるのが当然」と回答し、防衛庁長官の小泉純也も「功績と戦時の事情は別個」と説明しました(「昭和三十九年十二月七日　第四十七回衆議院予算委員会」)。

「空襲は戦争犯罪である」と主張しようとしても、それを実行した者に勲章を授与しているのですから説得力に欠けます（ちなみに勲一等旭日章は天皇から授けられるのが通例ですが、昭和天皇は異例にも、ルメイには授与しておられない、ということを付け加えておきます）。

また後年、ＮＨＫの取材で「東京大空襲の戦争責任は？」という問いに、ルメイは授与された勲一等旭日章を見せつけています（『ＮＨＫ特集　東京大空襲』）。個人的には、釈然としませんでした。

現在でも政府は、ハーグ陸戦条約違反という立場には立っていません。二〇一三年、第二次安倍内閣は東京大空襲に関し、次のように閣議決定しています（二〇一三年五月七日「質問主意書・答弁書」）。

「御指摘の東京大空襲は、当時の国際法に違反して行われたとは言い切れないが、国際法の根底にある基本思想の一たる人道主義に合致しないものであったと考える。また、本件抗議に関する認識のような歴史的な事象に関する評価については、一般的に、専門家等により議論されるべきものと考えていることから、本件抗議に関する認識については、お答えを差し控えたい。」

（原文ママ）

なので、東京大空襲は「ハーグ陸戦条約に違反した明白な戦争犯罪行為だった」という断言は、あくまでも百田氏の感想にすぎず、司法と行政は「違反していない」あるいは「違反しているとは言い切れない」と判断しているのです。

80 ドイツに原爆を投下せず、日本に投下した理由が「人種差別」にあるとは断言できない

「アメリカ軍による最も残虐な空襲は、同じ年の八月に、広島と長崎に落とした二発の原子爆弾（原爆）だった。これも無辜《むこ》の一般市民の大量虐殺を意図したもので、明白な戦争犯罪である。この時点で日本の降伏は目前だったにもかかわらず、人類史上最悪の非道な行為に及んだことは許しがたい。」（403頁）

原爆の話題になりました。たいへん同意できる部分もあるのですが……。

一九四五年三月の東京大空襲以降、各都市への空襲が続きましたが、「その流れ」で八月の原爆投下に至ったわけではありません。

「この時点で日本の降伏は目前だった」のでしょうか。

そもそも戦う能力がないことと、負けを認めないことは別です。

一九四五年四月、小磯国昭《こいそくにあき》内閣にかわって鈴木貫太郎《すずきかんたろう》内閣が発足しました。

「あくまでもこの戦争を完遂すること」「本土決戦のための陸軍の企図する諸政策を具体的に躊躇《ちゅうちょ》なく実行すること」を条件として、阿南惟幾《あなみこれちか》陸軍大臣が入閣しています。戦局があらゆる面で絶望的になっているのに、満州から三個師団、一戦車師団を転用し、本土の在来師団が再編成されました。そして大本営直轄の東日本の作戦担当として第一総軍、西日本の作戦担当として第二総軍、および航空総軍を新設して、「本土決戦」の構えをつくりました。

した)。

「決戦訓」も示達されていますが(私の叔父たちはみな軍人でしたので暗記しており、よく聞かされま

「皇軍将兵ハ、皇土ヲ死守スベシ。」

「皇土ハ天皇在《ま》シマシ、神霊鎮《しず》マリ給《たま》フノ地ナリ。誓ツテ外夷《がいい》ノ侵襲《しんしゅう》ヲ撃攘《げきじょう》シ、斃《たお》ルモ尚《なお》魂魄《こんぱく》ヲ留メテ之ヲ守護スベシ。」

「挙軍体当リ精神ニ徹シ、必死敢闘、皇土ヲ侵犯スル者悉《ことごと》ク之ヲ殺戮《さつりく》シ、一人ノ生還無カラシムベシ」

杉山第一総軍司令官も「敵の一人を斃すに我が十人を犠牲とするも敢《あ》えて辞《じ》せず」と指示しています。

また、八月までの終戦工作も、朝鮮は留保し、満州国の独立を維持することを条件に展開していますす。とても降伏目前という認識があったとは思えません(『戦史叢書51 本土決戦準備(1)』)。

すでに日本が「特攻」を実現し、本土決戦も辞せず、そしてなお朝鮮半島はもちろん、満州国も維持しようとする態度を示している以上、「戦争を早期に終わらせる」(403頁)ことをアメリカ軍は考えざるをえませんでした。

そこで、一九四五年七月十七日、ドイツ降伏後の処理と、対日降伏勧告のためにポツダムで米・英・ソの首脳が集まり、七月二十六日に米・英・中の三カ国の名でポツダム宣言を発しました。

ポツダム宣言に対して、日本政府はこれを拒否する声明を出すのではなく、しばらく意思表示をしないこととしました。にもかかわらず、「態度を明確にしないのはいかがなものか」と軍部に押され、

七月二十八日に鈴木首相は記者会見をして、

「私は、三国共同声明はカイロ会談の焼き直しと思う。政府としては何等重大な価値あるとは思わない。ただ黙殺するのみである。われわれは断乎戦争完遂に邁進《まいしん》するのみである」

と発表しました。「黙殺」は、鈴木首相としては“no comment《ノーコメント》”のつもりだったのかもしれませんが、“ignore《イグノア》”（無視する）と訳されるのが普通で、実際そうなりました。

こうして八月二日、ポツダム会談は終了し、三日に原爆投下作戦が発令されたのです。

原爆投下については、その「効果を知る実験」（403頁）と言える側面もありますが、その以前に「吾等の軍事力の最高度の使用は日本国軍隊の不可避的且完全なる壊滅を意味すべく、又同様必然的に日本国本土の完全なる壊滅を意味すべし」とポツダム宣言に書かれた「警告」を日本国は「無視」している、とアメリカが解釈したことも、理解しておく必要があります。

核兵器という「軍事力の最高度」を使用することを決めた以上は、当然、その効果を知るための準備もするでしょう。「原爆の効果を知る目的で投下した」と考えるか「原爆投下をする以上、データを採るのは結果的に当然」と考えるか。複合的に見れば、前者より後者であったと思います。

「何より忘れてはならないのは、原爆投下には有色人種に対する差別が根底にあるということだ。仮にドイツが徹底抗戦していたとしても、アメリカはドイツには落とさなかったであろう。」（403頁）

という意見もしばしば見かけるものです。その主張の根拠として、

「昭和一九年（一九四四）九月にニューヨークのハイドパークで行なわれたルーズベルト米大統領とチャーチル英首相の「核に関する秘密協定」において、原爆はドイツではなく、日本へ投下することを確認し合っているからだ。」（同）

とされています。でも、これはどうでしょう。

ドイツは一九四四年九月の段階で、主要都市は原子爆弾で破壊する意味のないものがほとんどでした。「東京はその後も何度か大空襲に遭い、全土が焼け野原となった。アメリカ軍はその年の五月に東京を爆撃目標リストから外したほどだ」(402頁)と百田氏自ら説明している通りで、ドイツはまさにこのような状況だったのです。そして、ドイツ降伏は翌四五年五月八日。史上初の原子爆弾の実験成功は、降伏後の同年七月十六日でした。

「原爆投下のもう一つの目的は、ソ連に対しての威圧だった。アメリカは戦後の対ソ外交を有利に運ぶために原爆投下を昭和二〇年(一九四五)の五月には決定していた。」(同)

とありますが、一九四四年九月にイギリスとアメリカが秘密協定で「原爆はドイツではなく日本へ投下することを確認し合っている」と先に説明されています(この原爆使用の申し合わせの内容は一九七二年に公開されました)。この理屈で言えば、日本に原爆投下をすることは、一九四五年の五月ではなくそれ以前にすでに確定済みだった、ということになるのではないでしょうか。

ただ実際、「ソ連に対する威圧」であったことは確かです。

ポツダム会談は一九四五年七月十七日から開催されましたが、この段階では、トルーマンには前日の原爆実験の成功の報告が届いていませんでした。アメリカは早期の戦争終結を望んでいたので、先のヤルタ協定の約束通りソ連が参戦するかどうかを気にしていました。

そこでスターリンに確認すると、スターリンは八月十五日に参戦する、と告げたのです。

これにトルーマンは安心したのですが、そこに原爆実験成功の報告が届いたのです。トルーマンは方針を急遽《きゅうきょ》変更し、原爆投下で早期に日本を降伏させ、ソ連の対日参戦による日本の占領を最低限にとどめようと（あるいはうまくいけば阻止しようと）しています（『トルーマン回顧録』）。「戦後の対ソ外交を有利に運ぶ」というより、この段階では、「対日戦をアメリカに有利なように終わらせる」ために原爆投下を急いだと言えるでしょう。

原爆投下は、確かに忘れてはならない悲惨な出来事です。しかしだからこそ、なぜそれが起こったのか、冷静に捉える必要があります。それは着々と進む国を挙げての壮絶な抵抗をおそれたものでもあり、人種差別というより警告を無視された結果でもあり、実験が第一目的とばかりも言えないままに実行された、複合的なものではないでしょうか。さらに、ソ連への威圧の目的としては、「戦後の外交」を思いどおりに進めるための「有利な終結」にあったのです。

81 ポツダム宣言受諾は八月十四日

「昭和天皇は、その生涯にわたって、「君臨すれども親裁《しんさい》せず」という姿勢を貫いていた。「親裁」とは、君主自らが政治的な裁決を下すことである。したがって国民が選んだ内閣の決定には口を挟まないという原則を自らに課していた。」（404頁）

明治憲法下の政治体制において、「国民が選んだ内閣」ということはありえません。大学受験の勉強で政治経済を選択した人ならわかると思いますが、実はこの憲法の条文には、現憲法のような「内閣」や「内閣総理大臣」の規定が存在しないのです。

もともと、日本で「太政官制度」に代わり「内閣制度」が創設されたのは一八八五年（明治十八）

ですが（「太政官達第69号」）、その後公布（一八八九年）された明治憲法下において、統治権はあくまで天皇のもの。国務大臣は天皇によって任命される、あくまで「輔弼《ほひつ》」（施行に過誤がおきないように天皇を助ける）を行なうための存在でした。その中で内閣とは、各大臣が協議をする組織にすぎず、首相も大臣の任免権などを持たない「閣議の主宰者」でしかありません（「内閣官制」）。つまり、**現在のような議院内閣制、国民（それも当時は完全普通選挙ではない）が選んだ国会が内閣を信任する、というシステムではなかった**のです。

議会で多数を占める政党から総理大臣が任命される、という現在と似た慣習（憲政の常道）が加藤高明内閣（一九二四〜二六年）以降、犬養毅内閣（一九三一〜三二年）まで続きましたが、五・一五事件以降はすべて非政党内閣で、議会の政党比率に関係なく、前代の首相や元老の推薦を受けて天皇が任命しています。

ところで、「君臨すれども親裁せず」の昭和天皇は本当に、「その生涯にわたって」「決定には口を挟まないという原則を自らに課していた」のでしょうか。誤りです。史料的にも確認できるだけでなく、昭和天皇ご本人が『昭和天皇独白録』の中で述べていることです。

しかし、ある事件をきっかけに、政治に関して「親裁」はやめることを決められています（逆に言えば、それまでは介入していた、ということです）。「張作霖爆殺事件」です（→47講）。

「田中〔義一首相〕に対しては、辞表を出さぬかといつたのは「ベトー」を行つたのではなく、忠告をしたのであるけれ共、この時以来、閣議決定に対し、意見は云ふが、「ベトー」は云はぬ事にした。」〔原文ママ〕

す。

「ベトー」とは“Veto”のことで、「天皇大権」による拒否権を意味します。**したがって、これ以後も、拒否権の行使など「親裁」はせずとも、昭和天皇は「意見は云ふ」、つまり「口を挟」んでいたんで**す。

「大東亜戦争の開戦には反対だったにもかかわらず、開戦が決まった御前会議においても、内閣の決定に対しては一言も異議を唱えなかった。」（405頁）

これも誤った解釈です。

まず、明治憲法下において、「開戦・講和・条約の締結」といった「外交大権」は天皇大権の一つです。内閣はあくまでも輔弼する存在。

また、「陸海軍の編成・指揮」といった「統帥大権」も天皇大権の一つですが、これには内閣は関与できませんでした。国務を行なう「政府（内閣）」と、軍事に関わる「統帥部」はそれぞれ独立した機関だったからです（軍部が政府の意向としばしば無関係に暴走できたのは、この独立性によるものです）。

日中戦争勃発後の一九三七年十一月、軍の最高機関として日露戦争以来三度目の「大本営」が設置されると、軍と政府の意見調整のために「大本営政府連絡会議」が開かれるようになりますが、両者の意見が対立することもよく見られました（戦争末期の一九四四年に東条が首相と陸相に加え参謀総長［陸軍の長］を兼任したのは、これを解消しようとした動きです。陸軍大臣・海軍大臣は閣僚ではあるものの、あくまで軍の事務や予算［軍政］を担当する役割で、具体的な作戦［軍令］には関与できませんでした）。

太平洋戦争期の「御前会議」とは主に、この「連絡会議」に天皇が臨席する場合を指します。したがって、開戦は「内閣の決定」というわけではないのです。

そして一九四五年八月九日の御前会議。

「「ポツダム宣言」をめぐっての会議は完全に膠着《こうちゃく》状態になった。

日付が変わって〔十日〕午前二時を過ぎた頃、司会の鈴木貫太郎首相が、「事態は一刻の遷延《せんえん》も許されません。誠に畏《おそ》れ多いことながら、陛下の思し召しをお伺いして、意見をまとめたいと思います。」と言った。

ずっと沈黙を守っていた昭和天皇は、「それならば、自分の意見を言おう。」と、初めて口を開いた。

一同が緊張して見守る中、天皇は言った。

「自分は外務大臣の意見に賛成である」

日本の敗戦が決まった瞬間であった。」（405頁）

著しい説明不足で、誤解を招きます。

「完全に膠着」とはどのような状態か、先に「ポツダム宣言受諾派」と「徹底抗戦派」とあるだけで説明されていません。ですから、いきなり天皇が「外務大臣の意見に賛成」とおっしゃられたと説明されても、「外務大臣の意見」や他の意見がどのようなものかわかりません。代わって紹介しますと――。

東郷外務大臣、米内海軍大臣、平沼枢密院議長の意見は、「国体護持《こくたいごじ》を確認してから、ポツダム宣言を受諾する」。

阿南陸軍大臣、梅津《うめづ》参謀総長、豊田軍令部長の意見は、「ポツダム宣言に複数の条件を付し、これが認められない限りは徹底抗戦すべし」。

したがって、昭和天皇が賛成したのは「国体護持を確認してから、ポツダム宣言を受諾する」ということです。

でも、この場（八月九日から十日にかけての夜中）ではまだ、「敗戦」が決まったわけではありません。実際、国体護持が可能かどうかを問い合わせたところ、八月十二日未明に来た連合国からの回答では、国体護持が十分確認できなかったため、陸軍が徹底抗戦を唱えて閣議で話が蒸し返されてしまい、八月十四日午前十一時に、再び御前会議が開かれます。

阿南陸軍大臣は徹底抗戦を説きますが、ここで天皇は、「私の考えは変わらない」「これ以上戦争を継続することは無理」「以上は私の考えである」と、きっぱりと断言されました。

「日本の敗戦が決まった瞬間」はこの時で、ポツダム宣言受諾は八月十四日なのです。

九日から十四日まで、五日間もあります。軍部と政府は、「国体護持」にこだわったために、五日間もの貴重な時間を浪費しました。この間、東南アジア・中国・北方の各地では戦闘が続き、多くの命が失われています。

「敗戦と占領」の章

単なる「世界大戦」という名称のままでありつづけてほしい、という国際社会の願いも虚しく、わずか二十年で再び世界規模の戦争が勃発してしまうことになり、「第一次世界大戦」という言葉が生まれました。この二度にわたる多大な犠牲に対する反省が、「第二次世界大戦」後の世界秩序の基底にあります。

その新しい戦後秩序の再編の中心となったのがアメリカ・イギリス・ソ連です。すでに大戦中から、枢軸国に対して降伏を勧告しながら、協議を重ねていきました。

そして、二度目の世界大戦を阻止できなかった国際連盟にかわる新しい国際組織の設立が合意され、国際連合が発足。

連合国は、巨額の賠償金をドイツなど敗戦国に課した苛酷な戦後処理が、二度目の世界大戦を招いてしまったヴェルサイユ体制を反省しました。敗戦国が国際問題の解決を二度と戦争に求めないよう、長期にわたる占領を通じて、国家の制度と社会を平和的な仕組みに改革する、という方法を選択したのです。

戦勝国間の「協調」、敗戦国の「改革」によって安定した戦後秩序を生み出そうとした試みはしかし、戦勝国間の新たな対立、つまりアメリカとソ連を中心とする「東西対立」によって不安定となり、米ソの相互不信と利害対立の狭間で、日本の戦後史が展開していきます。

82　ポツダム宣言受諾は「有条件降伏」ではない

「連合国による統治」の項で、ポツダム宣言は「日本「軍」に無条件降伏を迫る文書であった」と主張されています。続けて、

「「ポツダム宣言」の第十三項には「我々は日本政府が全日本軍の即時無条件降伏を宣言し」とあり、無条件降伏の対象はあくまで「日本軍」であって、日本国とはなっていない。したがって「ポツダム宣言」受諾は「有条件降伏である」と捉えるべきであろう。」（409頁）

誤りです。

近年、ネット上にはこのような言説が散見されますが、ポツダム宣言受諾に至る経緯、またその後の外交、政府の見解を知っていれば、このような主張はできないはずです。

まず、「無条件降伏」とは、「降伏する側が条件を付けない」という意味です。日本は「国体護持を条件に受け入れる」と当初は主張しましたから、この点を指摘して「有条件を要求した」とは言えますが、連合軍側の回答は、

「降伏の瞬間から天皇及び日本政府の国を統治する権限は連合国最高司令官に「従属する」“subject

to" ものとする」

「日本の究極の政治形態は、ポツダム宣言に従い、日本国民が自由に表明した意思に従い決定されるべきである」

というものでした（バーンズ国務長官の回答文）。

一見、日本の要求に応えていないようにも見えますが、前者を読めば、占領下でも天皇が残ることがわかりますし、後者を読めば、国民が望めば天皇制が存続することがわかります。

これに対して、軍部は"subject to"を「隷属する」と訳して抵抗し、外交部は「管理下に置かれる」と訳して反論しています。結局、八月十四日に再び御前会議が開かれますが、天皇は「敵は国体を認めると思う。之に付いては不安は毛頭ない」（外務省編『終戦史録』、『木戸幸一日記』）と冷静で的確な判断を示されています。連合国側の外交的示唆、メッセージをちゃんと汲み取っておられていて、この点、軍部の頑迷《がんめい》な主張とは一線を画していたことがわかります（↓81講）。

九月二日、戦艦ミズーリ上で調印された降伏文書は無条件降伏を布告しつつ、「天皇及び日本国政府の国家統治の権限は本降伏条項を実施するため、適当と認める措置をとる連合国最高司令官に従属するものとする」と明記しています。

その後も、**無条件降伏とは軍だけでなく日本国の降伏であったことは何度も確認されています。**一九四九年十一月二十六日衆議院予算委員会での吉田茂首相の答弁です。

「この間もよく申したのでありますが、日本国は無条件降伏をしたのである。そしてポツダム宣言その他は米国政府としては、無条件降伏をした日本がヤルタ協定あるいはポツダム宣言といいますか、それらに基いて権利を主張することは認められない、こう思つております。繰返して申しますが、日本としては権利として主張することはできないと思います。」

一九五〇年二月六日衆議院予算委員会での吉田首相の答弁でも。

「お答えいたしますが、先ほども申した通り、今日日本としてはまだ独立を回復せず、かたがた独立して外交交渉に当る地位におりませんから、従つて、今お話のようなポツダム宣言に違反した事項があるその場合に、政府としては権利として交渉することはできません。」

一九五一年十月二十四日、平和条約及び日米安全保障条約特別委員会での西村熊雄《にしむらくまお》条約局長の答弁では。

「日本は連合国がポツダム宣言という形で提示いたしました戦争終結の条件を無条件で受けて終戦いたしたのであります。無条件降伏というのは、戦勝国が提示した条件に何ら条件をつけずして降伏したという意味であります。」

一九五三年四月八日、最高裁判所の判決文。

「昭和二〇年勅令第五四二号は、わが国の無条件降伏に伴う連合国の占領管理に基いて制定されたものである。世人周知のごとく、わが国はポツダム宣言を受諾し、降伏文書に調印して、連合国に対して無条件降伏をした。その結果連合国最高司令官は、降伏条項を実施するため適当と認める措置をとる権限を有し、この限りにおいてわが国の統治の権限は連合国最高司令官の制限の下に置かれることとなつた。」

さて、敗戦直後の様子（409～410頁）についてですが。

「日本はこの戦争で甚大な犠牲を払った。約七千三百万の人口のうち約三百十万人の尊い命が失われた（内訳は民間人が約八十万人、兵士が約二百三十万人である）。また南樺太、台湾、朝鮮半島の領土を失い、満洲、中国、東南アジアにおける、公民含めたすべての資産・施設は没収された。」（409頁）

一方的に日本の「被害」を述べられていますが、逆はどうだったのでしょう。日本軍によって失われた「尊い命」や、日本が接収した資産・施設はどれほどだったのか。もし「大東亜戦争」という名称を使用するならば、これらの日本が与えた被害について言及するべきではないでしょうか。

「民家も約二百二十三万戸が焼かれ、夥《おびただ》しい人が家を失った、政府も自治体も一戸の仮設住宅さえ作ることができず、焼け出された人々はトタンや焼け残った木材で雨露をしのぐバラックを建てて生活した。」（409～410頁）

驚くべきは、このような状況にあったにもかかわらず、終戦直前まで軍部は本土決戦を要求し、さらに政府と軍部は「国体護持」を主張して昭和天皇に「御聖断」を二度も行なわせたことです。

「日本という国の二千年余の歴史の中でも、未曾有《みぞう》の大敗北であった。しかも外国の軍隊に国土を占領され、主権も外交権も奪われるという屈辱そのものだった。」（408頁）

と述べられていますが、このことを日本にもたらした政府や軍部に関しては言及がありません。また、日本が軍隊を派遣して東南アジア諸国を占領し、軍政を敷いて主権・外交権を奪った、ということも忘れてはならない視点です（→70講）。

その点、「戦争と敗戦が日本人に与えた悲しみと苦しみは計り知れない」と述べるならば、「大東亜戦争がアジアに与えた悲しみと苦しみも計り知れない」とも述べたほうが適切だったかもしれません。

83 日本はGHQによる「間接統治」によって赤化を免れた

「日本はこの敗戦によって、立ち直れないほどの大きなダメージを蒙《こうむ》った。もはや世界五大国の面影は跡形もなかった。その上アメリカ政府は、日本の基礎工業の七五パーセントを撤去、電力生産の五〇パーセントを除去という過酷な政策を取ろうとしていた。日本と日本国民の未来は暗澹《あんたん》たるものだった。」（410頁）

これだけだと言葉足らずで、アメリカの占領政策を誤解されてしまいます。

「日本の基礎工業の七五パーセントを撤去」というのは、軍需工業及びその下請け関連企業の解体が多くを占めています。当初は、賠償のために必要最低限の生産ができる程度に工業生産を抑えることも考えられていましたが、日本の経済復興に力点を置く政策（経済安定九原則）に転換されました。「電力生産の五〇パーセントを除去」も一面的です。そもそも、一九三六年以降、軍部は経済のさまざまな分野、特に電力や重工業分野を国家統制下に置く計画を進めていました。一九三七年、日中戦争がはじまると、総動員体制が提唱され、翌三八年に国家総動員法が成立します。電力も国家体制下に置かれ、全国の電力会社の出資、現物提供、合併によって特殊会社「日本発送電」が設立されました。経営に関する最高意思決定を内閣が行なう、事実上の国営会社と言えました。

戦時中は電気も国家統制下にあったので、国民は節電などを強制され、送電もコントロールされましたが、戦後、「経済の民主化」のもと財閥同様、日本発送電も解体されました。

これを「五〇パーセントを除去」と称されているわけですが、もちろん、「除去」された後に「再編」されています。基礎工業にせよ、電力生産にせよ、「未来は暗澹たるもの」ではけっしてありませんでした。

「GHQの最大目的は、日本を二度とアメリカに歯向かえない国に改造することだった。」（410頁）

GHQの目的に「アメリカに歯向かえない国にする」という項目はなく、史料的にはこのような説明はできません。

「「降伏後に於ける米国初期の対日方針」説明」（一九四〇年九月三十日）にはこう明記されています。

「日本が再び世界の平和及び安全に対する脅威とならないためのできるだけ大きい保証を与え、又、日本が終局的には国際社会に責任あり且《か》つ平和的な一員として参加することを日本に許すような諸条件を育成する。」

これを読めば、占領から独立まで、概《おおむ》ねこの方針で諸改革が進み、独立後、一九五六年の国際連合加盟が実現する流れと合致していることがわかります。

以上のように、**占領目的は、「日本の非軍事化」と「民主化」の二つが大きな柱**です。連合国軍の進駐受け入れ、日本軍の速やかな武装解除は、連合国側が驚くほどスムーズに進み、降伏文書調印は円滑に実現しました。

治安維持法、特別高等警察、といった戦前の抑圧的諸法・諸制度を撤廃し、政治犯の釈放が指示されます。これらは「アメリカに歯向かう力」とは無関係で、「日本国民を抑圧していた制度」の廃止でしかありません。

東久邇宮稔彦《ひがしくにのみやなるひこ》内閣はこれを実行不能として総辞職し、代わって幣原《しではら》内閣が成立するのです。史料に基づく教科書にも「アメリカや東アジア地域にとって日本がふたたび脅威となるのを防ぐ」(『詳説日本史B』371頁)と書いてあります。

「占領政策は狡猾《こうかつ》で、表向きはGHQの指令・勧告によって日本政府が政治を行なう間接統治の形式をとったが、重要な事項に関する権限はほとんど与えなかった。」(410頁)

強圧的・専制的なGHQのイメージを強調されていますが、当時の国際的な状況をご存知ならば、このような表現はありえません。確かにアメリカは「狡猾」でしたが、実際には、それは日本に対してではなく、冷戦で対立するソ連に対してでした。

そもそも、ドイツは軍政下に置かれ、いわゆる直接統治的な支配を受けたのに、日本はどうして間接統治だったのでしょうか。日本はこの間接統治によって分割占領を免れた、という前提を忘れてはいけません。以下、詳しく説明しますと——。

日本は連合国で構成される極東委員会によって作成される政策に基づき、連合国軍最高司令官によって管理されました。この委員会は、アメリカ・ソ連・イギリス・オランダ・フランス・カナダ・中国・フィリピン・インド・ビルマ・パキスタン・オーストラリア・ニュージーランドなどで構成されていました。しかし、政策決定権を握ったのはアメリカです。

大戦末期、日本に宣戦して千島・樺太を占領したソ連は、当然日本の占領にも参加しようとしましたが、もし、軍政下に置かれると、ドイツ同様、分割占領の可能性が高くなります。アメリカはそれを回避するために、アメリカ単独の軍政ではなく、間接統治という形式をとり、それを運営する極東委員会にソ連を参加させて他国と並列させ、発言力を弱める方式をとったのです。

日本を管理する優越権をソ連に認めさせる見返りとしてアメリカは、ソ連のバルカン・東ヨーロッパ（東ドイツを含む）の管理における優越権を認めました。

「狡猾」と言うべきは、ソ連の介入を防ぐアメリカのこの方策のことでしょう。**日本はこれによって東半分の赤化（社会主義国化）を免れた**と言っても過言ではありません。ドイツの軍政と日本の間接統治には、当時の国際関係（冷戦）と深い関わりがあったのです。

「重要な事項に関する権限」については、「ポツダム宣言に反する項目に関する権限はほとんど与えなかった」というのが正確で、それ以外のことに関しては、ＧＨＱは意外にも寛容でした。ＧＨＱを皇居内や東京大学内に設置する案に日本政府が反対すると、それを受け入れ、濠端《ほりばた》の第一生命ビルを選定していますし、占領政策用に接収した公共施設などは、地元の市議会の要望・反対で撤回している例も見られます（大阪市中央公会堂集会室など）。

84　日本国憲法は「押し付け」ではなく、草案と作成に多くの日本人が関わっている

「同年〔一九四五〕十月、GHQは日本政府に対し、大日本帝国憲法を改正して新憲法を作るように指示した。これは実質的には帝国憲法破棄の命令に近かった。幣原喜重郎内閣は改正の草案を作ったが、発表前に毎日新聞社に内容をスクープされてしまう。草案の中に「天皇の統治権」を認める条文があるのを見たマッカーサーは不快感を示し、GHQの民政局に独自の憲法草案の作成を命じた。」（411頁）

「改正の草案」とは、いわゆる「松本試案」のことです。

一九四五年十月末、松本烝治《まつもとじょうじ》国務大臣を委員長とする憲法問題調査委員会が草案作成に入りますが、その議論と過程はまったく明らかにされず、草案は松本がほとんど一人で起草したものです。できたものは明治憲法とほぼ同じ内容で、日本政府が自ら民主的憲法の草案を作ることを期待したマッカーサーは失望しました（袖井林二郎『マッカーサーの二千日』）。

「ハリー・S・トルーマン政権の方針に基づいて民政局のメンバー二十五人が都内の図書館で、アメリカの独立宣言文やドイツのワイマール憲法、ソ連のスターリン憲法などから都合のいい文章を抜き書きして草案をまとめあげた。メンバーの中に憲法学を修めた者は一人もいなかった。驚いたことに、彼らはわずか九日で草案を作った（六日という説もある）。」（同）

これは誤りです。また、意図的かご存知ないのかわかりませんが、GHQ案作成に至る過程が大き

く抜け落ちています。このまま読めば、日本国憲法はお手軽なツギハギで、粗雑に作成されたもの、という印象を与えかねません（ネット上でも似た主張がよく見られますが）。

実際には、**アメリカ独立宣言文の精神は反映されているとは言えますが、同じような記述、そのままの引用は日本国憲法には見られません**。また**ワイマール憲法に関しては、GHQ案には反映されていません**。

また、スターリン憲法のどの箇所から抜き書きされているのでしょう。「両性の平等」や「勤労の権利・義務」のことでしょうか。男女の平等や勤労の権利・義務は、基本的人権の中の普遍的原理。それがスターリン憲法に記されているから、日本国憲法も影響を受けている、とするならば、民主主義国家すべての憲法がスターリン憲法の影響を受けていることになります。

マッカーサーが憲法改正を示唆した段階で、日本の政党や団体、あるいは個人がさまざまな憲法草案を作成しました。

①保守政党の自由党案・改進党案
②憲法懇談会案（社会党・文化人グループ）
③共産党案
④憲法研究会案（憲法学者のグループ）

このうち①は明治憲法とほぼ同じで、松本試案とあまり変わっていません。②は天皇の統治権を制限して天皇制を存続させるものでした。③は天皇制廃止と共和政を定めたものでした。④は天皇制存続と国民主権、そして天皇は「国家的儀礼」を執り行なうというものでした。

GHQは④を高く評価し、GHQ案作成の下敷きにしています。「都合のいい」抜き書きでもありませんし、④を下敷きにしているので、民政局のメンバーに「憲法学を修めた者」がいないこともあまり問題にはなりません。

「本来、憲法というものは、その国の持つ伝統、国家観、歴史観、宗教観を含む多くの価値観が色濃く反映されたものであって然るべきだ。ところが日本国憲法には、第一条に「天皇」のことが書かれている以外、日本らしさを感じさせる条文はほぼない。」（411頁）

憲法に対する一般的な考え方とは異なる認識です。憲法とは、そもそも司法・行政・立法を制限し、「普遍的な原理」を説くものです。**大日本帝国憲法にしても、ドイツやフランス、ベルギーの君主権の強い憲法を手本にしたもので、「日本らしさ」はありませんでした**（→2講、15講）。

「GHQはこの憲法草案を強引に日本側に押しつけた。内閣は大いに動揺したが、草案を呑まなければ天皇の戦争責任追及に及ぶであろうことは誰もが容易に推測できた。」（412頁）

これはGHQやマッカーサーの意図を曲解しています。

ソ連は、日本を軍政下に置いてドイツのような「分割占領」を企図していましたが、極東におけるアメリカの優越権を認める代わりに、ソ連の東ヨーロッパ・バルカンにおける優越権を認めさせました。それを前提にアメリカは「ソ連を含む連合国が直接統治しなくても日本は自ら民主化できる」という形式で、アメリカ主導の間接統治を行なったのです。

ポツダム宣言の要求に合致し、連合国を納得させる憲法を日本政府が作らなければ、ソ連の介入を許すことにもなりかねません。新憲法作成は単に「天皇の戦争責任」だけに及ぶ問題ではなかったのです。

またよく言われる「GHQはこの憲法草案を強引に日本側に押しつけた」も、適切な説明とは言えません。以下のように、**日本側による修正が成立までに何度も入っています。**

①GHQ案には、「一院制」が記されていましたが、幣原喜重郎は「二院制」の意義を粘り強く説明し、「二院制」に変更させています。

②また、「土地の国有化」も記されていました。もちろん、これも拒否し、「土地国有化条項」は削除されました。

③「外国人の人権を保障する条項」がありましたが、日本政府はこの条項を削除させています。

④また、「地方自治」も、連邦制に近いような地方分権が記されていましたが、修正されています。日本政府は何度もGHQと交渉し、これらの修正を行なっています。

こうして「政府案」がつくられ（一九四六年七月）、婦人参政権が認められた選挙で選ばれた議員からなる帝国議会に提出されました。**帝国議会での審議は百日に及び、議会でも多数修正されています。**

⑥「国民主権」が明文化されたのは議会においてです。

⑦さらには第二十五条の「生存権」規定は議会で挿入されました。これは「ワイマール憲法」の影響を受けたと言えるかもしれませんが、GHQ案には存在しません。

これだけではありません。

⑧GHQ案には義務教育の対象が定められておらず、規定が曖昧でしたが、議会において「その保護する子女に普通教育を受けさせる義務を負ふ」というように明記され、現在の第二十六条ができました。

このように見てくれれば、『日本国紀』の憲法草案作成過程、日本国憲法の成立に関する説明は、あまりに単純としか言いようがありません。

一九四六年十月、極東委員会は憲法施行後、一年後二年以内に憲法の再検討の機会を与える決定までしています。しかし、吉田茂内閣は「再検討」せず、一九四九年四月、吉田首相は国会で憲法は修正しないと答弁しました。

「ここで、読者に絶対に知っておいていただきたいことがある。アメリカを含む世界四十四ヵ国が調印している「ハーグ陸戦条約」には、「戦勝国が敗戦国の法律を変えることは許されない」と書かれている。つまり、GHQが日本の憲法草案を作ったというこの行為自体が、明確に国際条約違反なのである。」(413頁)

そんなことはありません。

まず、ハーグ陸戦条約には「戦勝国が敗戦国の法律を変えることは許されない」などとは記されていません。第四十三条には「国の権力が事実上占領者の手に移りたる上は、占領者は、絶対的の支障なき限り、占領地の現行法律を尊重して、成るべく公共の秩序及び生活を回復確保するため、施し得べき一切の手段を尽すべし」とありますが、そもそも**ハーグ陸戦条約は**、「**陸戦の法規慣例に関する条約**」であって、**戦時国際法**なのです。第四十三条の適用は戦争中の占領者に対してです。したがって**交戦後の占領には適用されません**。**日本国憲法の制定は、ポツダム宣言を受諾し、降伏文書に調印された後なので、ハーグ陸戦条約は無関係**なのです。

もし仮に、「戦後」の「占領」にも適用されると解釈したとしても、降伏文書は特別法となります。「特別法は一般法を破る」という原則がありますから、ポツダム宣言・降伏文書がハーグ陸戦条約より優先されます。日本国憲法の草案作成がハーグ陸戦条約に違反するなどという主張を唱える法学者はほとんどいません。この記述はハーグ陸戦条約の誤解、誤用と言うべきでしょう（→79講）。

「この時、草案を受け入れた幣原内閣は、後に「憲法第九条は私がマッカーサーに進言した」と語っているが、それはあり得ない。」（412頁）

これはおそらく古関彰一『日本国憲法の誕生』の内容をふまえたものでしょう。

一九五一年五月、マッカーサーは議会の証言で「第九条は幣原の提案だった」と証言しました。六四年出版の『マッカーサー回想記』でも、四六年一月に「幣原が、日本は軍事機構を一切持たないことを決めたい、と提案した」と記されています。

これが「幣原説」なのですが、私も、これは少し不自然に感じていました。憲法制定からかなり後から出てきた話ですし、マッカーサーの議会証言には、大統領との確執、共和党と民主党の対立が背景にあって、ちょっと作為的なものが多いからです（→69講）。『日本国憲法の誕生』では、当時の史料や幣原以外の閣僚の反応などから「マッカーサー説」を採用しており、私もこれに同意したいと思っています。

ただ、単にマッカーサーが指示した、ということにとどまらず、終戦直前、「国体護持」のためには「戦争を放棄する平和国家」を唱えなくてはならないという動きが見られたこと、戦後も旧軍部が憲法制定に一定の影響を及ぼしていたことが史料的に裏付けられており、古関著はたいへん興味深い研究です。

このように、「マッカーサー説」「幣原説」という二項対立的な解釈から、現在の研究では抜け出しつつあるのです。

85　東京裁判は「報復措置」の一つではない

「極東国際軍事裁判」に関する項（413～414頁）に入ります。

まず冒頭、「連合国軍は占領と同時に日本に対して様々な報復措置を行なったが、その最初は「極東国際軍事裁判」（東京裁判）であった」とされています。

「報復」と考えていたのは、アジア太平洋戦争中の戦争指導者たちです。それは、敗戦間際から彼らが「戦犯」となることをおそれ、ポツダム宣言に対して「戦争犯罪人の裁判は日本の手で行なう」という条件を付けようとしていたことからも明らかです。

ポツダム宣言は第六項で「日本国国民ヲ欺瞞シ之ヲシテ世界征服ノ挙ニ出ヅルノ過誤ヲ犯サシメタル者ノ権力及勢力ハ永久ニ除去セラレザルベカラズ」とし、さらに第十項では「吾等ハ日本人ヲ民族トシテ奴隷化セントシ又ハ国民トシテ滅亡セシメントスルノ意図ヲ有スルモノニ非ザル」と明言し、「吾等ノ俘虜ヲ虐待セル者ヲ含ム一切ノ戦争犯罪人ニ対シテハ厳重ナル処罰加ヘラルベシ」としています。

ポツダム宣言を日本は受け入れ、降伏文書に調印したのです。日本政府はこれを履行する義務があり、GHQとマッカーサーにはこれらの占領目的を達成する責務がありました。それを「報復」と言うのは一方的です。

「これは裁判という名前が付いてはいたが、「罪刑法定主義」という近代刑法の大原則に反する論外なものであった。わかりやすくいえば、東京裁判では、過去の日本の行為を、後から新たに国際法らし

きものをでっちあげて裁いたのだった（「事後法」による判決）。」（413頁）

この論法は、最もよくある東京裁判批判の一つです。

「国際法」はもともと、各国の個別の法とは異なり、普遍的なものごとにしか適用できません。国の伝統・文化・価値観によって成立している法は、同じ犯罪でも、刑罰・罪状が国によって異なります。そのため**国際法は、「事後法」によって裁かれない「罪刑法定原則」は適用しにくい**のです。人権や平和など「普遍的な原理」への違反を対象にするしかありませんでした。

日本は、三国同盟によってナチス・ドイツの「追随者」であった（そのことは「新体制運動」にも表れています）と見なされ、一九四五年六月のロンドン会議においてドイツの方式に倣って戦争責任を裁くことが決まりました。指導者の戦争責任を裁く規定の先例は、第一次世界大戦後のヴェルサイユ条約第二百二十七条にあります。これに基づいてドイツ皇帝を裁く特別法廷が開催される予定でしたが、皇帝の亡命先のオランダが引き渡しを拒否したため、開催されなかったのです。

東京裁判で、日本側弁護人高柳賢三《たかやなぎけんぞう》は、パリ不戦条約の「国際紛争解決のための戦争の否定」は「自衛戦争」には該当しない、と主張していますが、戦争の計画・準備・開始・遂行、及びその共同謀議は国際法に反する、という考え方は第一次世界大戦後、国際的に広く通用していました。つまり、「人道に対する罪」「平和に対する罪」は、第一次世界大戦後、国際法上の合意としてすでに存在していたと言えます。ただ、具体的な刑事罰をともなう例がなかったのです。

「判決文」は、「本裁判所には平和に対する罪などを定めた裁判所条例を審査する権限はない」という立場をとり、五十五の訴因のうち、判決で認定を与えられた訴因は十にしぼられ、そのうち八つは「平和に対する罪」に属するもので、残りの二つは「通例の戦争犯罪・人道に対する罪」でした。

絞首刑《こうしゅけい》判決を受けた、板垣征四郎《いたがきせいしろう》・木村兵太郎《きむらへいたろう》・土肥原賢二《どいはらけんじ》・東条英機・広田弘毅・松井石根・武藤章《むとうあきら》の七人は、訴因第五十四条の「通例の戦争犯罪を命令、授権もしくは許可した罪」か、訴因第五十五条の「故意または不注意によって戦争法規違反の防止義務を怠った罪」のいずれかで有罪と認定されました。「侵略戦争の共同謀議」ではなく、「日本軍の犯した残虐行為」に対して「責任を負うべき地位にあった」という点で有罪となっています。この点、ナチスの戦犯とは明確に異なるところで、日本側の弁護団の主張は通っているというべきでしょう。

> 「ただ、この裁判の判事の中で国際法の専門家であったインドのラダ・ビノード・パール判事は、戦勝国によって作られた事後法で裁くことは国際法に反するという理由などで、被告全員の無罪を主張している。」（414頁）

これもよく取り上げられる話ですが……。

パール判事が問題にしたのは、「平和に対する罪」などを定めた「裁判所条例を審査する権限がこの裁判所にはない」、という考え方でした。パールは「審査する権限がある」とし、東京裁判が国際法上に立脚しているか議論すべき、と主張しました。つまり、パールは東京裁判そのものを無効とするために、その土台となるルール自体の有効性を議論しようとしたので、「無罪かどうか」よりも重点はそちらにありました。訴因五十四・五十五に関して言えば、**パールは「南京大虐殺」その他の日本軍による残虐行為を東京裁判で認定していました**（「東京裁判は国際法に反するとパールは言った」と主張する方々は、この点になぜかあまり触れません）。

それから、「国際法の専門家であった」というのも誤解で、パールはもともと、インド私法の専門家。**国際法の専門家となるのは、この裁判後**のことです。

またフィリピンのジャラニラ判事も、東京裁判では「異質」の存在でした。ジャラニラ判事はパール判事の意見を非難し、判決の量刑は寛大すぎて犯された罪の重大さに適していない、とより重い刑を主張しました。原爆などに関してもパール判事は、原爆投下は戦争犯罪だ、と訴えたのに対して、ジャラニラ判事は原爆の使用は正当だと主張しています。アジアの判事による判断が、このように大きく二つに分かれた点が興味深いところです。

実は私も、東京裁判にはいくつかの点で疑問を感じている一人です。日本の戦争指導者たちに「戦争責任」があったことは間違いなく、東条英機もこの点ははっきりと口供書で認めています。しかし、以下の点で疑問を感じざるをえません。

検察官が、イギリス・カナダ・オーストラリア・ニュージーランド・中国など「被害国」から選ばれているのはわかりますが、判事を選出した十一カ国には、第二次世界大戦中の中立国からは一カ国も選ばれていません。

そして二十八人の被告を見ればわかるように、軍人で被告とされたのは陸軍に偏っていること（半数近くが陸軍軍人）と、太平洋戦争開始時の閣僚の比率が高いということです。財閥関係者は逮捕されたものの、戦犯としては訴追を免れています。

「死刑判決を受けた七人の「Ａ級戦犯」は、昭和二三年（一九四八）十二月二十三日、絞首刑で処刑された。この日は皇太子の誕生日であったが、この日を処刑の日に選んだところに、連合国軍の根深く陰湿な悪意がうかがえる。」（同）

一九四八年十一月十二日の判決後、処刑までには以下の経緯がありました（赤澤史朗『東京裁判』）。

弁護団はマッカーサーに「再審査」の申し立てを行ないました。マッカーサーはこれを受け入れ、同年十一月二十三日、裁判当事国十一カ国の代表を集めて意見聴取。ここでカナダ・インド・オランダの代表は被告たちの減刑を求めています。しかし、他の八カ国は判決を支持しました。

こうしてマッカーサーは、十一月二十四日に「一週間以内に」刑を執行することを命じました。

ところが弁護団は粘ります。十一月二十九日、アメリカ連邦裁判所に訴えたのです。

これによって刑の執行は一時延期されました。しかし、アメリカ最高裁判所は、連合国の機関として設けられた軍事法廷は管轄外である、としてこの訴えを退けました。これが十二月二十日。**十一月二十四日の段階でマッカーサーの決定を受け入れていたら、「皇太子の誕生日」が処刑の日にならなかったのに……**という話です。

86 「近代になって、戦勝国が敗戦国の兵士に残虐な仕打ちをした例」に日本軍も該当する

「日本兵は国外でも、悲惨な目に遭った」と始まるコラムで、次のように書かれています。

「満洲では、ソ連軍が武装解除した日本軍兵士を五十七万五千人も捕虜とし、厳寒のシベリアで何年にもわたって、満足な食事も休養も与えずに奴隷的労働をさせた。その結果、約五万五千人の兵士が命を落とした。」(415頁)

この「五十七万五千人」の中には将兵だけでなく、**満州国の民間人、満蒙開拓団の人々も含まれています。**

一九四五年八月六日、広島に原子爆弾が投下されました。トルーマン大統領は、これが原子爆弾であることを明らかにし、ポツダム宣言を受諾しなければ原爆攻撃を続行することを予告しています。東郷外相からこの声明を聞いた天皇は、八月八日、終戦工作を急ぐように命じました。こうして九日、長崎へも原爆投下。同日深夜、最高戦争指導会議が開かれます。しかし陸軍は、これが原子爆弾であることを頑迷《がんめい》に認めませんでした。

一方、八月八日、ソ連への特使派遣の回答を待っていたモスクワの佐藤大使は、モロトフ外相から、翌九日にソ連は日本と戦争状態に入る、と通告されました。同日未明、中国東北部から樺太に至る範囲で、いっせいにソ連軍が動きました。

満州では、関東軍は前線から一斉に撤退し、東南部の山岳地帯に立てこもり持久戦をとろうとしましたが、その結果、最前線の守備隊はもちろん百万人を超える民間人が置き去りにされています。

「悲惨な目に遭ったのは兵士だけではない。満洲や朝鮮半島にいた日本の民間人は、現地人に財産を奪われただけでなく、虐殺、暴行、強制連行などに遭い、祖国の地を踏めない者も少なくなかった。最も残酷な目に遭ったのは女性たちで、現地人やソ連兵らによる度重なる強姦を受けた。そのために自殺した女性が数多くいた。」（同）

という記述にあるように、民間人の異様な被害の拡大は、彼らを守るべき関東軍が真っ先に撤退したことが原因の一つです。在留自国人の保護を名目に派遣された軍隊が、在留自国人を保護することはなかった、ということを示すよい例でしょう。

「近代になって、戦勝国が敗戦国の兵士にこれほど残虐な仕打ちをした例はない。そこには白人種の黄色人種への差別意識に加えて、緒戦において日本軍に完膚《かんぷ》なきまでに打ち破られたことへの報復と

いう意味合いもあった。」（同）

「報復」云々は百田氏の想像にすぎませんが、「戦勝国が敗戦国の兵士にこれほど残虐な仕打ちをした例はない」ということはありません。**「戦勝国」としての日本（一時的でしたが）にも、以下のような例があります。**

一九四六年十二月十日の東京裁判では、フィリピンの検事によってフィリピン各地で日本軍が捕虜や市民に対して行なった残虐行為が冒頭陳述で述べられています。とくに「バターン死の行進」などの捕虜の虐待、抗日分子とされたフィリピン人への拷問が次々と告発されています。

十二月十六日からはシンガポール、ビルマなど二十一地域で日本軍の残虐行為が証言されました。一例としては、後に映画『戦場にかける橋』（一九七五年）でも取り上げられた「泰緬鉄道」で強制労働させられた捕虜の証言がありました。

これらの残虐行為の立証は一九四七年一月十七日まで行なわれ、さらに個人追加証拠提出を行なって同月三十一日まで検察側の立証は続きました。このように「戦勝国が敗戦国の兵士にこれほど残虐な仕打ちをした例」は日本軍にも見られました。戦争の直接的な被害者は、敗者にも勝者にも当然いるものです。どちらか一方の側から説明しては、歴史記述にはなりません。

「戦後、朝鮮半島を経由して帰国した女性の多くが強姦によって妊娠あるいは性病感染させられており、そのため日本政府は、昭和二一年（一九四六）三月に福岡県筑紫郡二日市町（現在の筑紫野市）に二日市保養所を設置し、引き揚げ女性の堕胎《だたい》手術や性病治療を行なった。二日市保養所は翌年秋に閉鎖されたが、その間に、五百人以上の女性が堕胎手術を受けたといわれている（公にできない手術のため、詳細な記録は残されていない）。なお聞き取り調査によると、女性らを強姦して妊娠させた

「五百人以上の女性が堕胎手術を受けている」「加害者で圧倒的に多かったのは朝鮮人であった」というのは正確でしょうか。

保養所の医務主任橋爪将《はしづめまさる》の報告書（「橋爪報告」）で報告されている加害者は四十七人。このうち二十八人が朝鮮人、ソ連人が八人、中国人が六人、台湾人一人、フィリピン人一人でした。「わかっている加害者四十七人のうち二十八人が朝鮮人であった」と数字を明記すべきだと思います。朝鮮半島を経由して避難、引き揚げをしているのですから、朝鮮人が多いこの数字に違和感はありません。「圧倒的」などという言い方は偏見を助長してしまうだけでしょう。

引き揚げ女性たちの治療にあたったＭＲＵ（移動医療局）によると、京城（現在のソウル）から釜山までの調査対象八百五十五人中強姦被害者七十人、性病罹《り》患《かん》者十九人と、全体の一割が性的被害を受けていたことがわかっています。朝鮮半島を経由し、移動距離が長くなるほど被害は多くなるはずです。ドイツ人の東欧からの引き揚げ・避難女性の場合も同様でした。

87　ローマ教皇庁の靖國神社に関する見解には背景がある

「生き残った靖國神社」という項についてです。

「ブルーノ・ビッテル神父はマッカーサーに次のように進言したと伝えられている。

「いかなる国家も、その国家のために死んだ人々に対して、敬意をはらう権利と義務があるといえる。

それは、戦勝国か、敗戦国かを問わず、平等の真理でなければならない。（中略）もし、靖國神社を焼き払ったとすれば、その行為は、アメリカ軍の歴史にとって不名誉きわまる汚点となって残るであろう。」」（416〜417頁）

このビッテル神父（当時、駐日ローマ法王代表・バチカン公使代理としてＧＨＱを補佐）の話は、**史料的にはまったく確認できない俗説**であることがわかっています。ＧＨＱの資料の中にはないですし、ビッテルとマッカーサーのやりとりの間に残された文書、手紙などにも見当たりません（中村直文『靖国』）。皮肉ではなく、それが存在すればぜひ見てみたいと思っています。

「またローマ法王庁も「（靖國神社は）市民的儀礼の場所であり、宗教的崇拝の場ではない」という公式見解を示している。」（417頁）

これは一九三六年五月二十六日付で出した「第一聖省《せいしょう》訓令」の「一部分」だけの切り取りで、マッカーサーとは無関係です。（　）内にわざわざ「靖國神社は」と記されていますが、恣意的です。と言うのは、**これはカトリック教徒の神社参拝全体についての見解であり、靖國神社だけに対しての見解ではない**からです。

「政府によって国家神道の神社として管理された神社において通常なされている儀礼を、（政府が数回行った明らかな宣言に従って）国家当局者も、また文化人の共通な考えも、単なる愛国心のしるし、すなわち皇室や国の恩人たちに対する尊敬のしるしとしてだけみなしている。」（西山俊彦「神社参拝と宗教的行為の規定の恣意《しい》性」より）

というのが聖省訓令なのですが、「政府によって国家神道の神社として管理された神社において」という部分が「条件」なのです。つまり、靖國神社に限ったわけではありません。しかも、出された一九三六年という時期が問題で、これはそもそも、日本の司教が、「ある事件」に対してローマ教皇庁の見解を求めたことに対する回答でした。

その「ある事件」とは、一九三二年五月の「上智大学生靖國神社参拝拒否事件」です。

学校教練のために、大学には陸軍将校が派遣されていました。この将校が、学生六十人を率いて靖國に参拝しようとしたところ、二人が参拝を見送りました。これを問題視した陸軍は、学校教練将校の引き上げを示唆します。

普通ならば、はい、どうぞ、となりそうですが、問題は「学校教練」を履修すると兵役が十カ月短縮されることでした。大学にとっては、これは生徒募集の面からも重要なもの。陸軍にとっては、大学という教育機関に対する思想・言論統制を行なう「武器」にもなっていました。

日本カトリック教会のシャンボン教区長は、ただちに文部大臣に参拝の意義を確認しました。目的は「宗教行為ではなく儀式にすぎない」という回答を得るためでした。この一言があれば、カトリックとしても参拝を「儀式」と解釈できます。

文部次官からの回答は「参拝は忠君・愛国のためである」というものでした。カトリック教会側は、これをもって靖國参拝は宗教行為ではないとしました。

ところがさらに『報知新聞』(同年十月一日)がこの問題を取り上げ、カトリック教会への非難が高まりました。カトリック教会は十二月、『カトリック的国家観』を出版し、愛国・忠君のための神社参拝を許容すべきことを明らかにします。これによって陸軍は、教練将校を上智大学に戻し、日本カトリック教会は危機を脱しました（↓『宗教で読み解く日本史』）。

この一連の経緯を追認する形で、聖省訓令が出されたのです。

神社への参拝は「非宗教的行為」であるとの方針は一九五一年十一月二十七日付の「第二聖省訓令」でも確認されていますが、**国家神道は戦後、解体されましたので、この方針に、今の靖國神社は該当していない**、という事実も忘れてはいけません。

「**今日、靖國神社の存在を認めない日本人が一部にいるが、ビッテル神父の言葉を噛**《か》**みしめてもらいたいものだ。**」（417頁）

現在、靖國神社は一宗教法人です。国家神道から離れた以上、存在は認められてしかるべきです。ただ、ビッテル神父の「存在しない言葉」を噛みしめるよりも、軍国主義に利用された神道や、軍部の恫喝《どうかつ》に近い指導で信仰心を抑圧された「上智大学事件」に代表されるような事件があった事実も、同時に噛みしめたいものです。

「**中国と韓国が、日本国首相の靖國神社参拝を非難・反対することを外交カードとし始めたが、これは明らかな内政干渉である。**」（同）

これには私も同意できます。信仰の自由はもちろん、思想・信条の自由も当然あります。

ただ、「情けないのは、日本国内に中国と韓国に同調するマスメディアや団体が少なくないことだ」と続くのですが、一概に「情けない」とは私は思いません。神道を軍国主義に利用していたこと、かつて日本が支配した地域で神社参拝などを強制された人々の気持ちにも、十分理解を示すべきでしょう。それに、靖國神社の首相参拝に反対する人々が「中国と韓国に同調する」意見を持っているとも限りません。

「「国のために戦って亡くなった兵士を弔《とむら》う」行為は、どの国にもあるが、日本人は昔から敵国の兵士をも弔っている。」（同）

として、蒙古襲来の後に戦死者を敵味方の区別なく弔った円覚寺《えんがくじ》の話、朝鮮出兵の折も各地で死んだ敵兵を埋葬している話、日露戦争で戦死したロシア兵の礼拝堂建設の話などが続きます。

靖國神社の話の流れでこの話が出てきたのはやや唐突で、戸惑いをおぼえました。靖國神社の本殿にはもちろん、敵兵はいません（↓番外篇1）。国内および諸外国の人々を慰霊するための「鎮霊社」もありますが、建立は一九六五年。この時点で「昔から敵国の兵士を弔っている」とは言えません。円覚寺や日露戦争の戦没者の礼拝堂とは、性格の違うものなのです。

「「亡くなった者には、もはや敵味方の区別はない。死者はすべて成仏する」という仏教的精神」と「死者を鞭打たない」（418頁）という心理についてはまったく同感で、私個人は日本人のすばらしい美徳と考えています。

ただ、「対照的に、敵の死体にさえも陵辱を加える（時には墓から引きずり出してまで）という他国の人々に、靖國神社を非難などされたくはない」（同）には違和感をおぼえます。

靖國神社を批判する人々の意見は、「亡くなった者には、敵味方の区別はない」という日本の文化・哲学への批判ではなく、「政教分離」という近代政治思想の法理に即した立場にあるだけの場合が多いのではないでしょうか。そうした批判については、別の文脈で反論したほうがいい気がします（そもそも、神仏分離令［一八六八年］の後にできた靖國神社を「仏教的精神」で説明するのも違和感がありますし……）。

88 昭和天皇は閣僚たちの意見を聞いているだけではなく、自らの意見を口にした

続くコラムに、昭和天皇の戦争責任に関する話があります。

「大日本帝国憲法の基本原則は、統治権は天皇が総攬《そうらん》するが、実際の政治は政府が行なうということであった。よって「君臨すれども親裁せず」というのが昭和天皇の政治姿勢であった。」（418頁）

基本的には正しいのですが、一部不正確です。前にも述べたように、大日本帝国憲法では、やはり主権が天皇にあり、その主権の下、立法・行政・司法の三権が存在し、それぞれが天皇を補佐するとされていました。

「これまで述べてきたように、昭和天皇は御前会議の場でも基本的に閣僚たちの意見を聞いているだけで、自らの意見を口にすることはなかった。そして内閣の決めたことに対して異議を挟まなかった。」（419頁）

先に指摘しましたが、「張作霖爆殺事件」を境にして、「意見」は言うが「拒否」（命令に等しい）**はしなくなった、と『昭和天皇独白録』で自ら回顧されています**（→81講）。

また、統帥権者としては、マレー半島の攻撃に対して、タイの領域を通過することを認めない、という指示も出されていますし、沖縄戦などに関して軍部に意見も述べられています（→77講）。

「昭和天皇がその生涯において、政治的な決断（親裁）を下したのは、二・二六事件と終戦の時だけであった。」（同）

近現代史の一般論としてはこれらの二度に「張作霖爆殺事件」を加えた「三回」と指摘するのが普通です。特に「親裁」せず「意見」にとどめるように変わった分岐点とも言うべき「張作霖爆殺事件」に言及すべきだったと思います。

この三つはそれぞれ性格が異なるものです。「張作霖爆殺事件」については行政のトップとして、「二・二六事件」については軍の統帥権者として、「終戦」に関しては統治者としての意思表示でした。

昭和天皇の「戦争責任」を否定するために、天皇は「君臨すれども親裁せず」「聞いているだけで意見を口にしなかった」と強調されているのかもしれませんが、**「聞いているだけ」というのは著しい誤りで、様々な局面で示された天皇のご意思とご苦労を蔑《ないがし》ろにする**記述です。

ＧＨＱやマッカーサーが天皇の戦争責任を不問にしているのは、外交的理由もありますが、戦争中の天皇の行動、そして述べられた「意見」などを膨大な資料・証言調査によって調査・分析し、それを連合国代表・極東委員会も理解したからです。

満州事変以後、戦争の拡大に関しては天皇に対し明確に事後報告ばかりでした。逐一について天皇のご発言の記録はありませんが、回想・断片の記録からわかるものはたくさんあります。

たとえば十五年戦争開始の契機となった南満州鉄道爆破事件と直後の軍事行動は、天皇命令で始まったものではありません。

朝鮮軍の独断越境についても事後報告でしたが、「此度《このたび》ハ致方《いたしかた》ナキモ将来充分注意セヨ」と述べられています。一九三一年九月二十一日、金谷《かなや》参謀総長は朝鮮軍の不始末を天皇に詫びることになりました。また同日、若槻礼次郎首相に「満州事件ノ拡大セザル様トノ閣議ノ趣ハ適当」と政府の不拡大方針を支持され、翌二十二日にも「行動ヲ拡大セザル様」と奈良《なら》武次《たけじ》侍従武官長に命じています。

「此度ハ致方ナキモ将来充分注意セヨ」と言うだけでは「充分」ではなかったという見方もありますが、昭和天皇のご判断を歪《ゆが》めたのは軍部からの情報の（意図的ともいえる）不正確さにありました。それより前、奈良侍従武官長が天皇に「此上積局的軍隊ノ進出ハアルマジク、支那側ノ対抗モアルマジク」と満州事変に対する楽観論を述べていたからです。

このように統帥部は、軍事行動の事後報告、不正確な情報を以後も繰り返していくことになります。天皇が直接軍事行動を命令したことは確認できず、事後の報告がほとんどで、それに対する次の判断も、誤った情報によって歪められていく、ということが多数ありました。

『牧野伸顕《まきののぶあき》日記』『奈良武次日記』によるこれらの記録からは、戦線が拡大していくありさまを懸念される一方、奈良は情勢を楽観視し、天皇の情勢判断を誤らせていたことがわかります。

十月八日、天皇は「本庄司令官ノ声明及布告ハ内政干渉ノ嫌《きらい》アリ」と、本庄繁関東軍司令官が示した張学良政権に対する否認声明を批判されてもいます。

「出先軍部ト外務官吏トノ間ノ意見ノ相違ハ、陸軍ハ満蒙ヲ独立セシメ其政権ト交渉セントスルニ反シ外務側ハ其独立政権ヲ好マザル点ニアリト認ム、此点陸軍ノ意見適当ナラザル様思ハル。其積リニテ陸軍中央部ニ注意スルヨウニ」（『奈良武次日記』）

満蒙独立論を「適当ナラザル」とし、内政干渉を強く嫌悪されていたことがわかります。

一九三一年十二月二十三日、犬養毅首相兼外務大臣に対しても「錦州《きんしゅう》不攻撃の方針」を示され、さらに「国際間の信義を尊重すべき」と諭されています。

翌年一月十一日には、「支那ノ云《い》ヒ分モ少シハ通シテ遣ル方可然《しかるべく》」と攻撃の不拡大、国際関係の重視、中国との協調を示されています。

この後も、日中戦争や太平洋戦争、沖縄戦、そして終戦において天皇はその都度、意見し、判断されており、「聞いていただけ」ということは史料的に確認できません（→57講）。

そしてマッカーサーは、確かに一九四五年九月の面会で、昭和天皇のお人柄に感銘を受け、天皇としてのご覚悟を知ったことは間違いないでしょうが、それだけで戦争責任を免じようと考えたわけではありません。

その後、日本の占領政策に天皇を利用しようという方針を立てたうえで、先に述べたように、天皇が戦争の節目で国際協調の立場から、不拡大や回避を試みようとされるも、軍部の不正確な情報で判断を歪められてきた、という事実に基づいて、戦争の責任はないと判断したのです。

昭和天皇の言動については、軍部の行動を後押しするような例も散見できますが、GHQの下した「天皇は戦犯者ではない」という判断は、マッカーサー個人の感想によるのではなく、調査を含めた総合的なものでした。

89　「WGIP」は「戦争についての罪悪感を日本人の心に植え付ける宣伝計画」ではない

いよいよ、『日本国紀』の主要テーマの一つ「ウォー・ギルト・インフォメーション・プログラム」という項に入ります。

> 「もう一つ、ＧＨＱが行なった対日占領政策の中で問題にしたいのが、日本国民に「罪の意識」を徹底的に植え付ける「ウォー・ギルト・インフォメーション・プログラム」（ＷＧＩＰ：War Guilt Information Program）である。これはわかりやすくいえば「戦争についての罪悪感を、日本人の心に植え付けるための宣伝計画」である。」（421頁）

まず、「戦争についての罪悪感を、日本人に植え付けるための宣伝計画」は江藤淳が広めた言葉ですが（→番外篇5）、これは単純な「誤訳」というか、「超訳」としか言いようがありません。「War Guilt Information Program」をどう訳したらこうなるんでしょう。

「これがＷＧＩＰを示す文書だ」、という英文を読んでも、「日本人の心に植え付ける」というような表現は一切出てきません。「War Guilt」も、「戦争の罪悪感」と訳せないわけではないのですが、実際には「戦争責任」というニュアンスとしか思えません。

たとえばヴェルサイユ条約の第二百三十一条は通称「War Guilt Clause」と呼ばれますが、普通「戦争の罪悪感条項」なんて訳しません。「戦争責任条項」ですよ。

「War Guilt Information Program」のニュアンスは「戦争責任を伝える計画」という感じでしょう。「罪悪感」を「心に植え付ける」「宣伝計画」といった陰謀めいた、おどろおどろしい感じはまったくしません。

ネット上にあげられている英文を読んでも、どんな洗脳計画や手順が記されているのかと思ったら、メディアへの対策が記されていて、新聞・ラジオの他、映画について、戦争責任に対する世論形成をどう進めていくかを考えよう、と書いてあるだけです。たとえば、原爆に対する批判に対してはどうするか、アメリカ国民の不信を招くような情報がマスメディアに出ると早期の平和条約に支障が出る、とか、そんなところです。

「これは日本人の精神を粉々にし、二度とアメリカに戦いを挑んでこないようにするためのものであった。東京裁判もその一つである。」（421頁）

「日本人の精神を粉々」にするようなものは何も書かれていません。百田氏は原文を読まれているのでしょうか。東京裁判を新聞報道するにあたっての民間諜報《ちょうほう》局の付帯意見、という程度のものですよ。一部をちょっと訳してみましょうか。

発・参謀第二部　宛・民間情報教育局　一九四八年三月

1　基本的に表題計画に同意。特にその目的や計画についての基本的な考え方、実行される基本的な手法について同意する。

2　用いられる特定の手法や手段についての批判的意見は以下に示す。

a・新聞報道

（1）海外のニュースの量および日本人の示す明白な興味を参考にして、国際極東軍事裁判の判決の後、速やかに適切な量の新聞用紙が各新聞社に提供されるようにすべし。

（2）検察側の最終弁論の内容全文は、弁護側の最終弁論の内容とともに同一紙面に印刷され、すべての事実が歪曲なく提供されていることと、この裁判の判決が確固たる法的根拠に基づくものであることが強調されるように配慮すべし。

aの（2）項が「それらしい」感じがしないわけではありませんが、正直、この程度のもので「日本人の精神を粉々」にしたとはとても断言できないと思います。占領軍が戦後日本人の歴史認識のパラダイムを変えた、と主張したいならば、WGIP以外のものを根拠にされたほうがよいでしょう。

「GHQは思想や言論を管理し、出版物の検閲を行ない、意に沿わぬ新聞や書物を発行した新聞社や出版社を厳しく処罰した。禁止項目は全部で三十もあった。」（421頁）

プレスコードを示した上で、非公表の禁止項目が三十あるとされていますが、まあそんなもんでしょう、としか言いようがありません。公開した「プレスコード」に対して、検閲する側の施行細則が当然必要ですし、ポツダム宣言を履行する占領軍としては、これくらいのことは詳細に記します。

以下は蛇足です。

421～422頁にかけての、「GHQ」という部分を「政府や軍部」に、「擁護」を「批判」、「進駐軍」を「日本軍」、「戦後」を「戦時中」に置き換えてみると、なかなか面白いですよ。

「「政府や軍部」は思想や言論を管理し、出版物の検閲を行ない、意に沿わぬ新聞や書物を発行した新聞社や出版社を厳しく処罰した。」

「日本の戦争や戦犯を「批判」することも禁じられた。新聞や雑誌にこうした記事が載れば、全面的に書き換えを命じられた。」

「「政府や軍部」の検閲は個人の手紙や電話にまで及んだ。「日本軍」の残虐行為を手紙に書いたことで、逮捕された者もいる。」

「スターリン時代のソ連ほどではなかったが、「戦時中」の日本に言論の自由はまったくなかった。」

満州事変以降、全体主義的思潮が一般の人々にも浸透し、思想統制が強化され、政府や軍部の言論統制とプロパガンダが激しくなります。治安維持法も強化され、特別高等警察も設けられました。GHQの言論統制を厳しく批判する百田氏は、政府や軍部のこれらの統制についてなぜかまったく言及されていません。同じ「質」「量」で説明してほしかったところです。

90　GHQの検閲が戦時中のものより酷かったとは言えない

「GHQの検閲は個人の手紙や電話にまで及んだ。進駐軍の残虐行為を手紙に書いたことで、逮捕された者もいる。スターリン時代のソ連ほどではなかったが、戦後の日本に言論の自由はまったくなかった。」（422頁）

このような表現をされると、戦前・戦後を実際に暮らしたことがない若者は大きな勘違いをしてしまいます。もちろん、信書・通信の自由を犯すことなどは許されませんが、これらGHQの「検閲」の目的と方法は、実際にはどのようなものだったのでしょうか。

「これらの検閲を、日本語が堪能ではないGHQのメンバーだけで行なえたはずがない」（同）と書かれている通り、日本人の検閲官がいました。東京中央郵便局では六百人ほどが手紙の検閲を行なっています。GHQの検閲済の印鑑が押された手紙なども多数ありますし、現在まで所持されている方もいます。

この検閲を統括したのがGHQの民間検閲局（CCD）です。詳細を説明するために、まず、WG

ＩＰ（戦争責任を伝える計画）の目標について説明します。

戦争責任について日本国民に伝えていくためにＣＣＤが示したのは、まず自らが、
①日本人を知る。
こと。その上で日本人に、
②軍事的敗北を認識させる。
③日本軍の行なった残虐行為を伝える。
④戦争の実態を伝える。
⑤東京裁判を受け入れさせる。
の五つ（山本武利『ＧＨＱの検閲・諜報・宣伝工作』）。
①の「日本人を知る」から入っているのが面白いところです。
民間情報教育局の企画作戦課長となったブラッドフォード・スミスは、戦時中から対日心理戦を担当した人物で、捕虜の日記や尋問を通じて、どのようなプロパガンダを兵士に対して行なえば戦意を喪失して降伏するかを調べ、「投降ビラ」に反映させる、という仕事をしていました。彼が学んだのは、虚構や誇張はかえって疑いや反発を招く、つまりウソは見破られるため、戦闘状況を正確に示すのが肝要、ということでした。

アメリカ人にとって日本人は不可解で、文化・慣習などまったく異質。よって、まずこれを知る、ということもＷＧＩＰ（戦争責任を伝える計画）に含まれていたことは理解できます。

ＣＣＤ（民間検閲局）の「最終目標」は、

「日本人の思考を把握し、政策の立案や占領政策に生かすことである」

と記されています（有山輝雄『占領期メディア史研究』）。この点、CCDはWGIPを実行していたことがわかります。検閲を通じて、当時の日本人の意識、占領に対する民間人の考え方を集め、占領政策に反映していきました。

一番大きいのは「天皇」についてです。これによって日本人の多くが天皇制の存続を望み、天皇がヒトラーのような存在ではなかったことがわかりました。それによって実際、マッカーサーは天皇制の存続を決めています。

次に、進駐軍に対してどのような印象を持っているか。日本人の多くが好意的で協力的であることがわかり、占領軍の規模・予算を縮小しても大丈夫であるという確信を得ます。進駐軍は当初約五十万人でしたが、一九四八年には約十万人に削減されました。

さて、CCDのもとで進められた郵便検閲ですが、「日本人協力者」の証言が近年になって出てくるようになり、NHKの「クローズアップ現代」でも取り上げられていました（『知られざる〝同胞監視〟』）。検閲キーワードは主に、「闇市《やみいち》」及びそれを意味する類語・隠語《いんご》でした。

武器や軍需物資が闇市に出回っていないか、食料品や生活必需品が闇取引されていないか、などを監視し、占領下の物価安定を図るのが目的でした。特に生活必需品に対する民衆の不満は、占領政策にとっては見過ごせない「世論」です。占領政策に対する他国の干渉を招き、アメリカ本国の世論などにも影響を与えかねないからです。

「闇市」という言葉を手紙で見つけると報告します。するとただちに日本の警察に通報され、手紙を書いた人物が取り調べられる……番組で証言したその元日本人検閲官は、うしろめたさを感じていた、と告白しています。

検閲や表現の自由の弾圧は、目的や結果がどうであれ、許されるべきものではありません。私はけっして肯定はしません。しかし、一面的な言論弾圧を強調し、「言論の自由はまったくなかった」と説明するのは誤りです。

敗戦直後の一九四五年九月、『日米会話手帳』という簡単な文例をかかげたわずか三十二ページ本が発売され、一カ月で四百万部の大ヒットとなります。もちろん、この段階では、WGIPなどはこれに関与できたわけではありません。が、このような本は、敗戦前には発売できなかったはず。

一九四五年十二月に来日したアメリカ人記者マーク・ゲインの記した『ニッポン日記』を読むと、完全に瓦礫と化した町の中で、生き生きと生活する日本人の様子が見てとれ、進駐軍に対して従順で好意的であったことがわかります。「陽気で」「いたずらっ子のような」アメリカ人のイメージは、米軍兵士たちが子どもたちに配るチョコレートやガムとともに広がっていきました。

占領軍への批判は厳しく取り締まられていましたが、総動員体制下のさまざまな規制は撤廃され、戦前の厳しく無意味な精神論に基づく「縛り」から解放され、文化・言論は自由な雰囲気が広がります。

映画や歌謡曲は、明るい未来や青春、恋愛を題材にし、「のど自慢」「素人演芸会」のような視聴者参加の番組がラジオに流れます。一九四六年からは国民体育大会が始まり、プロ野球も復活です。これらはすべて戦時中に禁止、制限されていたことばかり。「戦後の日本に言論の自由はまったくなかった」などというのは、とても大多数の一般庶民の意識ではありません。

しかし、これは都市部およびその周辺の話であったことも忘れてはなりません。農村では（あるいは都市部の特定の階層の中では）戦前からの家父長《かふちょう》制が残り、四六年四月には、婦人参政権が認められた総選挙で三十九人の女性議員が誕生しましたが、女性は家庭にいるべし、という考え方がまだ根強く残っていました。

「検閲や焚書《ふんしょ》を含む、これらの言論弾圧は「ポツダム宣言」に違反する行為であった。「ポツダム宣言」の第十項には、「言論、宗教および、思想の自由ならびに基本的人権は確立されるべきである」と記されている。つまりGHQは明白な「ポツダム宣言」違反を犯しているにもかかわらず、当時の日本人は一言の抵抗すらできなかった。」（423頁）

著しい曲解です。

GHQによる検閲・出版禁止の最大の目的は逆に、**戦時中に行なわれた「言論、宗教および、思想の自由ならびに基本的人権」の阻害・弾圧、及び戦後に残るそれら阻害要因の「除去」**だったからです。

「ちなみに「大東亜戦争」という言葉も使用を禁止された。〔……〕この時の恐怖が国民の心の中に深く残ったためか、七十年後の現在でも、マスメディアは決して「大東亜戦争」とは表記せず、国民の多くにも「大東亜戦争」と言うのを躊躇《ちゅうちょ》する空気がある。いかにGHQの検閲、処罰が恐ろしかったかがわかろうというものだ。」（同）

この記述には戦後の一般市民の感覚・空気がまったく反映されていません。

「大東亜戦争」という呼称を用いない、ということになっても大部分の庶民は、恐怖はおろか何とも思っていませんでした。処罰を恐れるほど「大東亜戦争」という呼称にこだわるのは、限られた階層・思想の持ち主だけです。

むしろ戦時中、「大東亜戦争」が連呼され、「大東亜共栄圏」が謳《うた》われる国家総動員体制の下、苦しい生活に耐えた日々を思い出す言葉として使いたくない、という人々も少なからずいたことを胸に刻んでおきたいものです。

91 「WGIP」の施策はラジオ放送と新聞だけだった

「GHQの「WGIP」はラジオ放送によっても行なわれた。」（423頁）

WGIPの施策は、あまり広範なものではありませんでした。

ラジオ放送と新聞だけなんです。

百田氏は、思い違い（思い込み）をされていますが、**WGIPは「検閲」「教職追放」「公職追放」とは関係ありません。これらは「戦争責任を伝える計画」には含まれていません。**

というのも、WGIPはアメリカ太平洋陸軍により一九四五年九月に設置されたCIE（民間情報教育局）が担当しているからです。まだGHQは発足していません。設立の経緯から、CIEはその後GHQの一組織になり、教育・情報の担当に専従しました。

WGIPの施策のうち、「新聞」で行なったのは『太平洋戦争史』の連載です。連載期間は一九四五年十二月八日から十七日。

そしてラジオ放送の『真相はこうだ』の放送期間は、一九四五年十二月九日から翌年二月十日。ちなみに、『真相はこうだ質問箱』は一九四六年一月十八日から二月八日。そして『真相箱』は一九四六年二月十七日から十一月二十九日です。

不思議なのは、百田氏が新聞連載の『太平洋戦争史』に触れられていないことです。聞き流されるラジオに比べ、こちらは活字で明確に残っています。発行されていた新聞すべてに掲載されましたが、当時の新聞は紙不足から二面しかありませんでしたから、一面に掲載された『太平洋戦争史』は多くの目にとまりました。しかも、一九四六年四月に高山書院から出版され、歴史教科書として使用されました。

さて、『真相はこうだ』の話をする前に。

ＣＩＥ（民間情報教育局）が進めたＷＧＩＰは、洗脳といったものではなく、新聞などの言論機関に対して、強圧的な活動もしていません。

ＣＩＥは、そもそも矛盾を抱えていました。メディアを利用した情報発信には当然、ＣＩＥの意に沿った報道をメディアに行なわせる必要があります。しかし、これを強制することはアメリカが日本から除去しようとした軍国主義に近く、移植しようとした民主主義に反します。そのため局長のケネス・ダイクは、これに特に配慮することにつとめ、

「我々は、サイドラインを引き、ゴールを設け、ボールをトスする。彼らがそのボールを拾い上げ、それを持って走る。彼らがボールを落としたり、倒れたりしたときには助ける。しかし我々は特にプレーに加わるわけではない」（賀茂道子『ウォー・ギルト・プログラム　GHQ情報教育政策の実像』）

という方針をとっていました。実際、『太平洋戦争史』は、各新聞社に掲載を強制しましたが、な

んと編集はまったく自由で、記事ネタの提供、というのに等しいものでした。朝日・毎日・読売の三社比較では、CIEが提供した『太平洋戦争史』のうち、朝日は約一七%、毎日は約一二%、読売は約一九%を削除しています。削除された箇所は、「マニラの虐殺写真」、軍国主義者への非難などでした。しかしこれらに対してCIEは注文をつけたり、指導、処罰したりなどを一切、行なっていません（三井愛子「新聞連載『太平洋戦争史』の比較調査　占領初期の新聞連載とその役割について」）。

CIEの進めた「戦争責任を伝える計画」（WGIP）の実施の性格はこのようなものでした。「メディア統制」といっても、書き換えを強要したり、出版禁止を命じたりした戦前の日本のものとは大きく異なるところです。これらに比べれば、戦前の日本の言論統制、メディアへの弾圧、プロパガンダによる「洗脳の深さ」のほうがはるかに「恐ろしい」はずなのに、『日本国紀』はそれらについては一切説明されていないのです。

92　国民は「WGIP」のラジオ放送によって初めて軍部を憎んだわけではない

ラジオ放送『真相はこうだ』について。

「この番組は、大東亜戦争中の政府や軍の腐敗・非道を暴くドキュメンタリーをドラマ風に描いたものだった。国民は初めて知らされる「真相」に驚くと同時に政府や軍部を激しく憎んだ。しかしこの番組は実はGHQがすべて台本を書いており（そのことは国民には知らされていなかった）、放送される内容も占領政策に都合のいいもので、真実でないものも多かった。すべては日本人を「国民」対「軍部」という対立構図の中に組み入れるための仕掛けだったのだ。また「太平洋戦争は中国をはじめとするアジアに対する侵略戦争であった」ということを徹底的に刷り込むためのものでもあった。」（424頁）

まず、百田氏はこのラジオ放送を何らかの手段で聴かれたことがあるのでしょうか。現存しているのは第一回、第二回、第七回、第八回、第十回だけです。

この五回分を聴くか読むかして百田氏は右のように断言されたことになりますが……。

この放送について比較的明快にわかっているのは「タイトル」だけで、内容の詳細は現在不明なものも多いのです（賀茂道子氏は前掲書で、第一回、第二回については個人蔵の音源の提供を受けて研究されています）。

第一回「満州事変について」

第二回（タイトル不明。内容は日華事変）

第七回「太平洋戦争の転機」

第八回「ニューギニア・マーシャル・サイパンの戦い」

第十回（最終回）「硫黄島の戦いと沖縄戦・ポツダム宣言・原爆から敗戦まで」

「国民は初めて知らされる「真相」に驚くと同時に政府や軍部を激しく憎んだ」とされていますが、誤りです。**『真相はこうだ』が始まる以前から、国民はすでに政府と新聞によって日本軍の残虐行為や、戦争中のプロパガンダのウソを知らされていた**からです（これはもっと後のことですが、私も、軍人であった伯父たちから、終戦当時はそのような空気だったと聞いたことがあります）。

「戦争責任を伝える計画」（WGIP）が始まる以前、終戦直後には軍部に対する嫌悪と批判はすでに始まっていました。ポツダム宣言発表直後から、軍事物資を持ち出して郷里に帰る軍人たちの姿が各地で見られるようになり、一九四五年九月一日から十五日まで「警視庁警備課」のまとめた「街の声」では、これを指摘するものが大量に挙げられています（賀茂道子前掲書）。また、陸軍省など軍部の関連省庁では、さまざまな書類が「たき火」に投じられ、多くの市民が軍部の隠蔽工作を目撃しています。

終戦直前まで「本土決戦」を叫び、「一億総玉砕」を唱えながら突然終戦の詔勅が発せられたこと、「特殊爆弾ヲ使用スルモ被害軽微」と発表されていた原子爆弾の被害・惨状《さんじょう》が伝えられたこと、東久邇宮首相の「声明」発表により、これまで隠されてきた軍の敗退、軍事力の払底《ふってい》が知らされ、騙されていたことを国民自身が十分認識するようになっていました。

そして何より、復員兵たちが、自分たちの「惨状」、「戦地での体験」を語り始めていました。

これらは「戦争責任を伝える計画」（WGIP）が始まる三カ月以上前から広く見られていたことです。国民は「戦争責任を伝える計画」（WGIP）によって「政府や軍部を激しく憎んだ」のではありません。

「「国民」対「軍部」という対立構図の中に組み入れるための仕掛け」というのも不正確です。『太平洋戦争史』『真相はこうだ』の目的は、大きく次の二つです。

①「天皇に戦争責任がない」ことを国民に伝える。

②「大東亜戦争」は「満州事変に始まる侵略戦争であった」ことを国民に伝える。

「天皇は知らなかった」と説明され、はっきりと、日本が警告なしに真珠湾を攻撃したことは、「陸下の御意志ではなかったのだ」と示しています。

百田氏は、天皇に対する戦争責任が問われず、大多数の国民がそれを問題にしていないことは、WGIPの「洗脳」により「刷り込まれた」ことであり、「何よりも恐ろしい」「洗脳の深さ」(425頁)である、と主張されるつもりなのでしょうか。

『真相はこうだ』が始まると、NHKには抗議の手紙、電話などが殺到しました(春日由三『体験的放送論』)。しかしその中には、つい数カ月前までNHKは鬼畜米英を唱えて戦争を賛美していたのに、その変わり身の早さ、無節操を非難するものも多数あったようです。CIEはその苦情内容を分析して次の放送に活かしています(聴取者から質問を受け付けて回答するという『質問箱』『真相箱』を開始しました)。

「GHQは翌年も『眞相箱』『質問箱』というタイトルで、二年以上にわたり洗脳番組を放送し続けた(依然、GHQが制作していることは伏せられていた)。」(424頁)

『真相はこうだ』は、一九四五年十二月九日から翌年二月十日まで。二ヶ月ほど。

『真相はこうだ質問箱』は一九四六年一月十八日から二月八日まで。三週間ほど。

『真相箱』は一九四六年二月十七日から十一月二十九日まで。九ヶ月ほど。

この三つは一九四五年十二月九日~一九四六年十一月二十九日までですから、一年未満の放送です。

もう一つの『質問箱』のほうですが、これは最も長く、一九四六年十二月から四八年一月までの放送。すでに東京裁判は開始(四六年五月)していたため、戦争責任を日本国民に知らせるというものとのWGIPとは性質の異なるものになりました(太田奈名子「占領期ラジオ番組『質問箱』について」)。

百田氏は、この『質問箱』の内容を聴かれたことがあるのでしょうか?

第一回と第二回の内容ですが、第一回は七つの質問に回答していて、①「婦人局の設立」、②「労働組合法」、③「戦時中の日本仏教信徒の活動」、④「軍閥の戦争開始の目的」、⑤「青年男女の交際」、⑥「労働関係調整法」、⑦同じく「労働関係調整法」です。

第二回の質問も七つ。①「労働組合法」、②「男女共学」、③「家族制度と民法」、④「アメリカと国際連合との関係」、⑤「穀物の供出割当数量」、⑥「琉球諸島の食料不足」、⑦「労働調整法」です。

「戦争責任」を知らせる、というＷＧＩＰの本来の目的から、かなり一般庶民の社会生活に関する内容に質的に転換していることがわかります。『質問箱』からは国民の関心が目の前の生活の問題に移っていることが読み取れ、これを「洗脳」「罪悪感を植え付ける」と断じるには無理を感じます。それに、**ＣＩＥが制作していることを明示していた**ので、「ＧＨＱが制作していることは伏せられていた」というのも誤りです。

ＷＧＩＰについては、『日本国紀』の中でも格段のページ数を割いて説明されているのに、あまりにもたくさんの誤りの上に立論されています。

「ＧＨＱの占領は七年間だったが、それが終わって七十年近く経った現在でも、多くの日本人が「戦前の政府と軍部は最悪」であり、「大東亜戦争は悪辣《あくらつ》非道な侵略戦争であった」と無条件に思い込んでいる。」（425頁）

ＷＧＩＰ以前から「戦前の政府と軍部は最悪」と国民は知っていました。「悪辣非道な侵略戦争」と現在でも「無条件」に思い込んでいるわけでもありません。

93　「教職追放」は「ＷＧＩＰ」とは無関係である

「ＧＨＱの行なった思想弾圧で、後の日本に最も影響を与えたのは「教職追放」だった。」（426頁）

ＧＨＱが行なったのは「思想弾圧」、という言い方は不適切です。

戦争責任者や軍国主義者が一連の施策を「弾圧」と思うのは当然かもしれませんが、戦時中の軍国主義を煽る書物などを没収するのは、ポツダム宣言にある「軍国主義の除去」に基づくものです。

しかも、戦後に書かれた書物の没収ではなく、戦前の軍国主義的な内容の書物の没収です。たとえば、占領中に横田喜三郎《よこたきさぶろう》の著した天皇制批判の書、その名も『天皇制』は、ＧＨＱの基本方針であった「天皇制の維持」「天皇の戦争責任否定」に明らかに反していますが、没収も弾圧もされていません。

「国際法学者として東京大学に君臨した横田喜三郎は、東京裁判の正当性を肯定している。」（427頁）

これも不正確で、横田は東京裁判の翻訳官を担当し、審議・過程を詳細に知っており、国際法学者の立場として、その法的不備を指摘しています。

またその前の方で、

「［焚書には］多くの日本人協力者がいた。特に大きく関与したのは、日本政府から協力要請を受けた東京大学の文学部だといわれている。」（423頁）

「～といわれている」とあるように、まだ学術的には検証されていないことです。

「同大学の文学部内には戦犯調査のための委員会もあった」というのは、外務省からの依頼によるものです。仮にＧＨＱの指示が背後にあったとしても、あくまでも日本の手による問題解決を促すものので、「我々は、サイドラインを引き、ゴールを設け、ボールをトスする。彼らがそのボールを拾い上げ、それを持って走る。彼らがボールを落としたり、倒れたりしたときには助ける。しかし我々は特にプレーに加わるわけではない」というCIEの方針とも合致しています。戦時中の特高や憲兵隊による露骨な弾圧、出版禁止、プレスへの圧力に比べれば極めて穏当なものです（→91講）。

さて、「教職追放」についてですが。

「「WGIP」を日本人に完全に植え付けるためには、教育界を押さえなければならないと考えたからだ。

　代わってGHQが指名した人物を帝国大学に入れたが〔……〕戦前、「森戸事件」（東京大学教授の森戸辰男が無政府主義の宣伝をした事件）に関係して東京大学を辞めさせられた大内兵衛《ひょうえ》（戦後、東京大学に復帰、後、法政大学総長）、戦前、無政府主義的な講演をして京都大学を辞めさせられた（滝川事件）滝川幸辰《ゆきとき》（戦後、京都大学総長）など、多くの者がGHQの後ろ盾を得て、「WGIP」の推進者となり、最高学府を含む大学を支配していくことになる。」（426頁）

まず、いわゆる「教職追放」が開始された一九四七年には、「戦争責任を伝える計画」（WGIP）の『真相はこうだ』をはじめとする主要施策は、ほとんど終了しています。東京裁判が始まっているため、WGIPを推進する必要性はもう、あまりありませんでした。

大内兵衛は確かに一九二〇年の「森戸事件」に関係して罰金刑となり、失職しましたが、数年後、東京大学に復職しています。「第二次人民戦線事件」で検挙され、一九四四年に退官しているのでこの説明は誤りです。

また、「森戸事件」「滝川事件」を「無政府主義の宣伝」「無政府主義的な講演」などと評しているのは弾圧した戦前の政府の見解で、現在このように説明するのは不適切です。滝川の理論は、階級が対立する社会では罪刑法定主義を徹底しないと、後出しジャンケンの要領で法が思想を弾圧する手段になりかねない、という主張で、この程度の話で「無政府主義」と断じ大学の人事に介入した戦前の「思想弾圧」の理不尽さがよくわかる事件です。

ちなみに**大内兵衛にせよ滝川幸辰にせよ、その登用は戦前に思想弾圧された象徴的な人々の「回復」の一環**であって、「「WGIP」」の推進者となり、最高学府を含む大学を支配していくことになる」というのは何の根拠もありません（細かな点ですが、「最高学府」は「東京大学」ではなく単に「大学」を意味する言葉ですので、「最高学府を含む大学」は重言です）。

「「八月革命説」とは「ポツダム宣言の受諾によって、主権原理が天皇主権から国民主権へと革命的に変動したもので、日本国憲法はGHQによって押し付けられたものではなく、日本国民が制定した憲法である」という説である。現在でも、この説は東大の憲法学の教授たちによって引き継がれ、その教え子たちによって全国の大学の法学部に広く行き渡り、司法試験などの受験界では「宮沢説」は通説となっている。」（427頁）

「八月革命説」を少し誤解されていると思います。主権原理が天皇主権から国民主権に移ったことは、まさに大転換でした。憲法学者の宮沢俊義はこれに刺激的な比喩として「革命」という語を用いているのであって、彼の造語、術語にすぎず、「日本国憲法はGHQによって押し付けられたものではなく、日本国民が制定した憲法である」とまでは言及していないと思います。

「〔宮沢は〕「日本国憲法の制定は日本国民が自発的自主的に行なったものではない」と主張していたが、ある日突然、正反対の意見を言い出した学者である。」（同）

宮沢は、憲法について「押し付けられた」とも「自主的につくった」とも言っていません。ここで言われる「正反対」とは、天皇の地位についてでしょうか。宮沢はGHQ占領下の一九四七年には「天皇は君主」と説明していたのですが、五五年には「君主ではない」とし、一九六七年の『憲法講話』では「天皇は公務員」と見解を変化させています。そのことを言われているのでしょうか。

「そして東京大学法学部からは、戦後も数多くの官僚が輩出している。「自虐史観」に染まった教授たち（一部は保身のためGHQに阿《おもね》った）から「日本国憲法は日本人が自主的に作った」「東京裁判は正しい」という教育を受けた人たちが、文部科学省や外務省の官僚になるという方がむしろ、恐ろしいことである。」（428頁）

そんなことはないと思いますよ。

東大にせよ京大にせよ、むしろGHQの民主化政策以降、法学部の中ではさまざまな考え方や立場の教授・学生が自由に研究し、主張をできるようになったと考えるべきではないでしょうか。戦前に「危険思想」「反体制」のレッテルを貼られた人物さえ、「復活」できる世の中になったわけですから。

独立後は、さらに多様な学問の自由が展開されています。憲法学では、東京大学の宮沢俊義の「八月革命説」に対して、京都大学の大石義雄は日本の歴史・伝統を重視したすぐれた憲法論を提唱し、独自の憲法理論を確立しています。

「「教職追放」は大学だけでなく、高校、中学、小学校でも行なわれた。最終的に自主的な退職も含めて約十二万人もの教職員が教育現場から去った。」（同）

「教職追放」は、GHQはもちろん、CIEが直接行なうものではありません。これも「間接統治」の一環で、まずGHQが「覚書」を出して、判定を現地に委任し、**最終的に追放対象となったのは約**

五千人。約十一万人が自主退職しました（秦郁彦『昭和史の謎を追う（下）』）。

94　「公職追放」は「ＷＧＩＰ」とは無関係である

「ＧＨＱが次に行なったのが「公職追放」（公職に関する就職禁止、退職等に関する勅令）である。ＧＨＱにとって好ましからざる人物と判断した人たちを様々な職場から追放したのだ。」（428頁）

これは「公職追放令」を曲解しています。

目的は「ＧＨＱにとって好ましからざる人物」ではなく、軍国主義者と戦争協力者の追放です。また対象人物は「内面」ではなく「外面」（主義・主張ではなく、戦前どのような立場にあったか）によって選定されています。ＧＨＱが恣意的に選んだわけではありません。

「対象者は、「戦犯」や「職業軍人」など七項目に該当する人物だったが、ＧＨＱが気に入らない人物は、それだけで追放処分となった。」（429頁）

このように主張するならば、七項目に該当せず、ＧＨＱが気に入らない人物で追放された例を具体的に挙げる必要があります。

「鳩山〔一郎〕は昭和二〇年（一九四五）、アメリカの原爆投下に批判的ともとれるインタビュー記事が朝日新聞に載ったことで、ＧＨＱから睨《にら》まれたのだ。」（同）

朝日新聞がＧＨＱの出したプレスコードにひっかかって発行停止になったのは確かですが、鳩山一郎の公職追放の理由は別で、「統帥権干犯問題」を議会で追及したことが原因でした。そもそも百田

氏も「統帥権干犯問題」の項（352〜354頁）において、

「これ〔ロンドン軍縮条約〕を受け入れた政府を、一部の軍人や野党政治家は激しく非難した。」

「ロンドン海軍軍縮条約に反対する野党政治家（犬養毅、鳩山一郎など）が、それまでの大日本帝国憲法の解釈と運用を無視して、「陸海軍の兵力を決めるのは天皇であり、それを差し置いて兵力を決めたのは、天皇の統帥権と編制大権を侵すものであり、憲法違反である」と言い出して、政府を批判したのだ。」

「この一連の事件以降、内閣が軍部に干渉できない空気が生まれ、軍部の一部が統帥権を利用して、暴走していくことになる。野党の政府攻撃が日本を変えていくことになったのだ。」

と鳩山一郎ら「野党」政治家を非難し、彼らがGHQの指定する「軍部の台頭に協力した軍国主義者」として公職追放にふさわしいことをすでに示しています（→48講）。

ちなみに、「滝川事件」（→93講）で滝川教授の罷免を要求し文官分限令《ぶんかんぶんげんれい》で休職処分にした時も、「上智大学事件」（→87講）の時も、文部大臣は鳩山一郎でした。

GHQはポツダム宣言に定められたことを、降伏文書を受け入れた日本政府に実行させる責務をもっています。特に軍国主義者の除去は、かなり力を入れて調査していました。戦後にGHQを批判した者を公職追放したのではなく、戦前の軍国主義台頭に協力した人物を追放したのです。

ですから「大学や新聞社で追放を免れた人たちの中にも、追放を恐れてGHQの政策に対して批判的なことを口にする者はいなくなった」（430頁）というのは誤解です。

「戦後初の総選挙で第一党となった政党の総裁でさえ簡単に追放してしまうGHQの恐ろしさに、以降、GHQの政策に異議を唱える政治家はほとんどいなくなってしまった。」（429頁）

ＧＨＱは異議申し立てを受理する機関として「公職資格訴願審査《そがんしんさ》委員会」を設置し、実際に百四十八名の取り消し、四名の解除を行なっています。「ＧＨＱの恐ろしさ」に怯《おび》えていたのは軍国主義者と戦争協力者、旧戦争指導者たちでした。

「また名称こそ「公職追放」となっていたが、実際は公職だけでなく民間企業からも追放された。」（同）

どうも「公職」の意味を誤解されているようです。「公職追放令」という法令は実行にあたって、「公職」の定義をしています。「国会の議員、官庁の職員、地方公共団体の職員及び議会の議員並びに特定の会社、協会、報道機関その他の団体の特定の職員の職等」と明記されており、当然、**民間企業でもそれが軍国主義や戦争協力に携わるものであったならば対象**となります。

「ＧＨＱは新聞社や出版社からも多くの人物を追放した。それは言論人や文化人にも及んだ。」（同）

百田氏は例として、菊池寛《きくちかん》・正力松太郎《しょうりきまつたろう》・円谷英二《つぶらやえいじ》・山岡荘八《やまおかそうはち》の四人を挙げています。

菊池寛の場合は、戦前、衆議院議員に立候補したり（落選）、市会議員に当選したりして政治家の経験があります。日本文芸家協会の会長として、内閣情報部からの指示を受け作家の従軍を募集したり、戦争中は国家からの依頼はすべて受け入れるとして「文芸銃後《じゅうご》運動」を始めたりもしています。日本文学報国会《ほうこくかい》が設立されるとその議長にもなりました。映画会社「大映」の社長に就任、国策映画制作も行なっています。

正力松太郎は、大政翼賛会の総務であり、Ａ級戦犯の第三次指名を受けています。読売新聞社の社長であったことが公職追放の理由になったのではありません。もともと内務官僚で、警視庁官房主事時代には日本共産党の一斉取り締まり、関東大震災時には社会主義者の扇動による暴動に備える警戒を指揮しています。警務部長を歴任しますが皇太子時代の昭和天皇が狙撃された「虎ノ門事件」の責任を負い懲戒免官となった、という経歴があります。

円谷英二の場合は、個人的には同情を禁じ得ません。「内面」ではなく「外面」が対象となった典型例だと思うからです。映画と特撮に取り組み、それに専念した結果だったと思うと気の毒です。円谷は一九三九年に陸軍航空本部からの依頼で、戦闘機操縦の「教材映画」を演出兼任で撮影しました。なんと自ら航空機を操り、撮影したんです。一九四〇年の『海軍爆撃隊』ではミニチュアの飛行機による爆撃シーンを撮影しました。

一九四一年、太平洋戦争が始まると「東映」は本格的に「戦意高揚映画」を制作していくようになります。特撮が重要な役割を果たすため、円谷は戦争映画すべてを担当しました。『ハワイ・マレー沖海戦』が大ヒット、さらに『雷撃隊出動』『加藤隼戦闘隊』などはすべて円谷が手がけました。こうして軍の教材映画、戦意高揚映画に加担したという理由で公職追放となったのです。

山岡荘八の場合は、従軍記者として活躍したことが対象となってしまいました。国家総動員体制の下、多くの作家も体制に協力させられていきました。従軍体験の作品では火野葦平《あしへい》の『麦と兵隊』は人気を博しましたが、石川達三の『生きてゐる兵隊』は発禁処分となります。山岡荘八は『からゆき軍歌』『海底戦記』を著しています。

> 「代わりにGHQの指名によって入ってきたのは、彼らの覚えめでたき人物たちだった。これにより、多くの大学、新聞社、出版社に、「自虐史観」が浸透し、GHQの占領が終わった後も、「WGIP」を積極的に一般国民に植え付けていくことになる。」（429〜430頁）

という説明はどうでしょう。すでに申しましたように「公職追放」は民間検閲局（CCD）とも「戦争責任を伝える計画」（WGIP）とも無関係です。

公職追放で、政財界の中枢から軍国主義者や戦争協力者が多く抜け、それまでの中間層が繰り上がりで一気に若返りました。彼らは「三等重役」と揶揄《やゆ》もされましたが、逆に言えば**「老害」が除かれて若手に活躍の機会が回ってきた**、と喜ぶ風潮もありました。「多くの大学、新聞社、出版社に、「自虐史観」が浸透し……」とも一概には言えず、法学部などの**憲法界では、独立後、日本独自の憲法を求める思想も大きく展開**されます（↓93講）。

公職追放に反発し、**戦争を反省しつつも新しい日本の建設を進めようという保守層も成長**していきました。何より、独立後の議会で革新層は過半数をとることなく、保守層が常に過半数を占めてきています。国民の支持の過半数は常に保守にありました。

それに官僚に対しては公職追放はあまり見られません。裁判官などもそうです。戦前の衆議院議員の八割ほどは公職追放の対象となっていますが、追放規定の三親等外の親族や秘書などを「世襲候補」として立候補させ、大部分は議席確保に成功しています。

「GHQの覚えめでたき人物たち」が、「戦争責任を伝える計画」を「一般国民に植え付けていく」こともなく、WGIPは終了しました。

「また政治家の間でも、GHQを使って政敵を追い落としたケースもあった。」（430頁）

当時、石橋湛山《いしばしたんざん》が公職追放の対象となったのは吉田茂の追い落とし工作だったという「噂《うわさ》」があったことは有名ですが、これは政界ゴシップにありがちな話。他にこのような例があったなら、具体例を挙げてほしいところです。

多くの事実を誤解されたり誤認されたりしているので、「こうした事実を見ると「教職追放」や「公職追放」は、単に思想的な問題だけでなく、日本人の誇りとモラルを破壊したということがわかる」（同）とは断言できないと思います。

95 「マッカーサー神社」の創建は計画されていない

「GHQが日本人に施した洗脳は、戦時中の中国・延安で、中国共産党が日本人捕虜に行なった洗脳の手法を取り入れたものだった。このことは近年、イギリス国立公文書館が所蔵する秘密文書で判明しており、延安での工作には、日本人共産主義者、野坂参三の協力があったこともわかっている。」（430頁）

「『WGIP』が、中国共産党の洗脳に倣ったことを伝える文書は、『ノーマン・ファイル』（KV2／3261）と呼ばれるファイルに残されている。」（431頁）

「ノーマン・ファイル」を百田氏は本当に読まれたのでしょうか。読まれた上で、「戦後の日本は、共産主義者たちの一種の「実験場」にされたようにも見える」（432頁）と本気でおっしゃっているんでしょうか。どこを読んでも、そんな話は出てきません。

「近年、イギリス国立公文書館が所蔵する秘密文書で判明しており……」という部分も違和感をおぼえます。このファイルが公表されたのは二〇一〇年ですが、内容自体はこのファイルで初めて明らかになったようなものではなく、一九八〇年代には詳細にわかっています（大森実『赤旗とGHQ』、アメリカ戦時情報局『延安リポート』など）。

ハーバート・ノーマンはカナダの外交官・日本研究者で、終戦直後の日本で一時、戦犯指定や新憲法制定などGHQの占領政策に協力した人物です。その後「赤狩り」の時代にスパイ疑惑をかけられ、自殺をとげました。

「ノーマン・ファイル」について「GHQでマッカーサーの政治顧問付補佐官を務めたジョン・エマーソンが、アメリカ上院小委員会で」（同）証言したものとされていますが、誤りです。「ノーマン・ファイル」は全部で二百二十七ページありますが、このうち、エマーソンが証言した部分は五十数ページだけ。

このファイルのエマーソンの証言部分には、「心理戦〔国民の意識を変える政策〕は共産主義を推奨する意図のあるものではない」とあるので、ノーマン・ファイルに関する百田氏の説明は意味不明としか言いようがありません。むしろ、「戦争指導者と国民」を分離するという方法がイタリアで成功している、という話であり（『延安リポート』）、中国共産党の洗脳に倣ったわけではなさそうです。

「ちなみに、「洗脳」という言葉は今日、英語でも「brainwashing」と漢語から直訳されて使われている。」（431頁）

百田氏が再三使用されている「洗脳」という言葉の使い方は、心理学的には誤り。「洗脳」とは、対象とする人物に暴力や監禁などの物理的な圧力を加えて行なうものです。なのでそれをともなわない場合は、正確には「マインド・コントロール」でしょう。そもそもノーマン・ファイルには、「brainwashing」という単語は一つも出てきません。また言うまでもなく、エマーソン証言に「戦争責任を伝える計画」（WGIP）という単語も一つも出てきませんので念のため。

「呆れたことに、この時、〔罷免されて帰国した〕マッカーサーをご神体に据《す》えた「マッカーサー神社」を作ろうという提案がなされ、その発起人に当時の朝日新聞社社長の長谷部忠《はせべただす》が名を連ねている（毎

日新聞社社長、本田親男《ちかお》の名前もある）。朝日新聞にとって、ダグラス・マッカーサーは現人神《あらひとがみ》だったのであろう。」（433頁）

まったくの俗説で、こんな事実はありません。**「マッカーサー神社」とは、「マッカーサー記念館」（マッカーサー元帥の業績を記念して建設を計画されたもの。実際には建設されず）を揶揄《やゆ》した、一九九〇年代の言葉**です。ちなみに発起人には、朝日新聞や毎日新聞の社長だけでなく秩父宮殿下も名を連ねています。

魔法の言葉「WGIP」

「ウォー・ギルト・インフォメーション・プログラム」は当初、評論家・江藤淳《えとうじゅん》の著書『閉された言語空間　占領軍の検閲と戦後日本』（一九八九年）によって主張されたものでした。『真相はこうだ』『太平洋戦争史』など、GHQの占領期の情報政策の個別研究はそれまでにも進んでいましたが、江藤が一次史料によって「計画」の存在を明らかにしたことは評価できます。しかし、「WGIP」を「戦争の罪悪感を日本人に植え付ける計画」と翻訳したことは、どう考えても理解に苦しみます（→89講）。またその後の研究の進展により、「計画」が江藤の考えたように強い影響力を持つものではなかったことも、明らかになってきています。

現在、「WGIP」という言葉が「日本の戦争を否定的に捉える歴史観はすべてアメリカによって占領期間中に押し付けられたもの」という考え方を肯定する「根拠」として、魔法の言葉のように一人歩きし始めていることは、大きな問題だと思います。

また、「「WGIP」を植え付けられた」といった言い回しに至っては、意味不明としか言いようがありません。「〜を植え付ける計画を植え付けられた」というのは重言ですし、もはや時限爆弾か植物の種のようですが、そんなにうまくいくものでしょうか。

そしてGHQの占領期の「戦争責任を伝える計画」を誇張する一方で、戦前の「検閲」「言論・思想の弾圧」「報道管制」「軍国主義的教育」にはまったく言及されていません。GHQの占領下の政策を「言論統制」と言うならば、戦前のそれは、これをはるかに上回るものでした。「ゾンビのように蘇る自虐思想」という項（464〜465頁）で主張されていることは、

GHQを「政府」

「WGIP」を「戦前の軍国主義（Senzen no Gunkoku Shugi＝SGS）」

「自虐思想」を「愛国心」

に置き換えてみれば、「WGIP」という文言で戦後を説明する滑稽さがわかると思います。

「昭和四〇年代から五〇年代にかけての日本は、高度経済成長を成し遂げ、国民生活が飛躍的に向上した時代であったが、その繁栄の裏で、厄介な問題が起こってきた。それは占領軍が去ってから沈静化していた「愛国心」が再び強くなってきたことだ。

日本人は戦前に政府による「SGS」の洗脳を受けたが、独立と同時に起こった戦犯赦免運動でも明らかなように戦前に教育を受けてきた国民の多くには、心の深いところまで「愛国心」が浸透していた。

昭和三五年（一九六〇）の安保改定後の総選挙で自民党が圧勝したのも、有権者の全員が戦前生まれだったからである。昭和三〇年代には、祝日になると町の至るところに「日の丸」が揚がり、儀式の際には普通に「君が代」が歌われていた。

ところが、昭和一〇年代の終わり（戦中）以降に生まれた人たちは、「愛国心」を植え付けられていない。……

「SGS洗脳世代」こそ、まさに政府の落とし子であり、「SGS」の信者であるといえた。彼らの「愛国心」は、戦後の日本を全否定するまでに膨張し、さらに「反日」という思想が生み出されていく。」

ゾンビのように蘇っているのは、「戦前の軍国主義（SGS）」と言うべきかもしれません。

96 戦後、朝鮮人に治外法権はもちろん、不逮捕特権など認められていない

「占領中に、アメリカ兵に殺害された日本人は四千人近く、強姦された婦女子は記録されているだけでも二万人にのぼった（被害を届けなかったケースを考慮すると、実際はその何倍もいたと思われる）。」（433頁）

私も、占領期のGHQの兵士たちによる犯罪に関しては憤りを感じており、特に「婦女子への犯罪・不当な待遇」は大問題であったと強く思っています。

ですから、やはり、正確な史料や数字に基づいて説明しなければならない問題であると考えるのです。たとえばこの「二万人」はどの記録を参照されているのでしょうか。

また、「四千人近く」というのは、おそらく「全調達」（調達庁［現在の防衛省の前身の一つ］の労働組合）の調査の三千九百三人のことをおっしゃっているのでしょう（これ以外に「四千人近く」の数字を残す記録がありません）。しかし、これはアメリカ兵が起こした殺害事件だけではなく、アメリカ軍に関係した事故、交通事故による死者も含んでいるものです。「殺害された」人数が「四千人近く」というのは不正確です。

「記録」ということで言うならば、内務省警保局《けいほきょく》外事課の「進駐軍ノ不法行為」があります。一九四五年八月三十日から十月まで、進駐軍の兵士の犯罪を取り調べたものです。よって「日本の警察は、アメリカ兵の犯罪を捜査することも検挙することもできなかった」（433頁）というのは一部不正確な説明です。

ＧＨＱは、プレスコードで「占領軍への批判」を禁止していましたが、アメリカ兵の重大犯罪に対しても「検閲」していました。しかし、「事前」から「事後」の検閲に変更されると、アメリカ兵の犯罪に対する報道の規制も比較的緩和され、報道記録も残っています。警保局外事課の「進駐軍ノ不法行為」では、八月三十日から九月十日の間で強姦九、わいせつ事件六が見られます。

また占領期の日本を知る人には懐かしい言葉かもしれませんが、「ＭＰ」という組織も日本には配置されていました。Military Police（アメリカ軍憲兵）のことで、米軍兵士の犯罪取り締まり、治安維持を行なっていました。各地のＭＰは都道府県庁内に設置されている場合が多く、市民から得たアメリカ兵の犯罪情報をもとに検挙しています。

滋賀県庁にあったＭＰの通訳を担当していた方の話などが明らかにされていますが（『産経新聞』二〇一五年七月二十八日）、軍内部の犯罪についても厳しく摘発していたことがわかります。

占領軍は三年間で五十万人規模から十万人規模に縮小され、一九四六年から次第にその犯罪数も減少していきました。

占領下におけるアメリカ兵による犯罪は、もっとクローズアップされてしかるべきだと私は考えますが、誇張や事実誤認を含めてはいけません。

「ＧＨＱは、当初、朝鮮人を「戦勝国民」に準じるとしたのだ。前述したように、占領初期は、新聞で朝鮮人を批判することは許されず、また彼らを裁判で裁くことも禁じられた。〔……〕他の連合国軍兵士と同様に不逮捕特権まで得た朝鮮人は、日本人相手に乱暴狼藉の限りを尽くした。はじめは朝鮮人の行動を黙認していたＧＨＱも事態を重く見て、昭和二〇年（一九四五）九月三十日に、「朝鮮人連盟発行の鉄道旅行禁止に関する覚書」で、朝鮮人が「治外法権の地位にないこと」を明らかにする発表を行なった。つまり、それまでは「治外法権」を認められていたことになる。」（434頁）

ＧＨＱは、朝鮮人に「戦勝国民に準じる地位」など与えていません。当時の一部朝鮮人たちの「自称」です。

また、朝鮮人の「治外法権」についての記述には二つの大きな誤りがあります。

一つは、「昭和二〇年（一九四五）九月三十日」ではなく一九四六年九月三十日の誤り。

二つ目は、「朝鮮人連盟発行の鉄道旅行乗車券禁止に関する覚書」の中に、朝鮮人が「治外法権の地位にないこと」に類する文言は書かれていない、ということです。調べればすぐわかります。

ＧＨＱは朝鮮人に「不逮捕特権」など与えていないんです。一九四五年八月から四六年九月三十日までの殺人事件の記録だけを見ても、朝鮮人犯罪者は逮捕されています。

一九四五年　八月「名古屋少年匕首《あいくち》殺害事件」　三人逮捕
一九四五年十二月「直江津駅リンチ殺人事件」　三人逮捕
一九四六年　八月「一勝地《いっしょうち》村農家六人殺害事件」　三人逮捕
一九四六年　六月「七条警察署巡査殺害事件」　五人逮捕

97　「農地改革」はアメリカの社会実験ではない

ここから、ＧＨＱのいわゆる「五大改革」についてです。

「ＧＨＱの一番の目的は、日本を二度とアメリカに歯向かえない国に改造することだったが、共産主義者やそのシンパは、日本を大きな社会実験の場にしようとも考えた。」（436頁）

独特な解釈です。

ＧＨＱの目的は、非軍事化・民主化を通じて日本社会を改造し、アメリカだけでなく、東アジア地域にとって**日本が再び脅威となるのを防ぐ**ことです。「共産主義者やそのシンパ」が「社会実験」をしようとした改革でももちろんありません。

「五大改革指令」のうち、婦人参政権の実現はすでに、アメリカをはじめ世界の思潮でした。労働組合の結成奨励は、アメリカのニューディール政策の中ですでに実行されていることです。

教育の自由化も、まずは外枠の学制の改革で、教育使節団の調査と勧告によって一九四七年から法整備されています（教育基本法・学校教育法）。

秘密警察（特別高等警察や憲兵隊）および治安維持法の廃止も戦前の総動員体制の除去ですから、ポツダム宣言に基づくものです。

財閥解体はすでにアメリカで実施されていた反トラスト法をもとにしていますし、農地改革などは自作農の創出が目的です。地主と小作の対立構造は、小作農民の貧困化が進むと社会主義革命の温床にもなりかねません。むしろ自作農創出は、土地持ちが増えるということですから、フランス革命以来、農民の保守化をもたらすものです。日本の資本主義国化を促し、「赤化」を防ぐという意味でも有効な方法でした。

世界史的な観点から眺めれば、GHQの改革が「共産主義やそのシンパ」による「社会実験」である、などという主張は成立しません。

「一般企業でも労働組合が強くなり、全国各地で暴力を伴う労働争議が頻発した。これらはソ連のコミンテルンの指示があったともいわれている。」（435頁）

「ソ連のコミンテルン」は**戦時中に解散（一九四三年五月）**していますし、コミンテルンの**幹部は皆、スターリンによって粛清**されています。後継組織のコミンフォルムは一九四七年十月創設ですから、GHQの改革とはまったく無関係（→56講、74講）。

さて、「農地改革」についてですが。

「この改革は実は戦前の日本でも検討されていたが、財閥や政界有力者、華族の反対が強く、実現できずにいた。それをGHQは一種の社会実験として行なった（こんなことはアメリカでは絶対にでき

なかった)。」(437頁)

そもそも**アメリカは、建国以来、「独立自営農」が基本。農地改革のようなことをする必要はありません。**南北戦争中でも「ホームステッド法」を出して公有地を自ら開拓すれば無償で土地を得られるようにしていました。自作農創設は「実験」でもなんでもなく、アメリカを中心とするGHQだから推進できた改革とも言えます。

「農地改革」は、現代でも進歩的文化人といわれる人たちや唯物史観論者《ゆいぶつしかん》に過大評価されているが、理由は共産主義の「配分」に近いからだ。」(438頁)

「進歩的文化人」や「唯物史観論者」とは、どなたなのでしょう。「過大評価」がどのようなものか示されていないので何とも言えません。政策の目的と結果が一致している場合、過小でも過大でもない評価をするべきですが、その点、農地改革は「寄生地主制の除去」「自作農創出」を目的とし、農地の半分を占めていた小作地が一九四九年には一三%となり、三割ほどだった自作農が、一九四九年には約六割となりましたから、目的と結果は一致しています。教科書をはじめ、過大評価はされていないのが現状です。

「しかし現実には日本の地主の多くは大地主ではなく、小作農からの搾取《さくしゅ》もなかった。」(同)

大地主か小さい地主か、は問題ではなかったのです。目的は寄生地主制を除去し、自作農をつくることでした。

また、「搾取」に関しては、その定義にもよります。地主は地価に税をかけられ、現金で納めるのですが、小作人は地主に小作料を「現物」で納めていました。つまり、地価に課せられた税は一定ですから、地主は小作料を引き上げれば差額の利益を増やすことができました。良心的な地主も多数いたことは確かですが、搾取が「なかった」とまでは言えないでしょう。地主と小作の貧富の差は激しく、経済力の差と社会的威信の差は明確にありました。

それから先述のように、唯物史観、社会主義的な視点から農地改革を見ると、これはむしろ農民の保守化を促す政策ですので、評価はされていません。

一九四六年に再結成された「日本農民組合」を中心とする農民運動は、農地改革を後押ししましたが、農地改革が終わると急速に収束し、四七年十二月以降、農業協同組合（農協）が各地に設立されました。自作農となった農民は保守化し、独立後の議会では、保守系議員の票を支えていくようになります。

「一見公平に見える農地改革だったが、弊害も小さくなかった。」（同）

として挙げられている以下の例は、「弊害」の説明としては誤っています。

「戦後、日本の食料自給率が先進国の中で最低水準になった原因」（同）が「農地改革」にあるとは普通捉えません。カロリーベースの自給率は一九六〇年の七九％をピークに下落し続け、二〇一八年は三七％まで低下しています。これは高度経済成長による日本の工業化、第三次産業の増加に原因を求めるのが一般的です。

また、「（地主が分散したことで）都市開発や道路建設の用地買収交渉が困難となり、経済の停滞につながった」（同）については、ネット上にもよく見られますが誤りです。そもそも百田氏自ら「地主の多くは大地主ではなく」と述べていました。

教科書などにも紹介されている一九四一年と一九五〇年の「経営耕地別農家比率」を見ますと、「五反以下」は三二・九％から四〇・八％、「五反から一町」は三〇・〇％から三二・〇％。「一町から二町」は二七・〇％から二一・七％、いわゆる二町以上の大地主は一〇・一％から五・五％です。これが原因で用地買収が困難になるほど変化した、とは言えません。

よって「農地が細分化されたことによって効率が悪くなり……」も不適当。むしろ、小作人から自作農になったことにより生産意欲が高まる、というメリットの方が大きく、農地の機械化や多様な農作物の栽培につながったと説明すべきです。

「神社がさびれた」（438頁）に至っては、「弊害」と言えるような影響ではありません。地方の神社の建物や祭礼を支えてきたのが地主で、財力を失ったから神社が荒廃した、という理屈はどうなんでしょう。国家神道として国費から幣帛《へいはく》を支給されていた神社も多かったので、「神道指令」により神社の国家管理が失われたことを理由にするほうが適切ではないでしょうか。

「日本の伝統の拠点」の一つが神社であったことは否定しませんが、戦前・戦中は軍国主義に利用され、地元と深いつながりがあった本来の祭礼や信仰はむしろ中断されていた側面もあります。

戦後、旧来の伝統や地元の人々の本来の信仰が回復された地域も多かったことを忘れてはいけません。

98　マッカーサーは失禁していない

「ＧＨＱによって廃止されたものに「華族」がある。」（439頁）

「余談だが、自身が男爵《だんしゃく》であった幣原喜重郎首相は、「存命中に限り、華族でいられる」という内容

の条項を〔憲法に〕入れることにこだわったといわれるが、議会によって拒否された。」(440頁)

そもそも、ＧＨＱの草案に「存命中に限り、華族でいられる」(補足第九七条)という条項が入っていたのです。

昭和天皇も、堂上華族(もと公家の家柄)だけでも残したいと考えておられたようで、幣原はその意を受けていたと思われます。ですから、条項を「入れることにこだわった」のではなく「**残すことにこだわった**」とすべきです。それを日本の議会が削除したのですから、これはまた、ＧＨＱの草案を議会が「押し付け」られることなく改変した例の一つでもあります(→84講)。

さて、続くコラムで、昭和天皇を戦争犯罪人として裁かなかった理由を、

「もし昭和天皇を処刑すれば、日本の占領統治に大混乱をきたすと、ＧＨＱが判断したからである。」(同)

と、マッカーサーが「その人間性に感服した」ことと並んで挙げています。

天皇が戦争犯罪人に指定されなかったのは、戦争中の昭和天皇自身の言動と戦争回避の努力をＧＨＱが評価したことと、占領政策に天皇を利用しようとしたこと、日本の共産化の可能性を抑えること、など複合的な理由からです。五十万人の兵力で進駐して占領しているＧＨＱが、**武装解除した日本の抵抗をおそれる理由はありません**でした。

「アメリカ軍は、硫黄島や沖縄において日本兵の凄まじい戦いぶりを目の当たりにしていた(二つの戦いでは、アメリカ軍の死傷者は日本軍を上回っている)。」(440〜441頁)

「死傷者」には「戦傷者」も含まれますが、戦死者では日本の被害のほうが圧倒的に多いのです。アメリカは投入兵力が多いので、けが人は当然増えます。

硫黄島の戦いではアメリカは約十一万人の兵力を投入しました。これに対して日本は栗林中将指揮下の二万二千七百人の兵力で戦いました。戦死者は、日本軍の約一万八千人に対してアメリカ軍は約六千八百人。これほどの日本軍の消耗ですと、全軍「死傷者」と言っても過言ではありません。

沖縄戦では日本の兵力は約十一万六千人、アメリカ軍は五十四万八千人が準備され、アメリカ側は陸軍および海兵隊あわせて二十八万人が上陸しました。日本の戦死者は沖縄県外の兵約六万六千人、県内の兵約二万八千、アメリカ軍は約二万人です。アメリカの戦傷者五万五千人を加算しても日本側の戦死者が上回っています。なにより、日本側戦死者は民間人で戦った人たちも含めると二十万人を超えました。

「昭和二〇年（一九四五）八月三十日に厚木飛行場に降り立った連合国軍最高司令官のマッカーサーは、サングラスをかけコーンパイプをくわえ、日本人を睥睨《へいげい》するようにタラップを下りてきたが、この時、決死の覚悟を持った日本人による暗殺を恐れるあまりズボンの中に失禁していたといわれる。」（441頁）

これはマッカーサーに関する数ある俗説の中でも、荒唐無稽さにおいて「マッカーサー神社」を上回り、低劣さにおいても類を見ない恥ずかしいものなので、削除されたほうがいいと思います。

マッカーサー来日の際の画質の悪い写真から、「ズボンが濡れているように見える」という俗説（明らかにズボンのしわの影でそのように見えるだけ）が近年、ネット上の一部で広まっているようですが、何しろアメリカ側にとっては「記念すべき」一瞬ですので、**実際には「濡れていない」鮮明な写真がたくさんあり、またカラーの動画も残っています。**ご確認いただければすぐわかることです。

「日本の復興」の章

六年八カ月に及ぶ占領期を経て、日本は独立を回復します。これは世界の国々への「民主主義国家誕生の宣言」であると同時に、「平和主義国家誕生の宣言」でもありました。

一九五一年に締結された平和条約の注目すべき点は、米ソ二大国の対立のなかで調印されたということでしょう。

一九四九年には中華人民共和国が成立し、翌五〇年には朝鮮戦争が勃発しますが、これらはアメリカを中心とする資本主義陣営にとって脅威となりました。東アジア、さらには東南アジアへソ連の影響力が拡大していくという「共産主義ドミノ」を食い止める「防波堤」の役割を、日本に担わせる必要性が急速に高まったのです。

こうした国際環境から、講和会議に中国は招かれず、アジアではインド・ビルマが不参加。ソ連とともにチェコスロヴァキア、ポーランドも条約に調印しませんでした。

また、領土問題に関しては、「曖昧さ」を残したままの日本の「独立」となりました。

実は、平和条約の第二条で日本が主権を放棄した南樺太・千島・台湾は、いずれに帰属するか明記されなかったのです。ソ連が調印しなかったことと相まって、千島列島はその詳細な範囲が示されることはありませんでした。また第三条では、小笠原・沖縄などが理由の明記なく、アメリカの支配下に置かれることになってしまいました。

さらに注目すべきは、この平和条約と同時に、日本がアメリカ合衆国との安全保障条約に調印したことです。

一九五〇年代後半になって、米ソ二大国を中心とする対立は、アジア・アフリカの独立の動き、中国とソ連の対立、スターリン体制の崩壊などから「雪溶け」の気配を見せるようになりました。

日本でも、親アメリカ的傾向の強かった吉田茂内閣から、自主独立路線の鳩山一郎内閣へ政権が変わり、ソ連との国交回復に成功しました。しかし領土問題を解決できず、「平和条約」ではなく「共同宣言」という形になりました。

同時に日本は「国際連合」への加盟を達成し、国際社会への復帰を成し遂げます。

国際環境の緊張緩和とともに、日本は「朝鮮戦争特需」を一つのきっかけとして景気回復に成功。さらに一九五五年からは「神武景気」と呼ばれる好景気を迎え、五八年からの「岩戸《いわと》景気」、六五年からの「いざなぎ景気」と、高度経済成長を遂げていきます。

このころ、政権を担当した岸信介内閣は、革新政党と対決しつつ、アメリカとの対等外交を進めて安全保障条約を改定。岸内閣に代わった池田内閣は、「寛容と忍耐」をスローガンとして革新勢力との対立を避けながら政局を安定させ、「所得倍増計画」を示して高度経済成長に棹《さお》さす経済政策を進めていきました。一九六四年の東京オリンピックは、日本の経済復興の象徴と言えます。

経済成長に支えられて、佐藤栄作内閣は長期政権となり、一九六五年には日韓基本条約を締結して韓国との国交を樹立。アメリカがベトナム戦争への介入を本格化させるなかで、日本や米軍統治下の沖縄がアメリカ軍の「前線基地」となり、経済成長の一助となったものの、「平和」と「沖縄」の問題が浮き彫りとなっていきました。佐藤内閣は「非核三原則」を掲げ、一九六八年には小笠原の返還に成功します。

自由民主党は、国会の中で安定多数を占め続けましたが、その一方で党内派閥間の対立は激化していきます。野党も社会党が分裂して民社党が生まれ、公明党も誕生し、多党化が進みました。

一九六〇年代末から七〇年代に入るころからは、高度経済成長の歪《ゆが》みが表面化するようになります。農漁村の過疎化、公害問題などが発生し、そうした矛盾の表面化により、国政では自民党が安定多数を占めているにもかかわらず、地方や大都市では革新自治体が成立することになります。社会党・共産党が推す美濃部達吉東京都知事の誕生をきっかけに、国政は保守、地方自治体は革新、という状況が生まれました。

一九七二年、田中角栄《かくえい》が「列島改造」を提唱して内閣を組織する背景がこれでした。田中内閣は、アメリカ合衆国の外交・経済の変化を受けて、中華人民共和国との国交回復を実現しましたが、「列島改造」は公共投資を拡大させ、土地・株式への投機も起こって地価の高騰を招きます。これに中東戦争を契機とするオイルショックが重なり、「狂乱物価」と呼ばれる経済混乱が到来しました。

その田中内閣は、首相の「金権問題」から辞任に追い込まれ、代わって三木武夫が就任しました。しかし、総選挙で自由民主党は結党以来、初めて過半数割れを起こすことになります。一九七六年に成立した福田赳夫《たけお》内閣では、内需拡大を唱えて円高不況に対処し、日中関係の友好を進めて、懸案であった日中平和友好条約の締結に成功しました。

以後、国民の間では、個人の生活の安定を求める気運が高まり、保守政権の復調が続き、地方の革新自治体は、累積した財政赤字と社会党・共産党の対立からしだいに瓦解していくことになります。

そして一九八〇年代は、日米経済摩擦の時代として始まりました。アメリカは日本に対して貿易黒字の解消と、農産物の輸入自由化を強く求めるようになり、一九八五年の「プラザ合意」以降、円高が一気に進行して輸出産業を中心に不況となりましたが、内需拡大に転じ、各企業が生産・流通・販売のネットワーク化に成功します。内需景気は地価や株価の高騰をともなって、後に「バブル」と呼ばれる経済が準備されることになったのです。

一九八二年に発足した中曽根《なかそね》内閣は、世界的な「新・自由主義」の風潮を受けて行政改革を断行。電電公社、専売公社、国鉄の民営化もこの時に実現され、「戦後政治の総決算」を掲げた中曽根内閣は、日米関係の緊密化と防衛予算の増額を行ないました。

こうして昔ながらの小売り業などは市場から撤退することになりますが、コンビニエンスストア、量販店など新しい業態が台頭し、重化学工業分野でも積極的な設備投資が進んでいきました。インターネット、携帯電話も普及し、市民生活も大きな転機をむかえます。

99　戦後の「奇跡的な復興」を支えたのは、アメリカをはじめとする諸外国の援助である

「「大東亜戦争」が終わった時点で、日本は世界最貧国の一つだったが、昭和二〇年代半ばから驚異的な復興を遂げた。あらゆる産業が蘇り、みるみるうちに国力においてヨーロッパ諸国に迫っていく。〔……〕奇跡的な復興を支えたのは、ひとえに国民の勤勉さであった。」（444頁）

日本の美徳の一つは「感謝」です。

日本の通史の視点として、特に戦後の復興については「感謝」を忘れてはいけないと私は授業でもよく言います。多くの人々の努力があったことは確かですが、日本人の力「だけ」で日本が復興できた、とゆめゆめ思ってはいけないよ、と生徒に伝えています。

第二次世界大戦後、ほぼ世界で唯一と言ってもよいくらい、アメリカは援助供与能力を持っていました。占領地域に関しては二つの基金を用意しており、一つは「占領地域救済政府基金」（ガリオア基金）、もう一つは「占領地域経済復興基金」（エロア基金）です。

日本は一九四六年からガリオア基金、一九四九年からエロア基金を通じての援助を受けています。

その金額はなんと総額十八億ドルといいますから、今で言えば約十二兆円の供与を受けたのです。これは、通貨安定はもちろん、鉄道、通信、電力、海運、石炭産業などのインフラ及び基幹産業の育成の原資となりました。

さらに日本は、国際連合の国際復興開発銀行（世界銀行）からの借り入れもしています。一九五三年から六六年まで、計三十四件八億六千万ドル余りの借款を受けました。

黒部第四水力発電（黒四ダム）、愛知用水、東名・名神高速道路、そして「戦勝国すらどこも成し得なかった「時速二〇〇キロ以上で走る高速鉄道」（新幹線）を東京から大阪まで開通させた」（同）と百田氏も称賛されている東海道新幹線も、これら世界銀行などの援助によって建設されたのです。

「私はこの事実に感動する。私たちの祖父や父は何と偉大であったのか。」（同）

もちろん私もそう思いますが、敵国として戦ったアメリカや世界の国々が日本の復興のために手をさしのべてくれた事実にも、同様に「感動」します。

「世界最貧国の一つ」であった日本が真っ先に苦しんだのは食糧難でした。学校給食は「ガリオア基金」で始まり、さらに一九四九年から六四年の十五年間にわたり、ユニセフ（国連児童基金）から当時の金額で六十五億円にものぼる援助を受け、未来の日本を支える子どもたちに粉ミルク、衣服の綿、医療品などを支援してもらっていたのです。

これらを抜きに、日本の復興はありませんでした。「教科書に書かれていない歴史」を語るならば、戦後復興の栄光だけではなく、このあたりを説明すべきだったと思います。

「だが、敗れた日本が取り戻せなかったものがある。それは「愛国心」と「誇り」だ。これらは戦後、GHQに木端微塵《こっぱみじん》にされ、占領軍が去った後は、彼らの洗脳を受けた傀儡《かいらい》となったマスメディアや学

者たちによって踏みつぶされ続けた。」(同)

「愛国心」と「誇り」は果たして、GHQの政策で「木端微塵」にされたと言えるでしょうか? もしGHQにそのような意図があったならば、「洗脳」など面倒くさいことをする必要はなく、日本の経済をすべて戦後賠償支払いのための機構にし、すべて「紐付き」の援助にしてしまえばよかったのです。いくら頑張っても日本人の利益が少なく、アメリカに還元されるとなれば、達成感や向上心は生まれにくいでしょう。そして、その選択肢も実際ありました。

そもそも百田氏も、「国民の勤勉さ」「死に物狂いで働く」「日本人はそれをやり遂げた」(同)といったことに「感動」しておられるではありませんか。GNPで西ドイツを抜き、世界第二の経済大国となったことを多くの日本人は「誇り」に思っています。そのプロセスで、新たな「愛国心」が育《はぐく》まれた、とも言えます。東京オリンピックで日の丸が掲げられ、多くのアスリートたちの活躍で湧き立ち、「新生日本」が誕生しました。

より正確に言うならば、**「木端微塵」にされたのは、軍国主義に利用された「愛国心」と、プロパガンダによって作り上げられ、アジアに君臨しようとした帝国主義的「誇り」**です。

一九四六年から六六年まで、日本は世界の国々の援助に支えられながら、多くの人々の努力と勤勉で成長を遂げました。「感謝」と「新たな誇り」の現代史と言うべきでしょう。

「国旗と国歌を堂々と否定する文化人が持て囃《はや》される国は、世界広しといえど日本だけであろう。」(同)

日本は民主主義国家です。多様な価値観が同時に存在することこそ民主主義の精髄。様々な人が存在でき、弾圧されることもない、選択し決定するのは国民による多数決のみ、ということが実現できている国です。

実際、どの新聞の世論調査を見ても「日の丸が国旗にふさわしい」「君が代が国歌にふさわしい」という意見は軽く過半数を超えています。「戦後の日本人の精神」は「踏みつぶされ続けてきた」というより「培《つちか》われてきた」と言うべきではないでしょうか？

「この屈辱は、昭和の輝かしい復興の陰で、決して忘れてはならないことである。」（同）

決して忘れてはならないことは「屈辱」ではなく、むしろ「世界の国々から多くの援助があったことへの感謝」だと思います。

100　東南アジア諸国要人の「日本礼賛」が不正確で出典不明なものがある

章冒頭のはしがきの次に、「独立するアジア諸国」という項が続きます。

「東南アジアの諸国民は、欧米列強による長い植民地支配によって、「アジア人は白人に絶対に勝てない」と思い込んでいた。その認識を覆したのが、日本人だった。無敵の強者と思われていた白人をアジアから駆逐する日本軍を見て、彼らは自信と勇気を得たのだ。」（445頁）

日本の植民地支配の実態がふまえられていません。日本の東南アジア支配は、アジア解放の名目に反して、戦争遂行のための資材・労働力調達を第一とするもので、住民の反感・抵抗は次第に高まっていきました（→68講、70講）。

ビルマの元首相バー・モウは「大東亜会議」に参加しているにもかかわらず、『ビルマの夜明け』で以下のように述べています。

「冷酷で短気な日本軍人が残虐な振る舞いをしたこと、そして、もっと残虐なやり方でビルマとビルマ人及びその資源を日本の戦いのために利用したことについては疑う余地がない。」

占領地では現地の文化・習慣を無視して日本語学習・神社参拝の強制などを行ない、泰緬鉄道の建設や「バターン死の行進」に代表されるような捕虜虐待も行なわれていました。

ところが、同じバー・モウの言葉として、不思議な引用が『日本国紀』では見られます。

「「日本軍が米・英・蘭・仏をわれわれの面前で徹底的に打ちのめしてくれた。われわれは白人の弱体と醜態ぶりを見て、アジア人全部が自信を持ち、独立は近いと知った。一度持った自信は決して崩壊しない。日本が敗北した時、『これからの独立戦争は自力で遂行しなければならない。独力でやれば五十年はかかる』と思っていたが、独立は意外と早く勝ち取ることができた。そもそも大東亜戦争はわれわれの戦争であり、われわれがやらねばならなかった。そして実はわれわれの力でやりたかった。それなのに日本にだけ担当させ、少ししかお手伝いできず、誠に申し訳なかった」(『ビルマの夜明け』)」(445頁)

この文章、『ビルマの夜明け』のどこにも掲載されていません。出典を改めて明らかにされたほうがよいと思います。また先述したように、バー・モウはその時期の立場次第でいろいろ発言が変わるので要注意です(→30講)。

この「独立するアジア諸国」の項で紹介されているアジア諸国の要人の言葉は、基本的にあまり信用できません。とくに戦後、日本との友好関係の中で語られた「外交的社交辞令」の延長にあるからです（→70講）。

シンガポールの元首相ゴー・チョクトンの「日本の緒戦の勝利」に「自信を持った」（446頁）という発言も、『諸君！』平成五年七月号掲載記事からの孫引きのようですが、実際の初出とされている「The Japan Times」一九九二年二月十三日の発言とは異なる部分があります。

またタイのククリット・プラモート元首相が、ジャーナリスト時代に「日本というお母さん」（447頁）を讃える言葉を「現地の新聞サイアム・ラット紙、昭和三〇年十二月八日」に寄稿したとして引用されているのですが、これもサイアム・ラット紙の昭和三〇年十二月八日の記事に見られないものです。百田氏はこの「日本語訳」をどこから手に入れられたのでしょう。

「日本が戦争中、東南アジアの諸国に進軍し、一時的に占領したことは事実だ。しかし日本軍が欧米列強を追い出したことによって東南アジア諸国が独立を勝ち得たこともまた事実である。」（447頁）

一面的に見れば確かにそうかもしれませんが、ビルマでは後に日本も打倒の対象となりました（→70講）。フィリピンにおいては言うまでもありませんし、仏領インドシナでは、抗日組織ベトナム独立同盟の指導者ホー・チ・ミンがベトナム民主共和国の独立を宣言し、その後、これを認めないフランスと戦っています（インドシナ戦争）。

「日本が東南アジアを解放した」と主張するならば、**列強に取って代わろうとした日本が結局は打倒された「事実」をもあわせて紹介するべき**でしょう。

101　冷戦は、NATOに対抗するワルシャワ条約機構が成立して始まったのではない

「再び混乱する世界」の項では、ソ連と中国、朝鮮半島の動きが記述されています。まず、ソ連について。

「第二次世界大戦は決して世界に平和をもたらさなかった。ソ連は東ヨーロッパの国々を呑み込み、無理矢理に共産化して、ソ連の衛星国家とした。ソ連の政策に反対する者たちはたとえ首相であっても粛清された。」（447〜448頁）

誤りの指摘ではないのですが、気になったことを少々。

ソ連は軍事力によって「東ヨーロッパ」のうち、ハンガリー、ルーマニア、ブルガリア、ポーランドをナチス・ドイツから「解放」し、駐留軍の威力などを背景に共産党政権を樹立させました。しかしユーゴスラヴィアとアルバニアは、ソ連の力によらず自力解放によって社会主義国となっています。チェコスロヴァキアでは共産党を含む連立政権が成立していましたが、一九四八年にクーデターで共産党政権が成立しています。

「首相であっても粛清された」というのは、時系列的にはもっと後で、スターリン死後のハンガリー動乱でナジ・イムレ首相を処刑した時（一九五八年）のことです。

「ソ連と共産主義の進出、つまり赤化を抑えるために、西側諸国が昭和二四年（一九四九）に軍事同盟である北大西洋条約機構（NATO）を結成すると、ソ連もまた昭和三〇年（一九五五）に東ヨー

ロッパ諸国とワルシャワ条約機構（WTO）という軍事同盟を結成して対抗した。いわゆる「冷戦」の始まりである。」（448頁）

軍事面での対立として、西側のNATO、東側のワルシャワ条約機構、とよく説明されます。しかし、百田氏も書かれているように、前者の設立は一九四九年、後者の設立は一九五五年と差は六年もあり、その間に朝鮮戦争も勃発しています。教科書でも「NATOに対抗してワルシャワ条約機構が結成された」という文脈で書かれることが多いのですが、実情は少し違います。

一九四八年一月、マーシャル・プランの受け入れ機関としてヨーロッパ十六カ国が組織されました（OEEC。復興が一段落した後の六一年、社会主義圏と競合するため改組［OECD］）。四九年一月に、ソ連も東ヨーロッパ諸国と経済相互援助会議（COMECON）を結成し「経済的に」団結します。それに対抗して、アメリカを中心とする西側諸国は同年四月に「軍事的に」団結してNATOを結成しました。

その後、ソ連が一九五五年に**ワルシャワ条約機構を成立させたのは、西ドイツが再軍備化したことに対抗した**、というのが正確な説明です。

以下は誤りの指摘です。

「冷戦の始まり」はNATOに対抗してワルシャワ条約機構が作られた時ではありません。

そもそも「冷戦」という言葉が世界に広まるのは、ジャーナリストのウォルター・リップマンが一九四七年に同名書籍を刊行したことに由来します。

一九四七年三月にアメリカ合衆国がいわゆる「対ソ封じ込め」を宣言（トルーマン・ドクトリン）、同年七月にはヨーロッパ復興計画「マーシャル・プラン」を提唱しますが、ソ連・東欧諸国はこれに参加せず、**同年九月、ソ連を中心にコミンフォルムを結成して対抗しました。**広義にはヤルタ協定にまで遡れないこともありませんが、**一般にはここからが「冷戦の始まり」**です。

102　中国共産党の「土地革命」を誤解している

ソ連に続き、中国について。

「中国大陸では蒋介石率いる国民党と毛沢東率いる中国共産党が内戦を再開し、昭和二四年（一九四九）に中国共産党が勝利して「中華人民共和国」が生まれた。」（448頁）

そして中国共産党が勢力を得た理由を「一村一焼一殺、外加全没収」と呼ばれる方法にある、として、

「具体的には、地主を人民裁判で処刑し、全財産を没収した上で、彼の土地を村人に分け与え、その代わりに村人から何人かの若者を中国共産党に兵隊として差し出させた。こうして力を得た中国共産党は、国民党に勝利して全土を支配すると、土地はすべて国家のものであるとして、農民から土地を奪い取った。」（同）

とされています。

どうもいろいろ誤認されていて、時系列も誤っています。

前講で説明したソ連にも誤解があり、一九四五〜四八年と、一九四九年以降の経緯が混同されていました（→101講）。

一九四五〜四八年頃の東欧諸国は概ね、ナチスからの解放と戦争の終結をもたらしてくれたソ連の赤軍を受容し、共産党を含む連立政権を建てています。百田氏のイメージする「無理矢理に共産化して、ソ連の衛星国家とした」(同)のは「スターリン体制」に呑み込まれる一九四九年以降で、ここから非民主的な個人崇拝、独裁的な共産党政権が出現していきます。

中国の場合も同様に、段階的に理解しないと、誤ってしまいます。

まず、一九二七年、第一次国共合作が崩壊すると、共産党は武装蜂起を図ります。毛沢東らは井崗山《せいこうざん》に入り、山岳地帯を中心にゲリラ戦を展開していきました。そして山賊や夜盗の類いの集団を糾合し、彼らを共産党式に組織化していきました。「毛沢東は夜盗の親玉で共産党は山賊集団だった」と批判する人たちはこの時のことを一面的に捉えているだけです。

共産党式組織化はきわめてシンプルで、「打富済貧《だふさいみん》」(富める者から奪い、貧しい者へ施す)をスローガンにし、「三大紀律」を徹底しました。「行動は必ず指揮に従う」「人民の物は絶対に奪わない」「土豪から取り上げたものは分配する」を徹底させ、民謡風軍歌にまでして広く歌わせています。こうして地主の土地を没収し、農民に分配する、という「土地革命」を進めていきました。そして「工農紅軍《こうのうこうぐん》」が組織されることになります。

「三大紀律」が徹底されたからこそ、共産党は地方の農民たちの支持を得て勢力を拡大できたのです。夜盗や山賊の集団なら、民衆の支持を得られていません。ですから、「農民から土地を奪い取った」というのは誤りで、「**地主から農地を奪い、農民に土地を分け与えた**」とすべきです。

しかも、これらは**国共内戦が再び始まる一九四五年より前、日中戦争よりも以前**の話です。そして「一村一焼一殺」などというスローガンはこの時、使用していません。

社会主義的色彩の濃いこれらの政策は、日中戦争が始まると国民党と手を組む時の障害になります。そこで共産党は、「土地革命」を「分配」から「減租《げんそ》」に切り替えます。日中戦争が終わり、国共内戦が再開しても、「一村一焼一殺」などという方法はとっていません。

共産党がソ連の軍事・経済援助を受けて勢力を拡大する一方、国民党の腐敗や蔣介石《しょうかいせき》の独裁的な政権運営に対してはアメリカが距離を置いたため、共産党は国民党以外の諸民主勢力を糾合することに成功します。

そして共産党だけが「中華人民共和国」を建てたわけではなく、実は、国民党抜きの「連立政権」として人民政治協商会議が開かれて、「中華人民共和国」は成立しているんです。

共産党を含む諸派が連合して、日本軍国主義と戦った。そして日中戦争後は、共産党を含む民主諸派が連合して国民党と戦う――これが人民戦線方式です。

ですから、一九四九年、中華人民共和国が成立してから、一九五四年くらいまでは、共産党独裁国家ではなく、主席を毛沢東《もうたくとう》、総理を周恩来《しゅうおんらい》とする諸派連立政権でした。

実際、制定された臨時憲法にも、「共産党の指導」「社会主義」という文言は一切出てきません。副総理・閣僚の半数は非共産党なんです。

一九五〇年になってから「土地改革」を始めますが、富農経済の保護を打ち出し、穏健で秩序ある改革でした。このため、農業生産高は一気に増加し、工業生産も順調に伸びていきます。

ところが……。

一九五二年、毛沢東は突如、「社会主義国家建設」を唱え始めます。翌年、ソ連型の社会主義計画経済をモデルにした第一次五カ年計画を開始し、農業の集団化に取り組み出しました。ここから、百田氏が説明するような苛烈《かれつ》な、土地の収奪と集団化が始まっていくのです。この話と国共内戦前に共産党が力をつけた背景を混同しては誤りです。

そして閣僚ポストはすべて共産党が握り、毛沢東は自己の政策に反対する勢力を次々に粛清し、スターリン主義を模した独裁体制に入っていきました。

社会主義経済の柱は二つあります。一つは「生産手段の公有化」、もう一つは「計画経済」です。一九五四年以降、中華人民共和国は共産党一党独裁体制となり、この二つを性急に進めていき、毛沢東は失敗することになります。

このように、中国の戦後について、共産党一党独裁体制に入る前と後と、ソ連影響下の東欧の状況とを混同されているようです。

さて、朝鮮半島における二つの国、朝鮮民主主義人民共和国と大韓民国の成立（一九四八年）の話に絡《から》めて、

「朝鮮半島と中国大陸に共産主義国家が誕生したことで、極東でも冷戦状況が生まれた。皮肉なことに、このことがその後の日本の命運を分けた。日本を東アジアにおける共産主義の防波堤にしようと考えたアメリカは、日本を農業国にしようというそれまでの政策から、工業国に戻す方針に転換したのだ。」（449頁）

とありますが、これは不正確です。

日本はいわゆる「逆コース」として、「その後、官公庁、大企業、教育機関などから、共産主義者およびそのシンパの追放を勧告した（レッドパージ）。これにより一万数千人以上の人が様々な職場から追放された」（436頁）と百田氏自身が説明している通りの動きになりはしますが、**ＧＨＱに日本を**

「農業国」にするつもりは毛頭ありませんでした（→99講）。

何より、日本には一九四六年八月に「経済安定本部」が設置されています。この官庁は、「ニューディール派官僚」とよばれる一九三〇年代のローズヴェルト政権の「ニューディール政策」を進めたメンバーから成り立っていました。そこで推進されたのが「傾斜生産方式」で、「鉄鉱、石炭産業の復興を推進力として他産業を発展させる」というものでした。一九四七年から輸出も再開されましたし、政府主導の「計画造船」が開始され、造船業も復活していきます（もともと軍艦製造などの技術を日本は持っているので、ここを足がかりに産業を発展させます）。

これらは、一九四七年一月に創設された、復興金融金庫による基幹産業への資金供給を背景としていました。

103　「全面講和」と「単独講和」の違いは数の多寡ではない

「日本独立」の項の話に入ります。

「日本の急速な復興を見たアメリカは、日本の独立を早めて、自由主義陣営に引き入れようと考えた。実はこの時〔朝鮮戦争〕まで、日本の独立はいつになるかわからなかったのだ。」（450頁）

これは当時の世界情勢をふまえていない記述です。

「日本の急速な復興」は早期講和のきっかけの一つと言えなくはありませんが、**アメリカ、ソ連の冷**

戦の深化に理由を求めるのが普通です。特に朝鮮戦争で、アメリカとソ連の対立は決定的となりました。

実は、早期講和の話は一九四六年から何度もあったんです。

まず誤解してはいけないのは、「連合国」と戦ったのですから、「連合国」と講和するのが常識です。実際、一九四三年に降伏したイタリアは全面講和ですし、オーストリアは、一九五五年五月に英・米・仏・ソの四カ国に独立を承認され、同年十月には「永世中立」を宣言し、東西のいずれにも与《くみ》しない非同盟・中立の独立国になっています。

ところが、冷戦の深化と中国の国共内戦のせいで、日本の講和の相手となる「英・米・ソ・中」が、「中」、「英・米」、「ソ」に三分裂してしまいました。本来は、戦争をしていた「連合国」と講和を結ぶのがスジなのに、連合国側の「事情」で対象が分裂してしまったのです。

国際常識では、「連合国」と講和を結ばないかぎり、戦争は終結できません。しかし、「連合国」が分裂してしまっている以上、「それぞれ」と講和しないと、いつまでたっても話が進まない、そこで「単独講和」ということになるのです。

冷戦の図式から言うと、**連合国全体と結ぶのが「全面講和」、資本主義陣営と社会主義陣営どちらか一方と結ぶのが「単独講和」**。数の多寡《たか》ではありません。ですから、

「日本と戦ったアメリカやイギリスやフランスなど世界の四十八ヵ国という圧倒的多数との講和を、「単独講和」と言い換えるのは悪質なイメージ操作である。」（450～451頁）

というのは単なる勘違いです。むしろこのような説明のほうが「単独講和」と「全面講和」の意味に誤解を与えかねません。

「朝日新聞をはじめとする当時のマスメディアも、「単独講和」が良くないことであるかのような報道を繰り返した。

当時のメディアと知識人は自らのイデオロギーと既得権保持のためなら、日本を独立させなくてもかまわないと考えていたのだ。」（451頁）

そもそも外交は「善悪」では行ないません。

全面講和は原則論で、これに対し単独講和は情勢の変化に合わせた現実論でした。ただ、当時の冷戦状況を鑑《かんが》みた場合、東西両陣営のどちらかと講和を結ぶことは、もう片方との戦争の可能性が現実問題としてありました。なにしろ一方は、中立条約を破棄して攻めてきた「実績」を持つソ連。しかも、冷戦とは米・ソが直接対決しないだけで、「周辺」では戦争になっています。現に、目の前では朝鮮戦争が起こっているではありませんか。多くの人々が全面講和を望んだことには一理も二理もありました。

ですから、政府は同時に、もしソ連が攻めてきた場合は、アメリカに代わりに戦ってもらう、という安全保障条約をセットにしたのです。この裏付けがあったからこそ吉田茂も「単独講和」を推進できたと言えます。

「主権もなく、したがって外交の権限もなく、外国（アメリカ）の軍隊が国土と国民を支配している状況を良しとしていたのである。」（同）

と全面講和派を批判されていますが、単独講和派も、「主権はある、外交の権限はある、しかし外国（アメリカ）の軍隊が国土に駐留している状況」を「良し」として「独立」したことを忘れてはいけません。

「戦後わずか六年で、日本の言論界はこれほどまでに歪んでしまっていたのだ。時の首相、吉田茂は、東京大学総長の南原繁《なんばらしげる》の名を挙げ、彼を含めて牽強付会《けんきょうふかい》の論を振りかざして講和に反対する学者たちを、「曲学阿世《きょくがくあせい》の徒」と呼んだ。「世に阿《おもね》るインチキ学者」という意味の言葉である。」（同）

先に「戦後の日本に言論の自由はまったくなかった」（422頁）と書かれていましたが、そうすると「戦後わずか六年で……これほどまでに歪んでしまっていた」は意味がよくわかりません。百田氏の中で、**日本の言論が「歪んでいない」時期は、いったいいつなのでしょう。**

また吉田茂の言葉については、首相としての議会での公式発言ではありません。自由党両院議員総会でのもので、南原繁も、いわば「場外乱闘」の形でこれに応えた論戦でした。まあ、政治家と学者の対決、そして吉田茂のキャラクターも相まって、マスコミは面白おかしく書き立てましたが、全面講和派と単独講和派は両者とも真摯《しんし》な論戦を展開しています（ちなみに「曲学阿世の徒」とは、正確には「学問上の真理に背《そむ》いて世間に媚《こ》びへつらう者」という意味です）。

当時の国際情勢から、また当時の日本の人々の思いから考えると、全面講和が「牽強付会」、すなわち自分の都合のいいように理屈をこじつけていた、とはとても言えません。どちらも「理」がある論争ですが、私も個人的には吉田茂、佐藤栄作が進めた単独講和でよかったと考えています。だからといって一方の理論を貶《さげす》んだり、一方の考え方を否定したりはしません。

むしろヨーロッパのオーストリアのように、冷戦のまっただ中で非同盟・中立を実現した国もあるので、「全面講和」や「非同盟・中立」は絵空事ではありませんでした。当時の政府は一方を選択した、というだけのことです。

「そこでスターリンは日本のコミンテルン〔第五刷以降は「旧コミンテルン一派」〕**に「講和条約を阻**

止せよ」という指令を下したといわれている。」（450頁）

に至ってはまったく根拠がありません。

そもそもの前提として、アメリカとソ連は、すでに「日本」と「東ヨーロッパ」における優越権をそれぞれ認め合うbargain（取引・駆け引き）をしています。ソ連のほうも折り込み済みでしたので、「日本の独立は、ソ連にとっては非常に都合の悪いものだった。独立した日本が西側の自由主義陣営に加わるのは明白だったからだ」（同）という見方は、こういった「裏の外交」をふまえていません。

結果としてソ連は、日米安全保障条約を非難しながら、北方四島を実効支配したままでいられましたし、東アジアにおける中・朝への影響力を担保する外交カードを握れました。むしろソ連にとってはこの段階では、単独講和をしてくれたほうが都合がよい側面もあったのです。

104　戦犯赦免運動は、「WGIP」が日本人洗脳を企図していなかったことを証明している

「独立後、極東国際軍事裁判（東京裁判）によって「戦犯」とされていた人たちの早期釈放を求める世論が沸騰し、国民運動が起こった。日本弁護士連合会（日弁連）が「戦犯の赦免《しゃめん》勧告に関する意見書」を政府に提出してこの運動を後押しした……」（451頁）

これは少し微妙なところです。

一九五二年六月七日に「戦犯の赦免勧告に関する意見書」が政府に出されたことをきっかけに、戦

犯釈放運動は全国運動に発展したからです。つまり、**前後が逆**です。「のべ四千万人にのぼる署名が集まった」（同）ともありますが、この数字を確認できる史料は存在しません。しかし大きな盛り上がりを見せたことで、一千万人ほどの署名が集まったのではないか、と考えられています（当時の全人口が八千五百八十万人ですから、これだけでも十分な署名数ですが）。

「昭和二八年（一九五三）、「戦争犯罪による受刑者の赦免に関する決議案」を国会に提出し、八月三日、衆議院本会議において、日本社会党、日本共産党を含むほぼ全会一致で、戦犯の赦免が決議された。」（452頁）

これもまた微妙です。

実は**戦犯の釈放・赦免に関する決議は一九五二年から五五年までの間、参議院本会議で一度、衆議院本会議で四度**行なわれています。五二年六月九日の衆議院本会議、同月十二日の参議院本会議ではそれぞれ、共産党議員が反対討論をしています（同年十二月九日の衆議院決議の時は議席なし）。また国会決議は、法案審議のような投票ではなく、議長が「御異議なしと認めます」と採決する形式（「異議の有無」）で行なうことが多いものです。実際に五三年八月三日の衆議院本会議の記録を見てみると、

議長（堤康次郎君）　採決いたします。本案は、委員長報告の通り決するに御異議ありませんか。

（「異議なし」と呼ぶ者あり）

議長　御異議なしと認めます。よつて本案は委員長報告の通り可決いたしました。（拍手）

この形式による採決が「全会一致」と呼ばれることは確かによくあるのですが、個々の議員の動向は記録されません。

加えて国会内では、政党ではなく、二名以上の議員による「会派」を結成して活動します。日本共産党の衆議院議席はそれぞれ、五三年八月三日決議では一、五五年七月十九日決議では二。そのため日本共産党としての会派はなく、無所属・労農党の議員と「小会派クラブ」（一九五三～五八年）を結成していました。また五五年の決議では共産党・労農党の議員は反対を表明しています。

したがって「日本共産党を含むほぼ全会一致」は間違いではありませんが（Wikipedia「戦争犯罪による受刑者の赦免に関する決議」の項にも似た表現が見られますが）、**公式記録に「反対」がない一回だけをわざわざ取り上げて「日本共産党を含む」と記すほどの影響力はなかった**、と捉えたほうが正確ではないでしょうか。

「まさしく日本人全員の総意であったといえる。また、これはＧＨＱによる「ＷＧＩＰ」の洗脳にこの時点では多くの日本人が染まっていなかったということでもあった。もし洗脳が完全に行なわれていたなら、戦犯赦免運動など起こるはずがなかった。洗脳の効果が現れるのは、実はこの後なのだった。」（452頁）

これはさすがに無理がある主張でしょう。

あれほど一九四五年から四六年にかけて「ＷＧＩＰの洗脳」があったと強調され、「かくの如く言論を完全に統制され、ラジオ放送によって（当時はインターネットもテレビもない）洗脳プログラムを流され続ければ、国民が「戦前の日本」を徹底的に否定し嫌悪するようになるのも無理からぬことだ」（424～425頁）とまで主張されていました。「何よりも恐ろしい」（425頁）深い洗脳で、「日本人の精神を粉々にし」（421頁）たはずが、「この時点」（一九五三年）ではまだ「染まって」おらず、何年も後になってから「効果が現れる」というのでは、説得力に欠けます（→91講、92講）。

「WGIP」が「戦争責任を伝える計画」にすぎず、日本人を洗脳するような計画ではなかったということは、戦後の「戦犯の赦免勧告に関する意見書」及びそれを契機とする運動がむしろ証明しているるのではないでしょうか。

正直、史料や社会科学的検討ではなく、「WGIP」なるものが「洗脳」によって戦後日本の歴史観を形成した、と批判する手法から、離れたほうがよいと思います。かなりの無理があり、近現代史の全体像を（おそらく本来、百田氏が主張したいことまでも）歪めてしまっています。

終戦後、日本人は、戦前の軍国主義とプロパガンダが誤っていたことに、自力で、あるいは戦後内閣の説明で気づき、さらに復員兵たちの話で知ったこと、自分たちが戦時中うすうす気づいていたことなどを、GHQが提供した『真相はこうだ』『太平洋戦争史』で再確認して、「大東亜戦争」の実態を理解したのです。

その上で、**東京裁判の判決を受け入れながらも、戦犯たちもある意味では軍国日本の犠牲者ではなかったのか、ということに気づき、独立を回復したことを契機に、いまだ国外で、あるいは国内で服役している人々の赦しを諸外国に求め**たのです。

もともとアメリカや国連、およびユニセフなどの機関は、日本の復興に手を貸してくれていました。戦後の戦犯赦免もまた、日本の復興の一環であると国際的に理解してもらえたと考えるべきではないでしょうか。

サンフランシスコでの吉田茂全権の演説（一九五一年）を紹介します。

「この平和条約は復讐《ふくしゅう》の条約ではなく、「和解」と「信頼」の文書であります。日本全権は、この公平寛大なる平和条約を欣然《きんぜん》受諾いたします。」

「アジアに国をなすものとして、日本は他のアジア諸国と緊密な友好と協力の関係を開きたいと熱望するものであります。」

「それらの国々と日本は伝統、文化、思想ならびに理想をともにしているのであります。」

この吉田の演説は、中国やインドへの「メッセージ」ともなりました。

台湾の中国国民党政府とは一九五二年四月に講和が成立し、蔣介石は賠償請求権の放棄で、吉田が示した日本の意思に応えました。

さらにインドも同年六月、平和条約を日本と調印し、同じくすべての賠償請求権を放棄する、としました。

これらが「戦犯赦免」の国際的同意の背景にあったことを忘れてはならないと思います。

105 日米安全保障条約が結ばれる
国際的な情勢とプロセスの説明が不十分である

日米安全保障条約について。

「〔独立した日本は〕憲法第九条により自前の軍隊を持つことができず、自国の領土と国民を自ら守る能力がないというきわめて脆弱《ぜいじゃく》な国でもあった。

サンフランシスコ講和条約が成立すれば、すべての占領軍は日本から撤退することになっていたが、その時点ではまだ朝鮮戦争が続いており、アメリカ軍が撤退すれば、軍隊を持たない日本がたちまち安全保障上の危機に陥るのは明白だった。」（452〜453頁）

これはサンフランシスコ講和会議へ至る過程においての、連合国軍内の「合意」や世界史的背景をふまえていない説明です。

ダレスの「平和七原則」というのがあります。一九五〇年に、アメリカの国務省顧問ダレスが日本の独立に向けての「方法」を示したものです。

「国際連合が実効的責任を負担するというような満足すべき別途の安全保障とりきめが成立するまで、日本国区域における国際の平和と安全の維持のために」、米軍が日本に駐留し、「その他の軍隊」（日本の軍事力）と引き続き協力するという方式が提起されたのです（佐々木隆爾『サンフランシスコ講和』）。

これにイギリスが同意します。そして日本軍国主義の復活を懸念するニュージーランドとオーストラリアを、一九五一年一月に説得しました。

アメリカは、ニュージーランドとオーストラリアの安全を保障するとともに、「日本の脅威からも守る」という担保を与えて同年二月、三国協定を結びました（これが後の「太平洋安全保障条約（ANZUS）」になります）。

つまり、**サンフランシスコ講和条約が結ばれても、アメリカ軍が撤退しないことは決定されていた**

ので、「日本がたちまち安全保障上の危機に陥る」ことはありません。日米安全保障条約はこの「平和七原則」と「三国協定」をふまえて結ばれたのです。

ですから、「この条約には、アメリカは日本を防衛する義務があるとは書かれていなかった」(453頁)のは当然です。オーストラリアとニュージーランドに「アメリカは日本の脅威に責任を持つ」と約束しているので、共同防衛という条約を結んでしまうと、日本が再軍備をし、オーストラリアとニュージーランドの脅威と再びなった時に、アメリカは日本との共同責任を負ってしまうからです。

「さらに日本国内で内乱が起きた場合は、その鎮圧のためにアメリカ軍が出動できる」(同)という項目も、日本に共産クーデターが起こることを想定しているだけでなく、軍国主義政権が誕生した時に介入できるようにした項目なんです。「アメリカが日本の軍国主義化をくいとめる」というアピールを太平洋の同盟国に保障する意味もある条約でした。

「アメリカは日本を防衛する義務がない」「自由に基地を作ることができる」「内乱が起きたらアメリカ軍が出動できる」などとネット上ではよく言われていますが、改めて、日米安全保障条約の条文を紹介しますと――。

第一条「……この軍隊〔アメリカの駐留軍〕は、極東における国際の平和と安全の維持に寄与し、並びに、一又は二以上の外部の国による教唆又は干渉によって引き起こされた日本国における大規模の内乱及び騒擾《そうじょう》を鎮圧するため、日本国政府の明示の要請に応じて与えられる援助を含めて、外部からの武力攻撃に対する日本国の安全に寄与するために使用することができる。」

よく読めばわかりますが、たしかに「義務」はないものの、アメリカの意思で、共産クーデター、軍国主義政権樹立、ソ連などの侵攻から「守る」ことができる条約になっています。

当時、アメリカがこの意思を実行しないはずはなく、そしてアメリカのオーストラリアやニュージーランドとの協定、「七原則」をわかっていたからこそ吉田茂は、日米安全保障条約の調印を行なったのです。よって当時においては、「日本にとって不利、不平等な内容」（同）と言うより「不平等だが日本には有利」な条項でした。

続いて、韓国が海上に一方的に線を引いて主権を主張した「李承晩《りしょうばん》ライン」を紹介し、竹島の不法占拠、日本の漁船への取り締まりを指摘（同）して、

「〔一九六五年までに〕拿捕《だほ》された日本漁船は三百二十八隻、抑留《よくりゅう》された船員は三千九百二十九人、死傷者は四十四人にのぼる。抑留された漁民には残虐な拷問《ごうもん》が加えられ、劣悪な環境と粗末な食事しか与えられず、餓死者まで出た。」（454頁）

とされていますが、この数字や抑留者の様子は何を典拠《てんきょ》としたものなのでしょうか？

『海上保安庁30年史』では、「北朝鮮と韓国による」拿捕が三百二十七隻、抑留船員三千九百十一人が確認できます。近い数字ですが、北朝鮮による拿捕・抑留も合計していると思われます。また、抑留された人たちの回想の様子（例えば『アサヒグラフ』昭和二十八年十月七日号など）から「劣悪な環境」「粗末な食事」という様子は十分窺《うかが》えるのですが、韓国に抑留された後に収容された場所で「残虐な拷問が加えられた」という話は見られません。拿捕された時に暴行を受けた話は出てきますが、これは「抑留後の拷問」とは言えません。

「粗末な食事しか与えられず」とありますが、当初は主食の配給、自炊による副食も認められていま

した。しかし後には自炊の制限などが行なわれ、収容者の栄養状態の悪化が起こったことは確かです（『日韓漁業対策運動史』）。

106　「新安保条約」の評価には「経済協力条項」が欠かせない

「ＧＨＱは、日本人が容易に憲法を改正できないようにと、非常に高いハードルを設けていたのだ（憲法第九十六条に、憲法改正の国民投票を提起するには国会両院で三分の二以上の議員の賛成による発議が必要と定められている）。」（455頁）

憲法に「硬性《こうせい》憲法」と「軟性《なんせい》憲法」の二種類があるのは、中学生でも学習します。雑に言えば「改正しにくい」憲法と、「改正しやすい」憲法のことです。その分岐点は、議会においては「三分の二以上」か「過半数」かが一般的です。

「ＧＨＱは日本人が容易に憲法を改正できないように」したと百田氏は決めつけていますが、大日本帝国憲法の第七十三条を読んでみますと――。

「第一項　将来此ノ憲法ノ条項ヲ改正スルノ必要アルトキハ勅命ヲ以テ議案ヲ帝国議会ノ議ニ付スベシ」

「第二項　此ノ場合ニ於テ両議院ハ各々其ノ総員三分ノ二以上出席スルニ非ザレバ議事ヲ開クコトヲ得ズ出席議員三分ノ二以上ノ多数ヲ得ルニ非ザレバ改正ノ議決ヲ為スコトヲ得ズ」

出席議員や国民投票などの規定が現在とは異なりますが、このように、「三分の二以上の多数決」の方針は大日本帝国憲法から継承しています。**アメリカ合衆国やスペイン、ドイツなど何らかの形で「三分の二以上」の方式を採用している国は多く、日本だけが「非常に高いハードル」なのではありません。硬性憲法としては標準的**です。

さて、新安保条約について、次のように評価されています。

「岸信介首相は安保改定のためにアメリカ側と粘り強く交渉を続け、ついに昭和三五年（一九六〇）、日米安保を改正した新条約に調印した（新安保条約）。これによりアメリカには有事の際に日本を防衛するという義務が生じ、さらに今後は日本の土地に自由に基地を作ることはできなくなった。そして国内の内乱に対してアメリカ軍が出動できる、いわゆる「内乱条項」も削除された。」（同）

有事の際、アメリカが日本を防衛する義務ができた、というのはやや一面的で、「共同防衛」という形にすることでアメリカを引っ張り込んだだけです。なので、日本にも相応の義務が発生しました。

第三条では、締約国は「個別的及び相互に協力して〔……〕自助及び相互援助により、武力攻撃に抵抗するそれぞれの能力を、憲法上の規定に従うことを条件として、維持し発展させる」と記されています。第五条でも、「自国の憲法上の規定及び手続に従って共通の危険に対処するように行動することを宣言する」と記されています。

百田氏は「日本社会党や日本共産党は「この改正によって、日本はアメリカとの戦争に巻き込まれる」という理屈を掲げて反対し……」（同）と主張されていますが、条文をそのまま読めば、巻き込まれる可能性が当然あります。

また、「自国の憲法上の規定及び手続に従って」という部分がある以上、もし憲法九条が改正されればこの条約に直結することにもなるので、ますます「アメリカの戦争」に巻き込まれる可能性は高まる、という意見を述べる人たちの懸念もわかります。条文解釈的に誤りとは断言しにくい部分です。「傘下の労働組合や学生団体などを扇動して」（同）と安保反対側の「過度な運動」ばかりを強調されていますが、安保賛成側も、同じように賛成する傘下の団体に「協力」を求めていたのが事実です。反対側に過激なデモを展開するグループ・団体がいたのも確かですが、賛成側にもかなりの過激行動が見られました。実際、「安保闘争」を境にして、一部の団体による、いわゆる「街宣カー」の活動が始まっています。

いつの時代にも、ある一つの法案に対する過激な賛成論、反対論は存在します。そのどちらか一方のことを大きく取り上げ、もう一方の過激さに触れないのは著しくバランスを欠いた記述です。安保闘争の実態を単純化してはいけないと思います。

「デモに参加していた夥しい大学生は、新安保条約の条文を正しく理解していなかったばかりか、読んですらいない者が大半で、日本社会党や日本共産党に踊らされていただけの存在だった。」（455〜456頁）

それを言い出せば、賛成派に動員されていた団体・グループもどれほど安保条約を理解していたかどうかわからないところです。学内での安保条約の内容検討会や討論会、街頭での説明など様々な活動を学生たちは展開していました。学生運動にまったく興味のない「ノンポリ層」もいましたが、そういう学生と混同してはいけないと思います。

「岸は治安のために、防衛庁長官に自衛隊の出動を要請するが、赤城宗徳《あかぎむねのり》長官は、「自衛隊が国民の敵になりかねない」と言って拒否した。」（456頁）

岸が首相として防衛庁長官に自衛隊の治安出動を命じたならば、指揮系統として拒否はできません。赤城長官が断ったのは、「治安閣僚懇談会」で佐藤栄作・池田勇人《はやと》が要請した時のことです（『自由民主党党史　証言・写真編』）。また「自衛隊が国民の敵になりかねない」という発言も、ネット上でしか見られない「意訳」ではないかと思います。赤城長官が後に語った言葉（赤城宗徳『今だからいう』、『中村龍平オーラルヒストリー』など）を紹介しますと――。

「仕方なく辞表を懐《ふところ》にして行ったよ。部隊を出す以上勝たなければならないが、それには銃を使用しなければならない。しかし全学連といえども国の若者である。国軍に国民を撃てとは私には命じられない。だから出動を命じられれば、辞表を出す他なかった。だって、軍人たちに聞いたら、素手で出したのでは勝てる自信がないって云うんだもの」
「丸はだかで、武器も持たずに出動すれば、機動隊よりも弱体だ」
「再度正式に要請されればわたしとても承認せざるを得ない」

このように、実際にはさまざまな逡巡があったようです。

「新安保条約の自然承認が成立する六月十八日の夜（十九日午前零時をもって成立）には国会と首相官邸には三十三万人のデモ隊が集結した。〔……〕自然承認の成立を前に、岸は首相執務室に、弟の佐藤栄作大蔵大臣（後、首相となる）といた。佐藤は「兄さん、二人でここで死のうじゃないか」と言ってブランデーをグラスに注ぎ、兄とともに飲んだという逸話が残されている。」（456頁）

美談仕立てで、当時の官邸内の様子が描かれています。私もこの逸話は好きなほうで、政治家だった親戚のおじさんから、与野党の新安保当時の裏話を聞かされました（むろん真偽は不明ですが）。

しかし、官邸の外では、デモ隊と警官隊の衝突がありました。賛成派の反社会的勢力がデモ隊を襲撃する事件や、六月十五日、デモに参加していた東京大学の学生 樺《かんば》美智子《みちこ》が死亡する事件も起こっています。過激化したのは、樺美智子の死の知らせが届いた後です。

デモ隊の人数はこの十八日夜、主催者発表三十三万人、警察発表十三万人なのですが、百田氏はデモ隊発表の数字を採用されています。大部分のデモ隊と警察官は非暴力的で、負傷学生四百人、死者一人、逮捕者二百人、警察官負傷三百人という状況でした。

「こうして岸はデモ隊の襲撃による死を覚悟したが、いささかも信念を曲げることなく、新安保条約を成立させると、一ヵ月後、混乱の責任を取る形で総辞職し、議員をも辞職した。まさに自らの首をかけた決断であった（総辞職の前日、テロリストに刺されて重傷を負っている）。」（同）

これではこの「テロリスト」が安保闘争の関係者のように思われてしまいます。**犯人・荒牧退助は**元右翼団体にいた人物で、岸を襲撃した理由は、樺美智子への同情や政治的陰謀などと言われ明確ではありませんが、**安保成立を恨みに思ったわけではありません。**

「岸は、「安保改定がきちんと評価されるには五十年はかかる」という言葉を残しているが、日本のマスメディアは五十年以上経った今も、この時の安保改定および岸の業績を正しく評価しているとはいえない。」（457頁）

と述べられていますが、「安保条約」を「正しく評価」するためには、「第二条」に触れなくてはなりません。

安倍晋三《しんぞう》氏がまだ首相になる前、テレビ番組の座談会か何かで、新安保条約のことを話していました。安倍氏が高校生の頃、先生が安保条約のことを否定的に説明された際に、第二条を挙げて反論した、という思い出話でした。「どなたもなかなか評価しないところなんですが……」と条文の内容を解説し、安保条約の「業績を評価」していたことを覚えています。これが「**経済協力条項**」で、その後半は次のようになっています。

「締約国は、その国際経済政策におけるくい違いを除くことに努め、また、両国の間の経済的協力を促進する。」

これには二つの意味がありました。これでアメリカとの共同防衛が約束されたのみならず、日本への様々な経済協力を得られることになり、高度経済成長に弾みをつけることができました。

そして日本は、**共同防衛において軍事的な協力を経済的な協力に置き換えることができ、憲法九条に直接触れることなく活動しやすくなった**、ということです。

新安保条約の改定において、共同防衛義務の話や内乱条項の削除の話だけでは、安保条約の業績を「正しく評価している」とはいえない」と思います。

107 在日朝鮮人帰国事業には、左右両派の思惑があった

その後のコラムで、再びマスコミ批判が行なわれています。

「当時〔一九五五年頃〕のマスメディアは露骨なまでにソ連や中華人民共和国を称賛し、ソ連や中国に「言論の自由がない」ことや、「人民の粛清がある」ことなどは一切報道されなかった。」（457頁）

これは当時の視点、「時代の空気」をあまりふまえていない説明です。

社会主義の優位性を主張したソ連や中華人民共和国では、プロパガンダだけにとどまらず、実際に経済などが順調に進んでいました。付け加えるならば、**マスメディアが、国交のない国の様子を正しく把握するのは現実的に難しい状況にありました。**

中国は一九五八年に毛沢東が露骨な社会主義政策に転換するまでは、順調な工業生産と農業生産を続けていました。内戦直後の中国は、共産党独裁ではなく、人民政治協商会議といういわば連立政権状態で、きわめて穏健な路線にありました。「言論の自由」の抑圧や「人民の粛清」はまだ始まっていません（→102講）。

ソ連の一九五〇年代は体制転換の時期です。一九五三年のスターリンの死以降、大きく政策が転換されていきました。五〇年代後半にはフルシチョフの経済改革が進み、人工衛星の打ち上げ、大陸間弾道ミサイルの開発など、資本主義諸国に対し目に見える形で優位性を示していました。

こうした世界史的な背景を見れば、ソ連や中国への「評価」はマスメディアのみならず、政治家も感じており、とくに保守勢力は危機感を募らせていくことになります。

「現代では信じられないことだが、昭和三〇年代には、朝日新聞をはじめとする左翼系メディアは口を揃えて、北朝鮮を「地上の楽園」と褒めそやした。在日朝鮮人の多くがその記事を信じて帰国し、その結果、祖国で塗炭《とたん》の苦しみを味わうことになる（北朝鮮は貧しいだけでなく言論どころか個人の生活さえ厳しく抑圧する独裁国家で、帰国者は差別と弾圧に遭った）。」（457〜458頁）

これは誤りと誤解を含みます。

まず「**地上の楽園」という呼称を言い出したのは、マスメディアではありません。北朝鮮及び「朝鮮総連」による自称**です。

また、新聞記事を信じて在日朝鮮人たちが帰国したのでもありません。「**帰国事業」が展開され、主としてそのプロパガンダを信じて多くの人々が帰国を決心しました。**

この帰国事業を推進したのは二つのグループです。北朝鮮及び日本の赤十字と、「在日朝鮮人帰国協力会」です。前者は人道的、後者は政治的に帰国を促すものでした。

当時の日本は、朝鮮戦争の特需に沸きましたが、一方で貧富の差も拡大し、一九五七年からは一転、「なべ底不況」に陥っていました。

また朝鮮戦争により荒廃し、政情不安定な韓国に対して、まさに針の穴のようなか細い窓口から伝わる北朝鮮の「千里馬《チョンリマ》政策」などの社会主義政策の「成功」に期待する（中国の一九五〇年代前半の経済成長と重ねてしまった）在日朝鮮人も増えていきます（事実、一九七〇年代までは北朝鮮のほうが農業・工業生産は上回っていました）。

日本共産党や日本社会党にすれば、「帰国事業」は、社会主義の優位性をアピールする機会であり、日本政府にとっては、生活保護費の削減や在日朝鮮人と左翼運動が連携する危険性を緩和するチャンスであったため、左右両派の「思惑」から在日朝鮮人帰国事業が促進されたのです。

よって、一九五八年に結成された「在日朝鮮人帰国協力会」は社会党議員・共産党議員はもちろん、鳩山一郎や小泉純也などが呼びかけ人となり、超党派の議員によって構成されています。

そして一九五九年一月、岸信介内閣は帰国事業を認める方針を打ち出しています。帰国した人々が

「塗炭の苦しみ」を味わう結果となった原因は、マスメディアの報道よりも、左右両派の政治家たちが帰国事業を推進したことが大きかったのです。

「メディアは北朝鮮を礼賛《らいさん》する一方、北と対峙する韓国のことは、独裁による恐怖政治が行なわれている悪魔のような国と報道した。左翼論壇の拠点であった岩波書店は『韓国からの通信』という、韓国の悪いところばかりを糾弾する本（一部に捏造《ねつぞう》もあった）を何年にもわたって出し続けベストセラーとなっていた。」（458頁）

百田氏は、韓国の李承晩政権を擁護されているわけではないと思うのですが、「悪魔のような」という修飾はともかく、当時の韓国は、日本に対しては「李承晩ライン」を一方的に設定し、戒厳令を発して反対派を弾圧していました。その後、朝鮮戦争によって国土が荒廃してからも国内の野党を弾圧していた政権です。

情報がほとんど入らず、朝鮮総連からのプロパガンダしか伝わってこない北朝鮮と、情報が入りやすく、明らかな独裁と荒廃の目立つ韓国を比べれば、当時は韓国に否定的な論調になるのは当然です。

冷戦時代の思想の潮流においては、やはり政権与党と野党の対立、政権の右傾化に対する批判勢力の左傾化、という二項対立が起きやすいものです。左派勢力の誇張された批判やプロパガンダがあれば、同じ質・量で右派勢力の誇張された反論やプロパガンダもありました。

左右どちらの主張も、極端な議論に陥った時は「事実をもとになされてきたというにはほど遠く」「特定のイデオロギーでねじ曲げられてきた」（458頁）という側面を持っていたといえます（「韓国の悪いところばかりを糾弾する本」は、現在では右寄りの立場から多数出版され、ベストセラーになっているものもあります）。

それでも、「五五年体制」は左右の「二大政党制」とはとても言えない、「三分の二弱の与党と三分の一強の野党体制」で、保守優勢が保たれ続けていました。この政治状況は、（冷戦終結までは）国民が与党の経済政策・外交政策に一定の理解を示しながらも、軍国主義の復活や極端な右傾化を嫌っていた結果であった、と見るべきだと思います。

108 岸内閣と池田内閣とでは、世論にかなり「温度差」があった

「奇跡の経済復興」という項について。

「昭和三五年（一九六〇）、岸の後を受けて首相となった池田勇人は、マスコミや左翼知識人の反対を恐れて、自民党結成時のもう一つの党是《とうぜ》であった「自主憲法改正《ママ》」をいったん棚上《たなあ》げし、経済政策に力を注ぐことにした。」（459頁）

池田の政治手法についての理解が、どうも正確ではありません。前の項で、岸内閣総辞職後、池田勇人に首相が代わり、

「四ヵ月後に行なわれた衆議院総選挙では、四百六十七議席のうち、自民党（総裁は池田勇人に代わっていた）が二百九十六議席を獲得して圧倒した。つまりマスメディアが報道していた「世論」は、国民の意識を正しく反映していなかったのである。こうしたマスメディアによる世論捏造《ねつぞう》はこの後も長く続くことになる。」（456〜457頁）

と述べられていますが、かなり勘違いされています。

安保闘争の一面には、何かと強引な政治を進めていた岸内閣に対する国民の不信もありました。与党内にもこの空気はあり、池田勇人はその一人で、いわば反主流派の一人でした（当時明らかにノンポリ保守であった私の母も、「岸さんが辞めはって何かホッとした。池田さん、わりと好きやったで」と話していました）。

実は、この「四ヵ月」というのがポイントです。**池田勇人はマスメディア、特に普及し始めていたテレビを利用して、さかんに「庶民派」アピールをしていきます。**低姿勢で丁寧な説明を繰り返す池田首相に、好感を覚える人々が増えました。現在の内閣府大臣官房政府広報室にあたる内閣総理大臣官房広報室を拡大・充実させたのも池田勇人です。池田はマスコミを「恐れた」のではなく、逆に積極的に利用しました。

そして当時、社会党がさかんにアピールしていた「貧困対策」に対して「所得倍増計画」をかぶせ、与野党対立の要であった「政治・外交」から視点を外して「生活・経済」を全面に出して支持を得ました。その上で、総選挙に出たのです。

衆議院の解散は首相の専決事項《せんけつじこう》。「勝てるタイミング」でしか実施しません。マスメディアという剣が、野党から与党の手に移っただけのことで、「世論」が今度は自民党に有利に働いたのです。

右派・与党が「マスメディアによる世論捏造」という言葉で左派・野党を批判することはありますが、政権与党もまたマスメディアを有利に利用することはよくあります。「安保闘争」とこの後の「池田内閣」は、そのことをよく示している例なのです。

「「自主憲法改正」をいったん棚上げして」といっても（これは厳密には「自主憲法制定」か「憲法改正」が正しいと思いますが）、もし衆参両院で三分の二以上の議席を占めれば、当時の自民党は

「党の使命」として憲法改正発議をしていたのではないでしょうか。自民党が圧倒的支持を受けても三分の二を超えない、というのは、「経済政策や外交政策は支持するが、軍国主義と戦争は嫌《いや》」という五五年体制の時期の「世論」がよく現れていたと見るべきでしょう。

「日本は、何年にもわたって年率一〇パーセントを超える成長が続く驚異的な高度経済成長によって、まさに奇跡ともいえる復興を成し遂げた。この章の冒頭でも述べたが、この復興を成し遂げたのは政府ではない。政府が「所得倍増計画」を打ち出し、号令をかけるだけで復興できるものなら、世界の発展途上国はすべて豊かになっている。日本の復興をなしたのは、ひとえに国民の力である。」(459頁)

復興が「国民の力」であったことは確かですが、「ひとえに」ではなく、国際社会やアメリカの援助も背景にありました。

一九五〇年代後半~七〇年代前半の「高度経済成長」の前段階として、四〇~五〇年代にかけて日本が受けた、アメリカによる「ガリオア資金」「エロア資金」の投入、ユニセフの経済・食糧支援、中国・インドの賠償金放棄など、これらがなければ「東京オリンピックを開催して、新幹線を開通させた」(同)ような「日本復活」などなかったのです(→99講)。それを忘れるべきではないでしょう。「誇りと自信の回復」を謳《うた》うと同時に、「感謝の現代史」も綴《つづ》らなくてはならない部分です。

109 政府はメディア問題に鈍感であったわけではない

「テレビの登場」の項で、いわゆる「クロスオーナーシップ」を説明されています。

「公共放送のＮＨＫを除いて、民間のテレビ事業に参入したのは新聞社だった。多くの先進国では新聞社がテレビ局を持つこと（クロスオーナーシップという）は原則禁止されているが、当時、メディア問題に鈍感であった日本政府は禁止しなかった。これにより後に多くの弊害が生じたが、それらは改善されることなく現在に至っている。」（461頁）

そしてその「弊害」の一例を、

「新聞がテレビの問題や腐敗を批判・報道することがない。」（同）

とされています。

一九五三年から民放テレビ局として放送を開始したのは日本テレビで、ここから日本のクロスオーナーシップが始まりました。

テレビの経営・放送内容に新聞社の意向が反映するようになるこの制度を日本で始めたのが、読売新聞初代社長の正力松太郎でした。正力は戦前、内務官僚をつとめ、警視庁警務部長も歴任し、免官後は大政翼賛会総務をつとめた人物で、自民党政権とも太いパイプを持っていました。正力こそ、新聞社の子会社としてテレビ局を設立していく、という方式の先駆《さきが》けとなったのです。

当初は東京を中心に支局を置く計画でしたが、郵政省（当時）からストップがかかりました。単独資本が他府県にまたがるメディアを寡占することを憂慮《ゆうりょ》したからです。政府は「メディア問題に鈍感」ではありませんでした。

「後に多くの弊害が生じたが、それらは改善されることなく現在に至っている」という記述を補足しますと──。

実は二〇一〇年一月十四日、鳩山由紀夫政権下の原口一博《はらぐちかずひろ》総務相は「クロスオーナーシップ」禁止の法制化について発言しました。もちろん各新聞社は反発しましたが、クロスオーナーシップ規制の見直しを盛り込んだ放送法の改正法案は閣議決定されています。

しかし同年、参院選の民主党大敗で、法制化が難しくなってしまいます。その後、クロスオーナーシップ規制の条項が削除された改正放送法が成立し、規制は見送られることになったのです。

「ＷＧＩＰ洗脳世代」が社会に進出するようになると、日本の言論空間が急速に歪み始める。」（465頁）

占領期の「ＷＧＩＰ洗脳論」をここでも繰り返されていますが、それならばいっそ一九五〇年代以降のＣＩＡの活動に触れられたほうが、「陰謀論」としては面白かったと思います。

『週刊新潮』二〇〇六年二月十六日号で早稲田大学有馬哲夫《ありまてつお》教授が、正力松太郎の戦犯不起訴後、ＣＩＡが正力を工作員に仕立てようとしていたことを、アメリカ国立公文書館によって公開された外交文書から指摘し、話題になりました。

百田氏は朝日新聞を「ＷＧＩＰ」に絡めて批判されていますが、「日本では、世論は新聞社とテレビ局によって操作される部分が非常に大きい」（462頁）と言われるのであれば、「戦争責任を伝える計画」という一九四七年にはほぼ終わっていた計画を例にするよりも、ＣＩＡとメディアの関連を指摘したほうが、「陰謀論」としては面白かったように思います（有馬哲夫『日本テレビとＣＩＡ』）。

110　水俣病もイタイイタイ病も、一九五五年以降に発生したのではない

『日本国紀』の歴史記述の特徴としては、社会問題についての記述が希薄なことも指摘できます。明

治時代の最大の公害事件であった「足尾銅山鉱毒事件《あしおどうざんこうどく》」に触れられていませんし、労働問題などの解説もほとんど見られません。第十三章では、わずか七行のコラム（460〜461頁）に、

「昭和三〇年（一九五五）あたりから、工場廃水や産業廃棄物による公害が全国で発生し、水俣病やイタイイタイ病といった痛ましい公害病を生んだ。」（460頁）

と書かれていますが、水俣病もイタイイタイ病も、一九五五年あたりから生まれたものではありません。

水俣病はすでに一九四〇年代からその兆候は始まっていました。一九五三年の公式確認が発症の第一だとするならば、「昭和三〇年（一九五五）あたり」と言えなくもないですが、**イタイイタイ病に関しては、一九二〇年から始まっています。**

「戦後の日本の急激な経済成長は、一方で大きな副作用を伴った」（同）としながら、公害病の例を水俣病とイタイイタイ病の二つしか挙げられておらず、「公害対策基本法」制定への言及はあるものの説明はなく、**新潟水俣病や四日市ぜんそくを含めた「四大公害病」**という一般的な表現すら用いられていません。

また環境庁が二〇〇一年より環境省となったという指摘があるのに、公害対策基本法（一九六七年）が環境基本法（一九九三年）に変わっていることも説明されていません。

公害問題を軽く考えているとは思いたくはありませんが、著しく不十分だと思います。

111 「五十三億ドル」は朝鮮半島全体に残した資産の総額

「日韓基本条約」について。

「昭和四〇年（一九六五）、日本は韓国と「日韓基本条約」（正式名称・日本国と大韓民国との間の基本関係に関する条約）を結んで国交を正常化した。この条約と同時に締結された「日韓請求権・経済協力協定」で、日本政府が韓国に支払った金は、無償で三億ドル、有償で二億ドル、民間借款で三億ドル、その他を含めると十一億ドルにものぼった。これは当時の韓国の国家予算の二・三倍にあたるものであった。すべて外貨で支払われたが、当時の日本には外貨が十八億ドルしかなく、国民が死に物狂いで働いて得た中から、まさに身を切る思いで支払った。しかも併合時代に日本政府が韓国内に残した五十三億ドルにのぼる資産はすべて放棄した上でのことである（他に巨額な民間資本も残したままであった）。」（462～463頁）

「韓国内に残した五十三億ドルにのぼる資産」は誤りです。朝鮮半島内すべての資産が五十三億ドル相当、という意味で、韓国内だけではありません。

また、これを「残してきている」と言うと韓国のものになっているかのような誤解を与えかねませんが、**この「資産」はアメリカ及びソ連に接収されており、もともと日本は返還を要求できないもの**でした（サンフランシスコ平和条約第二条a・アメリカ軍政法令第33条［一九四五年十二月］）。

112 「南京大虐殺」を中国は「外交カード」に使用しなかった

「朝日新聞が生み出した国際問題」という項についてなのですが。

「後に大きな国際問題となって日本と国民を苦しめることになる三つの種が播《ま》かれた。それは「南京大虐殺の嘘」「朝鮮人従軍慰安婦の嘘」「首相の靖國神社参拝への非難」である。これらはいずれも朝日新聞による報道がきっかけとなった。」（465〜466頁）

正直なところ、第十三章の後半は主に、歴史著述とは無縁な百田氏の個人見解で、これに関しては「表現の自由」の範疇《はんちゅう》だと思いますから、詳しくはコメントしません。事実誤認や不正確な部分に関しての指摘にとどめます。

さて、「南京大虐殺の嘘」として、一九七一年の朝日新聞連載を挙げて「「南京大虐殺」は本当にあったと思い込んでいる人が少なくない」（466頁）と再び記述されていますが、これに関しては、百田氏が「なかったと思い込んでいる」だけ、としか言いようがありません（↓58講、85講）。

「日本側のこうした反応を見た中華人民共和国は、これは外交カードに使えると判断し、以降、執拗に日本を非難するカードとして「南京大虐殺」を持ち出すようになり……」（466頁）

これはよくある言説ですが、誤りです。**具体的に、中国が「南京大虐殺」を持ち出して「外交カード」、つまり何らかの取引の条件として使った例を挙げてほしい**と思います。

一九七〇年代は、中国側も積極的に「中日友好ムード」を共産党主導で進めていました。中国内ではむしろ、南京大虐殺を初めとする日本軍の蛮行《ばんこう》に対する住民の声を抑えていたのです。背景には、田中角栄の訪中と、国交回復、さらには福田赳夫による日中平和友好条約の締結などがありました。一九九一年、南京大学で多くの有識者や関係した人々が集まり「南京大虐殺に関する会議」が開かれる予定でしたが、開催直前になって中国政府からの許可が出ませんでした。理由は、日本の総理大臣（海部俊樹《かいふとしき》）が急な訪中を行なったからで、日本の戦争犯罪に関する会議は控えよう、ということになったからです。

南京大虐殺だけではありません。

一九九二年、天皇（現・上皇）が訪中の際は、戦時中に強制連行された「強制労工《きょうせいろうこう》」を中心とする活動家たちが、なんと政府によって数日間、自宅拘束されています。

当時、中国の外交スタンスは基本的に、歴史問題で対立して日本側を刺激するよりも、改革開放政策を進め、日本の経済協力を得るほうを優先していました。

中国外交部が南京大虐殺に言及して日本を非難したのは、日本の政治家が「南京大虐殺はなかった」と発言した場合がほとんどです（イアン・ブルマ『戦争の記憶』）。

「南京大虐殺を外交カードにしている！」と声高に述べる一方で、「南京大虐殺などなかった！」と主張するのは、とても冷静に戦後の日中関係を理解しているとは思えません。

「従軍慰安婦の嘘」に関しては、百田氏が指摘されている通りの部分もあります。やはり「吉田証言」に対する検証不足、不正確な情報に基づく報道など、誤りがあったことは確かです。ただ、朝日新聞の「勇み足」を逆手にとって、従軍慰安婦の実態の全体像に誤解を与えたり、全否定したりするのは早計だと思います。

近年、アメリカ側の資料などが次第に明らかになってきています。

最近の話題で言えば、自民党の国会議員の山田宏氏がＳＮＳ上で指摘した（二〇一九年）、一九四四年八月に米軍がビルマで捕虜にした従軍慰安婦を尋問した文書があります（女性のためのアジア平和国民基金編『政府調査「従軍慰安婦」関係資料集成⑤』にも当該文書の概要が記されており、そちらでも確認できます）。

山田氏本人は「従軍慰安婦は基地相手に商売する売春婦にすぎない」と記されている部分を抽出して「慰安婦は売春婦だった」という主張をしたつもりでしたが、この文書の英文の全文を読めば、「真逆の説明」であることがわかります。

「日本軍が慰安婦と呼んでいる仕事は売春婦のような仕事である。この韓国の少女たちは、病院で負傷した兵士たちに包帯を巻くような仕事で、新しい土地で人生がよくなると業者に聞かされ応募した少女たちだ。」

と自分の意思でなく、騙されて連れて来られたことがわかるように書かれています。注目すべきは、

"The conditions under which they transacted business were regulated by the Army."

と記されているところです。これを訳すと、

「彼女らが業務を行なう諸条件は軍により規定されていた」

となります。

「朝鮮人慰安婦に関しては、肯定派のジャーナリストや学者、文化人らが、「軍が強制した」という証拠を長年懸命に探し続けたが、現在に至ってもまったく出てきていない。」（470頁）

とされていますが、このように、**軍による「強制」はともかく、「関与」が示されている文書は明らかになってきています。**「まったく出てきていない」とは、今のところ断言できる状況にないと考えたほうがよいでしょう。

113　歴代首相の靖國神社参拝と、中曽根康弘首相の参拝の意味は大きく違う

「そもそも中国・韓国の二国は、戦後四十年間、日本の首相の靖國参拝に一度も抗議などしてこなかった。それまでに歴代首相が五十九回も参拝したにもかかわらずである。」（469頁）

これも日中外交の歴史的な段階をふまえていない理解です。

一九四五年以降、中国は内戦状態にありました。四九年に中華人民共和国が成立しましたが、日本は中華人民共和国ではなく、中華民国（台湾）を唯一の合法政府として承認し、平和条約を結びました。日中国交回復までの間の日本の政治的・外交的な対象となる「中国」は台湾政府でした。

一九七二年、日中共同声明が発表され、日本は外交方針を大転換し、中華人民共和国を唯一の合法

政府と認めました。ここから日中双方の、平和友好条約締結を目的とした「歩み寄り」が始まっています。

当時の首相周恩来は日中国交回復にあたって、一九五二年の蔣介石と同様に、賠償を放棄しました。彼の考え方は「日本軍国主義は、戦争によって中国に大きな災難をもたらし、日本人民も多くの被害を受けた」というもので一貫しています。つまり加害の主体を「日本」ではなく「日本軍国主義」とし、被害者に中国人民のみならず日本国民をも含めたわけです。よって賠償金を日本に請求することは、同じ被害者である日本国民に二重の苦しみを背負わせる、として全面放棄を宣言したのです。ポツダム宣言の理念にも合致した考え方で、優《すぐ》れた見識であると私は思っています。

これが中国の「対日外交方針」で、非難は常に、日本の政治家の「軍国主義的言動」に関して行なわれてきました。

平和条約締結へ向けて歩み寄るために、当時の日中は努力したと思います。

日本の首相や政治家が、今日の日本の平和と繁栄は、たくさんの戦争犠牲者たちの尊い命に支えられている、という思いから、靖國に参拝するのは、個人の信仰の自由として何も妨げられるものではありません。

ですから、一九七〇年代の日本の首相および政治家たちは皆、「私人」を強調して参拝しています。A級戦犯が合祀されたのは一九七八年で、それ以降も、たとえ首相でも「私人」としての参拝でした。「公用車を使用せず、玉串《たまぐし》料はポケットマネー、肩書きなし、公職者を随行させない」という私人参拝は、何も問題ではないと私も思います。

しかし、一九八五年八月十五日、終戦記念日の中曽根康弘《なかそねやすひろ》総理大臣による参拝は、それまでのものとは異なります。私自身、はっきりと記憶していますが、中曽根首相はインタビューで「内閣総理大臣たる中曽根康弘が参拝しました」と答えていました。

百田氏が問題にする中国・韓国の抗議は、「公式参拝」に対するものでした。国交回復後の中曽根康弘公式参拝は、それ以前の首相参拝と同列にすべきではありません。

「昭和天皇が終戦記念日に靖國神社を親拝《しんぱい》されなくなった理由はわからないが、もしかしたら「自分が行けば、私人としてか公人としてかという騒ぎが大きくなる」と案じられたのかもしれない。」(471〜472頁)

昭和天皇の親拝は、「私人」として首相在任中に初めて終戦記念日に参拝を行なった、三木武夫の「私人か公人か」のレベルとは違います。推測を示す史料があるならば示すべきですし、ないならば現有史料からきちんと判断して、昭和天皇の御心情を察するべきだと思います。

親拝停止の理由が、いわゆる「A級戦犯の合祀」にあったことは、様々な史料から読み取れます。しかしこれを、「停止の時期」と「富田メモ」の二つに関連して否定する見方があるようです。まず、「停止の時期」に関しては、昭和天皇の最後の親拝が一九七五年で、A級戦犯の合祀は七八年。停止が先で合祀が後だから無関係だ、という言説です。

これはそれまでの昭和天皇の靖國親拝が、あたかも毎年行なわれていたかのような錯覚の上に成り立っています。しかし実際は、毎年ではなく数年に一度のものでした。戦後の親拝は以下の通りです。

一九四五年十一月　二十日
五二年　十月　十六日
五四年　十月　十九日

五七年　四月二十三日
五九年　四月　八日
六五年　十月　十九日
六九年　十月　二十日
七五年十一月二十一日

三木首相が私人参拝を行なったのが原因、と言う人もいますが、そちらは一九七五年八月です。もしそれが原因なら、同年十一月二十一日の親拝はなかったはず。

次に、二〇〇六年にその存在を日経新聞社が報道した「富田メモ」（宮内庁長官富田朝彦《ともひこ》が記していたメモ）ですが、一九八八年四月二十八日の記述で、「私は或る時に、A級が合祀され、その上松岡、白取までもが……」と昭和天皇が合祀に不快感を示され、「だから私あれ以来参拝していない。それが私の心だ」と述べたとされています（松岡＝松岡洋右元外相、白取＝白鳥敏夫元駐イタリア大使）。

このメモは全文公開されていないので、「怪文書だ」とか言う人もいますが、親拝停止について同じような内容は『卜部亮吾侍従日記』などによっても追認できます（非公開部分があるのは、昭和天皇のプライベートについても書かれているからです）。また「富田メモ」の報道に際して日経新聞社は、社外メンバーを含めた研究委員会を設置していますから、信頼性は高いと言えます（メンバーは東大教授の御厨貴《みくりやたかし》、現代史家の秦郁彦《はたいくひこ》、作家の保阪正康、富田朝彦夫人の富田知子ほか）。

114　日本人学生の徴用には給料が払われたし、徴兵された朝鮮人も戦場に送られた

「戦時徴用工強制労働の嘘」という項について。

「たしかに戦争中「戦時徴用」として朝鮮人労働者を国内の工場などに派遣した事実はあるが、戦時徴用は日本の中学生や女学生にも行なわれていた。しかも日本の学生には給料は払われなかったが、朝鮮人労働者には正規の給料が支払われていた。」（472頁）

誤解です。

日本人の学生（中学生や女学生を含む）にも給料は払われていますから、訂正されたほうがよいと思います（たとえば国立公文書館アジア歴史資料センターに記録が残っていて、一九四四年五月の「工場事業場等学徒勤労動員受入側措置要綱」に「基本報償算定基準《ほうしょうさんてい》」として報奨金額が記されています）。

「同じ頃、日本人男性は徴兵で戦場に送られていたが、朝鮮人が徴兵されたのは昭和一九年（一九四四）になってからで、しかも一人も戦場に送られていない。」（同）

これも「一人も戦場に送られていない」は明確に誤りです。情勢逼迫《ひっぱく》の中、徴兵して戦場に送り出されていない兵士はほとんどいませんでした。同じくアジア歴史資料センターの史料に一九四四年段階の「部隊割当表」がありますし、**徴兵されて出征した方の証言も多数残されています**（ＮＨＫ戦争証言アーカイブス『朝鮮人皇軍兵士　遥かなる祖国』など）。

また徴兵ではありませんが、本土決戦に備えた長野県の「松代大本営」建設の徴用では当初、朝鮮人七千人、日本人三千人が動員されました。一九四五年四月にはそれぞれ一万人規模になっており、その時の労働環境や状況はかなり苛酷《かこく》なものであったことがわかっています。

115 沖縄返還は、本土復帰運動が促したのであり、核兵器の開発と絡めるべきではない

「沖縄復帰」について。

「この返還には昭和四五年（一九七〇）の日米安保条約の延長問題が大きく関係していた。昭和四〇年（一九六五）、アメリカは北ベトナムに対する空爆を開始し、ベトナム戦争に本格的に介入していた。そのため日本国内のアメリカ軍基地の重要度は飛躍的に増していた。それだけに、十年ごとに締結される日米安保条約が締結されない事態となれば、アメリカのベトナムでの戦争継続が難しくなるという状況だった。

そこでアメリカは、沖縄を日本に返還する代わりに日米安保条約を延長しようと考えた。」（475頁）

そもそも、**安保条約は自動更新**（どちらか一方の意思で破棄できる）になっていて、**佐藤内閣は継続に断固賛成の姿勢を貫いていました。**七〇年安保の学生運動は、その過激化と「内ゲバ」などから国民の支持を十分に得られない状況で、**安保条約が継続されない心配をアメリカがする理由はほとんどありませんでした。**

驚くのは、沖縄返還の背景となった沖縄の人たちの住民運動や本土復帰への努力にまったく触れられていないことです。

沖縄返還は、アメリカの政権交代（ニクソン政権の成立）、日本政府の交渉、そして沖縄の人たちの返還復帰運動の「合力」で実現したことです。

ベトナム戦争への本格介入を受け、「日本国内のアメリカ軍基地の重要度は飛躍的に増していた」のは事実で、沖縄内の基地の拡充や、強引な基地・施設の建設などが進み、事故やアメリカ軍兵士による不祥事も多発するようになりました。

アメリカ統治下の沖縄では、一九五六年に本土復帰をめざした「島ぐるみ闘争」が始まり、一九六〇年には「沖縄県祖国復帰協議会」も結成されています。

一九七〇年十二月、アメリカ兵が起こした交通事故をきっかけに「コザ暴動」が起こり、日本政府は一刻も早い返還の必要性を、アメリカ政府も沖縄を施政下に置いておくことの問題を、痛感するようになります。

「しかしアメリカの技術力が状況を変えた。原子力潜水艦に核ミサイルを搭載する技術の開発に成功したのだ。これにより世界のいかなる海からでも核ミサイルを撃ち込むことができるようになり、必ずしも沖縄に核兵器を置く必要がなくなったのだ。皮肉なことに、新兵器が開発されたことにより、沖縄返還計画が進んだのである。」（同）

ちなみに潜水艦発射ミサイルの技術はソ連が先に実用化に成功しました（一九五五年試射・五八年実戦配備）。アメリカではソ連に遅れて五五年に開発が着手され、六〇年に実戦使用が可能なレベルに技術向上させています。

しかし、核兵器が沖縄返還計画を進めた、という見方はどうでしょうか。返還の際に核兵器についての「密約」(同)、つまり有事の場合は沖縄への核兵器持ち込みを認める約束がなされましたが、**「沖縄に核兵器を置く必要がなくなった」ならば、こういう密約は必要ありません。**沖縄の人々の運動を無視するのは適切でないと思います。

116　日中国交正常化はアメリカの意向ではなく、日本自らの意思で外交した例である

ベトナム戦争について。

「アメリカは、ベトナムの共産主義化を防ぐために参戦したが、ソ連の支援を受けた北ベトナムのゲリラの前に、予想外の苦戦を強いられた。そこでアメリカは、ソ連と対立していた中華人民共和国に接近する。」(476頁)

北ベトナムを支援していたのはソ連だけではなく、中国も援助をしています。特に毛沢東は、ベトナムに対しては「友人」として強力な支援を申し出ています。「さあ、ほしいものは何ですか。食糧ですか、武器ですか、何でも言ってください」と一九五〇年、北京を訪れたホー・チ・ミンに話しています(産経新聞取材班『毛沢東秘録』)。

ソ連と中国は一九六九年の中ソ国境紛争を機に対立しますが、ベトナム戦争ではまた「競うように」軍事援助をしています。ソ連だけが北ベトナムを支援していたのではありません。

「すでにベトナムからの撤退を模索していたアメリカは、冷戦の枠組みの再編成が必要と考えており、中華人民共和国への接近はそれも睨んでのことだった。アメリカの意向を汲んだ日本は、昭和四七年（一九七二）、中華人民共和国に接近し、電撃的に国交を回復させる。同時に、それまで国交があった蔣介石の中華民国（台湾）との関係をあっさりと断絶した。戦後、二十七年も経っていたにもかかわらず、日本は自らの意思で外交ができない国になってしまっていたのだ。」（477頁）

これは大きな誤りです。

中国との国交に関しては、日本はアメリカよりも先に正常化に成功しました（一九七二年二月のニクソン訪問で米中が国交回復したように勘違いしやすいのですが、正式な国交回復はカーター政権の一九七九年の時です）。

そもそも日本は、台湾との関係を続けながらも、中華人民共和国とは「政経分離《せいけいぶんり》」の方針を立て、民間の経済・文化交流を地道に進めていました。ニクソン大統領の突然の訪中は、日本にとっては大きな驚きで、「頭越し」に対話を開始され、「最初は、アメリカは日本に相談していたが、ある朝目が覚めたら中国とアメリカが手を結んでいた」と当時は表現されました（鬼頭春樹『国交正常化交渉』）。

事態を一気に打開したのが田中角栄です。それまでの政財界の努力を背景に、一九七二年七月七日、国交回復の実現を宣言すると、二日後にすぐ周恩来は歓迎の意を表明しました。

ニクソン訪中から七カ月後の九月二十五日、田中は北京を訪問し、同二十九日、「日中共同声明」に署名したのです。「アメリカの意向を汲んだ」のではなく、むしろ出し抜く形で電撃的な国交正常化を実現しました。「自らの意思で外交をした」好例です。

「世界の多くの人々が、アメリカの介入をベトナムの民族自決権を奪う行動だと見做していたのだが、これは一面的な見方にすぎない。たしかに南ベトナムはアメリカの傀儡《かいらい》的な国家ではあったが、その意味では北ベトナムもまたソ連の傀儡的な国家であった。」（477～478頁）

これも大きな誤りです。

先述のように、北ベトナムへはソ連だけでなく中国も支援していました。後のソ連と中国の対立が複雑な状況を生み出しますが、ベトナム支援は両国によって一九七一年まで続いています。

何より、北ベトナムはソ連の「傀儡国家」ではありません。傀儡国家とは、特定の国によって、その支配権を実質的に握られながら、「分離独立」している国家のことです。「満州国」や「冀東《きとう》防共自治政府」などが代表的な例で、北ベトナムに関してはまったくこれに該当しません。

まず、北ベトナムはソ連の支援で建国されていません。

一九四五年、抗日組織ベトナム独立同盟の指導者ホー・チ・ミンがベトナム民主共和国の独立を宣言します。フランスはこれを認めず、インドシナ戦争となります。

フランスは一九四九年、阮朝《げんちょう》最後の皇帝バオ・ダイを元首としてフランス連合の一部としてベトナム国を独立させ、ベトナム民主共和国と対抗させます。こちらは十分、「傀儡的」と言えます。フランスは五四年、ディエンビエンフーの戦いで敗退し、休戦協定となりました。

その後、ゴ・ディン・ディエムがバオ・ダイを追放して共和政を採用し、南部でベトナム共和国が成立しました。こうして北のベトナム民主共和国と南のベトナム共和国が対立し、北を中ソが、南をアメリカが支援するようになったのです。

ベトナム民主共和国は一九四五年以降、一貫して自主独立を保ち、傀儡国家と対決していきます。

軍事支援を受けたからといって傀儡国家であるとは言えません。

117 「べ平連」と「ＪＡＴＥＣ」は違う

「〔ソ連は〕西側諸国内で巧みなプロパガンダ（政治宣伝）を展開したため、各国のリベラル層がアメリカを一方的に非難し、その空気は日本にも及んだ。そして作られたのが「べ平連」（正式名称・ベトナムに平和を！ 市民連合）という市民団体である。彼らは「ベトナム戦争反対」のデモや運動だけでなく、平和運動と称して、企業を攻撃したり、成田空港建設反対などの闘争を繰り広げたりもした。」（478頁）

「べ平連」を知らない世代の人がこの説明を読めば、大きく誤解してしまいます。

べ平連は、「戦争反対」の気持ちさえあれば参加も自由だし、脱会も自由、という市民団体でした。発足当初はまったくの無党派で、警察官や自衛隊、右翼の活動家などでも、「平和を愛して戦争反対」ならば自由に集える団体でした。

たしかにその後、新左翼のメンバーによる、平和運動と直接関係がない運動にも関わりを持つようになります。しかし「成田空港建設反対などの闘争を繰り広げたりもした」というとまるでべ平連が主体となって「成田闘争」を展開したかのように誤解を与えてしまいます。**基地建設反対闘争と歩調を合わせて反戦平和運動を進めていた、と言うべき**でしょう。

「企業を攻撃」というのもやや誇張された表現です。デモによる活動の他、もっとも有名なものに軍需企業の代表格と考えられていた三菱重工に対する「反戦一株株主運動」があります。株主総会では三菱重工側も「総会屋」を動員して対抗していました。

一九七三年あたりからは、活動の幅が環境問題や開発反対にも広がりを見せます。

一方、初期のベ平連の形態のまま続けるグループもありました。「反戦喫茶店《はんせんきっさ》」や「反戦ライブ」のような文化的な活動と融合し、若者たちの間で「反戦歌」などメッセージ性の強いフォークソングも生み出していきます（中川六平「反戦喫茶「ほびっと」の軌跡」）。

「戦争反対」は、一九七〇年代のサブカルチャーのキーワードでした。「ベ平連」はそのような「七〇年代前半の日本の景色」の一つとなります。

「しかし冷戦終結後、「ベ平連」にはソ連のKGB（ソ連国家保安委員会＝ソ連の秘密諜報組織）から資金提供があったことが判明する。つまり「平和運動」という隠れ蓑《みの》を着たソ連の活動団体だったのだ。」（478頁）

誤りです。

「「ベ平連」はアメリカ軍の「良心的兵役拒否」の脱走兵をソ連に亡命させる活動も行なっていたが……」（同）とされていますが、これはベ平連の組織とは無関係に、幹部メンバーが独自に行なっていた「反戦脱走米兵援助日本技術委員会（ＪＡＴＥＣ）」の活動です。

脱走兵がソ連への亡命を希望する場合はもちろんソ連大使館と接触しています。彼らは接触した相手が大使館員だと思っていたのですが、実はＫＧＢの要員でもありました（ソ連の大使館員ではよくある話）。

実際、ＪＡＴＥＣがソ連大使館員（ＫＧＢ要員）の支援を得て複数人、中立国のスウェーデンへ出国させたことはわかっています。しかし「資金提供があった」というのは誤りで、**脱走兵を助けるた**

めの資金援助をソ連に求めたのは事実ですが、ソ連は、脱走兵のために物質的援助はするが、ソ連の持つ「手段」を用いては移送できない、と回答しています。

ＪＡＴＥＣにも、もちろんべ平連にも、「ＫＧＢから資金提供」などありませんでした。「「平和運動」という隠れ蓑を着たソ連の活動団体だった」という断定には問題があります。

番外篇 6

教科書と「近隣諸国条項」

481～483頁で「教科書問題」が取り上げられています。

『日本国紀』にはたびたび教科書批判が出てきますが、それとセットのように、ＧＨＱによって戦後日本人の歴史観が変えられた、教科書は「自虐史観《じぎゃくしかん》」に満ちている、という主張が伴います。そして象徴的に、「（日本の）侵略」という教科書の表現を取り上げ批判されています。

たとえば豊臣秀吉の「朝鮮出兵」については、

「なお近年の歴史教科書では、「朝鮮侵略」と記述されていることが多いが、他国に攻め込むことを侵略と書くなら、世界史におけるアレクサンドロス大王やチンギス・ハーンやナポレオンの遠征もすべて侵略と書かなければ辻褄《つじつま》が合わない。」（159頁）

これについては、「世界史」と「日本史」とでは、記述方針がかなり違うものだと考えてもらいたいところです。

「侵略」には、「他国に攻め込むこと」だけではなく、**「攻め込んだ上で支配下におく」という意味**があります。戦闘などをともなって人々の生活を「蹂躙《じゅうりん》した」イメージを伴う言葉でもあります。

やや主観的なイメージが強いので、価値観や文化の背景が異なる「世界史」の記述においては、「侵略」という言葉は使用していません。これは世界各国の教科書にわりと準拠したものです。

ただ、二十世紀の記述に関しては、一転して「侵略」を用いる場合があり、それは「ナチス・ドイツ」に関するものでした。

これも日本の教科書でどう扱うべきか、いろいろ議論されたのですが、世界の教科書に倣おう、ということで「侵略」という表現になりました。ただ、二〇〇〇年代以降の日本の教科書では、ナチスに対してでもやはり「侵略」を使用しなくなっています。

では、「日本史」の記述ではどうかというと、モンゴルの攻撃を日本は受けましたが、撃退に成功し、一時期でも日本の領土がモンゴルの支配下に入ったことはありません。よってどの教科書でも、「日本が侵略された」という表現は用いません。

また、古代の朝鮮半島への日本の「進出」も「侵略」とは説明していません。いわゆる「広《こう》開《かい》土《ど》王《おう》碑《ひ》文《ぶん》」に見られる高句麗と倭の戦いも、「倭の侵略」とは言いません（↓上10講）。

二十世紀に関する記述でも、実は多くの日本史教科書では、「日本の侵略」という表現は使用されていないのです。**二〇一六年検定に合格したすべての教科書を見ても、「満州事変」「日中戦争」「太平洋戦争」の記述内に、一度も「侵略」は使用されていません。**二十世紀の歴史に関しては、「日本史も世界史の一部」と考えられているために、そのように書かれているのだと思います。

百田氏の指摘される通り、「朝鮮侵略」を用いる教科書ももちろんありますが、現状で「多い」とは言えず、「朝鮮出兵」がこれからは多数派になるでしょう。また、

「昭和五七年（一九八二）、日本の教育が大きく揺るがされることになる事件が起きた。いわゆる「教科書検定」問題である。」（481頁）

として、当時の文部大臣が「「隣接諸国との友好親善に配慮すべし」との一項目を教科用図書検定基準に加えると表明する」（482頁）事態になったと述べられています。

一九八二年と言えば、すでに四十年近く前の話です。この間の教科書の「歩み」をふまえずに、日本の教科書問題は語れません。

「隣接諸国との友好親善に配慮」と言っても、虚偽を記述することはありません。

たとえば、韓国でその存在が否定される傾向にある「任那《みまな》」という表現はかつて一時期、教科書から削除されていましたが、現在では『日本書紀』にはこのように記されている、として「任那」も紹介されています。

現行の教科書では、より厳密に資料・史料に基づいた記述が心掛けられるようになったため、逆に教科書を批判する方々のほうに、「資料・史料に基づかない」記述が圧倒的に多く見受けられます。

「一方、中韓の教科書は近隣諸国に配慮するどころか、全編、反日思想に凝り固まったもので、歴史的事実を無視した記述が多く、歴史というよりもフィクションに近いものである。」（482頁）

だからといって、日本もフィクションを書いてもいい、とはまさか考えられないと思います。

何より、百田氏が堂々と隣国の歴史記述を批判できるのは、日本が資料・史料といった「事実」に基づいて、是々非々で教科書作成や歴史教育を続けてきたからとも言えます。

たとえ他国がおかしくとも、日本は資料と史料に基づいて、日本に不利な記述であろうとも記していく、ということこそ、歴史教育の「矜持《きょうじ》」とすべきところ。それを支えているのが、数多《あまた》の歴史研究家たちの議論と検証であり、地道に築き上げられてきた成果です。この三十年で教科書はずいぶんと進化していると思いますよ。

そして「近隣諸国条項」が設けられたことは、別の意味で私はよかったと考えています。

というのも、「配慮」するにあたって、客観的な事実をそれまで以上にふまえるような意識が歴史記述に生まれたからです。この「配慮」はおかしい、と主張する立場も、なぜおかしいかを掘り下げて研究するようになったのです。

教科書の限界、問題点があることは確かですが、思いつきや陰謀論、都合のいい史料の一部のつまみ食いだけで反論・批判するほうが、はるかに問題です。

教科書にせよ歴史の研究にせよ、それは「氷山の一角」。頂点の見える部分だけが記述されているのです。その下には、何倍もの質・量の「積み重ね」がある、と考えてほしいところです。

軽く、甘く考えて近づけば、タイタニック号のような豪華客船でも、簡単に沈没させられてしまいますよ。

118　石油戦略は第四次中東戦争でアラブ諸国が敗れたから始まったのではない

一九七三〜七四年頃の「オイルショック」について。

「中東の産油国が石油価格を上げたのは、第四次中東戦争で、アラブ諸国がイスラエルに敗れたことが大きかった。」（479頁）

産油国の「石油戦略」による**原油価格値上げは**、**第四次中東戦争中**に行なわれています。第四次中東戦争は一九七三年十月六日から同月二十四日までですが、いわゆる「石油戦略」の発動は十月十六日です。「敗れたことが大きかった」のではありません。

「さらにサウジアラビアを中心とするアラブ諸国は、イスラエルを支援する国に対して石油輸出を制限すると宣言した。日本はイスラエル支援国家ではなかったが、アメリカと同盟を結んでいる関係で、石油禁輸リストに入れられた。

日本は急遽《きゅうきょ》、イスラエル軍は占領地から撤退し、占領地のパレスチナ人の人権に配慮するようにとの声明を出した。この声明発表はアメリカの反発が予想されるものであったが、背に腹は替えられない日本政府の苦渋の決断でもあった。」（同）

オイルショック前年の日中共同声明について、「日本は自らの意思で外交ができない国になってしまっていた」（477頁）と述べられていましたが、**アメリカと同盟関係にあったにもかかわらず**、**日本が反イスラエル・親アラブを外交的に宣言したのはきわめて「独自外交」**です。田中角栄政権の一九七

○年代については、アメリカ追従から距離を置いた「独自外交の時代」と普通は評価します（↓119講）。

「余談だが、昭和四九年（一九七四）の石油危機期間中、選抜高等学校野球大会では、それまで慣例となっていた表彰式の演奏曲「見よ、勇者は帰る」（ヘンデル作曲のオラトリオ「ユダス・マカベウス」の中の一曲）の使用をやめ、オリジナル曲に差し替えるということまでしている。「ユダス・マカベウス」は、紀元前の物語であるが、アラブと敵対するユダヤ人戦士を称える曲だったからだ。」

（480頁）

誤解される方がいるといけないので注釈しておきますが、「ユダス・マカベウス」の物語およびヘンデル作曲の同名オラトリオの中にはアラブ人は出てきません（というかこの時期、舞台となる紀元前二世紀に「アラブ人」はまだ、いません。七世紀頃にイスラム教が誕生してから、「アラブ」という概念が広まったと考えられています）。

「ユダス・マカベウス」は、セレウコス朝シリアの支配下にあったユダヤ人たちの物語です。セレウコス朝シリアはアレクサンドロス大王の死後、分裂して生まれたギリシア系の国家で、支配下にあったユダヤ人にギリシアの神ゼウスの信仰を強制しようとしました。

「ユダス・マカベウス」とは「ユダ・マカバイ」というイスラエルの英雄のことで、イスラエルを解放した、と言われています。よってこの物語の中のユダヤ人の敵はアラブではなく、ギリシア系セレウコス朝シリアですので、念のため。

ちなみに楽曲の差し替え理由は正しいのですが、これは春の選抜大会のみで、夏の甲子園大会では差し替えられていません（差し替え用に急遽制作された楽曲『栄光』の作曲者・永野慶作さんが後年、当時の事情を回想されています）。

119　安全保障をアメリカに委ねたから「平和ボケ」になったのではない

この章の最後は「平和ボケ」という項です。

「憲法九条によって国の安全保障をアメリカに委ねてしまった日本人は、ただ「平和」を唱えていさえすれば、「平和」でいられるという一種の信仰を持つに等しい状態となった。」（483頁）

あたりまえですが、「憲法九条」ではなく、**「日米安全保障条約」によって、国の安全保障をアメリカに委ねた**のです。

そもそも日本の独立は、アメリカとの安全保障条約、つまり独立後もアメリカ軍が駐留する、という条件下で達成されました（→105講）。

百田氏は、日米安全保障条約および岸信介が苦労の末に改訂した新安保条約によって、日本人は「ただ「平和」を唱えていさえすれば、「平和」でいられるという一種の信仰を持つに等しい状態となった」と主張されているのでしょうか。また、

「GHQによって押し付けられた日本国憲法では、国土と国民も守れないと気付いた保守政党の「日本民主党」と「自由党」は、「自主憲法制定」と「安保条約の改定」を目指し、昭和三〇年（一九五五）に合併して自由民主党（自民党）を結成した。」（454頁）

この自民党が実現させた新安保条約が、日本に「平和ボケ」をもたらしたと言うのでしょうか。

「国の安全保障をアメリカに委ねる」というのは、当時においては一つの有効な選択肢で、これによ

って日本は多大な利益を受けました。

まず、「戦争放棄」を標榜《ひょうぼう》し得たことによって、東南アジアや東アジアに向け、もはや日本は侵略国家ではない、というアピールが可能となりました。

多くの国が、「新生日本」の姿勢を評価し、賠償金の全額放棄を認めてくれました。防衛費を大幅に抑えることが可能になり、また新安保条約の第二条の経済協力条項によって、高度経済成長に弾みをつけたことも忘れてはいけません（→106講）。

そもそも、日本人は本当に「平和ボケ」だったのでしょうか。

「自衛隊を蔑《さげす》み、嫌悪《けんお》する考えも非常に強かった」（483頁）というのは、一部の声の大きい少数派にすぎません。実際、一九五五年以降一九九〇年代初めまで、自由民主党は議会において過半数を占め続けています。本当に多くの国民が自衛隊の存在を否定的に考え、憲法第九条に違反していると考えていたなら、それを主張していた社会党が政権をとっているはずです。仮にそういう政権が誕生し、それを選んだ国民に対して「平和ボケ」を指摘するのならばわかりますが、現実には冷戦期に五五年体制を維持させてきた国民の判断を、どうして「平和ボケ」と批判するのでしょう。むしろ、的確な国民の意思であったと言うべきではないでしょうか。

軍国主義や覇権《はけん》主義には否定的だが、さりとて冷戦期の中で一方の強国の後《うし》ろ盾《だて》を得て安全保障を保ちたい、という国民の意思が、野党に過半数をとらせることなく、与党にも三分の二以上の議席は与えず、という「バランス」を生み出したと考えるべきでしょう。

日本は、新安保条約で資本主義陣営に参加しながら（一見アメリカ寄りのように見えながら）、独立後の一九五五年にはアジア・アフリカ会議に参加して第三世界にも接近し、翌年にはソ連と国交を回復して国際連合への加盟を実現させます。

一九六〇年には新安保条約を、六五年には日韓基本条約を結びました。

一九七二年には沖縄返還を実現させると同時に、アメリカに先んじて日中国交回復に成功します。

第四次中東戦争では、イスラエルを支持するアメリカには同調せず、イスラエルを非難してアラブ諸国の信用も得ました。

このように日本は、外交によって巧みに安全保障を確立してきたとも言えるのではないでしょうか。

「平和ボケ」ではなく「平和を希求する外交」を続けながら「日本の国益に叶う外交」を実現してきている一面も評価すべきです。

120　「人の命は地球より重い」という福田赳夫首相の発言は世界中の失笑を買っていない

一九七七年九月二十八日、「ダッカ日航機ハイジャック事件」が起こりました。

「これは日本の極左暴力集団が日航機をハイジャックし、人質を取ってバングラデシュのダッカのジア国際空港に立て籠もった事件だったが、日本政府は「超法規的措置」で法律を捻《ね》じ曲げて、犯人の要求通りに多額の身代金を払い、さらに日本に勾留《こうりゅう》中の凶悪犯（一般刑法犯）を釈放して、ハイジャック犯を逃がしてしまった。

この時、首相の福田赳夫は自らのとった措置を正当化する理由として、「一人の命は地球より重い」

と言って、世界中から失笑を買った。」（484頁）

大部分の国は、この問題をあざ笑ったりしていません。**当時、テロリストから人質を解放する条件として身代金を支払ったり、要求を呑んだりするのはむしろ普通**のことだったんです。

一九七〇年のエル・アル航空、スイス航空、トランスワールド航空、パンアメリカン航空など五機の旅客機がハイジャックされた事件（PFLP旅客機同時ハイジャック事件）、一九七二年のルフトハンザ航空六一五便事件、一九七四年に日本赤軍が起こしたハーグ事件など、いずれも犯人の要求を呑んで対応しています。

そもそも、他国の空港において、日本が強硬手段を用いることは難しく、バングラデシュ政府の許可を得たとしても（この事件の最中にバングラデシュではクーデターが発生しており、普通の状況ではありません）、テロ事件に対処する人質救出を専門とする部隊を日本は持っていませんでした。

先に例に挙げたように各国は、非難を受けても「人命最優先」をする、という対応をまずは考え、そして実行している、ということを忘れてはいけません。当時の段階でできもしないことを「平和ボケ」と断定して、対応を批判するのは早計です。

西ドイツは六一五便事件以後、特殊部隊GSG《ゲーエスゲー》－9《ノイン》を創設・訓練し、ダッカ事件を参考にして救出訓練を重ねていました。その成果が、ダッカ事件の終結から十日後に起こったルフトハンザ航空一八一便事件に活かされ、人質の救出に成功します。

つまり、これ以後なのです。テロの要求に屈せずに人質救出、という方針に各国が転換するのは。後年ふりかえって後付け的に、当時の日本の対応を後の西ドイツの対応に比べて批判的に言及するようになってから、辛口の評価に変わりました。ですから、この事件を「平和ボケ」の象徴的事件と説明するのは的外れでしょう。

日本もダッカ事件以後、人質救出の専門部隊を用意し、一九九五年の全日空八五七便事件で活躍して人質救出、犯人逮捕の実績を挙げました（後にＳＡＴに発展します）。

またアメリカもダッカ事件およびＧＳＧ－９を参考に、陸軍にデルタフォースを創設しています。

ダッカ事件に対して一定の批判があったことは確かですが、当時の他国の事件の対応にも同様の批判はあり、日本だけのことではありませんでした。

「平成」の章

私の読書ノートも、いよいよ「終章」に近づいてきました。

『日本国紀』の終章「平成」の序文は、「未来の子供たちへ」と題され、今までのふりかえりをまとめています。

「日本は神話とともに誕生した国であり、万世一系の天皇を中心に成長した国であった。」（486頁）

百田氏は九州王朝説や王朝断絶説の立場をとっており、古代史の記述においては、神武以来の「万世一系」という考え方は採用されていませんでした（↓上4講）。

「〔日本の歴史には〕他の大陸ではよく起きた大規模な虐殺や宗教による悲惨な争いがなく、人々は海に囲まれた島国で肩を寄せ合い、穏やかに暮らしていた。」（同）

日本でも大虐殺はありましたし、宗教上の対立もありました。

縄文時代はともかく、農耕が始まり、弥生時代に入ると、小国の分立があったことは『後漢書』「東夷伝」、『魏志』「倭人伝」の記述に明らかで、堀に囲まれた遺跡や高地性集落、矢で射られた遺体の埋葬など、考古学的にも争いがあったことは明白です（↓上17講）。

「ヨーロッパから見れば、極東に位置する日本は長らくその所在さえ不明であり、十六世

紀に発見された後も、交流を拒む閉ざされた謎の国であった。」（同）

十三世紀、蒙古襲来の頃、モンゴルを訪れたというイタリア商人マルコ・ポーロが『東方見聞録』で「ジパング」を紹介しており、このことが「大航海時代」の幕開けの一つの背景にもなりました。鉄砲、そしてキリスト教伝来以後、南蛮貿易や朱印船貿易、東南アジアへの日本人の進出（日本町の存在や山田長政の活躍）が続き、「交流を拒む」国ではありませんでした。鎖国後も、従来説明されていたような「閉ざされた国」ではなかったのです。

「その後、欧米諸国は、発達した科学技術を武器に、世界の多くの国々を植民地とし、有色人種を支配していったが、日本は最後に残された狩場であった。」（同）

日本は欧米の植民地主義、帝国主義の「狩場」などではありませんでした。鎖国を通じて保護・育成された文化・商品は国際競争力が高く、「市場」として理解され、ヨーロッパ諸国は日本の国際経済における「価値」をふまえて有利な貿易をする外交を展開しましたが、日本を植民地にするつもりはまったくありませんでした。よって「植民地とされる土壇場」（同）に立たされたことはなく、日本は世界の経済システムの中にうまく組み込まれて「独立」を維持できました（→上79講）。

「そして明治維新からわずか四十年足らずで大国ロシアを打ち破った。この勝利が、世界の有色人種にどれほどの自信を与えたかは計り知れない。」（487頁）

しかし、そのわずか数年後、「有色人種」たちの日本への期待は裏切られることになります。日本に学ぼうとしたベトナムの留学生を拒み、独立運動を抑えようとするヨーロッパに協力し、朝鮮半島を植民地にしました。インドの首相ネルーが『父が子に語る世界史』で述べたように、期待はすぐに失望に変わり、新しい帝国主義国が一つ生まれただけだった、と日本への評価は変わってしまいました（↓30講）。

「日本は第二次世界大戦で、アメリカを中心とする連合国軍に敗れる。百年前、有色人種の最後の砦であった東洋のミステリアスな国も、ついに欧米の力の前に粉砕されたのだった。

しかし日本が敗れた後、アジアの諸国民は立ち上がり、欧米と戦って次々と独立を勝ち取った。その波はアフリカや南米にも及び、世界四大陸で多くの新しい国が産声を上げた。まさに日本という存在が世界を覚醒させたのだ。」（同）

ベトナムは、抗日組織から誕生しました。

ビルマも、その初期においてこそ日本の協力を得ましたが、軍政下に置かれるに至って日本は打倒すべき対象に変わりました。

タイも中立国であったにも関わらず、マレー進攻にあたって許可なく領土を利用されて日本への不信を高めました。

フィリピンは日本によって独立を阻害され、軍政下に置かれました。

その意味では、「もし日本という国がなかったなら、世界は今とはまるで違ったものになっていた」かもしれません（↓70講、100講）。

「二十一世紀の今日、世界中で「人種差別は悪である」ということを疑う人はいない。しかし百年前はそうではなかった。当時、絶対強者だった欧米列強に向けて、初めて「人種差別撤廃」を訴えたのは、私たちの父祖である。日本が世界のモラルを変えたのだ。」(同)

しかし、その「人種差別撤廃」を国際連盟に訴えた日本が、一方ではヴェルサイユ条約反対を唱えて展開された中国の五・四運動や、日本からの独立を訴えた朝鮮の三・一運動を弾圧し、戦勝国としてヨーロッパの列強に与《くみ》し、連盟の常任理事国となっています。人種差別撤廃を訴えながら、一方でイギリス・フランスと同様、自国の植民地における民族自決を否定し、植民地支配をしていた、という事実も忘れてはいけません。

「日本の役割は終わったわけではない。今こそ日本はかつての先人の遺業を思い出し、世界を平和へ導くために努力をするべきである。」(同)

まったく同感です。

「先人の偉業」に思いをはせて、心をふるわすのみならず、「先人の愚行」も直視し、ありのままに受け入れて止揚《しよう》し、過去の歴史をふまえて、日本にしかなし得ない世界への貢献を考えていきたいものです。

121　「共産主義」と「社会主義」は違う

一九八九年一月七日、昭和天皇は崩御されました。

「昭和天皇は戦後、ＧＨＱが押し付けた憲法によって、「日本の象徴」とされたが……」（488頁）

「日本国憲法」が「押し付け」である、という言説に対して、私が常々思うのは、そもそも日本が所有した近代的な憲法は、現行憲法を含めて歴史的に二つしかない、ということです。

つまり、「大日本帝国憲法」と「日本国憲法」の二つだけ。日本国憲法が「押し付け」だとすれば、「大日本帝国憲法」は「欧米の猿まね」です（→15講）。もし日本国憲法に「日本らしさがない！」と主張する人がいるならば、それは大日本帝国憲法もまったく同じです。それよりも、

「日本の天皇は、代々、国のために祈りを捧げる存在、祭主であり続けたのだ。」（同）

天皇が純粋に「祭主」と言えるのは、江戸時代まででしょう。大日本帝国憲法によって天皇は、西洋の認識で言う「元首」で「統治権の総攬《そうらん》者」で「主権者」、になってしまったのです。

天皇は、むしろ現行憲法における「象徴」という地位によって、大日本帝国憲法以前の姿に戻られた、という側面があります。あくまでも昭和天皇個人の姿勢とお考えによって「天皇機関説」を理解

され、「そのようにふるまう」ことを心がけられたのであって、大日本帝国憲法下では、どう読んでも天皇の地位は「統治者」です（↓84講）。終戦直後、「国体」を危うくした根本が大日本帝国憲法にあったことは重要な側面でしょう。

また昭和天皇の「政治的判断」は通常、二つではなく三つあったと説明します（↓88講）。「張作霖爆殺事件」以後、昭和天皇は「意見を言うだけにしてベトー（拒否権の行使）はしない」という姿勢をとられます。逆に言えば、「意見」は節目においてしっかりとなされてきた、ということも忘れてはいけません（↓47講）。

満州事変、盧溝橋《ろこうきょう》事件、沖縄戦など、時に統帥部の参謀よりも卓見を述べられていることが『昭和天皇独白録』、侍従及び侍従武官長の「日記」から読み取れます。そしてまた、天皇には誤った情報、楽観的な見通ししか伝えられていない（場合によっては天皇の御意志に反して事後の報告をしている）という状況もわかっています。

マッカーサーが天皇の戦争責任を追及しなかったのは、こういう事実確認をした上での判断でもありました。「天皇は親裁をせず」、あたかも「祭主」だけであり続けたから責任はなかった、というのは、激動期の天皇のご苦労を蔑《ないがし》ろにしていると思います。

また「ソ連崩壊」と題する項で、共産主義の崩壊をテーマに記述されていますが。

「共産主義とは、二十世紀に行なわれた壮大な社会実験であり、それはことごとく失敗に終わったといえる。」（491頁）

この項を読んで、「共産主義」と「社会主義」を百田氏は混同、あるいはその違いをよくわからず説明しているような印象を受けました。**「共産主義」とはわかりやすく言えば、「社会」の最終的な発**

展として階級も政府もない理想状態を目指す考え方のことです。つまり目的。一方、**「社会主義」はそれを実現する手順・手段のこと。**なので、ここは「共産主義」ではなく「社会主義」とすべきです（その上で、「ソ連は壮大な社会実験であった」とするならば大いに賛成します）。

「ことごとく失敗に終わった」というのも誤りです。

資本主義が社会主義に「勝利した」と言えるのは、**資本主義の中に「社会主義」の手法を取り入れてメンテナンスに成功したから**である、という側面を忘れてはいけません。「労働組合」「インフラの公営」「土地の一部公有」「社会保険」「基幹産業の国有化」などはもちろん、「経済の国家統制」なども、もとは社会主義の政策です。

一方、社会主義政権も、レーニンはネップ（新経済政策。私企業の一部復活、農作物の自由売買を認めるなどの政策）を取り入れて、ロシア革命以来の「戦時共産主義」を放棄したり、スターリン体制後、フルシチョフが一部市場経済を導入したりして「修正」を図っています。なにより、ゴルバチョフによる「ペレストロイカ（改革）」は、自由主義経済の導入などを図るものでもありました。

そして一九九一年の段階で、資本主義はさらに修正を続け、社会主義はもはや修正が効かなかった結果、ソ連の崩壊を迎えたのです。複雑な国際情勢・政治・経済を稚拙な二項対立で説明することは、現在ではしません。

「「共産主義は人を幸せにしない思想である」という結論がすでに出ているにもかかわらず……」（同）とありますが、「共産主義は理想にすぎず、非現実的であった」と説明すべきでしょう。別に共産主義そのものは人を幸せにしない思想というわけではありません。ただ、それを実現するための社会主義の「諸実験」にソ連は失敗し、絵に描いた餅になってしまいました。

ソ連史にも誤解があります。

「アメリカのレーガン大統領の登場によって、体制の変更を余儀なくされる。レーガン政権が大規模な軍拡競争に乗り出したことにより、ソ連の経済がその競争に耐えられなくなったためだ。」（489～490頁）

これは冷戦直後にあった見方です。が、ソ連崩壊後、旧ソ連の側から多くの史料・証言が出るようになってからは、異なって捉えられています。

アメリカのレーガン政権（一九八一～八九年）の軍拡以前から、ソ連経済はもう破綻《はたん》していました。ブレジネフ時代（一九六四～八二年）は「停滞の時代」と総括され、スターリンの粛清の結果として抜擢《ばってき》された世代で固められ、生産設備も更新されず、低い労働生産性のもとで経済成長率はゼロ％を記録していました。市民の中に社会主義イデオロギーへの情熱は消え、党・政権の末端も同様でした。

「昭和六〇年（一九八五）、共産党中央委員会書記長（ソ連のトップ）となったゴルバチョフは行き詰まった経済を立て直すため、市場経済の導入や情報公開を試みたが、これによりソ連国民の間に自由化を求める空気が広まり、その波はソ連の衛星国家にも広がった。」（490頁）

これは逆です。

すでに国民経済が破綻し、「ソ連国民の間に自由化を求める空気が広まり」、社会主義イデオロギーへの情熱が失せていたため、「市場経済の導入や情報公開を試みた」というのがペレストロイカ（改革）のきっかけでした。

「ソ連はアメリカとの軍拡競争を諦め、同年（一九八九）十二月、地中海のマルタ島で行なわれた米ソの首脳会談で、東西冷戦の終結が宣言された。ここに、四十年以上続いた東西冷戦は終わりを告げ

た。」（同）

細かなことですが、マルタ会談は実は、「マルタ島」で行なわれていません。**マルタ島沖、客船マキシム・ゴーリキーの船内**で行なわれています。

「翌年、東ドイツ政府は崩壊し、ドイツは四十五年ぶりに統一国家となった。」（同）

中学生くらいですとよく誤解するのですが、東ドイツ政府は崩壊（革命で倒れたり、別の政権が誕生したり）していません。東ドイツ政府が西ドイツ政府と統一諸条約に調印したことで、「統一ドイツ」が誕生しました。せめて「**東ドイツが西ドイツに吸収され**」と言うべきでした。

122 『朝日新聞』は文化大革命を批判した

「中華人民共和国は成立直後から、国民に対して苛烈な政策を行なってきた。」（493頁）

誤りです。

成立した一九四九年の段階では、国民党を除く民主諸派と共産党の連立政権で、穏健な政治の下、農業生産・工業生産を伸ばしていきました。百田氏も言及されているように「反右派闘争」で何十万人を「労働改造」と称して辺境に送ったのは、一九五七年です。社会主義体制に移行し、**共産党一党独裁に向かったのは一九五四年以降**でした。

「文化大革命については当初、日本の新聞社もこぞって礼賛記事を書いていたが、やがてその恐るべき実態を知り、批判記事を掲載し始めるようになる。中国共産党に批判的な報道をした新聞社・通信

> 社は次々に北京から追放されたが、最後まで文化大革命の実態を報じず、処分を免れたのが朝日新聞社である。」（同）

『日本国紀』の一つの視点に、「マスメディア批判」があり、なかでも『朝日新聞』に対する厳しい批判が目立ちます。

確かに一九六六年五月二日の社説を読むと、文革を「第二革命」と位置づけ、「中ソ論争の課題に答えようとする「世紀に挑む実験」といった意欲を感じられなくはないのである」と記しています。文革について「道徳国家を目指す」という表現は、今となっては明確な誤りであったと指摘できますが、『朝日新聞』に限らず他の新聞社でも当時、なかなか文革の中身は見えにくいところがありました。もちろん、欧米の新聞に比べて批判の弱さも感じますし、他社よりも一歩踏み込んだ肯定的評価とは言えますが、その程度の差です。

また、『朝日新聞』は同年八月三十一日には**「中国の文化大革命への疑問」という社説を掲げて批判に転じています。**一度読むとわかりますが、なかなか正確な紅衛兵《こうえいへい》運動の描写と批判だと言えます。「権力を持つ者の許可のもとに行われる革命――急激な改造――は、国家権力による強制にすぎぬのではないか」という指摘は今でも説得力があり、文革を批判的に論ずる時にはよく引用される記事にもなりました。

この後、毛沢東が手に余っていた紅衛兵運動を鎮圧して以降は、中国政府側の方針に沿うような記事になっていきますが、それは同時に、日本のマスメディアのほとんどが日中国交回復への動きに対応していったものでもあり、特に『朝日新聞』のみの論調ではなくなっていたとも言えます。朝日だけが「最後まで文化大革命の実態を報じず……」は正確とは言えません。

「〔二〇一五年〕日本政府は、同盟国アメリカとの関係を緊密にするため、「集団的自衛権」の行使容認などを含む「平和安全保障法制」の整備を急いだが、左派野党やマスメディア、左翼系知識人や文化人らが一斉に反対の声を上げげた。彼らは、軍事機密などの漏洩を防ぐための「特定秘密保護法」の制定にも大反対のキャンペーンを展開した。」（494頁）

政府に反対する意見すべてに「左翼系」「GHQの洗脳」「共産主義思想」とレッテルを貼って退けようとする説明は、著しく不正確です。

「反対の声」の中には、条文の内容に関する不備や問題点を指摘しているものも多く、実際、「特定秘密保護法」については、「特定秘密」の名のもとに立法府へのチェックが妨げられる可能性はあります。野党が反対する理由も十分にあったことは否定できません。

「平和安全保障法制」は、実は国際的には否定されておらず、私個人としてはむしろ賛成派です。ただ、国内の憲法学者や行政法の専門家の中では懸念する声が多く示されてきています。現在でもどういう問題点と課題があるのか、もっと明らかにする説明が大切だと思います。**反対者に「レッテル」を貼って否定する方法は、歴史の著述には似つかわしくない**でしょう。

「平成一五年（二〇〇三）四月二十日付けの朝日新聞は、「Q&A」というスタイルで、「ミサイルが飛んできたら？」という自作の質問に、「武力攻撃事態ということになるだろうけど、一発だけなら、誤射かもしれない」と書いた。」（496頁）

日付が誤っています。ネット上にも同じ誤りがありますが、このコラム記事は平成十五（二〇〇三）年ではなく、平成十四（二〇〇二）年です（→その後、第六刷で修正）。

「たしかなことは北朝鮮が同時に数発の核ミサイルを日本に向けて発射すれば、日本はこれをすべて

撃ち落とすことはできないということだ。」（497頁）

まことにごもっともですが、これは現在の技術では、アメリカ軍でも無理な話です。

イージス艦の配備とその運用が、北朝鮮に対する防衛抑止力になっていることは確かです。ただ「現時点で北朝鮮のミサイル発射基地を攻撃する能力もない」（同）というのは自衛隊の過小評価だと個人的には感じています。そういう「計画」などが防衛省や自衛隊内でまったく考えられていない、とは思えないからです。

それに、「攻撃能力がない」と書いてしまっては、「日本にはそんな能力がないのか」と侮《あなど》る風潮を内外に広め、ますます強硬な姿勢に出られる可能性があります。どうせなら、「自衛隊の防衛能力は高く、有事には反撃できる能力は十分あり、その気になればミサイル基地を攻撃できる能力はあるが」憲法で禁じられている、などと説明されたほうがよかったのではないでしょうか。

いわゆる武道で言うところの「鞘《さや》の内《うち》」（ひとたび刀を抜けば容易に相手を倒す力があるのだが、抜かずに相手を屈服させる、という剣術の極意）こそが、日本の自衛隊の流儀である、と私個人は思っています。

123 日本政府は冷戦後の国際情勢に適切に対応してきた

「我が国を取り巻く国際情勢は平成に入った頃から、急速に悪化してきた。しかし残念なことに、日本政府はこの状況に対し適切な対応を取れていないというのが実情である。」（499頁）

奇《く》しくも、冷戦の終結とともに平成は始まりました。
かつて「戦後」が、日本の現代史に大きな意味を持つ言葉であったのと同様、「冷戦後」も、日本を「取り巻く国際情勢」を説明する際に欠かせない言葉になりました。確かに平成になってから、国際情勢は「悪化」していると言えるかもしれません。日本政府はどのように対応してきたでしょうか――。

一九九一年、イラクによるクウェート侵攻に対して、アメリカ軍を主力とする多国籍軍が国連決議を背景に、武力制裁に出ました。日本はアメリカに迫られ、**「国際貢献」の名の下に資金援助を行なっています**。これこそまさに血税からの捻出《ねんしゅつ》で、「状況に対し適切な対応を取れていない」と言われてしまうと釈然としません。当時の憲法解釈、国民の理解の範囲でできる「適切な対応」であったと思います。

また、宮沢喜一《みやざわきいち》内閣が**国連平和維持活動（ＰＫＯ）法を成立**させ、ＰＫＯに日本が積極的に関わるようになったのも平成に入ってからです。

一九九二年から、カンボジアに停戦監視のため自衛隊を派遣しています。以後、モザンビーク、ザイール、ゴラン高原での**ＰＫＯは現地の政府、あるいは住民から高い評価も得てきました**。

一九九九年には自由党、公明党が政権参加し、衆参両議院で安定多数を確保し、**新ガイドライン関連法を制定し**、**国旗・国歌法も制定**しています。

二〇〇一年のアフガニスタン紛争に対しては**テロ対策特別措置《そち》法を制定**し、海上自衛隊はインド洋で給油活動をしています。さらにまた翌年、東ティモールでもＰＫＯを行ないました。

二〇〇三年のイラク戦争に対しては**イラク復興支援特別措置法**を制定し、その人道的支援もまた高い評価を得ました。

これらの活動と日本の対応を「適切な対応を取れていない」と断定するのは不適切です。

「昭和四〇年代から（昭和三〇年代からという情報もある）、北朝鮮に何百人もの日本人が拉致されてきたにもかかわらず、自力で取り返すことさえできない。国の主権が著しく脅かされ、推定数百人の同胞が人権を奪われ、人生を台無しにされているにもかかわらず、「返してください」と言うことしかできない。まったく国家の体《てい》をなしていないのである。こんなことは戦前の日本では考えられない事態である。いや、幕末の志士ならこんな横暴は決して許さなかったであろう。」（499頁）

これらの問題の根源はGHQが「押し付けた憲法に由来する」（同）と持論を展開されていますが、はたして憲法が改正されれば解決する問題なのでしょうか。「自力で取り返す」とは、軍を派遣して拉致された人々を取り返す、ということでしょうか。たぶん取り返すどころか、拉致された人たちは隠蔽のため殺されてしまうでしょう。勇ましい主張ですが、非現実的です。

日本政府には、現実的な対応で、一部ではありますが拉致された人々を取り返すことに成功した実績があります。二〇〇二年の小泉《こいずみ》純一郎《じゅんいちろう》内閣は、**それまで「拉致問題などない」と頑《かたく》なに否定してきた北朝鮮に対して、「拉致を認めさせた」だけでなく、拉致被害者を取り戻しました。**その後再び交渉は停滞していますが、「「返してください」と言うことしかできない」は誤りだと思います。ましてや「国家の体をなしていない」は言い過ぎです。

「たしかに戦後半世紀以上、日本を軍事的に脅かす国は現れなかった。つまり九条があろうとなかろうと、結果は同じであったともいえる。」（500頁）

これは戦後史の段階的な流れを無視し、憲法九条を過小評価しすぎです。

戦後、日本は軍国主義を放棄し、「新生日本」となりました。

サンフランシスコ平和条約で調印しなかった国とも国交を回復したり、平和条約を締結したり、さらには多くの国が賠償金を放棄してくれ、日本も経済援助などに積極的に取り組んできました。**戦後の日本が復興し、東南アジア・東アジアの国々が受け入れてくれた背景として、「戦争放棄」を掲げたことが大きかったことは明らか**です。

「新しい日本」として国際社会に復帰できた過程において、やはり現行憲法の意味は大きいものがあったと言うべきでしょう。吉田茂のサンフランシスコ講和会議での演説が説得力を帯びたのは、日本が口先だけでなく態度で示したからです（↓104講）。

冷戦後の国際紛争で、日本の自衛隊やＰＫＯ活動が評価されている理由は、軍事力の行使ではなく、軍事力を持ちながらもそれを行使しない経済・人道支援活動だったはずです。

「九条」を「足かせ」と考えるか「行動規範」と考えるか。歴史的に見れば、終戦後、そして冷戦後、「九条」は日本の国際的な「行動規範」たり得たと十分評価できます。「あろうとなかろうと、結果は同じ」だったとは、とても言えません。

ただ、私個人は、憲法は時代の変化に合わせてメンテナンスすべきであると実は考えています。終戦から冷戦、そして冷戦後。人権意識や環境問題、そして安全保障のあり方など、現行憲法に「解釈」のみで対応する限界は近づきつつあることも確かでしょう。

しかし、いま、憲法九条を改正せんがために、過去のさまざまな日本政府の外交政策・努力に対して、憲法九条が「足かせ」となって適切な対応を取れないできた、と説明するのは誤っています。

「現在は、日米安全保障条約に基づいて、有事の際はアメリカ軍に助けてもらうことになっており、日米安保条約と在日米軍の存在が日本に対する侵略を抑止する力になっているが、現実に日本が他国の攻撃を受けた時、はたしてアメリカ軍が助けてくれるかどうかとなると、実は疑問といわれている。」（501頁）

これはごもっともな意見です。が、これを言い出したらきりがありません。

その根拠としてCIAのターナー元長官やキッシンジャー元国務長官、カール・フォード元国務次官補の発言を紹介されています。であればなおさら、「日本が攻撃された場合、アメリカはアメリカが攻撃されたとみなす」（これを「基本姿勢」と言います）と現職時代に発言している、オバマからトランプ政権に至る近年の外務・防衛閣僚――クリントン国務長官、パネッタ国防長官、ヘーゲル国防長官、ケリー国務長官、カーター国防長官、ティラーソン国務長官、マティス国防長官らも紹介すべきでしょう。

「抑止力」というのは、当たり前ですが、軍事力が行使されるまでの話で、攻撃された瞬間から役割を終えます。ちなみにカール・フォード元国務次官の「自主的な核抑止力を持たない日本は、ニュークリア・ブラックメール（核による脅迫）をかけられた途端、降伏または大幅な譲歩の末停戦に応じなければならない」（同）という話は、「国務次官補」としてではなく、役職をおりて民間人となってからの発言なので念のため。

124 七十年以上にわたって積み重ねられ、育まれてきたことを、踏みつぶし、歪め、刈り取り、絶滅させようとする動きこそ危険である

ようやく、最後の「未来へ」という項にたどりつきました。

「戦争のない世界は理想である。私たちはそれを目指していかなければならない。しかし残念なことに、口で「平和」を唱えるだけでは戦争は止められない。世界と日本に必要なのは、戦争を起こさせない「力」(抑止力)である。」(502頁)

戦争を起こさせない力＝抑止力、という意見には賛成ですが、この「抑止力」を軍事力だけに求めて、政治や外交、経済の力に求めないのは、もちろん賛成できません。

「日本と対極的な国といえるのが、スイスである。世界で初めて「永世中立」を宣言(文化二年一八一五【】し、二百年も戦争をしていないスイスだが(ヨーロッパが火の海となった第一次世界大戦でも第二次世界大戦でもスイスの国土は戦火に見舞われなかった)、強大な軍隊を持ち、男子は全員兵役義務がある。兵士の数は人口が約十六倍の日本の自衛隊に匹敵し、予備役兵を入れると、自衛隊の十倍以上の兵力となる。」(同)

実は**スイスも第二次世界大戦で戦火に見舞われています**。バーゼル、チューリヒに、スイスの「親ドイツ的中立」を牽制する目的で、連合軍は空襲をしました。また、シャフハウゼンをドイツ領と間違えたアメリカ軍による空爆を受けて大きな被害を受けました。

「スイスは「永世中立」を宣言しているが、他国がスイスを侵略しないとは考えていない。そのため

に常に侵略に備えているのだ。これが「国防」というものである。」（同）

「自衛隊の十倍以上の兵力」というのは、正確には「兵員数」だと思いますが、スイスが大戦中に「永世中立」を守り、侵略を防げた理由をそれだけに求めるとしたら、大きな間違いです。

第二次世界大戦においてスイスへの侵攻を阻止したのは、主に外交と経済でした。

まず、スイスはドイツとイタリアとの対立を避けるため、イタリアのエチオピア侵攻、そしてドイツのオーストリア併合を承認し、国際連盟の経済制裁にも参加しませんでした。一方でフランスと密約を結び、スイス側の軍備増強を依頼していますが、フランスがあっさりとドイツに降伏してしまい、その密約がドイツに知られてしまいます。

ヒトラーはこれを「中立」違反とみなし、スイス侵攻の「もみの木作戦」を計画します。しかし、スイスの企業の大部分はドイツ国内に支店や工場を持っていました。そこでスイスは民間企業の武器輸出は中立違反にならないことを活用して、ドイツからは原材料と石炭を輸入し、精密機械・武器を輸出し続けます。そしてスイス銀行は、ドイツがオランダ・ベルギーから接収した金塊《きんかい》を引き受けて、経済的にドイツを支えました。またユダヤ人に対しても、ドイツの政策に協力して入国を拒否しています。さらにスイスを通るドイツとイタリアを結ぶ鉄道の通行も拒否しませんでした。

こうしてスイスは「もみの木作戦」の発動を阻止し、ドイツの侵攻を免れたのでした。現実の戦争を回避するのは外交と経済である、ということも歴史から学ぶべきだと思います。

「この七十年以上、戦争がなかったことが奇跡ともいえる。ただ、これはアメリカの圧倒的な軍事力によって抑止されてきただけで、これから先も戦争に巻き込まれないというのは幻想かもしれない。」（503頁）

「この七十年以上、戦争がなかったこと」は「奇跡」ではなかったと思います。**圧倒的なアメリカの軍事力を日本の後ろ盾とすることができたのは外交のおかげ**です。周辺地域・国との友好的な交流、経済援助、外交など、積み重ねてきた「信頼」のトータルな力です。

また、アメリカ軍を「矛《ほこ》」とするなら自衛隊は「盾《たて》」として、十全《じゅうぜん》に抑止力となっていることは確かです。グローバル・ファイアーパワー（アメリカの軍事力評価機関）の二〇二〇年版「軍事力ランキング」の中の、環太平洋の国々を紹介すると、

第三位　中国
第五位　日本
第六位　韓国
第十六位　インドネシア
第十九位　オーストラリア
第二十二位　ベトナム
第二十三位　タイ
第二十五位　北朝鮮
第二十六位　台湾

ということになっています。日本の自衛隊は、基本的にアメリカ軍とさまざまな「共有」をしており、一体的な軍事行動も可能です。また装備も最新式のものが多く、何よりも「実働率」（兵器のメンテナンスが行き届いて使用可能な状態にある）がたいへん高い軍隊です。アメリカの圧倒的な軍事力「だけ」で「平和」を維持してきたと考えているとしたら、それこそ「幻想」です。

「平成二八年（二〇一六）、自民党の安倍晋三首相は「憲法改正を目指す」と公言した。〔……〕安倍首相が改憲を目指すと言った直後から、野党、マスメディア、左翼系知識人、学者、文化人などの、安倍首相への凄まじい報道攻撃および言論攻撃が始まった。」（同）

私自身、結果的に自民党政権を支持してきている一人かもしれません。が、野党にせよ、マスコミにせよ、「安倍政権」の経済・外交・政治における問題点を指摘している部分については、いくつかの点で理解できないことはありません。

それを彼らが「改憲」を阻止しようと言いがかりをつけている、「七十年にわたって、日本の言論界を支配してきたマスコミと左翼系知識人・学者たちの楼閣《ろうかく》」（503〜504頁）を守ろうとしている、というのは、ある種の「とらわれ」「陰謀論」に近いものを感じます。

「改憲」か「護憲」か、といった冷戦期のような二項対立で、激変する国際情勢、国内政治を理解しようとするのは、かなり無理があります。「左翼系」という言葉もこの二項対立を象徴する表現で、現在の言論界、学者、そして若手の政治家たちの意識は、かつてのようなイデオロギー対立や右派・左派という表現ではほとんど括《くく》れない状況になっています。

「平成の半ば頃から、国民の多くが日本国憲法の矛盾に気付き始めている。平成二〇年（二〇〇八）頃から、インターネットが普及し、新聞やテレビなどのオールドメディアと呼ばれる存在が影響力を急速に失いつつある。〔……〕今、彼らの嘘に気付き、GHQの洗脳から抜け出しつつある若い世代が増えている。〔……〕「日本人の精神」は、七十年にわたって踏みつぶされ、歪められ、刈り取られ、ほとんど絶滅状態に追い込まれたかのように見えたが、決して死に絶えてはいなかったのだ。」（504頁）

と力説されていますが、七十年以上にわたって積み重ね、育んできたことを、踏みつぶし、歪め、刈り取り、絶滅させようする動きがあるなら、それこそ危険です。

「日本の歴史」の著述が、その片棒を担ぐことに利用されることは避けなくてはならないと思います。

あとがき

……気がつけば、膨大な指摘とお話をしてきたようです。


実は小学生の時、私は天文学者になりたかったんです。

毎晩、天体望遠鏡を覗いて、星を観測していました。学校の学習発表会でも、いつも星の話。

そんなある日、同級生の女の子の発表を見て、衝撃を受けました。

彼女の発表は、近所の池の歴史についての研究でした。神社に残る話を調べ、町のお年寄りに録音取材し、それを整理しまとめていたのです。

幼い頃から遊んでいた公園にある池。フナ釣りやらザリガニ採りをしていたその池が、聖徳太子と深いつながりがあり、池の真ん中にある島にも、どうしてできたのか由来がある。歴史教科書の登場人物は、それまでまるで映画や舞台の主人公のようにしか思っていなかったのに、自分がふだん生活している、近所の知り合いのように、そこに存在していた……。

その日から、私の興味は空の星から、この地上の出来事、しかも過去の出来事に移っていきました。

記録を見て、本を読み、実際に行ってみる。それがホントかウソか、ウソならどうしてそんな話になったのか。子どもなりに調べるうち、教科書での書かれ方に納得したり、先生の説明が実際とはちょっと違うことを発見したりしました。

そして、一冊の教科書の後ろには、さまざまな「歴史」があることに、やがて気づいたのです。

歴史修正主義、という言葉があります。

でも、「修正主義」という表記には、私は違和感を持ちます。それが「修正」になっていない場合が多いからです。

すでに調査・批判・検証された事実を無視し、自分の主張したいことに合わせて取捨選択して、自分の主張に合わないことには目を向けない……本来の「修正」とは誤りを正すことで、事実を「歪める」ことではありません。

私はふだん生徒たちに、歴史「を」説明することと、歴史「で」何かを説明することは違う、それをしっかり見極めてほしい、と話します。

歴史「で」思想・信条「を」語るのは自由ですが、思想・信条のために都合のいい歴史を集めてしまうと、本来の姿が歪みます。

昨今の書籍やネット上には、「歴史」といっても俗説やデマやヘイトまがいの話が溢れてしまっています。歴史教育にたずさわる一人として、とてもこのまま見逃せないな、と思い続けてきました。

『日本国紀』という本はある意味、それを集約してくれました。

多くの歴史研究者たちは、日々、黙々と、学を曲げず、世に阿ることなく、史料と資料の検証を積み重ね、「本来それはいかにあったのか」を求めています。もちろん、百％の「真実」はわからないことでしょう。しかし、現状わかっている範囲での「誤り」「誤解」を指摘することはできます。

その意味では、歴史の研究は彫刻に似ているかもしれません。おかしなところ、誤っているところを明らかにしていけば、その残った部分は、真実に近い輪郭として見えてくるのではないでしょうか。

私は今回、研究者の方々に成り代わって、とか、「正しいこと」を書く、などとおこがましいことは、微塵も考えずに説明してきたつもりです。教科書の後ろにはさまざまな「歴史」がある、と言いましたが、その上に、もう一冊のせてみたい、そんな気持ちでこの本を著しました（まさか二冊もの分量になってしまうとは思いませんでしたが……）。

いま思うのは、「歴史」それ自体には右も左もない、ど真ん中だということ。それはいつも、あなたの真後ろにあります。

最後になりましたが、私の綴っていたブログに目を留めてくださり、意を汲み取って書籍化を進めてくださった幻戯書房のみなさま、そして編集にあたって多大なご尽力をたまわった編集者の名嘉真春紀氏に、心からお礼を申し上げます。

二〇二〇年三月四日

浮世博史

参考・引用文献

（＊はウェブサイトで閲覧可）

全般

百田尚樹『日本国紀』幻冬舎（第一刷・二〇一八年十一月十日発行）

『詳説日本史B　改訂版』山川出版社、二〇一七

『詳説日本史研究』佐藤信・五味文彦・高埜利彦・鳥海靖編、山川出版社、二〇一七

ウィキペディア日本語版の各項目（二〇一八年十一月九日以前の版）

浮世博史『宗教で読み解く日本史』（すばる舎、二〇一九）

1

『保古飛呂比　佐佐木高行日記』第二、三巻、東京大学史料編纂所編、東京大学出版会、一九五二

番外篇1

『日本書紀』巻第二十一「崇峻天皇」（『日本古典文学大系68　日本書紀　下』岩波書店、一九六五）

3

佐藤信淵『宇内混同秘策』（『皇国精神講座』第三輯、小林一郎注釈、平凡社、一九四二。＊国会図書館デジタルコレクション）

4

司馬遼太郎『この国のかたち』全六巻、文藝春秋、一九九〇〜九六／文春文庫、一九九三〜二〇〇〇

同『「明治」という国家』日本放送出版協会、一九八九

同『翔ぶが如く』全七巻、文藝春秋、一九七五〜七六

ウィリアム・エリオット・グリフィス『明治日本体験記』山下英一訳、平凡社（東洋文庫）、一九八四

『木戸孝允日記』第二巻「明治四年七月十四日」（妻木忠太編、早川良吉刊、一九三三。＊国会図書館デジタルコレクション）

7

U. Wattenberg “Die Iwakura-Mission in Berlin” in : Japanisch-Deutsches Zentrum Berlin (ed): Berlin-Tokyo. Berlin, Springer 1997

『木戸孝允日記』前同

8

『大久保利通日記』下、日本史籍協会、一九二七（＊国会図書館デジタルコレクション）

9

灘本昌久「「差別語」といかに向きあうか（上）」（こぺる編集部編『部落の過去・現在・そして…』阿吽社、一九九一。＊著者ウェブサイト）

11

イ・ケトット・スラジャヤ「インドネシアにおける日本研究の現状と将来」（『日本研究』第十号、一九九四年八月。＊日文研ウェブサイト）

13

『明八　孟春　雲揚　朝鮮廻航記事（一八七五年九月二九日）』防衛省防衛研究所戦史部図書館蔵

高橋秀直「江華条約と明治政府」（『京都大学文学部研究紀要』第三十七号、一九九八年三月。＊京都大学学術情報リポジトリ）

鈴木淳「「雲揚」艦長井上良馨の明治八年九月二九日付け江華島事件報告書」（『史學雑誌』二〇〇二年十二月）

「朝鮮問題等ニ関シ森公使清国政府ト交渉一件」（『大日本外交文書』第九巻、外務省調査部編、日本国際協会刊、一九四〇。＊国会図書館デジタルコレクション）

犬塚孝明『森有礼』吉川弘文館（人物叢書）、一九八六

15

松村博『大井川に橋がなかった理由』創元社、二〇〇一

芦部信喜『憲法学1　憲法総論』有斐閣、一九九二

『日本書紀』巻第二「神代下　一書第一」（『日本古典文学大系67　日本書紀　上』岩波書店、一九六七）

17

海野福寿『韓国併合』岩波新書、一九九五

牧原憲夫『全集日本の歴史十三　文明国をめざして』小学館、二〇〇八

19

陸奥宗光『新訂蹇蹇録　日清戦争外交秘録』中塚明編、岩波文庫、一九八三

21

『新訂蹇蹇録』前同

23
ウッドハウス暎子『北京燃ゆ　義和団事変とモリソン』東洋経済新報社、一九八九
太田牛一『信長公記』奥野高広・岩沢愿彦校注、角川文庫、一九六九

25
君塚道隆『ベル・エポックの国際政治　エドワード七世と古典外交の時代』中央公論新社、二〇一二
信夫清三郎編『日本外交史1853－1972』毎日新聞社、一九七四
千葉功『旧外交の形成　日本外交一九〇〇～一九一九』勁草書房、二〇〇八
藤井信行『「日英同盟」協約交渉とイギリス外交政策』春風社、二〇〇六
猪木正道『軍国日本の興亡　日清戦争から日中戦争へ』中公新書、一九九五

26
司馬遼太郎『坂の上の雲』全六巻、文藝春秋、一九六九～七二／全八巻、文春文庫、一九七八
司馬遼太郎『世に棲む日日』全三巻、文藝春秋、一九七一／全四巻、文春文庫、一九七五

保田孝一『最後のロシア皇帝ニコライ二世の日記』朝日新聞社、一九八五／講談社学術文庫、二〇〇九
板谷敏彦『日露戦争、資金調達の戦い　高橋是清と欧米バンカーたち』新潮選書、二〇一二
日露戦争研究会編『日露戦争研究の新視点』成文社、二〇〇五
宮脇淳子『世界史のなかの満洲帝国』PHP新書、二〇〇六
神川武利『児玉源太郎・日露戦争における陸軍の頭脳』PHP研究所、二〇〇四
横手慎二『日露戦争史　20世紀最初の大国間戦争』中公新書、二〇〇五

27
『高橋是清自伝』上下、上塚司編、中公文庫、二〇一八

28
『高橋是清自伝』前同
ノエル・F・ブッシュ『日本海海戦　皇国の興廃、この一戦に在り』川口正吉訳、サンケイ新聞社出版局、一九七二

30
ジャワーハルラール・ネルー『父が子に語る世界歴史　新版』4、大山聰訳、みすず書房、二〇一六
バー・モウ『ビルマの夜明け　独立運動回想録』横堀洋一訳、太陽出版、一九七三
『孫文革命文集』深町英夫編訳、岩波文庫、二〇一一
『孫文・講演「大アジア主義」資料集　1924年11月日本と中国の岐路』陳徳仁・安井三吉編、法律文化社（孫中山記念会研究叢書）、一九八九

31
黒岩比佐子『日露戦争　勝利のあとの誤算』文春新書、二〇〇五

番外篇3
青柳有美「義和団賛論」（『続有美臭』文明堂、一九〇四。＊国会図書館デジタルコレクション）
ピエール・ロチ『北京最後の日』船岡末利訳、東海大学出版会、一九八九
G・N・スタイガー『義和団　中国とヨーロッパ』藤岡喜久男訳、桃源社（中国近現代史双書）、一九六七／光風社選書、一九九〇
櫻井良樹『華北駐屯日本軍　義和団から盧溝橋への道』岩波現代全書、二〇一五

32
山田朗『戦争の日本史20　世界史の中の日露戦争』吉川弘文館、二〇〇九

33
林槙子『世界の国ぐにの歴史6　チュニジア・アルジェリア・モロッコ』岩崎書店、一九九〇

34
「韓國保護權確立實行に關する閣議決定」一九〇五年十月二十七日（＊政策研究大学院大学データベース「世界と日本」）
山辺健太郎『日韓併合小史』岩波新書、一九六六
海野福寿『韓国併合』前同

35
『統監府政況報告並雑報』「韓国地方政況ノ概要」（＊国立公文書館アジア歴史資料センターウェブサイト）
『韓国ニ於ケル進歩会一進会関係雑纂』「明治37年10月15日から明治37年12月5日」「明治38年1月10日から明治42年10月19日」（同）

『伊藤公爵薨去後ニ於ケル韓国政局並ニ総理大臣李完用遭難一件』「隆熙4年〔明治43年〕1月7日から〔明治43年〕2月18日」（同）
『朝鮮総督府年報　明治43年版』（＊国会図書館デジタルコレクション）
海野福寿『韓国併合』前同
海野福寿編『韓国併合　外交資料』上下、不二出版、二〇〇三
山辺健太郎『日韓併合小史』前同

番外篇4

海野福寿『韓国併合』前同
山辺健太郎『日韓併合小史』前同

38

小林啓治『戦争の日本史21　総力戦とデモクラシー（第一次世界大戦・シベリア干渉戦争）』吉川弘文館、二〇〇八
櫻井良樹『加藤孝明　主義主張を枉ぐるな』ミネルヴァ書房（ミネルヴァ日本評伝選）、二〇一三
斎藤聖二『秘　大正三年日独戦史　別巻2　日独青島戦争』ゆまに書房、二〇〇一
長岡新次郎「対華二一ヶ条要求条項の決定とその背景」（『日本歴史』一九六〇年六月）

40

伊藤之雄『原敬　外交と政治の理想』上下、講談社選書メチエ、二〇一四
牧野雅彦『ヴェルサイユ条約　マックス・ウェーバーとドイツの講和』中公新書、二〇〇九
船尾章子「大正期日本の国際連盟観・パリ講和会議における人種平等提案の形成過程が示唆するもの」（中部大学『国際関係学部紀要』一九九五年三月。＊中部大学附属三浦記念図書館ウェブサイト）
永田幸久「第一次世界大戦後における戦後構想と外交展開パリ講和会議における人種差別撤廃案を中心として」（『中京大学大学院生法学研究論集23』二〇〇三年三月。＊中京大学学術情報リポジトリ）

43

櫻井良樹『加藤高明』前同
長岡新次郎「対華二十一ヶ条要求条項の決定とその背景」前同
山本四郎「参戦・二十一カ条要求と陸軍」（『史林』一九七四年五月。＊京都大学学術情報リポジトリ）
奈良岡聰智『対華二十一ヵ条要求とは何だったのか　第一

次世界大戦と日中対立の原点』名古屋大学出版会、二〇一五
島田洋一「対華21カ条要求　加藤高明の外交指導」(『政治経済史学』一九八七年十一月、十二月。＊著者ブログ)

44

三和良一・原朗編『近現代日本経済史要覧　補訂版』東京大学出版会、二〇一〇
片山慶隆『日露戦争と新聞「世界の中の日本」をどう論じたか』講談社選書メチエ、二〇〇九
波多野勝『裕仁皇太子ヨーロッパ外遊記』草思社、一九九八／草思社文庫、二〇一二

46

芥川龍之介「或自警団員の言葉」(『侏儒の言葉・西方の人』新潮文庫、二〇一二ほか。＊国会図書館デジタルコレクション、青空文庫)
黒澤明『蝦蟇の油　自伝のようなもの』岩波書店、一九八四／岩波現代文庫、二〇〇一
姜徳相・琴秉洞編『現代史資料6　関東大震災と朝鮮人』みすず書房、一九六三
国土庁編『防災白書』大蔵省印刷局
朝鮮総督府警務局編「関東地方震災ノ朝鮮ニ及ホシタル状況」(『朝鮮の治安状況・大正13年12月』不二出版、二〇〇六)

47

澁谷由里『馬賊の「満洲」　張作霖と近代中国』講談社学術文庫、二〇一七
大江志乃夫『張作霖爆殺　昭和天皇の統帥』中公新書、一九八九
松村謙三『三代回顧録』東洋経済新報社、一九六四
原田熊雄『西園寺公と政局』第一巻、岩波書店、一九五〇

48

戸部良一『日本の近代9　逆説の軍隊』中央公論社、一九九八／中公文庫、二〇一二
秦郁彦『統帥権と帝国陸海軍の時代』平凡社新書、二〇〇六
雨宮昭一『近代日本の戦争指導』吉川弘文館、一九九七
カール・フォン・クラウゼヴィッツ『戦争論』篠田英雄訳、岩波文庫、一九六八ほか(『大戦学理』巻一・巻二、森林太郎訳、軍事教育会、一九〇三。＊[国会図書館デジタルコレクション公開版は一九三四年刊])
清水多吉・石津朋之編『クラウゼヴィッツと『戦争論』』彩流社、二〇〇八

49
中支被難者連合会『もうひとつの南京事件　日本人遭難者の記録』田中秀雄編、芙蓉書房、二〇〇六
中支被難者連合会編『南京漢口事件真相　揚子江流域邦人遭難実記』岡田日栄堂、一九二七（＊国会図書館デジタルコレクション）
『蔣介石秘録　改訂版』上下、サンケイ新聞社、一九八五
野村浩一『現代アジアの肖像2　毛沢東と蔣介石　世界戦争のなかの革命』岩波書店、一九九七
保阪正康『蔣介石』文春新書、一九九九

50
蘭信三編『日本帝国をめぐる人口移動の国際社会学』不二出版、二〇〇八
伊藤亜人ほか監修『朝鮮を知る事典』平凡社、一九八六／改題新版『韓国朝鮮を知る事典』、二〇一四
河合和男『朝鮮における産米増殖計画』未來社（朝鮮近代史研究双書）、一九八六
高崎宗司『植民地朝鮮の日本人』岩波新書、二〇〇二
小林龍夫・島田俊彦編『現代史資料7　満州事変』みすず書房、一九六四
山口重次『消えた帝国　満州』毎日新聞社（アジア問題叢書）、一九六七
川田稔『浜口雄幸と永田鉄山』講談社選書メチエ、二〇〇九
川田稔『満州事変と政党政治　軍部と政党の激闘』講談社選書メチエ、二〇一〇
小林道彦『政党内閣の崩壊と満州事変　1918～1932』ミネルヴァ書房（MINERVA 人文・社会科学叢書）、二〇一〇

55
菊池一隆「政治テロの横行」（野口鐵郎編『結社の世界史2　結社が描く中国近現代』山川出版社、二〇〇五）

56
寺崎英成、マリコ・テラサキ・ミラー編著『昭和天皇独白録　寺崎英成御用掛日記』文藝春秋、一九九一／『昭和天皇独白録』文春文庫、一九九五

57
『昭和天皇独白録』前同
『東京日日新聞』一九三七年一月三日
『東京朝日新聞』一九三七年一月一日

58

ティン・バーリィ『外国人の見た日本軍の暴行』復刻版、龍渓書舎、一九七二／ティンバーリイ『実録・南京大虐殺　外国人の見た日本軍の暴行』訳者不詳、評伝社、一九八二

『南京事件の日々　ミニー・ヴォートリンの日記』岡田良之助・伊原陽子訳、大月書店、一九九九

南京事件調査研究会編訳『南京事件資料集1　アメリカ関係資料編』青木書店、一九九二

笠原十九司・吉田裕編『現代歴史学と南京事件』柏書房、二〇〇六

笠原十九司『南京事件論争史　日本人は史実をどう認識してきたか』平凡社新書、二〇〇七／増補版、平凡社ライブラリー、二〇一八

臼井勝美・稲葉正夫編『現代史資料9　日中戦争（二）』みすず書房、一九六四

曽根一夫『私記南京虐殺　戦史にのらない戦争の話』正続、彩流社、一九八四

「中島師団長日記」（『歴史と人物増刊　秘史・太平洋戦争』一九八四年十二月）

南京戦史編集委員会編『南京戦史資料集』偕行社、一九九三

「大東亜戦争」の章「はじめに」

清沢洌『暗黒日記』全三巻、ちくま学芸文庫、二〇〇九ほか

59

『昭和天皇独白録』前同

信夫清三郎「通州事件」（『政治経済史学』一九九一年一月／『聖断の歴史学』勁草書房、一九九二）

60

W・S・チャーチル『第二次世界大戦』上下、佐藤亮一訳、河出書房新社、一九七二／全四巻、河出文庫、一九八三〜八四

大井孝『欧州の国際関係　1919‐1946　フランス外交の視角から』たちばな出版、二〇〇八

62

樋口季一郎『アッツ、キスカ軍司令官の回想録』芙蓉書房、一九七一／改題『陸軍中将樋口季一郎回想録』芙蓉書房出版、一九九九

松浦寛『日本人の〈ユダヤ人観〉変遷史』論創社、二〇一六

63

渡辺延志『虚妄の三国同盟　発掘・日米開戦前夜外交秘史』岩波書店、二〇一三

65

参謀本部編『杉山メモ』上下、原書房（明治百年史叢書）、一九六七

『木戸幸一日記』上下、木戸日記研究会編、東京大学出版会、一九六六

66

「対米英蘭開戦ノ件（御前会議決定書）」（＊アジア歴史資料センターウェブサイト）

波多野澄雄『幕僚たちの真珠湾』朝日選書、一九九一／吉川弘文館（読みなおす日本史）、二〇一三

原四郎『大戦略なき開戦　旧大本営陸軍部一幕僚の回想』原書房、一九八七

防衛庁防衛研修所戦史部『戦史叢書76　大本営陸軍部　大東亜戦争開戦経緯〈5〉』朝雲新聞社、一九七四（＊防衛研究所ウェブサイト「戦史史料・戦史叢書検索」）

須藤眞志『ハル・ノートを書いた男　日米開戦外交と「雪」作戦』文春新書、一九九九

安井淳『太平洋戦争開戦過程の研究』芙蓉書房出版、二〇一三

ジョン・トーランド『大日本帝国の興亡　1暁のZ作戦』毎日新聞社訳・刊、一九七一／ハヤカワ文庫NF（新版）、二〇一五

70

「南方占領地行政実施要領」（＊アジア歴史資料センターウェブサイト）

『戦史叢書史料集　南方の軍政』朝雲新聞社、一九八五（＊戦史史料・戦史叢書検索）

71

半藤一利『山本五十六』平凡社、二〇〇七／平凡社ライブラリー、二〇一一

千早正隆『日本海軍の驕り症候群』プレジデント社、一九九〇／上下、中公文庫、一九九七

新人物往来社戦史室編『太平洋戦争海戦全史』新人物往来社、一九九四

『戦史叢書43　ミッドウェー海戦』朝雲新聞社、一九七一（＊戦史史料・戦史叢書検索）

72

『戦史叢書28　南太平洋陸軍作戦〈2〉（ガダルカナル・ブ

ナ作戦）』朝雲新聞社、一九六九（＊戦史史料・戦史叢書検索）
亀井宏『ガダルカナル戦記』全三巻、光人社、一九八〇／全四巻、講談社文庫、二〇一五
白石光「ガダルカナル海兵隊戦記」（『歴史群像』二〇〇八年十月）
滝口岩夫『戦争体験の真実　イラストで描いた太平洋戦争一兵士の記録』第三書館、一九九四／新版、一九九九
戸部良一ほか『失敗の本質　日本軍の組織論的研究』ダイヤモンド社、一九八四／中公文庫、一九九一
NHK取材班『太平洋戦争日本の敗因2　ガダルカナル学ばざる軍隊』角川文庫、一九九五

73

アルバート・シュペール『ナチス狂気の内幕　シュペールの回想録』品田豊治訳、読売新聞社、一九七〇／アルベルト・シュペーア『第三帝国の神殿にて　ナチス軍需相の証言』上下、中公文庫、二〇〇一
グイド・クノップ『ヒトラーの共犯者　12人の側近たち』上下、高木玲訳、原書房、二〇〇一

76

「第一期晋中作戦戦闘詳報」（＊アジア歴史資料センターウェブサイト）
江口圭一『十五年戦争小史』青木書店、一九八六
『侍従武官　城英一郎日記』野村実編、山川出版社（近代日本史料選書）、一九八二

77

『戦史叢書11　沖縄方面陸軍作戦』朝雲新聞社、一九六八（＊戦史史料・戦史叢書検索）
『十五年戦争小史』前同

78

朝日ジャーナル編集部「棄民41年の国家責任」（『朝日ジャーナル』一九八六年五月三十日、六月十三日）
『岡田啓介回顧録』毎日新聞社、一九五〇／岡田貞寛編、中公文庫（改版）、二〇一五
実松譲『米内光政』光人社、一九六六
赤松貞雄『東条秘書官機密日誌』文藝春秋、一九八五
『木戸幸一日記』前同

79

「第47回国会　衆議院　予算委員会　第8号　昭和39年12月7日」（＊国会会議録検索システム）
『NHK特集　東京大空襲』一九七八年三月九日放送

「質問主意書・答弁書（内閣参質一八三第八四号　平成二十五年五月七日）」（＊参議院ウェブサイト）

80

『戦史叢書51　本土決戦準備〈1〉（関東の防衛）』朝雲新聞社、一九七一（＊戦史史料・戦史叢書検索）
『トルーマン回顧録』堀江芳孝訳、恒文社、一九九二
荒井信一『原爆投下への道』東京大学出版会、一九八五
江口圭一『十五年戦争小史』前同

82

外務省編『終戦史録』官公庁資料編纂会、一九八六
『木戸幸一日記』前同
「第6回国会　衆議院　予算委員会　第11号　昭和24年11月26日」（＊国会会議録検索システム）
「第7回国会　衆議院　予算委員会　第9号　昭和25年2月6日」（＊国会会議録検索システム）
「第12回国会　衆議院　平和条約及び日米安全保障条約特別委員会　第8号　昭和26年10月24日」（＊国会会議録検索システム）
「昭和二十八年四月八日　大法廷・判決　昭和24（れ）685　昭和二三年政令第二〇一号違反（第7巻4号775頁）」（＊裁判所ウェブサイト「判例情報」検索システム）

83

「「降伏後ニ於ケル米国初期ノ対日方針」説明」（＊国立国会図書館ウェブサイト「日本国憲法の誕生」）
大江志乃夫『日本の歴史31　戦後変革』小学館、一九七六
大森実『戦後秘史』全十巻、講談社、一九七五〜七六／講談社文庫、一九八一
坂本義和、R・E・ウォード編『日本占領の研究』東京大学出版会、一九八七
竹前栄治『シリーズ昭和史№9　占領と戦後改革』岩波ブックレット、一九八八

84

袖井林二郎『マッカーサーの二千日』中央公論社、一九七四／中公文庫（改版）、二〇〇四
古関彰一『新憲法の誕生』中央公論社（中公叢書）、一九八九／改題『日本国憲法の誕生　増補改訂版』岩波現代文庫、二〇一七
『マッカーサー回想記』上下、津島一夫訳、朝日新聞社、一九六四／改題『マッカーサー大戦回顧録』中公文庫、二〇一四

85

赤澤史朗『シリーズ昭和史No.10　東京裁判』岩波ブックレット、一九八九

86

上坪隆『水子の譜　引揚孤児と犯された女たちの記録　昭和史の記録』現代史出版会、一九七九／改題『水子の譜　ドキュメント引揚孤児と女たち』社会思想社（現代教養文庫）、一九九三

87

中村直文『靖国　知られざる占領下の攻防』日本放送出版協会、二〇〇七

西山俊彦「神社参拝と宗教的行為の規定の恣意性」（カトリック大阪教区「正義と平和」協議会編『戦後五十年を踏まえて二十一世紀を生きる教会』大阪教育図書、一九九六。＊著者ウェブサイト）

『牧野伸顕日記』伊藤隆・広瀬順晧編、中央公論社、一九九〇

『侍従武官長奈良武次日記・回顧録』全四巻、波多野澄雄ほか編、柏書房、二〇〇〇

89

Subject: War Guilt Information Program. From: CIE To: G-2 Date: 3 March 1948

90

山本武利『ＧＨＱの検閲・諜報・宣伝工作』岩波現代全書、二〇一三

有山輝雄『占領期メディア史研究　自由と統制・１９４５年』柏書房（ポテンティア叢書）、一九九六

ＮＨＫクローズアップ現代『知られざる〝同胞監視〟』二〇一三年十一月五日放送

朝日新聞社編『『日米会話手帳』はなぜ売れたか』朝日文庫、一九九五

マーク・ゲイン『ニッポン日記』上下、井本威夫訳、一九五一／ちくま学芸文庫、一九九八

91

『太平洋戦争史　連合軍総司令部民間情報教育局資料提供　奉天事件より無条件降伏まで』中屋健弌訳、高山書院、一九四六

賀茂道子『ウォー・ギルト・プログラム　ＧＨＱ情報教育政策の実像』法政大学出版局、二〇一八

三井愛子「新聞連載『太平洋戦争史』の比較調査　占領初

期の新聞連載とその役割について」前後編（『評論・社会科学』二〇一〇年三月・二〇一二年六月。＊同志社大学学術リポジトリ）

92

賀茂道子『ウォー・ギルト・プログラム』前同

春日由三『体験的放送論』日本放送出版協会、一九六七

太田奈名子「占領期ラジオ番組『質問箱』について――番組内容とGHQ占領政策の関連性を談話分析から探る――」（『日本マス・コミュニケーション学会2017年度春季研究発表会研究発表論文集』二〇一七年五月。＊同学会「研究発表論文集」ウェブサイト）

93

横田喜三郎『天皇制』労働文化社、一九四九

宮沢俊義『憲法講話』岩波新書、一九六七

秦郁彦『昭和史の謎を追う』下、文藝春秋、一九九三／文春文庫、一九九九

94

ノーマン・ファイル（KV 2/3261, 1934-1958）The National Archives, 2010.（＊同ウェブサイトで購入可）

大森実『戦後秘史4　赤旗とGHQ』講談社、一九七五／講談社文庫、一九八一

『延安リポート　アメリカ戦時情報局の対日軍事工作』山本武利編訳・高杉忠明訳、岩波書店、二〇〇六

番外篇5

江藤淳『閉された言語空間　占領軍の検閲と戦後日本』文藝春秋、一九八九／文春文庫、一九九四

96

内務省警保局外事課「進駐軍ノ不法行為」（＊アジア歴史資料センターウェブサイト）

『産経新聞』二〇一五年七月二十八日

「朝鮮人連盟発行の鉄道旅行乗車券禁止に関する覚書(SCAPIN-1239: RAILROAD TRAVEL PASSES ISSUED BY KOREAN ASSOCIATIONS PROHIBITED 1946/09/30)」（竹前栄治監修『GHQ司令総集成』第七巻、エムティ出版、一九九四／＊国会図書館デジタルコレクション）

102

鶴見紘『白洲次郎の日本国憲法　隠された昭和史の巨人』ゆまに書房、一九八九／光文社知恵の森文庫、二〇〇七

小田部雄次『華族　近代日本貴族の虚像と実像』中公新書、

二〇〇六

100

『ビルマの夜明け』前同

古川栄一「リー・クァンユーの変心」(『諸君!』一九九三年七月)

Singapore chief ties invasion to Asia's independence drive ("The Japan Times" 1992/2/13)

103

西村熊雄『日本外交史27　サンフランシスコ平和条約』鹿島平和研究所編、鹿島研究所出版会、一九七一

歴史学研究会・日本史研究会編『講座日本歴史11　現代1』『同12　現代2』東京大学出版会、一九八五

宮地正人『日本通史Ⅲ　国際政治下の近代日本』山川出版社、一九八七

佐々木隆爾『シリーズ昭和史No.11　サンフランシスコ講和』岩波ブックレット、一九八八

104

「第16回国会　衆議院　本会議　第35号　昭和28年8月3日」(*国会会議録検索システム)

「サンフランシスコ平和会議における吉田茂総理大臣の受諾演説」(*データベース「世界と日本」)

105

『シリーズ昭和史No.11　サンフランシスコ講和』前同

海上保安庁総務部政務課編『海上保安庁30年史』海上保安協会、一九七九

『アサヒグラフ』一九五三年十月七日号

『日韓漁業対策運動史』日韓漁業協議会、一九六八

106

『自由民主党党史第2巻　証言・写真編』自由民主党、一九八七

赤城宗徳『今だからいう』文化総合出版、一九七三

『中村龍平オーラルヒストリー　元統合幕僚会議議長』防衛省防衛研究所戦史部編、防衛省防衛研究所、二〇〇八

安倍晋三・岡崎久彦『この国を守る決意』扶桑社、二〇〇四

109

有馬哲夫「ポダムと呼ばれた「正力松太郎」」(『週刊新潮』二〇〇六年二月十六日号)

有馬哲夫『日本テレビとCIA　発掘された「正力ファイル」』新潮社、二〇〇六/宝島SUGOI文庫、二〇一

一

111
大蔵省財政史室編『昭和財政史　終戦から講和まで1（総説・賠償・終戦処理）』東洋経済新報社、一九八四
「サンフランシスコ平和条約（日本国との平和条約）」（＊データベース「世界と日本」）

112
イアン・ブルマ『戦争の記憶　日本人とドイツ人』石井信平訳、ＴＢＳブリタニカ、一九九四／ちくま学芸文庫、二〇〇三
女性のためのアジア平和国民基金編『政府調査「従軍慰安婦」関係資料集成⑤』龍溪書舎、一九九八（＊「デジタル記念館　慰安婦問題とアジア女性基金」ウェブサイト）

113
『日本経済新聞』二〇〇六年七月二十日
『昭和天皇最後の側近　卜部亮吾侍従日記』全五巻、御厨貴・岩井克己監修、朝日新聞社、二〇〇七

114
「工場事業場等學徒勤労動員受入側措置要綱　基本報償算定基準」（＊アジア歴史資料センターウェブサイト）
『朝鮮人皇軍兵士　遥かなる祖国』二〇一〇（＊「ＮＨＫ戦争証言アーカイブス」ウェブサイト）
松代大本営の保存をすすめる会編『ガイドブック松代大本営』新日本出版社、一九九五／新版、二〇〇六
飯島滋明「「松代」から何を読みとるか」（『名古屋学院大学論集　社会科学編』二〇〇九年三月。＊名古屋学院大学リポジトリ）
林えいだい『松代地下大本営　証言が明かす朝鮮人強制労働の記録』明石書店、一九九二

116
産経新聞「毛沢東秘録」取材班『毛沢東秘録』上下、産経新聞ニュースサービス、一九九九／上中下、扶桑社文庫、二〇〇一
鬼頭春樹『国交正常化交渉　北京の五日間　こうして中国は日本と握手した』ＮＨＫ出版、二〇一二

117
中川六平『ほびっと　戦争をとめた喫茶店　べ平連１９７０‐１９７５ｉｎイワクニ』講談社、二〇〇九
中川六平「反戦喫茶「ほびっと」の軌跡」（『週刊朝日』二〇一〇年二月十九日号。＊ウェブサイト「旧「べ平連」

運動の情報ページ」）
絓秀実『１９６８年』ちくま新書、二〇〇六
春名幹男『秘密のファイル　ＣＩＡの対日工作』上下、共同通信社、二〇〇〇／新潮文庫、二〇〇三
122　『朝日新聞』一九六六年五月二日、同年八月三十一日
123　伊藤貫『中国の「核」が世界を制す』ＰＨＰ研究所、二〇〇六
124　2020 Military Strength Ranking（＊Global Firepower ウェブサイト）

史料・文献名索引

あ行・か行・さ行

『宇内混同秘策』（佐藤信淵） 31
『蹇蹇録』（陸奥宗光） 84, 90
『憲法学』（芦部信喜） 74
『質問箱』（ラジオ） 360-361
『昭和天皇独白録』 240, 311, 463
『真相箱』（ラジオ） 355, 360
『真相はこうだ』（ラジオ） 355, 356-360, 363, 373, 409
『戦争論』（クラウゼヴィッツ） 206

た行・な行・は行

「大アジア主義講演」（孫文） 123
『第二次世界大戦』（チャーチル） 243
『太平洋戦争史』 355-359, 373, 409
『高橋是清自伝』 113, 115
「富田メモ」（富田朝彦） 435-436
「中島今朝吾日記」 234
『ビルマの夜明け』（バー・モウ） 393-394

廃城令　35-37
廃刀令　63-64
廃藩置県　23, 33-37, 52-54
バターン死の行進　279, 337, 394
八月革命説　364-365
パリ講和会議　169, 183, 188
バルティック艦隊　115-116, 131
ハル・ノート　261-267, 270-272
版籍奉還　33-34, 52-54
藩閥政府　23
閔氏政権　77, 81-82, 88, 98
ファシスタ党　221-223
仏印進駐
　北部（1940 年）　256-257, 276
　南部（1941 年）　259-260
復興金融金庫　402
プラザ合意　389
プレスコード　349, 366, 376
平頂山事件　229, 240
平民宰相　189
平和安全保障法制　468
平和七原則　411-412
ベルリン会議　104, 155
ポーツマス条約　110, 116, 131, 171
ポーランド侵攻　246, 254
戊辰戦争　2, 22-27, 34, 45, 52, 64, 83, 288
ポツダム宣言　238, 272, 307-310, 313-314, 317-320, 324, 327, 329, 331, 336, 349, 354, 358-359, 362, 364, 367, 379, 434

ま行

マーシャル・プラン　397
マッカーサー神社　371-373, 384
松方財政　54
満韓交換論（日露協商論）　106
ミッドウェー海戦　279-282
ミドハト憲法　53, 74
水俣病　427-428
南満州鉄道爆破事件　344
ミュンヘン会談　242-243
民間検閲局（ＣＣＤ）　350-351, 369
無条件降伏　238, 317-320
明治六年の政変　56-64
明六社　55, 70
森戸事件　363

や行

靖國神社　25-27, 338-342, 433-436
山県・ロバノフ協定　100, 105
洋務運動　53-54, 83, 97
四日市ぜんそく　428

ら行

利益線　54, 77, 87, 126
リットン調査団　215
冷戦　323-324, 396-405, 422-423, 441, 444, 452, 465, 469-470, 472, 477
ローズヴェルト陰謀論　260
ロカルノ条約　223-224
露館播遷　88, 98-99
盧溝橋事件　228, 230-231, 239-240, 463
ロシア革命　162-163, 186, 190-191
露仏同盟　90, 93, 156-157
ロンドン海軍軍縮条約　204, 216, 218, 367
ワイマール憲法　325-328
ワシントン会議　151, 183, 186-187, 260
ワルシャワ条約機構　396-397

全面講和　402-405
創氏改名　213

た行

大韓帝国　87-88, 97-101, 105, 130-140
大韓民国　401, 429
大正デモクラシー　163, 189
大東亜会議　122, 277-279, 393
大東亜共栄圏　238, 254, 269, 354
大日本帝国憲法　4, 29, 53, 70-75, 204, 219, 221, 325, 327, 343, 367, 414, 462-463
滝川事件　363, 367
ダッカ日航機ハイジャック事件　453
黙れ事件　241
タンジマート　53, 74
単独講和　164, 402-406
治安維持法　191, 199, 291, 323, 350, 379
治外法権　38-39, 75, 375, 377
地租改正　48-50, 58, 64
チャクリ改革　54
中華人民共和国　386-388, 398-420, 430, 433, 440-441, 466
中華民国　153-154, 168, 175-179, 183, 208, 214-215, 224-225, 228-229, 269, 277, 433, 441
張作霖爆殺事件（満洲某重大事件）　199, 202, 205, 207, 211, 311, 343-344, 463
超然主義　29, 126
朝鮮人虐殺　205
徴兵令　48-50, 58, 64
鎮霊社　25-27, 342
通州事件　229, 240
T字戦法　124
帝国国策遂行要領　261-262, 266
テレビ局　426-427
天津条約　39, 79-82
天皇機関説問題　221
天賦人権思想　71
東学党の乱　81-83
東京大空襲　302, 305-306
統帥権干犯問題　199, 203, 205, 366, 367
統制派　219-222
東洋拓殖会社　146-147
トルーマン・ドクトリン　397

な行

ナチス　221-224, 237, 247, 250, 253, 259, 287, 291, 332-333, 396, 399, 446
南京事件　206-209, 231
南京条約　39
南京大虐殺　231-333, 430-431
新潟水俣病　428
二十一カ条の要求　175-177, 182-183
西・ローゼン協定　101
日英同盟　106, 119, 122, 126-131, 159-161, 171, 183-189, 260
日墺修好通商条約　38-39, 76, 145
日独伊三国同盟　252-257
日米安全保障条約　319, 406, 410-451, 472
日米修好通商条約　145
日韓議定書　130
日韓協約　136
日ソ中立条約　258-259, 277
日中国交正常化　440
日朝修好条規　62, 76-77
二・二六事件　218-222, 241, 301, 343, 344
日本共産党　190, 220, 226, 289, 368, 407-408, 415-416, 421
日本国憲法　55, 72-74, 325-330, 364-365, 451, 462, 477
日本人拉致問題　471
農地改革　49-50, 378-381
ノモンハン事件　258

は行

ハーグ陸戦条約　302-305, 329-330

関東大震災　192-199, 205, 368
寄生地主　49, 162, 189-190, 380
北大西洋条約機構（ＮＡＴＯ）　396
教職追放　355, 362-363, 365, 370
極東国際軍事裁判　331, 406
義和団　93-97, 101, 105, 127-129, 152
銀座の大火　51
クロスオーナーシップ　425-427
軍人勅諭　81
軍部大臣現役武官制　220-221
経済安定九原則　321
経済協力条項　414, 419, 452
傾斜生産方式　402
血税騒動　50, 64
原子爆弾　238, 306-309, 336, 359
憲政の常道　311
五・一五事件　216
公害対策基本法　428
江華島事件　60-62, 76-77
公職追放　355, 366-370
光緒新政　152
甲申政変　78-80, 85
皇道派　218-221
五箇条の誓文　28, 53
国際連合　316, 322, 387, 391, 411, 453
国際連盟　151, 166-167, 183, 188, 224, 316, 361, 461, 475
国体明徴声明　221
国連平和維持活動（ＰＫＯ）　470
コサック騎兵　115, 117
国家総動員法　241, 304, 322
国共合作
　第一次　207, 399
　第二次　227
言霊主義　279-283
五榜の掲示　28
コミンテルン　190, 209, 226-227, 289-290, 379, 405
コミンフォルム　290, 379, 398
最恵国待遇　38
財閥　55, 162, 189-190, 217, 219, 220, 276, 322, 334, 379
済物浦条約　77

さ行

佐賀の乱　63
三・一独立運動　197, 212
三国干渉　87-93, 97-98, 105-106
三国協商　156, 158
三国同盟　156, 158, 252-258, 332
サンフランシスコ平和条約　429, 472
ＧＨＱ　49, 65, 321-331, 339, 344-392, 401, 408-409, 414, 445, 451, 462, 468, 471, 477
自衛隊　55, 304, 416-417, 443, 452, 469-470, 472, 474-476
シベリア出兵　163-164, 186, 189, 191
下関条約　83-89, 132
従軍慰安婦　430-432
重慶政府　264
重慶爆撃　257
自由民権運動　29, 50, 55, 68, 70, 71
自由民主党　388, 417, 451-452
上智大学生靖國神社参拝拒否事件　340
昭和恐慌　203, 216
ジョンソン・リード法　172, 174
辛亥革命　135, 153, 187
壬午軍乱　77
人種差別撤廃提案　166-169, 188, 461
壬申戸籍　49
枢軸国　316
スターリン憲法　325-326
征韓論　56-60, 62, 76
聖省訓令　339-41
西南戦争　25-26, 63-66, 288
絶対国防圏　293

や行
山県有朋　29, 54-58, 64, 77, 99, 106, 160
山本五十六　281-282, 297
由利公正　28, 51
吉田茂　318, 329, 370, 387, 404-405, 409, 413, 472
米内光政　253-255, 313

ら行
李鴻章　79-80, 85- 86, 132
李承晩　413, 422
ルメイ（カーティス・）　303-305
レーニン　163-164, 226, 290, 464
ロエスレル　72, 74
ローズヴェルト（フランクリン・）　171, 173, 237, 260, 262, 274, 402

わ行
若槻礼次郎　199, 211, 301, 344

事項索引

あ行
アジア・アフリカ会議　452
足尾銅山鉱毒事件　428
安保闘争　416, 418, 424
石井・ランシング協定　186
イタイイタイ病　427-428
一進会　138-141
岩倉使節団　37, 39, 41, 58
ヴェルサイユ条約　184, 223, 332, 347
ウォー・ギルト・インフォメーション・プログラム（ＷＧＩＰ）　295-296, 346-374, 408-409, 427
ウォッチタワー作戦　293
ＡＢＣＤ包囲陣　260
エロア資金　425
援蒋ルート　255-256
円ブロック　254, 272
オイルショック　388, 449
奥羽越列藩同盟　24
王政復古の大号令　22
大津事件　107-108
沖縄戦　238, 297-298, 343, 346, 358, 384, 463
沖縄返還　438-440, 453
オトポール事件　247, 250-251

か行
開成所　44, 48
改税約書　38-39, 75, 145
開拓使官有物払下げ事件　71
華族　50, 379, 382-383
桂・タフト協定　131
ガリオア資金　425
韓国併合　80, 130-138, 211-212
関税自主権　39, 145

さ行
西園寺公望　201
西郷隆盛　24-26, 47, 55-59, 64
佐々木高行　23, 25, 58-59
佐藤賢了　239, 241, 265
佐藤信淵　31-32
幣原喜重郎　187-189, 203, 206-211, 323, 325, 328, 330, 382-383
柴五郎　94-95, 128-129
司馬遼太郎　34, 107, 117-118
シュペーア　286-287
蔣介石　208, 253, 255
正力松太郎　368, 426-427
昭和天皇　29, 201-202, 219, 228-229, 240, 298, 305, 310-314, 320, 343-346, 368, 383, 435-436, 462-463
鈴木貫太郎　306, 313
スターリン　222, 226, 290, 309, 325-326, 349-350, 379, 387, 396, 399, 401, 405, 420, 464-465
西太后　152
副島種臣　23, 56
孫文　123, 153, 170, 175, 180, 183, 187, 207, 211, 214

た行
ダーディン　231-232
高橋是清　112-115, 119, 190, 203
田中角栄　388, 431, 441, 449
田中義一　199-203, 311
段祺瑞　186, 200
張学良　207, 211, 213, 345
張作霖　199-202, 205, 207, 211, 213, 311, 343-344, 463
ティンパーリ（ハロルド・）　231-232
トーランド（ジョン・）　263, 265
徳富蘇峰　56
トルーマン　273-274, 309-310, 325, 336-397

な行
ニコライ二世　107-108, 164
ネルー　120-121, 127, 460
ノーマン（ハーバート・）　371-372
野坂参三　220, 371

は行
バー・モウ　122, 277-278, 393-394
パール（ラダ・ビノード）　333-334
原敬　163, 182, 189-190
東久邇宮稔彦　323, 359
樋口季一郎　247-250
火野葦平　369
平塚らいてう　190
広田弘毅　333
福岡孝弟　28, 59
福沢諭吉　69-70, 78
ペリー　1, 61, 63
ボアソナード　62

ま行
真崎甚三郎　220
松岡洋右　258-259
マッカーサー（ダグラス・）　251, 273-274, 325-327, 330-331, 334-335, 338-339, 344, 346, 352, 371-373, 382-384, 463
松方正義　64-65, 81
三浦梧楼　88, 98
三宅雪嶺　56
宮沢俊義　364-365
ムッソリーニ　222-223, 242
陸奥宗光　84-85, 87, 90, 132
明治天皇　27, 30, 39, 54, 72
毛沢東　398-401, 420, 440, 467
森有礼　39-40, 45, 63, 70

『近代～現代篇』索引

人名索引

あ行
秋山好古　117-118
芥川龍之介　193
阿南惟幾　306, 313
安倍晋三　418, 477
荒木貞夫　217, 220
有栖川宮熾仁親王　23, 73
安重根　137
池田勇人　417, 423-424
石川達三　369
石橋湛山　370
石原莞爾　228
石原倉衛門　24
板垣退助　29, 56, 58
市川房枝　190
伊藤博文　39-40, 45, 72-73, 79, 84, 106, 129-130, 136-138
伊東巳代治　30, 72
犬養毅　168, 203-204, 216, 311, 345, 367
井上馨　45, 56-58, 63, 78, 106, 160
井上毅　30, 56, 72
井上良馨　60-61
岩倉具視　37-39, 42, 53, 55-56, 73
ウィルソン（ウッドロウ・）　166-168, 174
ヴィルヘルム二世　89-90, 123
宇垣一成　230
宇垣纏　280
内田良平　139-140
江藤淳　347, 373
江藤新平　56-58, 63
榎本武揚　44, 79
袁世凱　77, 153-154, 175-176, 180-183, 186, 200, 214-215
大久保利通　23, 32-33, 47, 58-59, 64
大隈重信　23, 47, 59, 64-65, 71, 73, 81, 160-161
大杉栄　194
大村益次郎　25
岡田啓介　301
尾崎行雄　160

か行
加藤高明　160, 178, 189, 199, 203, 311
金子堅太郎　30, 72
菊池謙譲　140-141
岸信介　299-302, 387, 415, 421, 451
木戸幸一　259, 301, 318
木戸孝允　23, 28, 33, 35, 43, 58-59
清沢洌　236
金玉均　78
久米邦武　42, 58
クラウゼヴィッツ　205-206
グラバー　40, 45
黒田清隆　24, 29
クロパトキン（アレクセイ・）　111-112, 118, 124
源田実　281-282
小磯国昭　306
高宗　88, 98-99, 100, 105, 132, 136
河本大作　201-202
児玉源太郎　111, 125, 201, 207

装　幀　細野綾子

浮世博史（うきよ・ひろし）奈良県北葛城郡河合町の私立西大和学園中学校・高等学校社会科教諭。塾講師として二十年近く中学受験・高校受験の指導にあたった後、大阪市天王寺区の私立四天王寺中学校・高等学校社会科主任をへて現職。二〇一八年十二月、自身の「こはにわ歴史堂のブログ」で「『日本国紀』読書ノート」を連載開始し、注目を集める。著書に『浮世博史のセンター一直線！世界史B問題集』『日本人の8割が知らなかったほんとうの日本史』『超軽っ！　日本史』『宗教で読み解く日本史』、『もう一つの上の日本史　『日本国紀』読書ノート・古代〜近世篇』。

もう一つ上の日本史

『日本国紀』読書ノート・近代〜現代篇

二〇二〇年四月十日　第一刷発行
二〇二〇年九月十日　第四刷発行

著　者　浮世博史

発行者　田尻　勉
発行所　幻戯書房
郵便番号一〇一－〇〇五二
東京都千代田区神田小川町三－十二
岩崎ビル二階
電　話　〇三（五二八三）三九三四
ＦＡＸ　〇三（五二八三）三九三五
ＵＲＬ　http://www.genki-shobou.co.jp/

印刷・製本　中央精版印刷

ISBN978-4-86488-192-0　C0021

好評既刊（各税別）

もう一つ上の日本史

『日本国紀』読書ノート・古代〜近世篇

浮世博史

昨今の書籍やウェブ上に蔓延する日本史俗説の集大成となった百田尚樹著『日本国紀』。その誤謬を、現役教師が豊富な資料で易しく徹底解説。「社会科学としての歴史学」とは何か。教科書の記述はなぜ変わるのか。もう騙されないために知っておきたい歴史リテラシー入門。

四六判／二四〇〇円

ナショナリズムの昭和

保阪正康

天皇制とは何か。国のあるべき姿とは何か。一九四五年八月十五日以前と以後の国家像を検証し、後世に受け継ぐべき理念を探る一五〇〇枚。左翼的偏見や右翼的独善から解放し、後世に受け継ぐべき「ナショナリズム」を提示する昭和史研究の決定版。**和辻哲郎文化賞受賞。**

四六判上製／四二〇〇円

岬

柴田　翔

戦時下の小学生と教師たち。東京五輪間近、ドイツ留学を前にためらう研究者。自然のままに生きた弟……表題作ほか、二十世紀を生きた人々の様々な時間が呼応する、柴田文学の新たなる境地。半世紀の時を経て書き継がれた中短篇小説集。

四六判上製／二二〇〇円